刊行にあたって

　DXという用語は日常的にメディアで取り上げられるなど社会の認知度も高まっており、DX取組の必要性も産業界に広く浸透しつつあると思われます。経済産業省がとりまとめた「DX推進指標」を用いて各企業が自己診断した結果を独立行政法人情報処理推進機構(IPA)が収集し、分析したレポート「DX推進指標 自己診断結果 分析レポート(2021年版)概要版」でも、「提出企業数の増加や成熟度の向上などから、我が国企業全体としてはこの1年でDXに向けた取組は加速してきていると考えられる」とのまとめが示されています。また、2022年9月には、経済産業省により「デジタルガバナンスコード」の改訂版として時勢の変化に対応した「デジタルガバナンス・コード2.0」が公表され、企業によるDXの更なる促進が期待されています。

　他方、社会経済の環境が変化する中、企業では手段としてのデジタル化のいっそうの推進とともに、DXの目的である業務改革やビジネス改革による本格的なトランスフォーメーションを加速することが求められています。また、企業の皆様の中には、未だDXに取組むタイミングや実施効果が見極められない、DXを推進する予算や人材、スキルが不十分といった悩みのため、DXに取組むことに躊躇されている方も少なくないのではないでしょうか。

　そこでIPAでは、DX白書2021に引続き、DXの推進に必要となる「戦略」「人材」「技術」に関して取りまとめた「DX白書2023」を刊行することとしました。本白書では、IPAが日米の企業に対して実施した「企業を中心としたDX推進に関する調査」を基に、日本企業と米国企業とのDXの取組状況や優先する取組対象、意識などの違いを、経年変化を含めて明らかにしています。また、国内のDX事例を収集し、企業規模、業種、地域での取組を可視化した「国内産業におけるDX動向に関する全体俯瞰調査」の結果も掲載しています。さらに、国内外先進企業や有識者へのインタビュー、DX白書有識者委員のコラムなどにより、最先端の取組事例やDX推進に向けたメッセージなどを盛り込んでいます。企業の経営者や事業部門のリーダーの方々には、ぜひ本白書をご活用いただき、DXの取組を進めていただけることを期待しています。

　最後に、白書の企画から方向性の議論、査読まで多大な協力をいただいたDX白書有識者委員会の委員の皆様、DX白書2023で実施したアンケート調査やインタビューにご協力いただいた企業や有識者の皆様、各種調査においてサポートいただいた事業者の皆様に厚く御礼申し上げるとともに、企業の皆様とともにDXの推進に向けていっそうの取組を行っていく所存です。

2023年2月

独立行政法人情報処理推進機構(IPA)

富田　達夫

JN064171

巻頭言

　COVID-19パンデミック通称コロナ禍という世界的な大災害は4年目に入り、現在第8波の到来の中で、本DX白書の発行の準備を進めています。コロナ禍に対する対応の仕方も各国の基本的な考え方・社会文化の違い・科学技術と社会との関係性等で大きく異なっている事実を目にするにつけ、デジタル技術やDXという取り組みに対する各国のレスポンスの違いにもその国の社会文化の違いが大きく反映していると強く感じます。日本のDXの遅れというよりもDXへのレスポンスの仕方の違いを丁寧に腑分けし、日本の社会文化に合った適切なナビゲーションをしていくことの重要性を再認識しつつ、本白書を皆様に送り届けたいと思います。

　繰り返しになりますが、DXには大きく二つの要素があり、一つ目の要素「D」デジタル化は危機意識と共にその推進が進みつつあります。二つ目の要素「X」つまりトランスフォーメーションは残念ながら、まだまだその意味からして理解されていない現状があります。X＝トランスフォーメーションとは、その組織の文化が変わることであり、ビジネスの在り方を含めた経営の問題であり、デジタルはその経営変革の重要なリソースでしかない。この問題意識をしっかり持っていただくことを意識して、今回の調査データから汲み取るべき指針、方向性を整理し、提示しているつもりです。

　デジタル化技術やツール、深層学習・強化学習を筆頭に加速的に進化し続けるAI、データサイエンス、IoT、クラウド、アジャイル、デザイン思考、プロダクトマネジメントなどの新しい動きにチャレンジすることは大事です。しかし、その前にまずは経営者自身がデジタルの意味を率先して理解し、自分は何のため誰のためにビジネスをしているかという覚悟とビジョンを提示し、DX推進のリーダーシップを発揮することがまずは求められます。

　以上の熱い思いを「データの力」を使って皆さんに送り届けたいという願いを込めて、独立行政法人情報処理推進機構(IPA)は、日本および米国の企業のDXに関するふるまい方の違いを浮き彫りにすべく、企業戦略・人材・技術の三つのテーマで現状を調査・分析し、その結果をDX白書2023として刊行いたします。今回は新しい試みとして、我が国産業のDXの進捗状況の特徴を浮き彫りにするための産業界の多数のDX事例をさまざまな切り口で「全体俯瞰」マップとして提示しています。ビジネス・公共組織・地域社会の各領域においてデジタル化を推進していく際の、一つの羅針盤として、ぜひ積極的にご活用ください。またDX白書有識者委員会の委員に執筆いただいたコラムも力作ぞろいです。ぜひ『DX時代の学びのあり方〜大人の学びパターンランゲージ(略称：まなパタ)〜』も含め、ご一読ください。

2023年2月

DX白書有識者委員会　委員長

羽生田　栄一

刊行にあたって

巻頭言

目　次

第3部 企業DXの戦略　　　　　　　　　　　　　　　081

第5部 DX実現に向けたITシステム開発手法と技術　245

付　録　363

コラム目次 (敬称略)

第1部
総 論

第1部　総論は、本白書の重要部分の要約であり、DX推進に携わる方にぜひ知っていただきたい内容をコンパクトにまとめたものである。

第1章では、既存のDX関連アンケート調査の分析および企業がDXに取組んでいる事例の収集・整理によりDXの取組の俯瞰図を作成し、我が国産業のDXの取組状況を概観した。

また、2021年度に引き続き2022年度も日米アンケート調査を実施、日米企業のDXの取組状況の整理・分析を行い、2章以下で戦略・人材・技術の観点で論じた。

第2章では日米のDXの取組状況を概観する。

第3章では経営トップの主導のもと、全社横断的にDXに取組んでいくために必要となるDX戦略の策定と推進プロセスについて論じた。

第4章ではDX戦略を実現するための経営資源として、デジタル時代の人材の獲得・確保、キャリア形成・学びなどについて論じた。

第5章ではDX戦略を実現するためのもう一つの経営資源として、スピードや俊敏性の実現といったビジネスニーズへの対応や新しい価値提供を実現するための手法や技術への取組について論じた。

第1章
国内産業におけるDXの取組状況の俯瞰

第2章
DXの取組状況

第3章
企業DXの戦略

第4章
デジタル時代の人材

第5章
DX実現に向けたITシステム開発手法と技術

第6章
「企業を中心としたDX推進に関する調査」概要

国内産業におけるDXの取組状況の俯瞰

1 はじめに

　第1章では、我が国における企業のDXの取組を概観した俯瞰図を作成する「全体俯瞰調査」(以下、本章では「本調査」と言う)の概要を説明する。DXの取組状況を俯瞰図で可視化することにより、DXに取組んでいたり取組もうとしている企業などが規模や産業、地域などの視点から自社の取組に参考となる具体的な事例を参照できるほか、業務改革から事業改革への展開や周辺地域の取組との連携などを図る際の参考となると想定している。

2 調査の概要

　本調査の構成を図表1-1に示す。まず、公開されている国内企業のDXの取組に関するアンケート調査などを分析し、DXの取組状況の傾向をマクロ的に捉え、DXの取組状況と実施主体の属性との関係を明らかにすることで、DX事例を整理するための軸(以降、「整理軸」と言う)を決定した(以降、「マクロ調査」と言う)。そのうえで、我が国のDX事例を収集し(以降、「DX事例調査」と言う)、整理軸に基づいて俯瞰図(以降、「俯瞰図」と言う)として整理した。

図表1-1　本調査の構成

マクロ調査	DX事例調査	俯瞰図作成
複数の既存公開アンケート調査をマクロ的に把握し、DXの取組状況を整理するための軸(企業規模、産業、地域等)を抽出	俯瞰図の整理軸(企業規模、産業、地域等)に基づいて、我が国のDX事例を収集	収集した我が国のDX事例内容を整理軸に基づいてマッピングし、俯瞰図を作成

3 国内産業におけるDXの取組状況の概観（マクロ調査）

　民間企業、官公庁（民間への委託含む）、各種団体が実施したアンケート調査結果など、幅広い資料を収集した（図表1-2）。また、これらの資料とは別に、最新の調査結果としてIPAが2022年6月から7月にかけて実施した「企業を中心としたDX推進に関する調査」（以降、本章では「IPA調査」と言う）の結果も一部参照している。

発行元	題名
総務省	デジタル・トランスフォーメーションによる経済へのインパクトに関する調査研究（2021年3月）
株式会社 エイトレッド	東京都の中小企業におけるDX実態調査（2021年12月）
株式会社 エイトレッド	地方都市の中小企業のDX実態調査（2022年1月）
株式会社帝国データバンク	DX推進に関する企業の意識調査（2022年1月）
独立行政法人 中小企業基盤整備機構	中小企業のDX推進に関する調査（2022年5月）

図表1-2　既存のアンケート調査結果（本調査で参照したもの）

　上記のアンケート調査結果を分析した結果を(1)から(3)に示す。

（1）企業規模別のDXの取組の現状

　総務省「デジタル・トランスフォーメーションによる経済へのインパクトに関する調査研究」[*1]のプレ調査（以下、「総務省調査」と言う）によれば、大企業の4割強がDXに取組んでいるのに対して、中小企業では1割強にとどまっている。後述のIPA調査でも、売上規模が大きくなるほどDXに取組んでいる企業の割合も高くなる傾向が確認できた。また、独立行政法人中小企業基盤整備機構「中小企業のDX推進に関する調査　アンケート報告書」[*2]における従業員規模別の「DXに取組むに当たっての課題」では、従業員20人以下の中小企業の場合、「予算の確保が難しい」が最も高く、従業員21人以上の中小企業では人材や企業文化・風土に関する課題が1位から3位までを占めていた。

（2）産業別のDXの取組の現状

　総務省調査では、「情報通信業」「金融業、保険業」でDXに取組んでいる企業の割合が5割前後と他産業と比較して高い（全産業平均は2割強）。また、株式会社帝国データバンク「DX推進に関する企業の意識調査」[*3]では、DXの「言葉の意味を理解し、取組んでいる」企業の割合について、「フィンテック（FinTech）の活用が活発になってきている『金融』（25.2%）や、ソフト受託開発など企業のDXを支援する『情報サービス』などを含む「サービス」（24.1%）で高い割合となった」と分析されている。

---

* 1　https://www.soumu.go.jp/johotsusintokei/linkdata/r03_02_houkoku.pdf
* 2　https://www.smrj.go.jp/research_case/research/questionnaire/favgos000000k9pc-att/DXQuestionnaireZentai_202205.pdf
* 3　https://www.tdb.co.jp/report/watching/press/pdf/p220105.pdf

（3）地域別のDXの取組の現状

　総務省調査では、東京23区に本社がある企業の4割近くがDXの取組を実施している一方で、政令指定都市、中核市、その他市町村と規模が小さくなるにつれて、その割合が低くなる結果となっている。また、株式会社エイトレッド「地方都市の中小企業のDX実態調査」*4では、DX推進を希望する企業が期待することとして「業務効率化」が80.4%と最も高く、次いで「生産性向上」が69.6%であり、「商圏の拡大」については5.4%にとどまっている。これに対し、同社が公表している「東京都の中小企業におけるDX実態調査」*5では「商圏の拡大」の回答割合が21.3%であり、地域による意識の違いがみられる。

　以上のように、企業規模、産業、地域により企業のDXの取組状況が異なることから、これらの三つの要素を整理軸としてDXの事例を整理し、俯瞰的な分析を行うこととした。

4　DX事例の収集（DX事例調査）

　マクロ調査で導出した三つの整理軸に基づき、企業規模、産業、地域の偏りがないように配慮して、インターネット上で公表されているDX事例（154件）を収集した。また、収集したDX事例については、IPA「DX実践手引書 ITシステム構築編 完成 第1.0版」*6の「図 2.1.1 変革規模一覧」を参考に、業務変革を目指す"デジタルオプティマイゼーション"と事業変革から社会の変革までをあらわす"デジタルトランスフォーメーション"に分類している。収集した事例（文中、事例No.で表記した）については、本白書の「第2部 国内産業におけるDXの取組状況の俯瞰」を参照いただきたい。

5　国内産業におけるDXの取組状況の俯瞰図

　収集したDX事例を企業規模、産業、地域の整理軸により、俯瞰図としてまとめ、分析した。以下に概要を示す。

（1）企業規模別俯瞰図

　「企業規模（売上高区分）」を横軸、DX事例の取組内容を縦軸とした俯瞰図を示す（図表1-3）。
　個々の事例をみると、売上規模が小さい企業（50億円未満）でも"デジタルオプティマイゼーション""デジタルトランスフォーメーション"に該当する取組が確認できる。"デジタルトランスフォーメーション"としては、地域内での農産物流通の仕組み（図表1-3のNo.146）や、人手不足の農家と在宅勤務を希望する障がい者をマッチングする仕組み（同No.140）など、デジタルを活用して企業と消費者・労働者をつなぐアイデアを実現するなどにより、規模が小さくとも新たなビジネスを創出することが可能であることがうかがえる。また、売上規模が大きくなるほど、受発注や物流のプラットフォームサービスなど、同業者や取引先、顧客を巻込んだ大規模な取組がみられる（同No.55、No.64、No.66、No.132、No.142など）。

＊4　https://www.atled.jp/news/20220126_01/
＊5　https://www.atled.jp/news/20211220_01/
＊6　https://www.ipa.go.jp/files/000094497.pdf

図表1-3　企業規模別俯瞰図（売上高別）

	スタートアップ含め、マッチング事業や先進技術ソリューションによる新規サービス・商品の取組事例あり	各企業の業種・ノウハウに応じたソリューションの開発・提供がなされている	自社ノウハウ・技術を用いた、新規ビジネス領域への取組も見られる	業界共通プラットフォーム提供事例等あり
"デジタルトランスフォーメーション"	• 睡眠解析技術とセンサフュージョン技術を活用したSaaS型見守りサービス（情報通信業）(No.114) • 遠隔水位調整サービスを用いた在宅勤務者雇用マッチング事業（情報通信業）(No.140) • 地産地消を実現する青果流通プラットフォーム（卸売業, 小売業）(No.146)	• 介護サービス関係者間での情報共有を可能とするデータベース（製造業）(No.110) • 水道利用状況データを活用した高齢者見守りシステム（製造業）(No.111) • 建築業向けMR（複合現実）ソリューションの開発・導入・販売（建設業）(No.126) • メタバースによるスポーツ観戦空間の提供（情報通信業）(No.137)	• 入出金情報等を基にしたトランザクションレンディング（金融業, 保険業）(No.121) • 介護タクシー業者と患者のマッチングPFサービスの取組（情報通信業）(No.138) • 航空レーザ測深技術を用いた釣り情報サービスアプリ展開（学術研究, 専門・技術サービス業）(No.150)	• センサ・AI活用ロボット導入による関係者コミュニケーション促進（医療, 福祉）(No.95) • ガス業界内外で利用可能な受発注プラットフォームサービス展開（電気・ガス・熱供給・水道業）(No.132) • 物流プラットフォームサービスによる顧客・同業他社連携強化（運輸業, 郵便業）(No.142)
"デジタルオプティマイゼーション"	**業務の可視化・自動化による効率化事例が中心** • IoT・ドローンを活用した農作業効率化（農業, 林業）(No.1) • IoTセンサーを用いた牡蠣生育遠隔管理（漁業）(No.5) • AI OCRによる保険契約申込書入力業務自動化（金融業, 保険業）(No.40) • RPAの活用によるガス使用量把握業務自動化（電気・ガス・熱供給・水道業）(No.26)	**業務の可視化・自動化による効率化事例が中心** • AIの活用による食材自動発注（宿泊業, 飲食サービス業）(No.43) • 独自アプリによる個別送迎業務効率化（医療, 福祉）(No.48) • 全社データ一元管理・システム統合による全社業務効率化（製造業）(No.57)	**一部、顧客や同業他社を巻き込んだデジタル化事例もあり** • AIを活用した豆腐検品業務の効率化（製造業）(No.17) • スマホを用いた介護情報デジタル化と業務効率化（医療, 福祉）(No.50) • IoT圃場データ活用によるジャガイモ生産業務改革（卸売業, 小売業）(No.65) • マイナンバーカードとスマホを活用した電子契約の取組（金融業, 保険業）(No.66)	**取引先を含めたサプライチェーン全体の改革に取組む事例がみられる** • AIによる石油精製・石油プラントの自動運転実現（製造業）(No.16) • 自動運転フォークリフトとトラック運行の連携によるサプライチェーン改革（建設業）(No.55) • 自社開発システムによる配送パートナー含めた配送業務改革（卸売業, 小売業）(No.64)

売上高

50億円未満	50億円以上100億円未満	100億円以上1,000億円未満	1,000億円以上

(2) 産業別俯瞰図

　総務省調査における産業別のDXの取組割合を基に、各産業を三つの産業群に分類したうえでこれを横軸とし、DX事例の取組内容を縦軸とした俯瞰図を示す（図表1-4）。DXに取組んでいる企業の割合が20%未満の産業においても、"デジタルオプティマイゼーション"だけでなく、"デジタルトランスフォーメーション"に該当する取組が確認できる。"デジタルトランスフォーメーション"の事例としては、「宿泊業、飲食サービス業」におけるAIを活用した外国人などへの顧客対応や「医療、福祉」産業における仮想現実（VR）によるリハビリテーションにおいて、業務効率化のみならず、顧客体験変革も兼ねた事例などの取組（図表1-4のNo.91、No.93）が確認できる。また、DXに取組んでいる企業の割合が30%以上の産業群では、"デジタルオプティマイゼーション"として競争領域以外の間接業務の効率化、"デジタルトランスフォーメーション"として業界横断的な新規ビジネスの事例が確認できる。

図表1-4　産業別俯瞰図

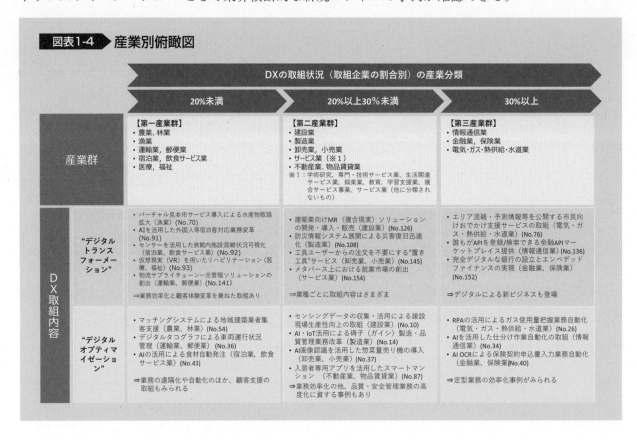

(3) 地域別俯瞰図（全国）

全国を10の地域に区分し、収集したDX事例の中から各地域区分に該当する事例をマッピングし、俯瞰図として示す（図表1-5）。

本俯瞰図において、各地域における個々のDXの取組事例をみると、多くの大企業が集まる関東、東海、関西では、大企業を中心に「社会の変革」や「市場での立ち位置の変革」をはじめとする"デジタルトランスフォーメーション"に取組む事例がみられる。

また、北海道では農業でのデジタル活用事例（図表1-5のNo.51）、甲信越ではドローンによる森林調査（同No.4）など地域産業での活用、東北地方、北陸地方、四国地方では働き手の減少や高齢化といった地域課題の解決としてデジタルを活用する事例（同No.91、No.37、No.5など）を確認することができる。

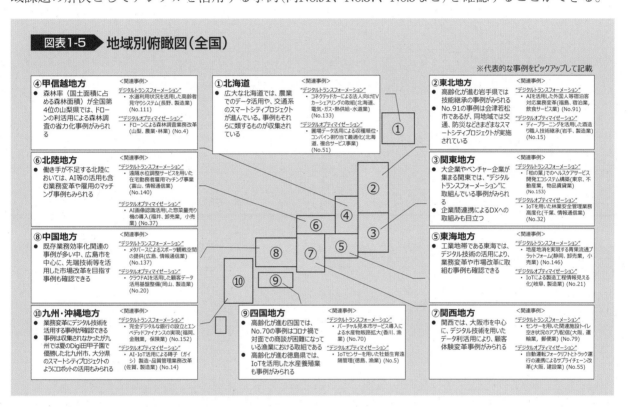

図表1-5 ▶ 地域別俯瞰図（全国）

(4) 他企業・団体協働類型別俯瞰図

予算・人材・ノウハウの確保など、自社単独では解決が難しい課題において、外部の企業・団体との協働は有効な手段であると考えられる。そこで、事例内容から分類した「他企業・団体協働類型」を四つ目の整理軸として設定し、事例をマッピングした。他企業・団体協働類型を横軸、DX事例の取組内容を縦軸とした俯瞰図を示す（図表1-6）。

「自治体、大学・研究機関、非営利団体」との連携では、街づくりや地域産業など、地域振興に関連する事例（図表1-6のNo.78、No.103、No.153、No.51、No.54、No.62）、「情報通信事業者」との連携では、自社ノウハウと外部企業の技術と組合せることで、既存業務の変革や新たな製品・サービスの創出を図っている事例（同No.126、No.148、No.15、No.16、No.49）がみられる。また、「取引先（顧客、仕入先、委託先等）」との連携では、ステークホルダー全体の利益に資する効率化の取組や新規サービス創出（同No.144、No.145、No.66）などが、「グループ会社（子会社、親会社、関連会社等）」との連携では、子会社や共同出資

会社の設立を通じた新規ビジネスの取組事例（同No.148、No.149）がみられる。

図表1-6 ▶ 他企業・団体協働類型別俯瞰図

	協働先の企業・団体の類型			
	自治体、大学・研究機関 非営利団体	情報通信事業者	取引先 （顧客、仕入先、委託先等）	グループ会社 （子会社、親会社、関連会社等）
"デジタルトランスフォーメーション"	**大学や研究機関、自治体と連携した街づくりや地域産業に関連する事例が目立つ** • 研究機関と連携したAIによる魚雌雄自動判別ソリューションの創出（東杜シーテック株式会社〜情報通信業）（No.78） • 大学や自治体と連携したICTを活用した赤潮予測への取組（愛南漁業協同組合〜漁業）（No.103） • 公・民・学連携での「柏の葉」へルスケアサービス開発エコシステムの構築（三井不動産株式会社〜不動産業、物品賃貸業）（No.153）	**ITベンダ等との協働により、新商品・サービス開発を実現している事例あり** • 大手情報通信企業と連携した建築業向けMR（複合現実）ソリューションの開発・販売（小柳建設株式会社〜建設業）（No.126） • グループの情報通信企業と連携したサブスクリプション型IoTサービス提供のためのプラットフォーム構築・販売（東京センチュリー株式会社〜金融業、保険業）（No.148）	**取引先とのWIN-WINの関係を実現する新規サービス創出事例あり** • コロナの影響で需要が落ちている飲食店と共同で、アプリでの注文が可能な地域飲食店デリバリーサービスを創出（オリエント交通〜運輸業、郵便業）（No.144） • 工具販売店と連携した工具ユーザーからの注文を不要にする"置き工具"サービス（トラスコ中山株式会社〜卸売業、小売業）（No.145）	**子会社や共同出資企業を通じた新規ビジネス創出事例が確認できる** • グループのIT企業と連携したサブスクリプション型IoTサービス提供のためのプラットフォーム構築・販売（東京センチュリー株式会社〜金融業、保険業）（No.148） • 複数の金融機関、建設事業者等が共同出資し、IoTデータを活用した建設業者と金融サービスをつなぐプラットフォームビジネスを創出（株式会社ランドデータバンク 学術研究〜専門・技術サービス業）（No.149）
"デジタルオプティマイゼーション"	**自治体と連携した地域産業の生産性向上に資する事例が主** • 自治体と連携した圃場データ活用による収穫順位・コンバイン割り当て最適化（芽室町農業協同組合〜複合サービス事業）（No.51） • 自治体と連携したマッチングシステムによる地域建築業者集客支援（龍神村森林組合〜農業、林業）（No.54） • 自治体（道の駅）と連携した直販所商品売れ行き状況の可視化・配信による販売促進（四国情報管理センター株式会社〜情報通信業）（No.62）	**先進技術の自社業務への活用時にITベンダ等と提携する事例が確認できる** • ITベンチャーと連携したディープラーニングを活用した酒造り職人技術継承（株式会社南部美人〜製造業）（No.15） • AIに強みを有する情報通信企業との連携による石油精製プラントの自動運転（ENEOSホールディングス株式会社〜製造業）（No.16） • 大手情報通信企業との連携したAI活用によるリハビリテーション介入プログラム作成（医療法人社団KNI〜医療、福祉）（No.49）	**確認できた取引先との協働事例は少数** • 法人顧客とのマイナンバーカードとスマホを活用した電子契約の取組（株式会社岩手銀行〜金融業、保険業）（No.66）	収集事例からは 該当なし

6 まとめ

　各種アンケート調査などからは、企業規模、産業、地域により企業のDXの取組状況が異なることが読みとれたが、DXの取組事例をみると、中小企業がデジタルを活用した事例や情報通信業が他産業のDXを推進する事例など、企業の工夫や企業間の連携により課題を解決しつつDXを推進する姿もみられた。社会を変革するようなDX事例は大企業によるものが大部分であったが、地域社会の変革を志向する地域企業での取組もみられ、こうした取組のいっそうの広がりが期待される。

　今回の分析では、公表されたDXの取組事例を活用して俯瞰図を作成しているため、メディアに注目されたり企業がアピールしている成功事例が取上げられやすいが、その背景には、DXに挑戦したものの成功に至らなかった企業や、まだ取組めていない企業が数多く存在していると推測される。それらの企業が俯瞰図において、規模や産業、地域などが自社に当てはまる場所をみることで適した事例の参照、"デジタルオプティマイゼーション"から"デジタルトランスフォーメーション"への展開を検討するなど、DXの取組に役立てていただけることを期待したい。

第2章

DXの取組状況

1 はじめに

　DXを推進するためには、経営トップが自ら変革を主導し全社横断で組織的に取組むことが必要となってくる。そのためには経営戦略と整合したDX戦略を策定し、推進していくことが有効である。第2章では日米の企業のDXに対する取組状況の概要を示した。

2 日米におけるDXの取組状況

　日本でDXに取組んでいる企業の割合は2021年度調査の55.8%から2022年度調査は69.3%に増加、2022年度調査の米国の77.9%に近づいており、この1年でDXに取組む企業の割合は増加している（図表1-7）。ただし、全社戦略に基づいて取組んでいる割合は米国が68.1％に対して日本が54.2%となっており、全社横断での組織的な取組として、さらに進めていく必要がある。なお、DXに取組んでいる企業の割合とは「全社戦略に基づき、全社的にDXに取組んでいる」「全社戦略に基づき、一部の部門においてDXに取組んでいる」「部署ごとに個別でDXに取組んでいる」の合計のことをいう。また、全社戦略に基づいて取組んでいる割合とは「全社戦略に基づき、全社的にDXに取組んでいる」「全社戦略に基づき、一部の部門においてDXに取組んでいる」の合計のことをいう。

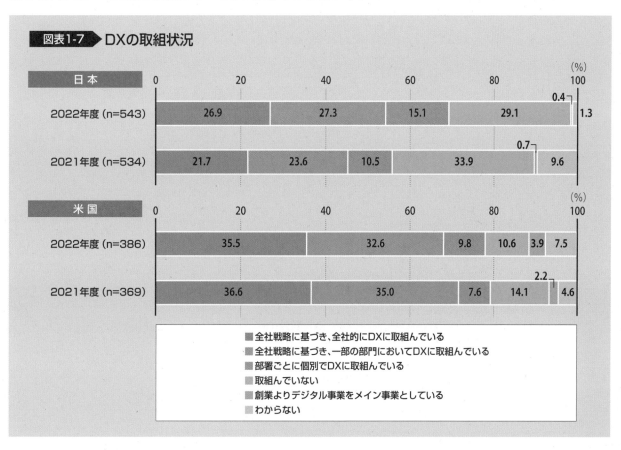

図表1-7　DXの取組状況

DXの取組状況を従業員規模別でみると日本は従業員数が多い企業ほどDXの取組が進んでいる（図表1-8）。日本の「1,001人以上」においてはDXに取組んでいる割合は94.8％と米国と比較しても高い割合を示しているのに対して、従業員規模が「100人以下」の日本における割合の合計は約40％、DXに取組んでいない企業が60％近くになっており、中小企業におけるDXの取組の遅れは顕著である。

　なお、DXに取組んでいる割合とは「全社戦略に基づき、全社的にDXに取組んでいる」「全社戦略に基づき、一部の部門においてDXに取組んでいる」「部署ごとに個別でDXに取組んでいる」の合計のことをいう。

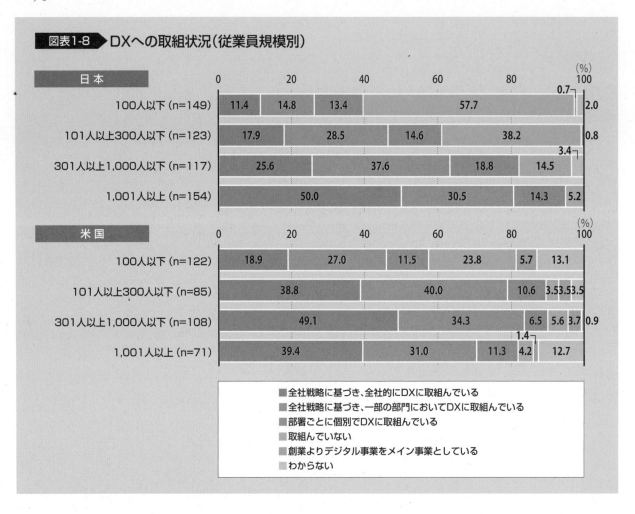

図表1-8　DXへの取組状況（従業員規模別）

　DXの取組において、日本で「成果が出ている」の企業の割合は2021年度調査の49.5%から2022年度調査は58.0%に増加した。一方、米国は89.0%が「成果が出ている」となっており、日本でDXへ取組む企業の割合は増加しているものの、成果の創出において日米差は依然として大きい（図表1-9）。

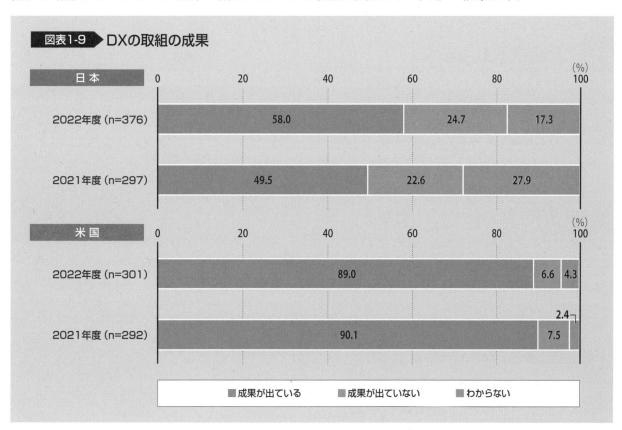

図表1-9 ▶ DXの取組の成果

■成果が出ている　■成果が出ていない　■わからない

第3章

企業DXの戦略

1 DX戦略の全体像

　DX戦略の策定に際しては、まずDX推進によって達成すべきビジョンを定める。そして「外部環境変化とビジネスへの影響評価」を考慮したうえで「取組領域の策定」および「推進プロセスの策定」を行い、達成に向けた道筋を整理することが必要である。

　策定した推進プロセスを実現するためには「企業競争力を高める経営資源の獲得、活用」、すなわち人材・ITシステム・データという経営資源をどのように獲得・配置し継続的に有効活用するかを検討することが重要である。

　「成果評価とガバナンス」では、顧客への価値提供を評価するための評価指標の設定とDX推進状況の評価、評価結果に基づく人材、投資などのリソース配分見直しの仕組みを構築する必要がある。

　DX推進に際しては上記の戦略策定・推進・評価の一連のプロセスを早いサイクルで繰り返し、失敗から学習しながら進めることが大切である。

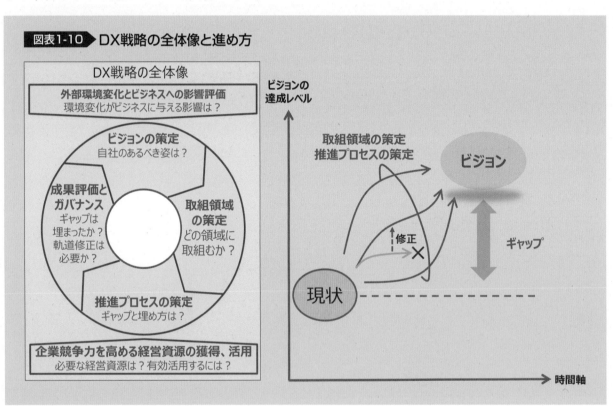

図表1-10　DX戦略の全体像と進め方

2 外部環境変化とビジネスへの影響評価

　DX戦略策定に際しては、自社のあるべき姿（ビジョン）達成に向け、外部環境の変化や自社のビジネスへの影響を鑑みた取組領域を設定することが必要となる。

　パンデミックをはじめとした、外部環境変化に対する企業のビジネスへの影響と対応状況を尋ねた結果を示す（図表1-11）。外部環境変化への機会としての認識で影響がありビジネスとして対応している割合で日本が高い項目は「技術の発展」「SDGs」「パンデミック」の3項目で約3割となっている。「プライバシー規制、データ利活用規制の強化」「地政学的リスク」「ディスラプターの出現」の3項目はビジネスとして対応している割合が米国の約4割から5割に対して日本は2割以下となっており、環境変化への認識と対応が遅れている。日本企業はグローバルな外部環境の変化へのアンテナを高くしていくこと、および変化を機会と捉えていくマインドのシフトが求められる。

　なお、影響がありビジネスとして対応しているとは「非常に強い影響があり、ビジネスを変革させ最優先で影響に対応している」「強い影響があり、ビジネスを変革させ影響に対応している」の合計のことをいう。

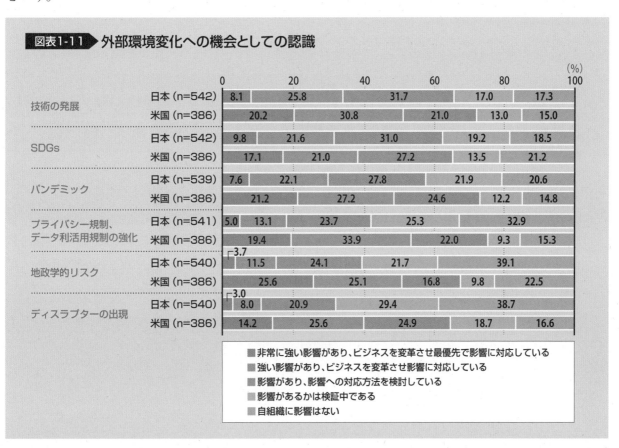

図表1-11 外部環境変化への機会としての認識

3 取組領域、推進プロセスの策定

　DXを進めていくうえでは、「顧客や社会の問題の発見と解決による新たな価値の創出」と「組織内の業務生産性向上や働き方の変革」という二つのアプローチを同時並行に進めることが重要である。既存事業のDXによって得られた原資を新たな価値創出に向けた活動に充当していくことで、企業の競争力と経営体力を高めながら、環境変化にも対応することが可能となる。

　DXの取組領域ごとの成果状況を尋ねた結果をみると、デジタイゼーションに相当する「アナログ・物理データのデジタル化」とデジタライゼーションに相当する「業務の効率化による生産性の向上」において、成果が出ている割合（「すでに十分な成果が出ている」「すでにある程度の成果が出ている」の合計）が約80%であり米国と差がなくなっている。（図表1-12）

　一方、デジタルトランスフォーメーションに相当する「新規製品・サービスの創出」「顧客起点の価値創出によるビジネスモデルの根本的な変革」については20%台で、米国の約70%とは大きな差があり、デジタルトランスフォーメーションに向けてさらなる取組が必要である。

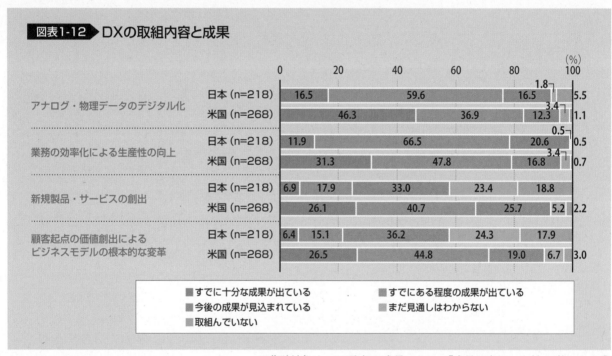

図表1-12 ▶ DXの取組内容と成果

※集計対象は、DX取組の成果において「成果が出ている」と回答した企業

　DXは、ニーズの不確実性が高く、技術の適用可能性もわからないといった状況下で推進することが求められ、状況に応じて柔軟かつ迅速に対応していくことが必要である。そのため、日本企業にもアジャイルの原則に則ったDXの取組が求められる。

　アジャイルの原則とアプローチを組織のガバナンスに取入れているかを尋ねた結果を示す（図表1-13）。日本においてはいずれの部門においても、取入れている割合（「全面的に取り入れている」「一部取り入れている」の合計）は5割未満であり、7割から8割を超える米国とは取組に差がある。

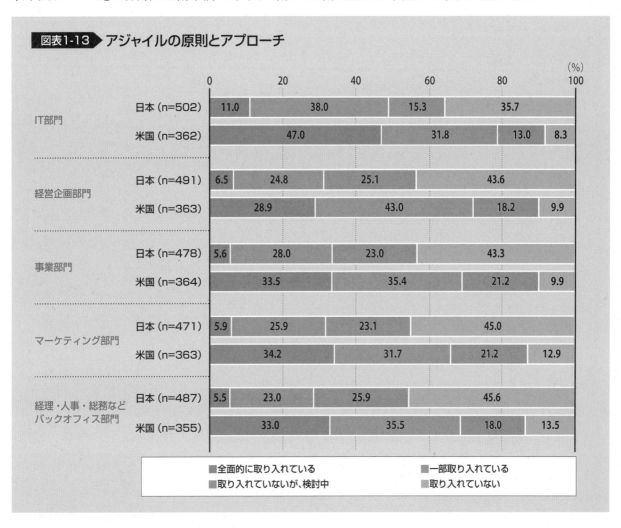

図表1-13 ▶ アジャイルの原則とアプローチ

IT部門
- 日本 (n=502)：11.0 / 38.0 / 15.3 / 35.7
- 米国 (n=362)：47.0 / 31.8 / 13.0 / 8.3

経営企画部門
- 日本 (n=491)：6.5 / 24.8 / 25.1 / 43.6
- 米国 (n=363)：28.9 / 43.0 / 18.2 / 9.9

事業部門
- 日本 (n=478)：5.6 / 28.0 / 23.0 / 43.3
- 米国 (n=364)：33.5 / 35.4 / 21.2 / 9.9

マーケティング部門
- 日本 (n=471)：5.9 / 25.9 / 23.1 / 45.0
- 米国 (n=363)：34.2 / 31.7 / 21.2 / 12.9

経理・人事・総務など
バックオフィス部門
- 日本 (n=487)：5.5 / 23.0 / 25.9 / 45.6
- 米国 (n=355)：33.0 / 35.5 / 18.0 / 13.5

■全面的に取り入れている　■一部取り入れている
■取り入れていないが、検討中　■取り入れていない

4 企業競争力を高める経営資源の獲得・活用

　DXの推進にあたっては、経営層の積極的な関与やDX/ITへの見識と経営層、業務部門、IT部門が協働できるような組織作りが必要となる。

　IT分野に見識がある役員が3割以上の割合を日米で比較すると2022年度調査は日本が27.8%、米国が60.9%である（図表1-14）。日本は2021年度調査から割合は増加しているものの米国と比べて2倍以上の大きな差があり日本の経営層のITに対する理解が不十分であることがDXの取組の阻害になることが懸念される。

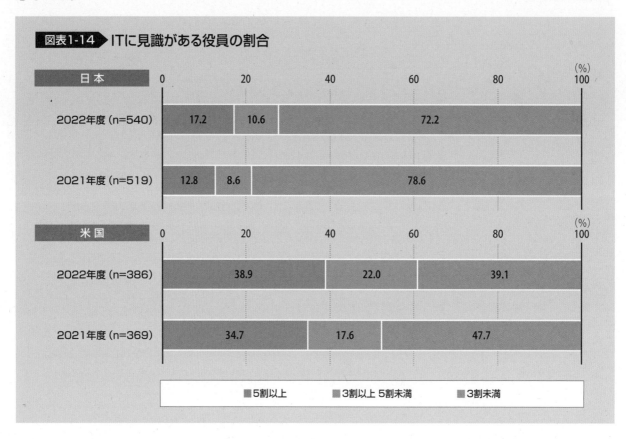

図表1-14 ▶ ITに見識がある役員の割合

日本

	5割以上	3割以上 5割未満	3割未満
2022年度 (n=540)	17.2	10.6	72.2
2021年度 (n=519)	12.8	8.6	78.6

米国

	5割以上	3割以上 5割未満	3割未満
2022年度 (n=386)	38.9	22.0	39.1
2021年度 (n=369)	34.7	17.6	47.7

■5割以上　■3割以上 5割未満　■3割未満

　経営者・IT部門・業務部門が協調できているか尋ねた結果を示す（図表1-15）。「十分にできている」「まあまあできている」を合わせた割合は、米国では8割であるのに対して日本は4割弱となっておりDXを全社的に推進していくうえでの課題となっていることが推察される。

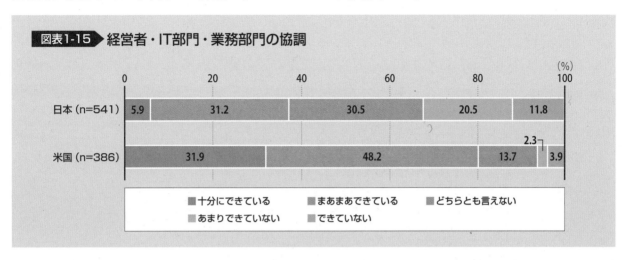

図表1-15　経営者・IT部門・業務部門の協調

日本 (n=541)　5.9　31.2　30.5　20.5　11.8

米国 (n=386)　31.9　48.2　13.7　2.3　3.9

■十分にできている　■まあまあできている　■どちらとも言えない
■あまりできていない　■できていない

　DX推進のための予算確保の状況として米国は「年度の予算の中にDX枠として継続的に確保されている」が40.4％と最も割合が高いのに対して、日本で最も割合が高いのは「必要な都度、申請し、承認されたものが確保される」で45.1％となっている（図表1-16）。日本は継続的に予算が確保されている割合が少なく、約3割が予算が「確保されていない」状況である。DXが全社横断で取組む中長期の取組であることを踏まえると一過性ではない継続的な予算を確保していくことも重要である。

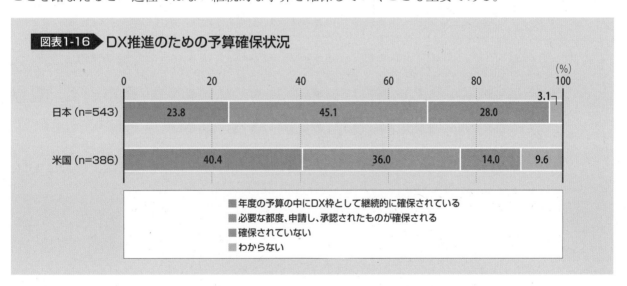

図表1-16　DX推進のための予算確保状況

日本 (n=543)　23.8　45.1　28.0　3.1

米国 (n=386)　40.4　36.0　14.0　9.6

■年度の予算の中にDX枠として継続的に確保されている
■必要な都度、申請し、承認されたものが確保される
■確保されていない
■わからない

5 成果評価とガバナンス

DXを推進するためには顧客への価値提供の実現を指標として成果評価をすることが重要であり、適切なKPIを設定し測定、改善していくことが必要である。

顧客への価値提供などの成果について、どのくらいの頻度で評価しているのか尋ねた結果を示す（図表1-17）。日本においては「評価対象外」との回答の割合が3割半ばから7割程度となっており、取組の成果が測定されていないことは大きな課題である。米国は「アプリのアクティブユーザ数」「顧客体験（カスタマーエクスペリエンス）への影響」「消費者の行動分析」など顧客向けの取組については「毎週」「毎月」評価しているという割合が約5割であるのに対して、日本は1割程度となっている。また、「従業員の勤務時間の短縮」「コストの軽減率」「製品の不良率やサービスの障害発生率」など社内向けの取組についての指標は頻度が「毎月」については日米で差がない。顧客への価値提供など対応スピードが求められる領域には高頻度で実施していくなど、取組内容に応じた適切な成果評価の頻度の設定や見直しが必要である。

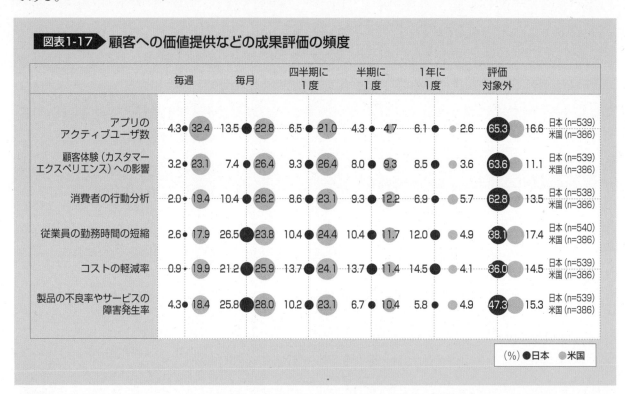

図表1-17 顧客への価値提供などの成果評価の頻度

	毎週	毎月	四半期に1度	半期に1度	1年に1度	評価対象外	
アプリのアクティブユーザ数	4.3 / 32.4	13.5 / 22.8	6.5 / 21.0	4.3 / 4.7	6.1 / 2.6	65.3 / 16.6	日本 (n=539) / 米国 (n=386)
顧客体験（カスタマーエクスペリエンス）への影響	3.2 / 23.1	7.4 / 26.4	9.3 / 26.4	8.0 / 9.3	8.5 / 3.6	63.6 / 11.1	日本 (n=539) / 米国 (n=386)
消費者の行動分析	2.0 / 19.4	10.4 / 26.2	8.6 / 23.1	9.3 / 12.2	6.9 / 5.7	62.8 / 13.5	日本 (n=538) / 米国 (n=386)
従業員の勤務時間の短縮	2.6 / 17.9	26.5 / 23.8	10.4 / 24.4	10.4 / 11.7	12.0 / 4.9	38.1 / 17.4	日本 (n=540) / 米国 (n=386)
コストの軽減率	0.9 / 19.9	21.2 / 25.9	13.7 / 24.1	13.7 / 11.4	14.5 / 4.1	36.0 / 14.5	日本 (n=539) / 米国 (n=386)
製品の不良率やサービスの障害発生率	4.3 / 18.4	25.8 / 28.0	10.2 / 23.1	6.7 / 10.4	5.8 / 4.9	47.3 / 15.3	日本 (n=539) / 米国 (n=386)

(%) ●日本　●米国

6 先進技術を使った新たなビジネスへの取組

DXの推進にあたっては変化の早い先進技術の動向をタイムリーに把握して、「失敗を恐れずに挑戦する」というやり方で、いち早く取組を進めていくことが必要となる。

先進的なデジタル技術を使った新しいビジネスへの取組状況を尋ねた結果を示す（図表1-18）。日本は「取組みを始めている」の回答割合がいずれの項目でも20%に満たない。米国はいずれの項目でも50%以上となっており、先進的な技術への感度と新たな分野への対応スピードが差として表れているといえる。

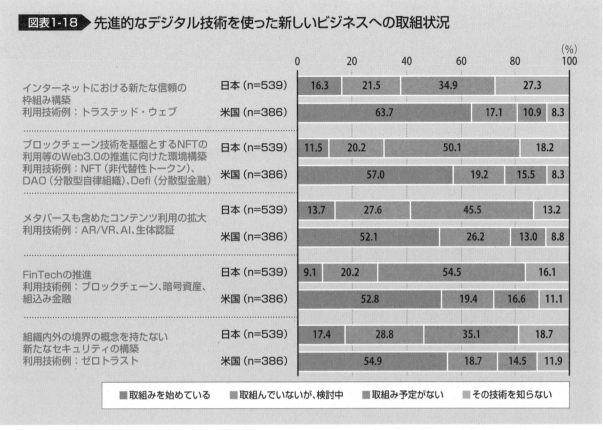

図表1-18 先進的なデジタル技術を使った新しいビジネスへの取組状況

		取組みを始めている	取組んでいないが、検討中	取組み予定がない	その技術を知らない
インターネットにおける新たな信頼の枠組み構築 利用技術例：トラステッド・ウェブ	日本 (n=539)	16.3	21.5	34.9	27.3
	米国 (n=386)	63.7	17.1	10.9	8.3
ブロックチェーン技術を基盤とするNFTの利用等のWeb3.0の推進に向けた環境構築 利用技術例：NFT（非代替性トークン）、DAO（分散型自律組織）、Defi（分散型金融）	日本 (n=539)	11.5	20.2	50.1	18.2
	米国 (n=386)	57.0	19.2	15.5	8.3
メタバースも含めたコンテンツ利用の拡大 利用技術例：AR/VR、AI、生体認証	日本 (n=539)	13.7	27.6	45.5	13.2
	米国 (n=386)	52.1	26.2	13.0	8.8
FinTechの推進 利用技術例：ブロックチェーン、暗号資産、組込み金融	日本 (n=539)	9.1	20.2	54.5	16.1
	米国 (n=386)	52.8	19.4	16.6	11.1
組織内外の境界の概念を持たない新たなセキュリティの構築 利用技術例：ゼロトラスト	日本 (n=539)	17.4	28.8	35.1	18.7
	米国 (n=386)	54.9	18.7	14.5	11.9

※選択肢「すでに取組み成果が出ている」「取組みを始めている」の回答を「取組みを始めている」にまとめている

7 まとめ

　日本企業はデジタイゼーションやデジタライゼーションの領域での成果はあがっているものの、顧客価値創出やビジネスモデルの変革といったトランスフォーメーションのレベルの成果創出は不十分であり、本来の目的「X＝変革」に向けてさらなる取組の深化が必要である。

　また経営資源の獲得・活用の観点ではDXを推進する予算が継続的に確保されていない企業の割合が高く、またDXを推進するうえでリーダーシップをとる経営層のITについての見識が低く、経営層とIT部門・業務部門との協調も不十分であることは課題である。継続的な成果創出やガバナンスの観点では取組内容に応じた適切な成果評価の頻度の設定や見直しも必要である。

　先進技術の活用に関しても米国企業は先進技術への感度が高く、DXに必要な「先んじて挑戦し失敗からも学ぶ」というやり方で、いち早く取組を進めていることがうかがえ、日本企業はマインドシフトや取組方の見直しを進めていくことが必要である。

第4章

デジタル時代の人材

1 はじめに

　本章においてDXを推進する人材に関する取組の全体像を以下のように定義した。(図表1-19)

　まずDXを推進するために自社にどのような人材が必要となるか、具体的な人材像を設定し、それを社内に周知し、組織として目指す方向性についての共通理解が醸成されることが必要となる。次にその人材像に当てはまる人材を社内から発掘・登用、また社外から獲得し確保をしていくことが必要となる。獲得・確保した人材についてはDXを推進する人材としてのキャリア形成やキャリアサポートの施策、スキルアップするための育成施策や既存人材の学び直しなどにも取組むことが重要となる。DXを推進する人材に対しては既存の人材とは異なった評価基準が必要となるため、新たな評価基準の定義と定期的な評価の実施・見直しを行い、人材にフィードバックを行うことで人材の定着化を図ることも必要となる。DXが組織に根付いていくためには土壌となる企業文化・風土のあり方も重要であり、DXにふさわしい姿に変革していくことが求められる。

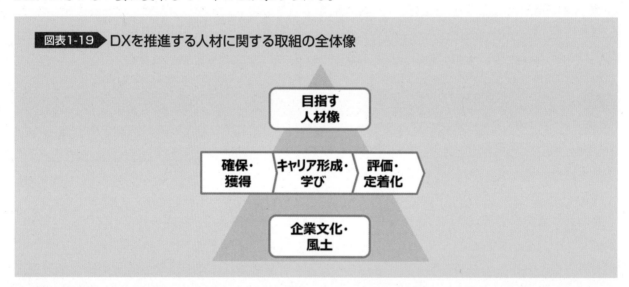

図表1-19 DXを推進する人材に関する取組の全体像

2 目指す人材像

　DXを推進する人材について、人材像を設定し、社内に周知しているかを尋ねた結果を示す(図表1-20)。人材像を「設定し、社内に周知している」割合は日本では18.4%、米国では48.2%、「設定していない」割合は日本では40.0%を占め、米国の2.7%に対する大きな差が見られる。人材像が明確になっていないことが人材の獲得・確保において「戦略上必要なスキルやそのレベルが定義できていない」「採用したい人材のスペックが明確でない」などの課題につながっていることから、日本企業はこの取組の遅れを認識し、早急に取組む必要がある。(第4部第1章4.「DXを推進する人材の獲得・確保」を参照)

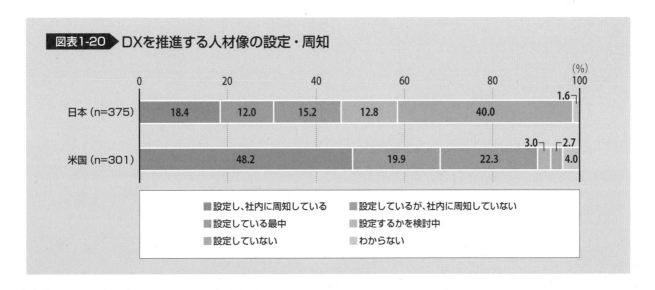

図表1-20 ▶ DXを推進する人材像の設定・周知

凡例:
- 設定し、社内に周知している
- 設定しているが、社内に周知していない
- 設定している最中
- 設定するかを検討中
- 設定していない
- わからない

日本 (n=375): 18.4 / 12.0 / 15.2 / 12.8 / 40.0 / 1.6

米国 (n=301): 48.2 / 19.9 / 22.3 / 3.0 / 2.7 / 4.0

3 DXを推進する人材の「量」「質」

人材の確保は、DX戦略を推進する上での重要な課題である。そのため、自社の人材の充足度を把握し、継続的に人材確保をする必要がある。

DXを推進する人材の「量」「質」の確保について尋ねた結果を示す。

「量」については、2022年度調査では、DXを推進する人材が充足していると回答した割合が日本は10.9%、米国は73.4%であった(図表1-21)。「大幅に不足している」が米国では2021年度調査の20.9%から2022年度調査の3.3%と減少する一方、日本では2021年度調査の30.6%から2022年度調査は49.6%と増加し、DXを推進する人材の「量」の不足が進んでいる。

なお、DXを推進する人材が充足している回答とは「やや過剰である」「過不足はない」の合計のことをいう。

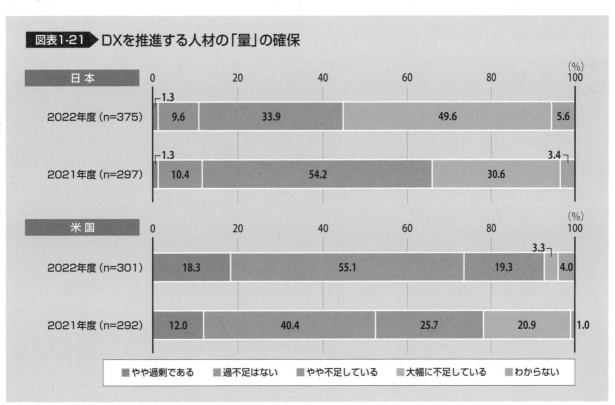

図表1-21 ▶ DXを推進する人材の「量」の確保

日本

2022年度 (n=375): 1.3 / 9.6 / 33.9 / 49.6 / 5.6

2021年度 (n=297): 1.3 / 10.4 / 54.2 / 30.6 / 3.4

米国

2022年度 (n=301): 18.3 / 55.1 / 19.3 / 3.3 / 4.0

2021年度 (n=292): 12.0 / 40.4 / 25.7 / 20.9 / 1.0

凡例:
- やや過剰である
- 過不足はない
- やや不足している
- 大幅に不足している
- わからない

DXを推進する人材の「質」の確保について2021年度調査と2022年度調査で比較した結果を示す（図表1-22）。日本では、「やや不足している」は2021年度調査の55.0%から2022年度調査は34.4%と減少している一方、「大幅に不足している」は2021年度調査30.5%から2022年度調査は51.7%になり明確な不足を回答する企業が半数にまで増加している。

日本の企業でDXを推進する人材の「量」「質」の不足が増加した要因としては、この1年でDXに取組む企業の割合が増加し、それにあわせてDXの推進に必要な人材に対するニーズが増えていることが考えられる。（第3部第1章2.「日米におけるDXの取組状況」を参照）

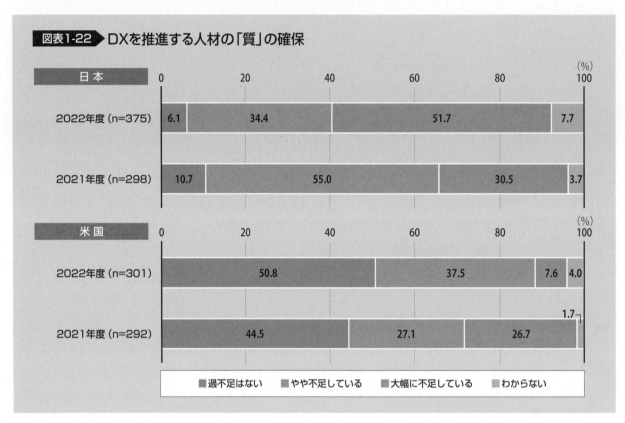

図表1-22 ▶ DXを推進する人材の「質」の確保

日本
- 2022年度 (n=375)：6.1／34.4／51.7／7.7
- 2021年度 (n=298)：10.7／55.0／30.5／3.7

米国
- 2022年度 (n=301)：50.8／37.5／7.6／4.0
- 2021年度 (n=292)：44.5／27.1／26.7／1.7

■過不足はない　■やや不足している　■大幅に不足している　■わからない

4 DXを推進する人材の獲得・確保

DXを推進する人材の獲得・確保の取組の状況としては日米ともに「社内人材の育成」（54.9%、42.5%）の割合が一番高い（図表1-23）。日本と米国の差異をみると米国は、日本より「特定技術を有する企業や個人との契約」（42.5%）、「リファラル採用（自社の社員から友人や知人などを紹介してもらう手法）」（24.9%）などさまざまな社外からの獲得手段の割合が高く、日本企業もこのような手段を積極的に活用していくことが必要と考える。

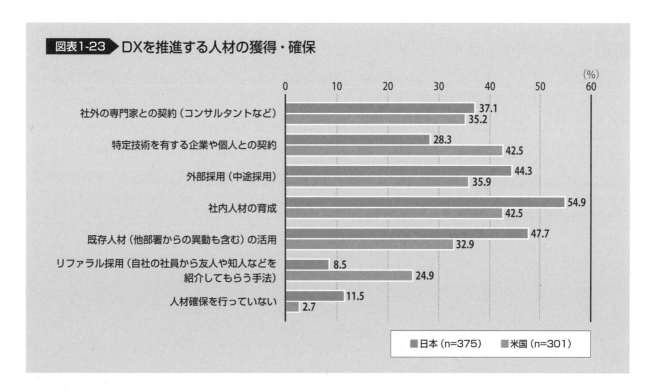

図表1-23 ▶ DXを推進する人材の獲得・確保

	日本 (n=375)	米国 (n=301)
社外の専門家との契約（コンサルタントなど）	37.1	35.2
特定技術を有する企業や個人との契約	28.3	42.5
外部採用（中途採用）	44.3	35.9
社内人材の育成	54.9	42.5
既存人材（他部署からの異動も含む）の活用	47.7	32.9
リファラル採用（自社の社員から友人や知人などを紹介してもらう手法）	8.5	24.9
人材確保を行っていない	11.5	2.7

5 キャリア形成・学び

　日本のDXを推進する人材の育成方法は、「実施・支援なし」が全項目で4割から7割と割合が高い。米国では「DX案件を通じたOJTプログラム」が6割を超えるほか、その他の取組もおおむね30%から40%台である（図表1-24）。日本で育成を会社として実施している割合が最も高いのは「DX案件を通じたOJTプログラム」が23.9%であり、DXの推進人材の育成施策を会社として取組む姿勢に日米で大きな差が出ている。

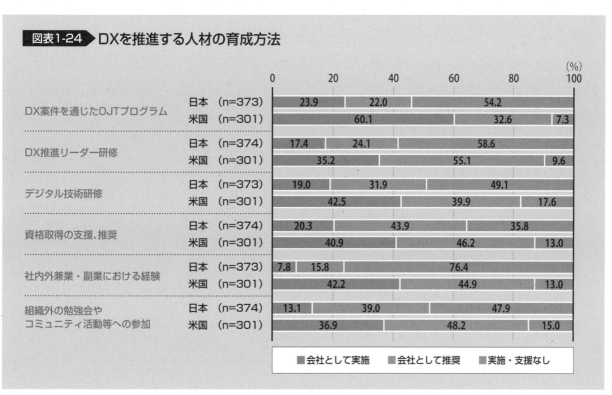

図表1-24 ▶ DXを推進する人材の育成方法

		会社として実施	会社として推奨	実施・支援なし
DX案件を通じたOJTプログラム	日本 (n=373)	23.9	22.0	54.2
	米国 (n=301)	60.1	32.6	7.3
DX推進リーダー研修	日本 (n=374)	17.4	24.1	58.6
	米国 (n=301)	35.2	55.1	9.6
デジタル技術研修	日本 (n=373)	19.0	31.9	49.1
	米国 (n=301)	42.5	39.9	17.6
資格取得の支援、推奨	日本 (n=374)	20.3	43.9	35.8
	米国 (n=301)	40.9	46.2	13.0
社内外兼業・副業における経験	日本 (n=373)	7.8	15.8	76.4
	米国 (n=301)	42.2	44.9	13.0
組織外の勉強会やコミュニティ活動等への参加	日本 (n=374)	13.1	39.0	47.9
	米国 (n=301)	36.9	48.2	15.0

6 DXを推進する人材の評価

　DXを推進する人材を評価するための基準について尋ねた結果を図表1-25に示す。米国では過半数を越え63.8%が「基準がある」と回答したのに対して、日本では「基準がある」が12.0%、「基準はない」が79.3%となった。DXを推進する人材は既存の人材とは異なった評価基準が必要となり、そのための評価基準の新たな定義に取組むことが急務であると考える。

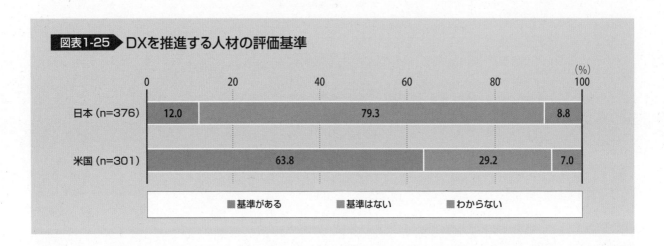

図表1-25　DXを推進する人材の評価基準

7 企業文化・風土

　DXの推進のための企業文化・風土の「現在」の状況を尋ねた結果を図表1-26に示す。日本は「できている」の割合が高い項目として「企業の目指すことのビジョンや方向性が明確で社員に周知されている」(30.4%)、「個人の事情に合わせた柔軟な働き方ができる」(28.0%)が挙げられるが、すべての項目が40%以上の米国との差は大きい。DXが組織に根付いていくためには土壌となる企業文化・風土のあり方も重要でありDXにふさわしい姿に変革していくことが求められる。

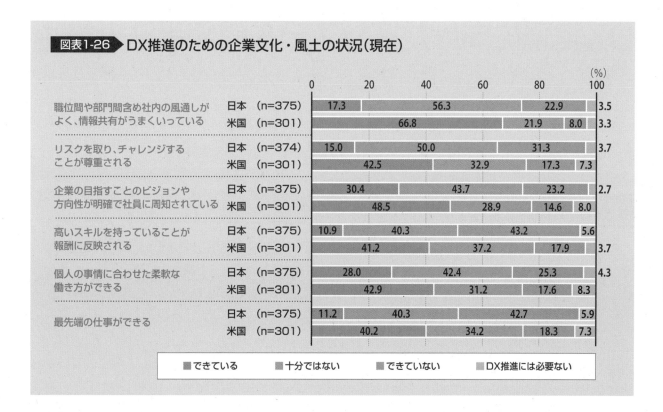

図表1-26 ▶ DX推進のための企業文化・風土の状況（現在）

		できている	十分ではない	できていない	DX推進には必要ない
職位間や部門間含め社内の風通しがよく、情報共有がうまくいっている	日本 (n=375)	17.3	56.3	22.9	3.5
	米国 (n=301)	66.8		21.9	8.0 / 3.3
リスクを取り、チャレンジすることが尊重される	日本 (n=374)	15.0	50.0	31.3	3.7
	米国 (n=301)	42.5	32.9	17.3	7.3
企業の目指すことのビジョンや方向性が明確で社員に周知されている	日本 (n=375)	30.4	43.7	23.2	2.7
	米国 (n=301)	48.5	28.9	14.6	8.0
高いスキルを持っていることが報酬に反映される	日本 (n=375)	10.9	40.3	43.2	5.6
	米国 (n=301)	41.2	37.2	17.9	3.7
個人の事情に合わせた柔軟な働き方ができる	日本 (n=375)	28.0	42.4	25.3	4.3
	米国 (n=301)	42.9	31.2	17.6	8.3
最先端の仕事ができる	日本 (n=375)	11.2	40.3	42.7	5.9
	米国 (n=301)	40.2	34.2	18.3	7.3

8 まとめ

　日本企業はDXを推進する人材の人材像の設定・周知ができておらず、人材の質・量は2021年度調査と比べてともに不足が進んでいる。人材の獲得・確保について米国企業は社外からの獲得手段を活用する割合が高く、日本企業も積極的な活用が必要と考える。

　日本企業は米国企業に比べ、キャリア形成・学びに関する取組を組織として実施している割合が低い。また人材を評価するうえで基本となる評価基準について、日本企業では「基準はない」が8割を占め、米国企業に比べDXを推進する人材施策の取組ができていない。DXの推進の土壌となる企業文化・風土についても現状ではDXに必要な要素が備わっている割合は低い状況である。

　今回の調査結果は、全般的に「DXの推進において人材が課題」という状況が顕著にあらわれた結果となっており、取組の加速は急務であると考える。

第5章

DX実現に向けたITシステム開発手法と技術

　DXを推進するためにはビジネス環境の変化に迅速に対応できるITシステムの整備と社内外のシステム連携による競争領域の強化、ビジネス上のニーズに合致するデータ活用と分析が必要となる。

1 DXを実現するためのITシステムの要件

　DXを実現するためのITシステムの共通要素には、ITシステムとその開発運用の体制が変化に対して俊敏かつ柔軟に対応できる「スピード・アジリティ」、社内外の円滑かつ効率的なシステム間連携を目指す「社会最適」、データ活用を中心に据えて社内外へ新たな価値を生み出してゆく「データ活用」の三つが挙げられる（IPA「DX実践手引書 ITシステム構築編」[7]より）。

　「スピード・アジリティ」では、一定の機能や品質を保ったシステムの俊敏な構想・設計・開発・運用、市場や環境の変化に応じて臨機応変に軌道修正できる柔軟性などが要件となる。「社会最適」では、競争領域、非競争領域を明確化し、非競争領域には外部サービスを活用、競争領域にはリソースを投入してビジネスを強化することが要件となる。「データ活用」では、必要なデータを必要なタイミングで取り出せる「データ活用基盤」の構築が要件となる。

　上記の三つの要件を備えるようなシステムのあり方を図表1-27に示す。

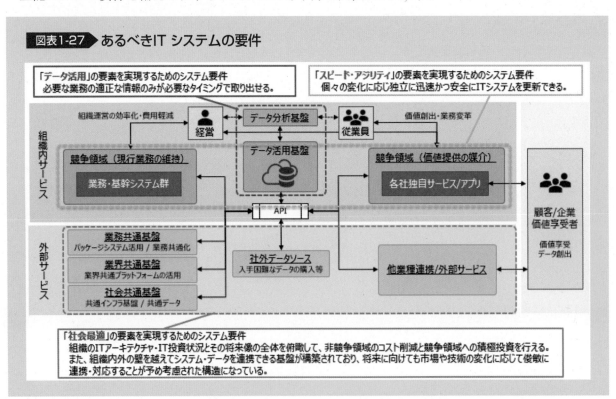

図表1-27　あるべきIT システムの要件

出典：DX実践手引書 ITシステム構築編 完成 第1.0版

＊7　DX 実践手引書 IT システム構築編 完成 第 1.0 版 <https://www.ipa.go.jp/files/000094497.pdf>

2 企画開発手法

　企業の環境変化への対応や新サービスの短期間での立ち上げ、といったビジネスニーズに対応するためには、企業のITシステムにはスピード・アジリティや社会最適、データ活用を実現する機能が求められる。図表1-28は、前述のビジネスニーズに対応するためにITシステムに求められる機能について、各社の「達成度」を尋ねたものである。「達成している」「まあまあ達成している」の合計は、米国では6割から7割に対して、日本では多くの項目で2割から4割程度である。前述のDXを実現するためのITシステムに求められる重要な要素であるスピード・アジリティや社会最適、データ活用の観点からみても、今後の改善が必要となる。

図表1-28 ▶ ビジネスニーズに対応するためにITシステムに求められる機能（達成度）

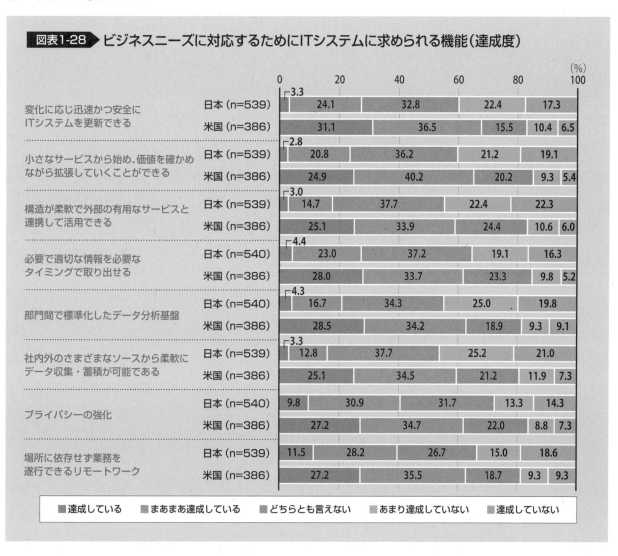

項目	区分	達成している	まあまあ達成している	どちらとも言えない	あまり達成していない	達成していない
変化に応じ迅速かつ安全にITシステムを更新できる	日本 (n=539)	3.3	24.1	32.8	22.4	17.3
	米国 (n=386)	31.1	36.5	15.5	10.4	6.5
小さなサービスから始め、価値を確かめながら拡張していくことができる	日本 (n=539)	2.8	20.8	36.2	21.2	19.1
	米国 (n=386)	24.9	40.2	20.2	9.3	5.4
構造が柔軟で外部の有用なサービスと連携して活用できる	日本 (n=539)	3.0	14.7	37.7	22.4	22.3
	米国 (n=386)	25.1	33.9	24.4	10.6	6.0
必要で適切な情報を必要なタイミングで取り出せる	日本 (n=540)	4.4	23.0	37.2	19.1	16.3
	米国 (n=386)	28.0	33.7	23.3	9.8	5.2
部門間で標準化したデータ分析基盤	日本 (n=540)	4.3	16.7	34.3	25.0	19.8
	米国 (n=386)	28.5	34.2	18.9	9.3	9.1
社内外のさまざまなソースから柔軟にデータ収集・蓄積が可能である	日本 (n=539)	3.3	12.8	37.7	25.2	21.0
	米国 (n=386)	25.1	34.5	21.2	11.9	7.3
プライバシーの強化	日本 (n=540)	9.8	30.9	31.7	13.3	14.3
	米国 (n=386)	27.2	34.7	22.0	8.8	7.3
場所に依存せず業務を遂行できるリモートワーク	日本 (n=539)	11.5	28.2	26.7	15.0	18.6
	米国 (n=386)	27.2	35.5	18.7	9.3	9.3

■ 達成している　■ まあまあ達成している　■ どちらとも言えない　■ あまり達成していない　■ 達成していない

DXを実現するためのITシステムの開発手法の活用状況（「全社的に活用している」「事業部で活用している」の合計）をみると、米国が4割半ばから7割弱に対して日本はおおむね1割から2割と、どの項目においても日米差が大きい（図表1-29）。開発技術の活用状況としては米国が5割から6割に対して日本は2割から4割である（図表1-30）。開発技術の中で日本の活用状況の割合（「全社的に活用している」「事業部で活用している」の合計）が高いのは「SaaS」が40.4％、「パブリッククラウド（IaaS、PaaS）」が32.5％となっており、自らがIT資産を構築・所有しないでサービスを利用する、という形態は拡大していることがみてとれる。その一方、マイクロサービス、コンテナなどを活用する割合は、1割から2割にとどまり、新たな開発技術の活用度合が低いことがわかる。日本企業において新たな開発手法・技術の活用が進まない背景として、人材の「量」「質」の不足などの課題や、ユーザー企業・ベンダー企業双方が相互依存を継続し続けることで新たな開発手法や技術の採用や変革に消極的、などの理由により従来型の手法・技術から脱却できないことが考えられる。

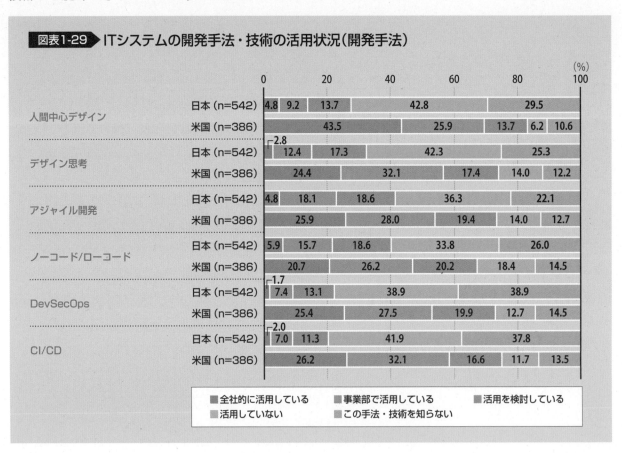

図表1-29　ITシステムの開発手法・技術の活用状況（開発手法）

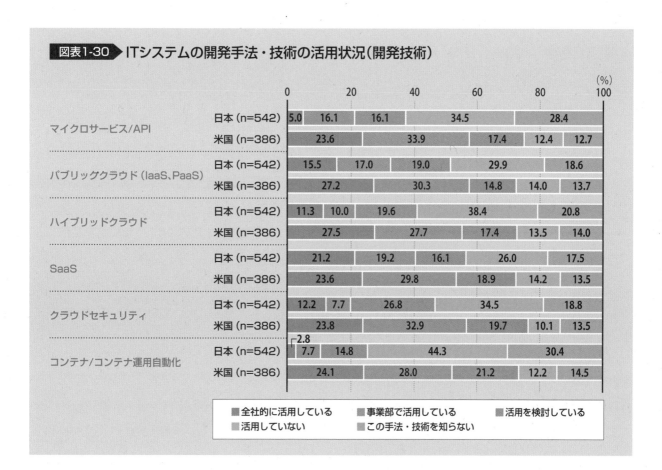

図表1-30 ▶ ITシステムの開発手法・技術の活用状況（開発技術）

老朽化した既存ITシステム（レガシーシステム）は、DX推進の足かせになる場合があることから、2022年度調査では、新たにレガシーシステムの状況と課題に関する設問を追加している。

図表1-31は、回答企業におけるレガシーシステムの状況を尋ねたものである。半分以上レガシーシステムが残っている割合（「半分程度がレガシーシステムである」「ほとんどがレガシーシステムである」の合計）でみると、米国の22.8%に対して日本は41.2%であり、日本企業におけるレガシー刷新の遅れがうかがえる。日本で「DX取組なし」の企業は「わからない」が40.8%に対して「DX取組あり」の企業は「わからない」が8.2%でありDXの取組がレガシーシステムの把握と刷新のきっかけの一つになっていると推察される。

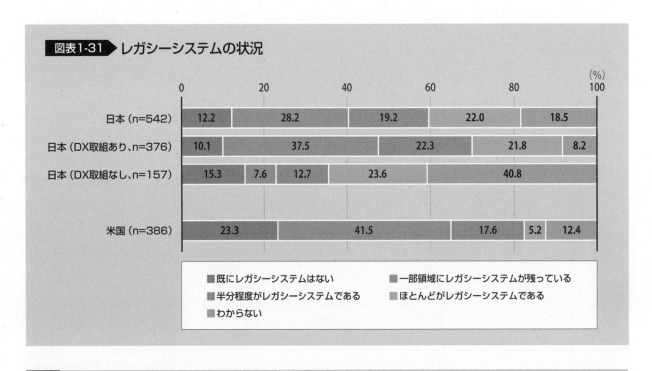

図表1-31 ▶ レガシーシステムの状況

	既にレガシーシステムはない	一部領域にレガシーシステムが残っている	半分程度がレガシーシステムである	ほとんどがレガシーシステムである	わからない
日本 (n=542)	12.2	28.2	19.2	22.0	18.5
日本 (DX取組あり、n=376)	10.1	37.5	22.3	21.8	8.2
日本 (DX取組なし、n=157)	15.3	7.6	12.7	23.6	40.8
米国 (n=386)	23.3	41.5	17.6	5.2	12.4

3 データ利活用技術

　データ利活用の状況として「全社で利活用している」と「事業部門・部署ごとに利活用している」の合計をみると米国より日本のほうが高く、データ利活用は進んでいる（図表1-32）。ただし日本は「全社で利活用している」割合は米国と比べて低く、また取組む予定がない企業の割合（「関心はあるがまだ特に予定はない」「今後も取組む予定はない」の合計）も約20%を示し、データ利活用への取組が二極化する傾向がみられる。こうした日本の企業にはDXに不可欠であるデータ利活用に対するマインドチェンジが求められる。

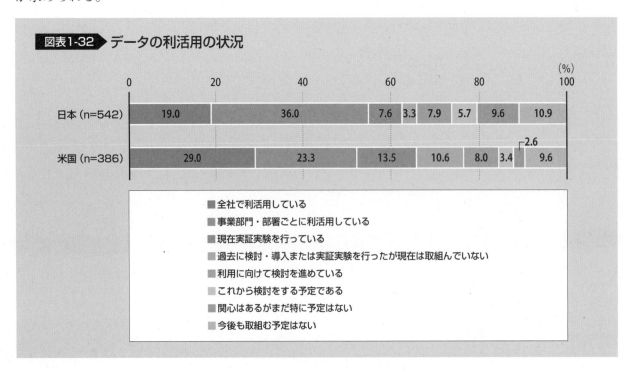

図表1-32 ▶ データの利活用の状況

	全社で利活用している	事業部門・部署ごとに利活用している	現在実証実験を行っている	過去に検討・導入または実証実験を行ったが現在は取組んでいない	利用に向けて検討を進めている	これから検討をする予定である	関心はあるがまだ特に予定はない	今後も取組む予定はない
日本 (n=542)	19.0	36.0	7.6	3.3	7.9	5.7	9.6	10.9
米国 (n=386)	29.0	23.3	13.5	10.6	8.0	3.4	2.6	9.6

　一方、データ利活用による売上増加の効果としては米国ではすべての領域で6割から7割半ばの割合で効果（「5％以上の売上増加」「5％未満の売上増加」の合計）があるとしているのに対して、日本で効果があるとしている割合は1割半ばから3割弱であり、総じて低い（図表1-33）。また、「成果を測定していない」としている割合が日本では総じて5割前後となっており、成果の測定から始めることが必要と考えられる。データ利活用に関する技術の活用状況において日本企業は「データ整備ツール」、「マスターデータ管理」のようなデータ利活用の基礎段階であるのに対して、米国企業は「データハブ」、「データ統合ツール」のような複数のデータを統合して利活用する段階に至っており、その差が効果創出の差につながっていると考えられる。（第5部第3章4.（1）「データ利活用技術」を参照）

　またデータ整備・管理・流通において、日本企業は人材、システム、文化と、さまざまな課題が存在しており、データ利活用による効果創出に至っていないと考えられる。（第5部第3章4.（1）「データ利活用技術」を参照）

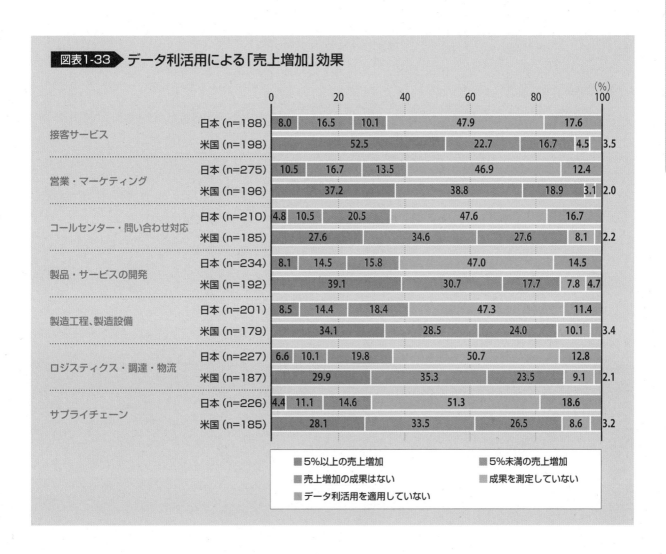

図表1-33　データ利活用による「売上増加」効果

凡例：
- 5％以上の売上増加
- 5％未満の売上増加
- 売上増加の成果はない
- 成果を測定していない
- データ利活用を適用していない

接客サービス
- 日本（n=188）：8.0　16.5　10.1　47.9　17.6
- 米国（n=198）：52.5　22.7　16.7　4.5　3.5

営業・マーケティング
- 日本（n=275）：10.5　16.7　13.5　46.9　12.4
- 米国（n=196）：37.2　38.8　18.9　3.1　2.0

コールセンター・問い合わせ対応
- 日本（n=210）：4.8　10.5　20.5　47.6　16.7
- 米国（n=185）：27.6　34.6　27.6　8.1　2.2

製品・サービスの開発
- 日本（n=234）：8.1　14.5　15.8　47.0　14.5
- 米国（n=192）：39.1　30.7　17.7　7.8　4.7

製造工程、製造設備
- 日本（n=201）：8.5　14.4　18.4　47.3　11.4
- 米国（n=179）：34.1　28.5　24.0　10.1　3.4

ロジスティクス・調達・物流
- 日本（n=227）：6.6　10.1　19.8　50.7　12.8
- 米国（n=187）：29.9　35.3　23.5　9.1　2.1

サプライチェーン
- 日本（n=226）：4.4　11.1　14.6　51.3　18.6
- 米国（n=185）：28.1　33.5　26.5　8.6　3.2

4 AI技術

AIの利活用の状況に関し日本のAI導入率（「全社で導入している」「一部の部署で導入している」の合計）は22.2%であり、同40.4%である米国とは、2021年度調査同様、差が大きい（図表1-34）。日本ではAIの導入課題である「自社内でAIへの理解が不足している」「AI人材が不足している」などが導入を進められない要因として考えられる。（第5部第3章4.（2）「AI技術」を参照）

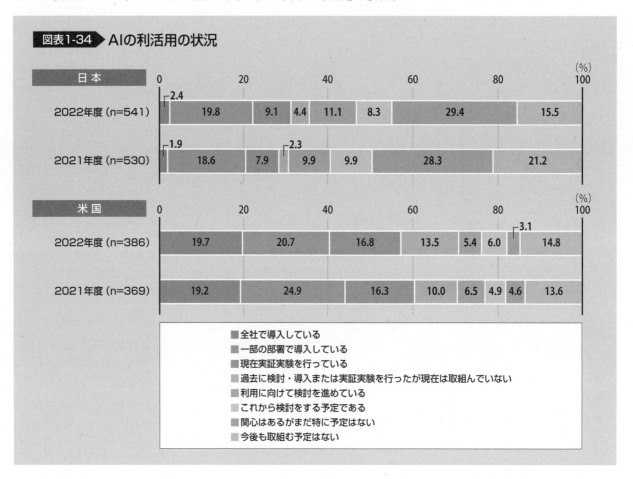

図表1-34 AIの利活用の状況

AIの導入目的として、日米の差が大きい項目のうち米国のほうが割合の高い項目の上位3位は「集客効果の向上」「新製品の創出」「新サービスの創出」であり、顧客価値の向上に関する項目が高い（図表1-35）。日本のほうが割合の高い項目の上位3位は「生産性向上」「ヒューマンエラーの低減、撲滅」「品質向上」であり、業務改善に関する項目が高い。今後はAIの取組を業務改善などデジタライゼーションから顧客価値の向上などデジタルトランスフォーメーションに段階的に発展させていくことが必要となる。

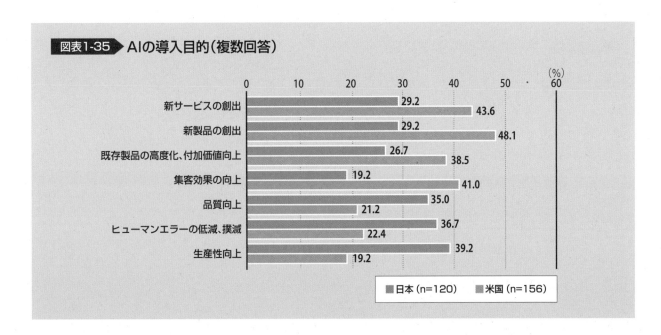

図表1-35 ▶ AIの導入目的（複数回答）

■日本 (n=120)　■米国 (n=156)

	日本	米国
新サービスの創出	29.2	43.6
新製品の創出	29.2	48.1
既存製品の高度化、付加価値向上	26.7	38.5
集客効果の向上	19.2	41.0
品質向上	35.0	21.2
ヒューマンエラーの低減、撲滅	36.7	22.4
生産性向上	39.2	19.2

5 IoT技術・デジタルツイン

IoTを全社または一部で導入している割合（「全社で導入している」「一部の部署で導入している」の合計）は、米国が48.4％であるのに対し、日本は23.3％にとどまっており、米国に比べIoTの取組が遅れている（図表1-36）。日本のIoTの導入課題である「IoTに関する自社の理解が不足している」「人材の確保が難しい」「予算の確保が難しい」などが導入を進められない要因となっている。（第5部第3章3.（3）「IoT・デジタルツイン」を参照）

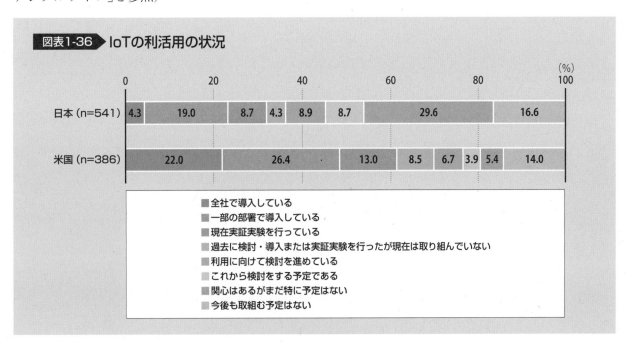

図表1-36 ▶ IoTの利活用の状況

	全社で導入している	一部の部署で導入している	現在実証実験を行っている	過去に検討・導入または実証実験を行ったが現在は取り組んでいない	利用に向けて検討を進めている	これから検討をする予定である	関心はあるがまだ特に予定はない	今後も取組む予定はない
日本 (n=541)	4.3	19.0	8.7	4.3	8.9	8.7	29.6	16.6
米国 (n=386)	22.0	26.4	13.0	8.5	6.7	3.9	5.4	14.0

■全社で導入している
■一部の部署で導入している
■現在実証実験を行っている
■過去に検討・導入または実証実験を行ったが現在は取り組んでいない
■利用に向けて検討を進めている
■これから検討をする予定である
■関心はあるがまだ特に予定はない
■今後も取組む予定はない

IoTを導入する目的として日本は「予防保守」「遠隔監視、制御」など保守・管理業務に関する項目が米国と比べてとくに高くなっている（図表1-37）。一方、「顧客の価値向上やロイヤリティの向上」「サプライチェーンの最適化」などの割合は低く、社内外のシステム間連携を含めた「社会最適」や競争領域の強化を進めていく必要がある。

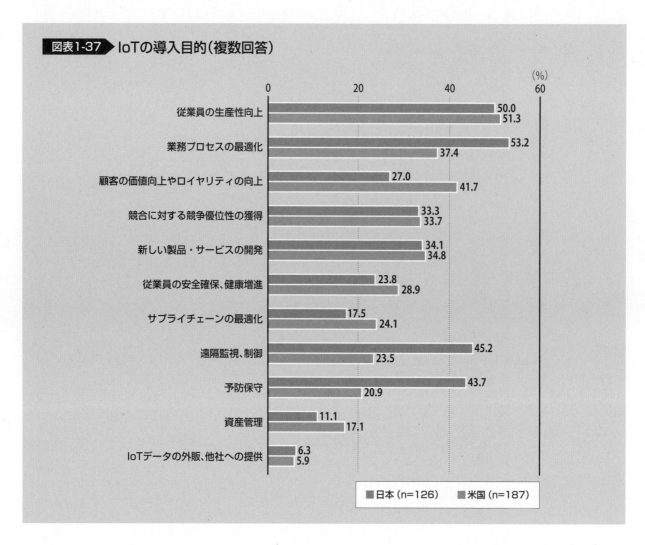

図表1-37 ▶ IoTの導入目的（複数回答）

従業員の生産性向上　日本 50.0／米国 51.3
業務プロセスの最適化　日本 53.2／米国 37.4
顧客の価値向上やロイヤリティの向上　日本 27.0／米国 41.7
競合に対する競争優位性の獲得　日本 33.3／米国 33.7
新しい製品・サービスの開発　日本 34.1／米国 34.8
従業員の安全確保、健康増進　日本 23.8／米国 28.9
サプライチェーンの最適化　日本 17.5／米国 24.1
遠隔監視、制御　日本 45.2／米国 23.5
予防保守　日本 43.7／米国 20.9
資産管理　日本 11.1／米国 17.1
IoTデータの外販、他社への提供　日本 6.3／米国 5.9

■日本（n=126）　■米国（n=187）

　デジタルツインの構築・活用について、米国ではさまざまな領域で2割から3割の活用がされているのに対して、日本における活用は1割以下となっている（図表1-38）。またデジタルツインを構築・活用していない企業は、日本で58.0%、米国では15.3%となっており、日米で大きな差がある。

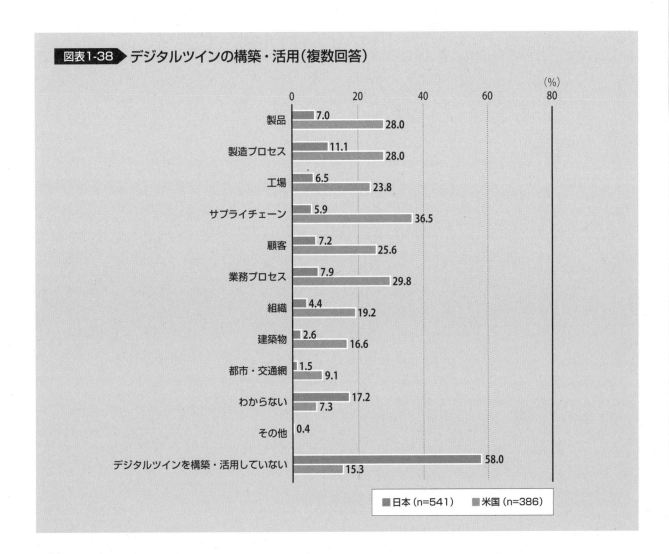

図表1-38 デジタルツインの構築・活用（複数回答）

6 まとめ

　DXに関連する開発手法・技術に関し、日本企業は米国企業に比べ活用が遅れている。開発手法に関しては、とくにスピード・アジリティ向上に必要となる開発手法の活用が遅れている。開発技術に関しては、SaaS・クラウドといった外部サービスの活用が進んできている状況がみられるが、開発手法と同様にスピード・アジリティ向上に必要となる開発技術の活用は米国企業に比べて遅れている。

　また、DX推進の足かせになるレガシーシステムについて米国企業と比べて日本企業は残存する割合が高くレガシーシステム刷新の遅れがうかがえる。

　これらの状況を踏まえると、自社や組織における競争・非競争領域の見極めを行い、競争領域の強化と非競争領域のコスト削減、それを迅速にITシステムに実装するために必要となる開発手法・技術の積極的な活用が望まれる。

　データ利活用技術については、日本企業はデータの利活用は進んでいるものの、売上増加やコスト削減など成果の創出にはまだ至っておらず、成果の測定もしていない企業が5割となっている。また、日本企業によるAI・IoTの利活用は米国企業と比べて遅れており、その導入目的において日本は業務効率化、米国は顧客価値の向上という違いがみてとれる。日本企業は導入目的を社内向けから顧客・社外に向けていくこと、データの利活用領域の拡大と取組成果を測定し取組の改善・成果創出につなげていくことが必要となる。

第6章

「企業を中心としたDX推進に関する調査」概要

1 調査概要

　本白書に掲載したアンケート結果は、IPAが2022年度に実施した「企業を中心としたDX推進に関する調査」(以降、本白書では「2022年度調査」と言う)によるものである。DX白書2021ではIPAが2021年度に実施した「企業におけるデジタル戦略・技術・人材に関する調査」(以降、本白書では「2021年度調査」と言う。ただし第4部第2章は除く)のアンケート結果を掲載した。2022年度調査も2021年度調査と同様に、日本および米国の企業におけるDXの取組状況や成果評価とガバナンスの実施状況、企業変革のための組織開発や企業変革を推進する人材の状況、ITシステムの開発手法と技術やデータ整備と管理などに関して調査し、状況を把握するとともに経年変化や国際比較を含めた分析を行うことを目的としたものである。

　日本企業へのアンケートは、「日本企業標準産業分類」の19業種(製造業、非製造業。「公務」を除く)の日本企業の経営層またはICT関連事業部門を対象として実施した。米国企業へのアンケートは日本企業の調査対象範囲に準じた企業のマネージャークラス以上を対象者として実施したものである(図表1-39)。

図表1-39　企業を中心としたDX推進に関する調査概要

	日本企業アンケート	米国企業アンケート
調査対象範囲および対象者	・日本標準産業分類(大分類)の19業種(「公務」を除く)の経営層またはICT関連事業部門、DX関連事業部門の責任者もしくは担当者	・日本企業の調査先に準じる ・所属している企業に対しての責任を持って回答できるマネージャークラス以上
調査項目	・DXの取組状況や企業競争力を高める経営資源の活用 ・DXの推進やデジタル技術を利活用する人材の把握 ・デジタル技術の利活用の状況や導入課題	
回収数	543社	386社
実施期間	2022年6月28日〜2022年7月28日	2022年7月12日〜2022年7月26日

2 回答企業のプロフィール

回答企業の業種を示す（図表1-40、図表1-41）。

図表1-40 回答企業の業種詳細

大項目	小項目	日本		米国	
		企業数	企業の割合(%)	企業数	企業の割合(%)
製造業	農業、林業、漁業	0	0	9	2.3
	鉱業、採石業、砂利採取業	0	0	2	0.5
	建設業	27	5.0	37	9.6
	製造業	183	33.7	47	12.2
	電気・ガス・熱供給・水道業	15	2.8	7	1.8
情報通信業	情報通信業	33	6.1	46	11.9
流通、小売業	運輸業、郵便業	15	2.8	9	2.3
	卸売業、小売業	123	22.7	52	13.5
金融業、保険業	金融業、保険業	37	6.8	33	8.5
サービス業	不動産業、物品賃貸業	19	3.5	7	1.8
	学術研究、専門・技術サービス業	12	2.2	23	6.0
	宿泊業、飲食サービス業	9	1.7	7	1.8
	生活関連サービス業、娯楽業	7	1.3	9	2.3
	教育、学習支援業	3	0.6	21	5.4
	医療、福祉	9	1.7	21	5.4
	複合サービス事業	7	1.3	1	0.3
	サービス業（他に分類されない）	44	8.1	55	14.2
全体		543	100.0	386	100.0

※「公務」は本調査の対象外

図表1-41 回答企業業種の比率

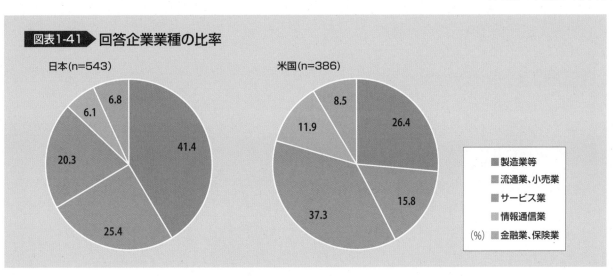

日本(n=543)　米国(n=386)

■製造業等
■流通業、小売業
■サービス業
■情報通信業
(%) ■金融業、保険業

回答企業の従業員数を示す（図表1-42）。

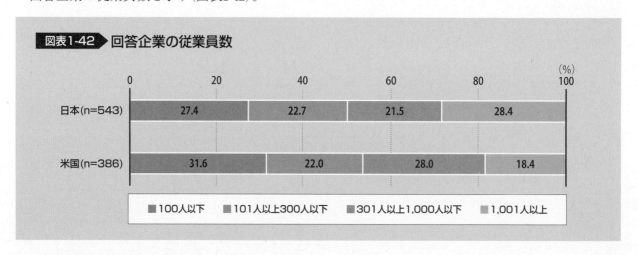

図表1-42　回答企業の従業員数

凡例：■100人以下　■101人以上300人以下　■301人以上1,000人以下　■1,001人以上

	100人以下	101人以上300人以下	301人以上1,000人以下	1,001人以上
日本(n=543)	27.4	22.7	21.5	28.4
米国(n=386)	31.6	22.0	28.0	18.4

回答企業の単体売上高を示す（図表1-43）。

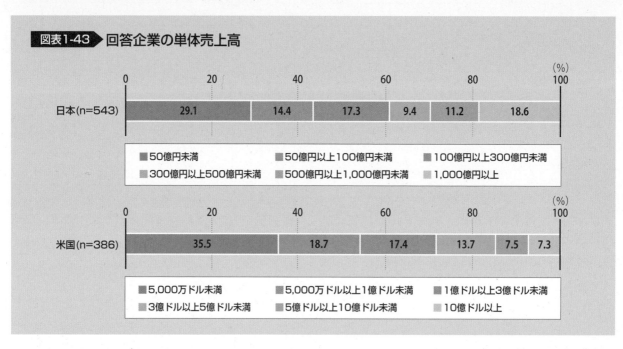

図表1-43　回答企業の単体売上高

日本(n=543)

50億円未満	50億円以上100億円未満	100億円以上300億円未満	300億円以上500億円未満	500億円以上1,000億円未満	1,000億円以上
29.1	14.4	17.3	9.4	11.2	18.6

米国(n=386)

5,000万ドル未満	5,000万ドル以上1億ドル未満	1億ドル以上3億ドル未満	3億ドル以上5億ドル未満	5億ドル以上10億ドル未満	10億ドル以上
35.5	18.7	17.4	13.7	7.5	7.3

回答者の所属部門を示す（図表1-44）。

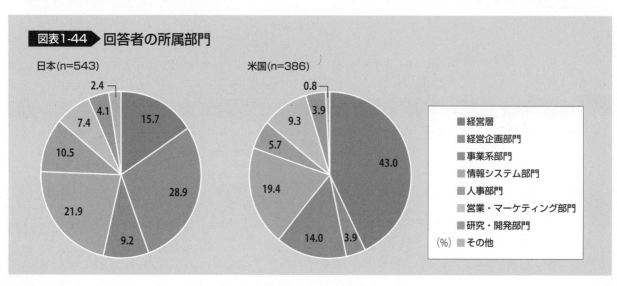

図表1-44　回答者の所属部門

日本(n=543)：2.4　4.1　7.4　10.5　21.9　9.2　28.9　15.7

米国(n=386)：0.8　3.9　9.3　5.7　19.4　14.0　3.9　43.0

凡例：■経営層　■経営企画部門　■事業系部門　■情報システム部門　■人事部門　■営業・マーケティング部門　■研究・開発部門　■その他　(%)

第2部
国内産業における
DXの取組状況の俯瞰

　DXに関しては経済産業省によるDXレポートやDX推進指標、DX銘柄の公表、ITベンダーなどによるDXコンサルティングの事業化、民間企業によるさまざまな取組のWeb公開などが広く行われ、「DX」という用語が一般化している。しかしながらDXは、顧客や社会のニーズに基づく製品やサービスやビジネスモデルの変革から、業務、組織、プロセス、企業文化・風土の変革まで幅広い概念を包括しているため、DX取組状況の把握は容易ではない。そこでIPAでは、インターネット上の公表情報から収集したDX事例を基に俯瞰図を作成し、DXの取組状況を可視化した。

5

第1章

総論

1 はじめに

　IPAではDXの取組状況を概観するために、既存のアンケート調査等からDXの取組を行う企業属性の傾向等を明らかにし、これらを整理するための軸を検討するとともに、その軸に基づきインターネット上の公表情報から収集したDX事例をマッピングした俯瞰図を作成する調査を実施することとした（以降、第2部では「本調査」と言う）。

　DXの取組状況を俯瞰図で可視化することにより、DXに取組む／取組もうとする企業等が規模や産業、地域などの視点から自社の取組に参考となる具体的な事例を参照できるほか、業務改革から事業改革への展開や周辺地域の取組との連携などを図る際の参考となる。さらに、我が国の企業のDXを支援する国や自治体、情報通信企業などによる取組の検討にも参考になると期待される。

　以下では、本調査の実施概要、作成された俯瞰図などを説明する。

2 調査方法

本調査は図表2-1に示す手順で実施した。

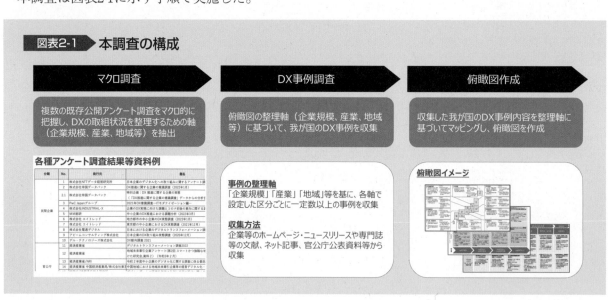

図表2-1　本調査の構成

「マクロ調査」「DX事例調査」「俯瞰図作成」の概要は以下のとおりである。

（1）DXの現状把握資料の取りまとめ（マクロ調査）

　我が国の企業DXの取組状況を概観するため、一般に公開されているアンケート調査などを収集、分析した。具体的には、民間企業、官公庁（民間への委託含む）、各種団体におけるアンケート調査結果等、幅広い資料を収集し、これらの資料に基づき、企業規模、産業、地域ごとのDXの取組状況について取りまとめている。参照した具体的な調査資料名などについては、図表2-2に記載している。また、調査結果を分析し、DXの取組状況と実施主体の属性との関係を明らかにすることで、DXの取組状況を整理するための軸（以降、「整理軸」と言う）を導出した。

（2）我が国のDX事例の収集、取りまとめ（DX事例調査）

　マクロ調査で導出した整理軸である「企業規模」「産業」「地域」の観点から、企業のWebや専門誌の文献、ネット記事などを基に幅広い企業属性のDX事例を収集した。

　事例収集に際しては、マクロ調査で確認した事業属性ごとの傾向が把握できるよう、＜DXの取組内容＞＜地域＞＜産業＞＜企業規模＞＜その他＞等の切り口を設け、それぞれの各区分に該当する事例数を一定数以上収集している。

（3）DXの取組の俯瞰的整理（俯瞰図作成）

　DX事例調査で収集したDX事例をマッピングした俯瞰図を作成した。俯瞰図については、「企業規模別」「産業別1」「産業別2」「地域別1」「地域別2」のほか、他企業との連携パターン別にどのような事例が存在しているのか概観する「他企業・団体協働類型別」も作成している。

国内産業におけるDXの取組状況の概観

1 マクロ調査

（1）マクロ的な現状把握調査の概要

　現在、あらゆる産業において、デジタル技術を用いた既存業務の効率化・高度化や、新規ビジネス創出、ビジネスモデル変革といった、いわゆるDXの必要性が叫ばれている。一方で、業界的な慣習や、人材・スキルの不足、予算上の制約など、さまざまな課題から、DXへの取組が難しい企業もあるものと推定される。国や調査会社のアンケート調査はDXの取組状況や課題を抽出していると期待される。そこで今回、我が国のDXのマクロ的な現状を把握するため、一般に公開されているアンケート結果などを基に調査を実施した。

　本調査のうち、マクロ調査の実施に当たっては、民間企業、官公庁（民間への委託含む）、各種団体におけるアンケート調査結果など幅広い資料を収集（図表2-2）し、企業規模、産業、地域ごとのDXの取組の現状について確認、取りまとめている。また、これらの資料とは別に、IPAが2022年6月から7月にかけて実施した「企業を中心としたDX推進に関する調査」の結果も一部参照している。

　なお、第2部にて参照している各種資料では、その調査ごとにアンケート母集団やアンケート対象者抽出方法、DXの定義、企業規模・産業・地域などの分類軸が異なる。そのため、各調査結果が示す傾向は必ずしも整合するものではないが、DX事例収集における整理軸としての企業属性と、その属性別での大まかな傾向を見極めるためには有効と考えている。

図表2-2 アンケート調査結果等資料例

分類	No.	発行元	題名
民間企業	1	株式会社NTTデータ経営研究所	日本企業のデジタル化への取り組みに関するアンケート調査（2019年8月）
	2	株式会社帝国データバンク	DX推進に関する企業の意識調査（2022年1月）
	2.1	株式会社帝国データバンク	特別企画：DX 推進に関する企業の実態（「DX推進に関する企業の意識調査」データからの分析含む）（2022年3月）
	3	PwC Japanグループ	2021年DX意識調査—ITモダナイゼーション編—
	4	株式会社INDUSTRIAL-X	企業のDX実現に向けた課題とコロナ前後の意向に関する調査（2021年7月）
	5	MM総研	中小企業のDX推進における課題分析（2022年3月）
	6	株式会社 エイトレッド	地方都市の中小企業のDX実態調査（2022年1月）
	7	株式会社 エイトレッド	東京都の中小企業におけるDX実態調査（2021年12月）
	8	株式会社電通デジタル	日本における企業のデジタルトランスフォーメーション調査（2021年度）
	9	アビームコンサルティング株式会社	日本企業のDX取り組み実態調査（2020年12月）
	10	デル・テクノロジーズ株式会社	DX動向調査 2021
官公庁	11	経済産業省	デジタルトランスフォーメーション調査2022
	12	経済産業省	地域未来牽引企業アンケート（第2回 スマートかつ強靱な地域経済社会の実現に向けた研究会,資料2）（令和3年2月）
	13	経済産業省	令和2年度中小企業のデジタル化に関する調査
	14	経済産業省 中国経済産業局	中国地域における地域未来牽引企業等の経営デジタル化・DXの実態調査
	15	総務省/情報通信総合研究所	デジタルデータの経済的価値の計測と活用の現状に関する調査研究
	16	総務省/情報通信総合研究所	デジタル・トランスフォーメーションによる経済へのインパクトに関する調査研究（2021年3月）
	17	文部科学省 科学技術・学術政策研究所	科学技術に関する国民意識調査—DX について—
その他団体	18	独立行政法人 情報処理推進機構	デジタル・トランスフォーメーション（DX）推進に向けた企業とIT人材の実態調査（2020年5月14日）
	19	独立行政法人 情報処理推進機構	デジタル時代のスキル変革等に関する調査（2022年4月）
	20	独立行政法人 情報処理推進機構	デジタル時代のスキル変革等に関する調査（2021年4月）
	21	独立行政法人 中小企業基盤整備機構	中小企業のDX推進に関する調査（2022年5月）
	22	独立行政法人 労働政策研究・研修機構	ものづくり産業におけるDX（デジタルトランスフォーメーション）に対応した人材の確保・育成や働き方に関する調査（令和3年5月）
	23	日本情報システム・ユーザー協会	企業IT動向調査報告書 2022
	24	ITスキル研究フォーラム	DX意識と行動調査（2021年 11月）
	25	日本情報システム・ユーザー協会	「デジタル化の取り組みに関する調査」（2020年5月）

（2）企業規模別のDXの現状

　DXの取組の推進に際しては、一定の投資・支出や、取組を進めるための組織・人材・ノウハウが必要となる。一般に、企業規模が大きいほど投資余力も大きく、また、人材やノウハウも豊富であることを考慮すると、DXに取組んでいる企業の割合については企業規模別に差異が生じていることが考えられる。そこで、企業規模が事例の整理軸の一つとして適当ではないかと考え、官公庁、民間、その他団体などが公表しているDXの取組に関する調査資料から企業規模によるDXの取組状況の傾向を捉えることとした。以下では、特徴的な調査結果を取上げる。

　総務省が実施した、DXの日本経済に与えるインパクトを推計する2020年度の調査研究事業「デジタル・トランスフォーメーションによる経済へのインパクトに関する調査研究」（以下「総務省調査」と言う）の中では、企業におけるDXの進捗状況や課題などを把握している。同事業の報告書（2021年3月）の中に掲載されている「企業向けアンケート調査」[*1]は、広く調査を実施した「プレ調査」、およびプレ調査の結果からDXに取組んでいる企業を抽出して詳細な調査を実施した「本調査」で構成されている。プレ調査の結果では大企業の4割強がDXに取組んでいるのに対して、中小企業では1割強にとどまっている。

　また、IPAが2022年6月から7月にかけて実施した「企業を中心としたDX推進に関する調査」においても、売上規模が大きくなるほどDXに取組んでいる企業の割合も高くなる傾向が確認できた（図表2-3）。

　これらの結果から、規模の大きい企業ほどDXに取組んでいる割合が高くなる傾向が確認された。

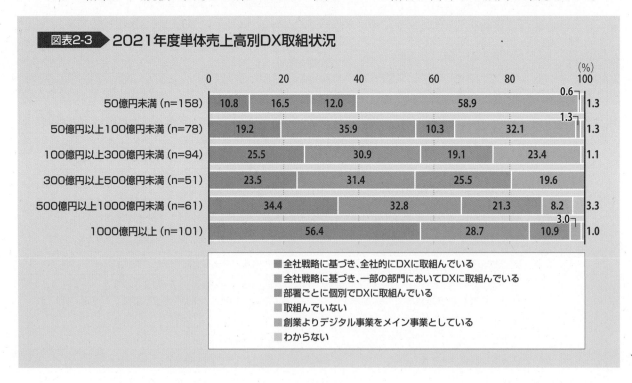

図表2-3　2021年度単体売上高別DX取組状況

　また、DXの推進に向けた課題について、独立行政法人中小企業基盤整備機構では、DXの取組が遅れているといわれる中小企業における現状や課題・期待等を把握するための調査として、全国中小企業経営者、経営幹部（個人事業主除く）を対象としたアンケート調査を2022年3月に実施し、「中小企業の

---

*1　調査対象は Web アンケート調査会社が保有する就業者モニター（企業の就業者）から、勤務先企業 DX 関連の取組を把握しているモニターを抽出（プレ調査：20,321 サンプル、本調査：1,068 サンプル）。
　　調査方法は WEB アンケート調査。<https://www.soumu.go.jp/johotsusintokei/linkdata/r03_02_houkoku.pdf>

DX推進に関する調査 アンケート報告書(2022年5月)」*2を公表している。

　本報告書の「DXに取組むに当たっての課題」の回答結果では、従業員20人以下*3の中小企業の場合、予算の確保(26.4%)、DX人材の不足(23.5%)の他、「具体的な効果や成果が見えない」(24.3%)「何から始めてよいかわからない」(22.8%)といったDXを始めるにあたっての課題が上位になっている(図表2-4)。一方で従業員21人以上の中小企業では、DX人材の不足が41.8%と、従業員20人以下の企業よりも18.3ポイントも高く、IT人材の不足が33.4%、企業文化・風土に関する課題が25.7%と続いている(図表2-5)。

　このことから、従業員20人以下の企業においてはDXに取りかかることが難しい状況が、従業員21人以上の企業ではDXに取組むなかで人材不足や企業文化・風土などがより大きな課題として顕在化している状況がうかがえる。

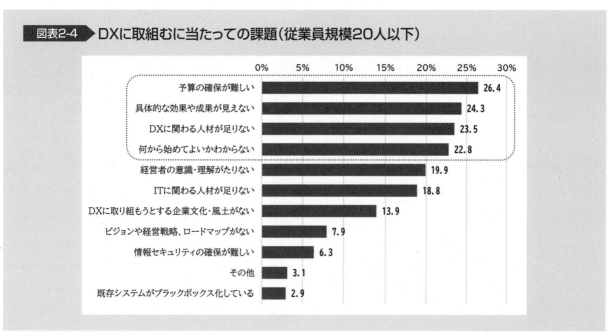

図表2-4　DXに取組むに当たっての課題(従業員規模20人以下)

課題	%
予算の確保が難しい	26.4
具体的な効果や成果が見えない	24.3
DXに関わる人材が足りない	23.5
何から始めてよいかわからない	22.8
経営者の意識・理解がたりない	19.9
ITに関わる人材が足りない	18.8
DXに取り組もうとする企業文化・風土がない	13.9
ビジョンや経営戦略、ロードマップがない	7.9
情報セキュリティの確保が難しい	6.3
その他	3.1
既存システムがブラックボックス化している	2.9

(複数回答 n=584)
出典：独立行政法人 中小企業基盤整備機構「中小企業のDX推進に関する調査(2022年5月)」

<hr>

＊2　調査対象は全国の中小企業経営者、経営幹部(個人事業主等を除く)1,000社。調査方法はWEBアンケート調査。<https://www.smrj.go.jp/research_case/research/questionnaire/favgos000000k9pc-att/DXQuestionnaireZentai_202205.pdf>
＊3　中小企業基本法では、おおむね常時使用する従業員の数が20人以下(商業又はサービス業では5人以下)の事業者を「小規模企業者」と定義している。

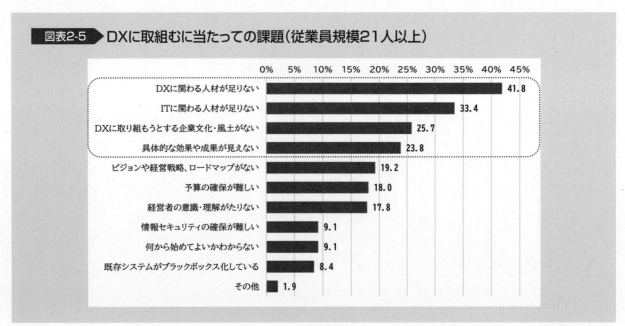

図表2-5 ▶ DXに取組むに当たっての課題（従業員規模21人以上）

- DXに関わる人材が足りない　41.8
- ITに関わる人材が足りない　33.4
- DXに取り組もうとする企業文化・風土がない　25.7
- 具体的な効果や成果が見えない　23.8
- ビジョンや経営戦略、ロードマップがない　19.2
- 予算の確保が難しい　18.0
- 経営者の意識・理解がたりない　17.8
- 情報セキュリティの確保が難しい　9.1
- 何から始めてよいかわからない　9.1
- 既存システムがブラックボックス化している　8.4
- その他　1.9

（複数回答　n＝416）
出典：独立行政法人 中小企業基盤整備機構「中小企業のDX推進に関する調査（2022年5月）」

　以上の結果より、企業規模が小さいほどDXに取組んでいる割合が低いこと、中小企業の中でも従業員20人以下の企業では、予算の確保、DX人材の不足のほか、「具体的な効果や成果が見えない」、「何から始めてよいかわからない」といったDXを始めるにあたっての課題があることが確認された。

（3）産業別のDXの現状

　DXを進めるためには、アナログ・物理的データのデジタル化（デジタイゼーション）が必要となる。たとえば、金融業界では、業界や本支店でのネットワーク整備やモバイルサービス提供など電子化の基盤整備は早期から実現されているが、書面・押印・対面手続きなど制度や慣習に基づくデジタイゼーションの課題は一部残されている*4。農業においては、デジタル化が進んでいないイメージがあるが、農林水産省のスマート農業の支援事業なども行われており、農林水産省の「令和4年農業構造動態調査結果」では、データを活用した農業を行っている農業経営体数が全体の23.3％に増加している*5。このように、データのデジタル化の現状は産業ごとに異なる。また、企業の事業規模の分布や利益構造、外部環境上の課題など、産業ごとの違いの影響によりDXへの取組状況に差異が生じていることも推定される。そこで、DXに取組んでいる企業の産業別割合について、公開されているDX関連の調査資料の中から比較的サンプル数が多く、個々の産業のDXの取組状況を比較可能な調査結果を抽出のうえ、その内容を確認した。

＊4　金融庁「金融業界における書面・押印・対面手続の見直しに向けた検討会」
　　<https://www.fsa.go.jp/singi/shomen_oin/index.html>
＊5　スマート農業実施率は23.3％に　農林水産省・農業構造動態調査結果
　　<https://www.projectdesign.jp/articles/news/47d58391-25be-48a8-a623-add165756f01>

　前項でも言及した総務省調査の報告書の中に掲載されている「企業向けアンケート調査」のプレ調査では、「情報通信業」「金融業、保険業」でDXに取組んでいる企業の割合が他産業と比較して高い（図表2-6）。

図表2-6　業種別のDXの取組状況

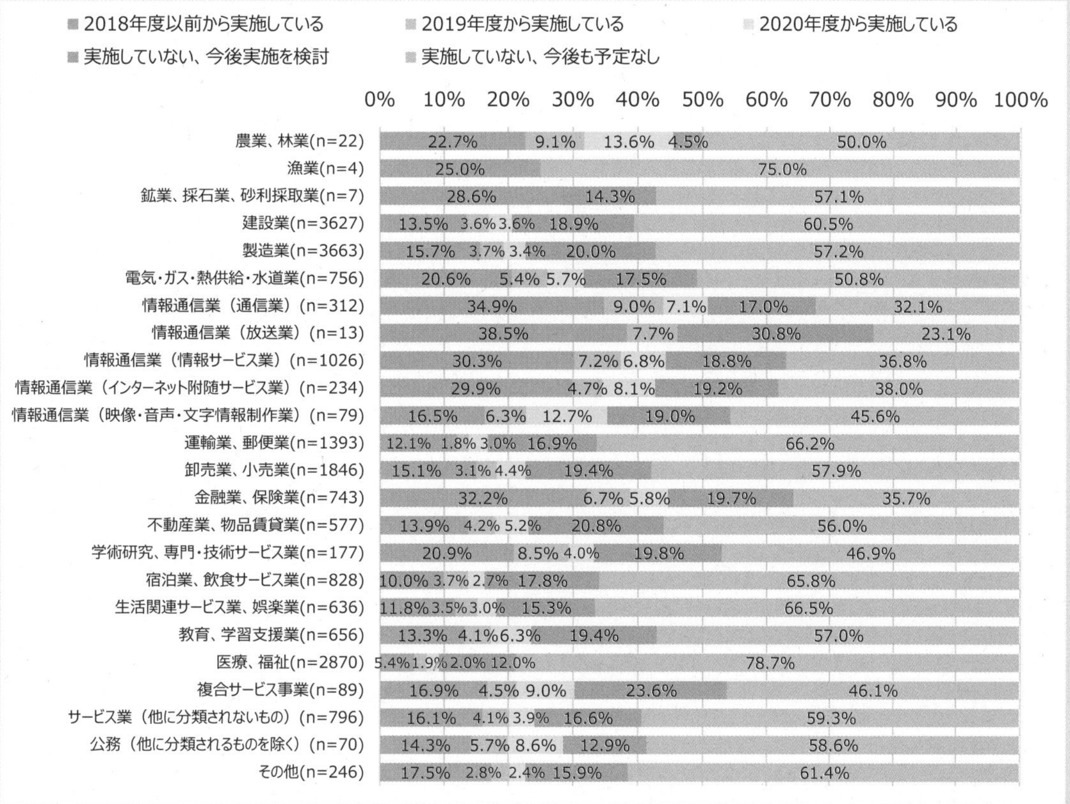

出典：総務省「デジタル・トランスフォーメーションによる経済へのインパクトに関する調査研究（2021年3月）」*6

　「農業、林業」でもDXの取組状況が「実施している」の合計は45.4％と高いが（平均値は22.9％）、サンプルが22件（全体の0.1％）と少数であった。なお、「実施している」の合計とは「2018年度以前から実施している」「2019年度から実施している」「2020年度から実施している」の合計のことをいう。これに対して、企業のDX推進状況や課題を把握するために株式会社帝国データバンクが実施した「DX推進に関する企業の意識調査（2022年1月）」*7（以下「TDB調査」と言う）では、「農・林・水産業」の合計が12.3％であり、総務省調査の結果とは大きな差がある（図表2-7）。なお、同じ産業分類が存在する「建設業」では総務省調査が20.7％、TDB調査が11.4％、「製造業」では同22.8％と14.7％と10ポイント以下の差であった。総務省調査はWebアンケート調査会社が保有する就業者モニターを利用しているため農業や林業には届きにくい、件数が少ないため誤差が大きいなどの原因が想定される。

＊6　https://www.soumu.go.jp/johotsusintokei/linkdata/r03_02_houkoku.pdf
＊7　調査対象は全国2万3,826社、有効回答企業1万769社（回答率45.25％）。
　　〈https://www.tdb.co.jp/report/watching/press/pdf/p220105.pdf〉

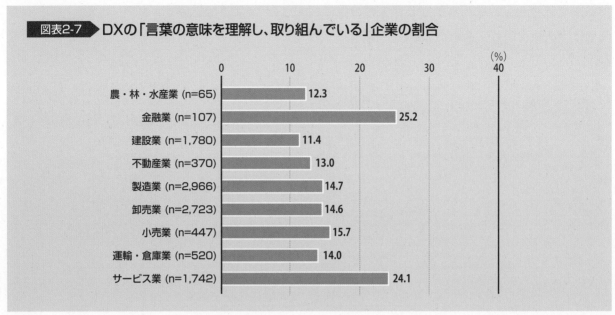

図表2-7 ▶ DXの「言葉の意味を理解し、取り組んでいる」企業の割合

出典：株式会社帝国データバンクが実施した「DX推進に関する企業の意識調査（2022年1月）」

　DXの「言葉の意味を理解し、取り組んでいる」企業の割合について、「フィンテック（FinTech）の活用が活発になってきている『金融』（25.2%）や、ソフト受託開発など企業のDXを支援する『情報サービス』などを含む「サービス」（24.1%）で高い割合となった」と分析されている。

（4）地域別のDXの現状

　第2章1.(2)「企業規模別のDXの現状」で示したとおり、DXの取組を推進するためには投資余力や人材・ノウハウが課題となっている例が多い。一般に、都市部ほど企業や労働力となり得る人材が集約されているため、必要となる人材・ノウハウの確保が容易であると考えられる。また、投資余力の大きい企業も都市部に集約されていることを鑑みると、大都市と地方都市でDXへの取組状況に差異が生じていることが推察される。

　総務省の「デジタル・トランスフォーメーションによる経済へのインパクトに関する調査研究」のプレ調査では、東京23区に本社がある企業の4割近くがDXへの取組を実施している一方で、政令指定都市、中核市、その他市町村と規模が小さくなるにつれてその割合が低くなる結果となっている。このことから、都市圏の企業のほうが地方圏の企業よりもDXに取組んでいる割合が高いことがうかがえる（図表2-8）。なお、「実施している」の合計とは「2018年度以前から実施している」「2019年度から実施している」「2020年度から実施している」の合計のことをいう。

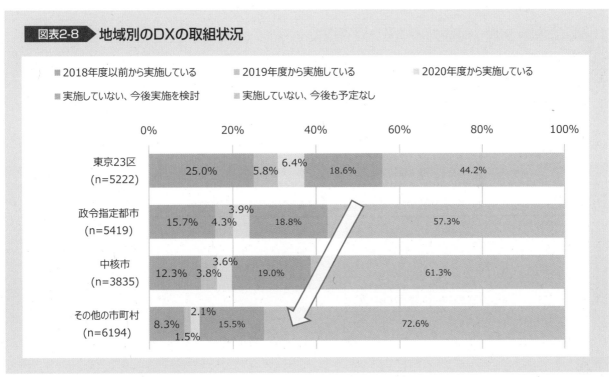

図表2-8 地域別のDXの取組状況

■2018年度以前から実施している　■2019年度から実施している　■2020年度から実施している
■実施していない、今後実施を検討　■実施していない、今後も予定なし

地域	2018以前	2019	2020	検討	予定なし
東京23区 (n=5222)	25.0%	5.8%	6.4%	18.6%	44.2%
政令指定都市 (n=5419)	15.7%	4.3%	3.9%	18.8%	57.3%
中核市 (n=3835)	12.3%	3.8%	3.6%	19.0%	61.3%
その他の市町村 (n=6194)	8.3%	1.5%	2.1%	15.5%	72.6%

出典：総務省「デジタル・トランスフォーメーションによる 経済へのインパクトに関する調査研究」

　また、株式会社エイトレッドが公表している「地方都市の中小企業のDX実態調査」[8]では、DXを推進することを希望する企業が期待することとして「業務効率化」が80.4%と最も高く、次いで「生産性向上」が69.6%であり、「商圏の拡大」については5.4%にとどまっている。同社が公表している「東京都の中小企業におけるDX実態調査」[9]では「商圏の拡大」の回答割合が21.3%であることを鑑みると、地方圏のとくに中小企業においては、生産性向上などの社内向け施策がDXの主眼であり、新たなビジネスや顧客拡大等のDXについては都市圏と比較すると相対的に取組が進んでいない可能性がある。

（5）マクロ調査まとめ

　以上のように、一般に公開されているDX関連のアンケート調査などを整理、分析してきた。その結果、規模の大きい企業のほうが中小企業と比較してDXの取組が進んでいる傾向がみられた。産業別のDXの取組状況については、各調査のサンプル数の問題もあり、調査によりばらつきがあるものの、現在もFinTechの取組が進む金融業や、DX推進のパートナーとなりうる情報サービス業などの業種においてはとくにDXの取組が進んでいる状況がみられた。また、地域別には、大都市圏の企業のほうが地方圏の企業と比較してDXの取組が進んでいる状況もみられた。

　これらのマクロ調査の結果を踏まえ、本調査では企業規模、産業、地域の三つを基本的な整理軸として、我が国におけるDXの取組を俯瞰的に捉えることとした。分析の視点を図表2-9に示す。

＊8　調査対象は東京・大阪・愛知を除く全国の中小企業（従業員数30名〜300名未満）の経営者・役員141名。調査方法はインターネット調査。<https://www.atled.jp/news/20220126_01/>
＊9　調査対象は東京都内の中小企業（従業員数30名〜300名未満）経営者・役員185名。調査方法はインターネット調査。<https://www.atled.jp/news/20211220_01/>

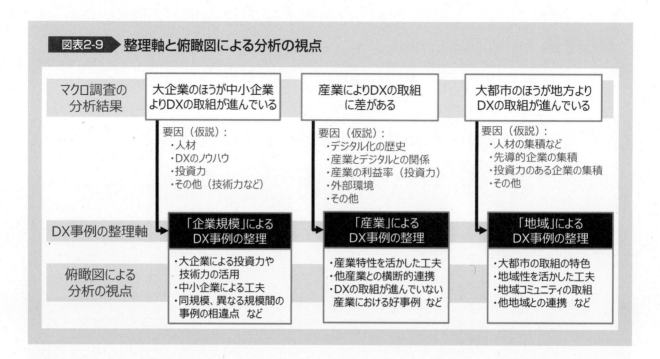

図表2-9 ▶ 整理軸と俯瞰図による分析の視点

| マクロ調査の分析結果 | 大企業のほうが中小企業よりDXの取組が進んでいる | 産業によりDXの取組に差がある | 大都市のほうが地方よりDXの取組が進んでいる |

要因（仮説）：
・人材
・DXのノウハウ
・投資力
・その他（技術力など）

要因（仮説）：
・デジタル化の歴史
・産業とデジタルとの関係
・産業の利益率（投資力）
・外部環境
・その他

要因（仮説）：
・人材の集積など
・先導的企業の集積
・投資力のある企業の集積
・その他

DX事例の整理軸

「企業規模」によるDX事例の整理

「産業」によるDX事例の整理

「地域」によるDX事例の整理

俯瞰図による分析の視点

・大企業による投資力や技術力の活用
・中小企業による工夫
・同規模、異なる規模間の事例の相違点　など

・産業特性を活かした工夫
・他産業との横断的連携
・DXの取組が進んでいない産業における好事例　など

・大都市の取組の特色
・地域性を活かした工夫
・地域コミュニティの取組
・他地域との連携　など

2 DX事例調査

（1）事例の収集

　DX事例調査では、企業のWebや専門誌、ネット記事などを基にDXの事例を収集している。前節のマクロ調査では、DXへの取組主体である企業の属性（企業規模、産業および地域）の違いにより、その取組内容に一定の傾向や特徴がみられたため、その属性を以下のように設定した。また、事例を収集するにあたっては偏りがないように、詳細項目に該当する事例が一定数以上になるように収集している。

＜企業規模＞

　「50億円未満」「50億円以上100億円未満」「100億円以上1,000億円未満」「1,000億円以上」の4区分（連結企業の場合は連結売上）

＜産業＞

　「農業、林業」「漁業」「鉱業、採石業、砂利採取業」「建設業」「製造業」「電気・ガス・熱供給・水道業」「情報通信業」「運輸業、郵便業」「卸売業、小売業」「金融業、保険業」「不動産業、物品賃貸業」「宿泊業、飲食サービス業」「医療、福祉」「サービス業*10」の14区分

＜地域＞

　北海道、東北（青森県、岩手県、宮城県、秋田県、山形県、福島県）、関東（茨城県、栃木県、群馬県、埼玉県、千葉県、東京都、神奈川県）、甲信越（新潟県、山梨県、長野県）、北陸（富山県、石川県、福井県）、東海（岐阜県、静岡県、愛知県、三重県）、関西（滋賀県、京都府、大阪府、兵庫県、奈良県、和歌山県）、中国（鳥取県、島根県、岡山県、広島県、山口県）、四国（徳島県、香川県、愛媛県、高知県）、九州（福岡県、佐賀県、長崎県、熊本県、大分県、宮崎県、鹿児島県）・沖縄の10区分（事例取組企業の本店所在地から各地域区分を判断）

＊10　学術研究、専門・技術サービス業、生活関連サービス業、娯楽業、教育、学習支援業、複合サービス事業、サービス業（他に分類されないもの）。

(2) 事例の分類

本調査では、収集した事例を「取組内容」に基づいて分類している。

取組内容に応じた区分としては、IPAが公表した「DX実践手引書 ITシステム構築編 完成 第1.0版」(以下、「手引書」という)における「DXによる変革規模(図表2-10)」が挙げられる。DXを「(1)一部の業務変革」から「(6)社会の変革」まで、「取組内容」に応じての六つに区分しており、定義や典型例も示されているため、事例の分類には適している。また、6区分を“デジタルトランスフォーメーション”および“デジタルオプティマイゼーション”の2区分にまとめており、事例を基にした分かりやすい可視化の整理軸として有用である。なお、“デジタルオプティマイゼーション”は、経済産業省「DXレポート2 中間取りまとめ」におけるDXの「段階」を示す3区分(デジタルトランスフォーメーション、デジタライゼーション、デジタイゼーション)のうち、後ろ二者がおおむね該当する。

以降の第2部では、“デジタルトランスフォーメーション”、“デジタルオプティマイゼーション”と表記する場合は、図表2-10のものを指す。また、第2部におけるDXは、両者を含む広義のデジタルトランスフォーメーションを指す。

図表2-10 DXの取組内容の分類(DXによる変革規模)

DXによる変革規模		定義:範囲	定義:考え方	定義:深さ(DX種類=得られる成果)	典型例	“一言”で言うと・・・
デジタルトランスフォーメーション	(6) 社会の変革	社会	消費者行動、業界内外の構造、労働構造など社会の行動や構造が変革される	・隣接市場・新規事業展開 ・プラットフォーム・ビジネス展開	・UberEATS ・Airbnb ・インスタグラム	社会を変えた
デジタルトランスフォーメーション	(5) 市場での立ち位置の変革(により、リーダーに)	市場(での自社の立ち位置)	業界内の構造や市場が変革される	・新収益源/サービス・製品の創出 ・成果分配型事業展開	・KOMTRAX	市場を変えた(例:PFビジネスを1つ以上展開)
デジタルトランスフォーメーション(事業変革)	(4) 市場での競争力の変革	競争力(事業成長力)	提供価値が向上する 価値向上により、当該企業の市場での競争力が変革される	・新収益源/サービス・製品の創出	・音楽をサブスクで聴く	競争力を変えた
デジタルトランスフォーメーション(事業変革)	(3) 顧客体験の変革	顧客体験(取引先等も含む)	新たな提供価値を生み出す 取引先・顧客など当該企業外のプレイヤーの体験が変革される	・顧客体験高度化 ・在庫と収益のバランス最適化	・ネット音楽を聴く	売り物の価値を高めた
デジタルオプティマイゼーション	(2)-b 取引先も含めた業務変革	取引先も含めた組織全体の業務	企業内に限らず、取引先を含めたサプライチェーンが改革される	・外部(取引先)を巻き込んだサプライチェーンの改革	・取引先も含めたEnd-to-EndのSCMの自動化	サプライチェーンを変えた
デジタルオプティマイゼーション	(2)-a 企業全体の業務変革	組織(企業)全体の業務	複数業務・部門を跨った取組み 個々の業務・部門改革が複数あるだけであれば(1)に該当	・生産性改善、既存売上改善 ・生産設備等の最適化 ・財務の最適化	・需要に基づくSCMの自動化(工場の自動化、物流、データ連携)	業務を変えた(企業業務の50%以上を変革)
デジタルオプティマイゼーション	(1) 一部の業務変革	ある特定部門の業務	DXの入り口として、RPAやWeb会議の導入を行う	・売上原価削減 ・販管費削減	・自動発注(小売)	一部業務を変えた

出典:独立行政法人情報処理推進機構「DX実践手引書 ITシステム構築編 完成 第1.0版」から抜粋

以下、本調査で収集したDX事例の一覧を図表2-11に示す。各事例は手引書の「(1)一部の業務変革」から「(6)社会の改革」(図表2-10参照)のどれに該当するかを分類している。なお、各事例情報の参照文献等のURLについては、第2部末尾の<参考資料>に記載している。

図表2-11 ▶ DX収集事例一覧

NO.	事例名	企業属性					手引書区分			
		企業名	業種	売上規模	地域		オプティマイゼーション	デジタル	デジタルトランスフォーメーション	6区分
1	IoT・ドローンを活用した農作業効率化	トレボー株式会社	農業、林業	50億円未満	北陸		○			(1)
2	QRコードを活用した果樹作業記録の見える化	もりやま園株式会社	農業、林業	50億円未満	東北		○			(1)
3	搾乳ロボットによる乳牛モニタリング業務改革	株式会社さいとうFARM	農業、林業	―	北海道		○			(1)
4	ドローンによる森林調査業務改革	有限会社天女山	農業、林業	―	甲信越		○			(1)
5	IoTセンサーを用いた牡蠣生育遠隔管理	株式会社リブル	漁業	50億円未満	四国		○			(1)
6	AIを活用したプラント点検・監視業務の高度化	日鉄鉱業株式会社	鉱業、採石業、砂利採取業	1,000億円以上	関東		○			(1)
7	地震探査データ解釈・岩相・化石種判定自動化	株式会社INPEX	鉱業、採石業、砂利採取業	1,000億円以上	関東		○			(1)
8	センサー付きヘルメットによる作業者健康状態のリアルタイム管理	株式会社大竹組	建設業	50億円未満	四国		○			(1)
9	建設業における従業員労働時間リアルタイム把握	株式会社福地組	建設業	50億円未満	九州・沖縄		○			(1)
10	センシングデータの収集・活用による建設現場生産性向上の取組	平賀建設有限会社	建設業	50億円未満	甲信越		○			(1)
11	AIを活用した山岳トンネル施工作業の自動判定システム開発	西松建設株式会社	建設業	1,000億円以上	関東		○			(1)
12	IoTを活用した遠隔在庫管理	株式会社ティエスティテクノ	建設業	50億円未満	北陸		○			(1)
13	IoTによる清酒生産ライン遠隔監視システム構築	秋田酒類製造株式会社	製造業	―	東北		○			(1)
14	AI・IoT活用による碍子(ガイシ)製造・品質管理業務改革	株式会社セイブ	製造業	50億円未満	九州・沖縄		○			(1)
15	ディープラーニングを活用した酒造り職人技術継承	株式会社南部美人	製造業	50億円未満	東北		○			(1)
16	AIによる石油精製・石油プラントの自動運転実現	ENEOSホールディングス株式会社	製造業	1,000億円以上	関東		○			(1)
17	AIを活用した豆腐検品業務の効率化	四国化工機株式会社	製造業	500億円以上、1,000億円未満	四国		○			(1)
18	AIを用いた化粧筆穂先検品システム開発	株式会社晃祐堂	製造業	50億円未満	中国		○			(1)
19	複数拠点間コミュニケーションのオンライン化	あさひ製菓株式会社	製造業	50億円未満	中国		○			(1)
20	クラウドAIを活用した顧客データ活用基盤整備	ダイヤ工業株式会社	製造業	50億円未満	中国		○			(1)
21	IoTによる製造工程情報見える化	株式会社大野ナイフ製作所	製造業	―	東海		○			(1)
22	AIを活用した見積作成・鋳造方案作成業務改革の取組	株式会社コイワイ	製造業	―	関東		○			(1)
23	AI活用による夾雑物除去作業自動化	カゴメ株式会社	製造業	1,000億円以上	東海		○			(1)

| NO. | 事例名 | 企業属性 | | | | | 手引書区分 | | |
		企業名	業種	売上規模	地域	デジタルオプティマイゼーション	デジタルトランスフォーメーション	6区分
24	QRコードを活用した受注生産管理・検収業務変革	株式会社山口製作所	製造業	―	甲信越	○		(1)
25	製造工程自動化と生産管理デジタル化	国本工業株式会社	製造業	50億円未満	東海	○		(1)
26	RPAの活用によるガス使用量把握業務自動化	株式会社プログレッシブエナジー	電気・ガス・熱供給・水道業	50億円未満	九州・沖縄	○		(1)
27	ガス製造所におけるマルチネットワーク環境の構築	大阪ガス株式会社	電気・ガス・熱供給・水道業	1,000億円以上	関西	○		(1)
28	配電設備画像データによる点検業務効率化・省力化	中国電力ネットワーク株式会社	電気・ガス・熱供給・水道業	1,000億円以上	中国	○		(1)
29	AIによる冷暖房施設最適運転自動化	丸の内熱供給株式会社	電気・ガス・熱供給・水道業	100億円以上、300億円未満	関東	○		(1)
30	AIを活用した管渠劣化状況自動判定	東京都下水道サービス株式会社	電気・ガス・熱供給・水道業	100億円以上、300億円未満	関東	○		(1)
31	3次元モデルを活用した遠隔臨場による施工管理	株式会社イクシス	情報通信業	―	関東	○		(1)
32	IoTを用いた林業安全管理業務高度化	ASロカス株式会社	情報通信業	50億円未満	関東	○		(1)
33	PHRデータ等を用いた子育て支援ネットワーク強化	株式会社カナミックネットワーク	情報通信業	50億円未満	関東	○		(1)
34	AIを活用した仕分け作業自動化の取組	キュレコ株式会社	情報通信業	―	関東	○		(1)
35	デジタルタコグラフを活用した日報作成自動化	大和トランスポート株式会社	運輸業、郵便業	50億円未満	北陸	○		(1)
36	デジタルタコグラフによる車両運行状況管理	東水梱包運輸株式会社	運輸業、郵便業	―	関東	○		(1)
37	AI画像認識活用した惣菜量売り機の導入	株式会社大津屋	卸売業、小売業	50億円未満	北陸	○		(1)
38	本部・各店舗間業務連絡のクラウド化	株式会社ホリタ	卸売業、小売業	50億円未満	北陸	○		(1)
39	AI異常検知手法を用いたメンテナンスシステム開発の取組	株式会社マクニカ	卸売業、小売業	1,000億円以上	関東	○		(1)
40	AI OCRによる保険契約申込書入力業務自動化	有限会社コープサービスしこく	金融業、保険業	50億円未満	四国	○		(1)
41	クラウド・ZETA通信活用によるビル管理データ統合可視化	東京建物株式会社	不動産業、物品賃貸業	1,000億円以上	関東	○		(1)
42	レンタルスペース管理業務の無人化	日本商事株式会社	不動産業、物品賃貸業	50億円未満	東北	○		(1)
43	AIの活用による食材自動発注	株式会社ねぎしフードサービス	宿泊業、飲食サービス業	50億円以上、100億円未満	関東	○		(1)
44	グループ会社データ活用基盤の統一	株式会社FOOD & LIFE COMPANIES	宿泊業、飲食サービス業	1,000億円以上	関西	○		(1)
45	自動化による感染症予防とサービス向上の実現	株式会社 京王プレリアホテル札幌	宿泊業、飲食サービス業	1,000億円以上	北海道	○		(1)
46	AI需要予測型自動発注クラウドサービスの導入	株式会社ダンダダン	宿泊業、飲食サービス業	―	関東	○		(1)
47	クラウドサービスによる院内外情報共有	医療法人ほーむけあ	医療、福祉	―	中国	○		(1)
48	独自アプリによる個別送迎業務の効率化	医療法人八女発心会	医療、福祉	50億円以上、100億円未満	九州・沖縄	○		(1)
49	AI活用によるリハビリテーション介入プログラム作成	医療法人社団KNI	医療、福祉	―	関東	○		(1)
50	スマホを用いた介護情報デジタル化と業務効率化	株式会社アズパートナーズ	医療、福祉	100億円以上、300億円未満	関東	○		(1)

NO.	事例名	企業名	業種	売上規模	地域	デジタルオプティマイゼーション	デジタルトランスフォーメーション	6区分
51	圃場データ活用による収穫順位・コンバイン割り当て最適化	芽室町農業協同組合（JAめむろ）	複合サービス事業	1,000億円以上	北海道	○		(1)
52	ドローンによる圃場情報のデータ化と作業効率化	佐賀県農業協同組合（JAさが）	複合サービス事業	1,000億円以上	九州・沖縄	○		(1)
53	ロボット導入による施設・店舗業務改善	株式会社さかいまちづくり公社	サービス業（他に分類されないもの）	50億円未満	関東	○		(1)
54	マッチングシステムによる地域建築業者集客支援	龍神村森林組合	農業、林業	50億円未満	関西	○		(2)
55	自動運転フォークリフトとトラック運行の連携によるサプライチェーン改革	大和ハウス工業株式会社	建設業	1,000億円以上	関西	○		(2)
56	金型共同受注システムによる同業他社との受注最適配分の実現	株式会社ウチダ製作所	製造業	50億円未満	東海	○		(2)
57	全社データ一元管理・システム統合による全社業務効率化	一丸ファルコス株式会社	製造業	50億円以上、100億円未満	東海	○		(2)
58	DXを用いたオペレーション・エコシステム・事業モデル・社会改革の取組	味の素株式会社	製造業	1,000億円以上	関東		○	(4)
59	DXビジョン実現に向けた製品・業務・人材分野の取組	富士フイルムホールディングス株式会社	製造業	1,000億円以上	関東	○		(2)
60	IoTを用いた熟練技能員スキル標準化による技術伝承	株式会社ブリヂストン	製造業	1,000億円以上	関東	○		(2)
61	開発・マーケティング業務へのAR/VR技術の活用	AGC株式会社	製造業	1,000億円以上	関東	○		(2)
62	直販所商品売れ行き状況の可視化・配信による販売促進	四国情報管理センター株式会社	情報通信業	50億円未満	四国	○		(2)
63	データ活用による船舶運航モニタリング・推進性能分析高度化	株式会社商船三井	運輸業、郵便業	1,000億円以上	関東	○		(2)
64	自社開発システムによる配送パートナー含めた配送業務改革	アスクル株式会社	卸売業、小売業	1,000億円以上	関東	○		(2)
65	IoT圃場データ活用によるジャガイモ生産業務改革	カルビーポテト株式会社	卸売業、小売業	100億円以上、300億円未満	北海道	○		(2)
66	マイナンバーカードとスマホを活用した電子契約の取組	株式会社岩手銀行	金融業、保険業	300億円以上、500億円未満	東北	○		(2)
67	AI来客予測を基にした食品ロスと従業員負荷の削減	有限会社ゑびや	宿泊業、飲食サービス業	—	東海	○		(2)
68	医療データ連携プラットフォームによる業務効率化	医療法人札幌ハートセンター	医療、福祉	—	北海道	○		(2)
69	地盤調査データ・ノウハウのデジタル化による業務改革	応用地質株式会社	学術研究、専門・技術サービス業	500億円以上、1,000億円未満	関東	○		(2)
70	バーチャル見本市サービス導入による水産物販路拡大	香川県信用漁業協同組合連合会	漁業	300億円以上、500億円未満	四国		○	(3)
71	AIを用いた自動販売機欠品防止と適正在庫配置の実現	サントリー食品インターナショナル株式会社	製造業	1,000億円以上	関東		○	(3)
72	AIを活用したオンラインショールームの進化	株式会社LIXIL	製造業	1,000億円以上	関東		○	(3)
73	IoT活用による高齢者健康支援への取組	リブト株式会社	製造業	50億円未満	関東		○	(3)
74	自社展示施設におけるARナビゲーション活用	ブラザー工業株式会社	製造業	1,000億円以上	東海		○	(3)
75	九州観光促進プラットフォームによる地域活性化	九州電力株式会社	電気・ガス・熱供給・水道業	1,000億円以上	九州・沖縄		○	(3)

NO.	事例名	企業属性					手引書区分		
		企業名	業種	売上規模	地域		デジタルオプティマイゼーション	デジタルトランスフォーメーション	6区分
76	エリア混雑・予測情報等を公開する市民向けおでかけ支援サービスの取組	関西電力株式会社	電気・ガス・熱供給・水道業	1,000億円以上	関西			○	(3)
77	AIを用いた自動発注システム展開	BIPROGY株式会社(旧 日本ユニシス株式会社)	情報通信業	1,000億円以上	関東			○	(3)
78	AIによる魚雌雄自動判別ソリューションの創出	東杜シーテック株式会社	情報通信業	50億円未満	東北			○	(3)
79	センサーを用いた関連施設トイレ空き状況のアプリ配信	南海電気鉄道株式会社	運輸業、郵便業	1,000億円以上	関西			○	(3)
80	「移動」・「健康」をテーマにしたモバイルサービス提供	ANAホールディングス株式会社	運輸業、郵便業	1,000億円以上	関東			○	(3)
81	いつ・どこでも乗車券を購入できるスマートフォンデジタルチケットサービス	広島電鉄株式会社	運輸業、郵便業	100億円以上、300億円未満	中国			○	(3)
82	AI保険金査定システムによる顧客利便性向上	SBIインシュアランスグループ株式会社	金融業、保険業	500億円以上、1,000億円未満	関東			○	(3)
83	AI等を用いた事故対応プロセス改革	東京海上ホールディングス株式会社	金融業、保険業	1,000億円以上	関東			○	(3)
84	AI自動審査を用いたクレジット申込プロセスのデジタル化	プレミアグループ株式会社	金融業、保険業	100億円以上、300億円未満	関東			○	(3)
85	コンタクトセンターのマルチチャネル化	株式会社静岡銀行	金融業、保険業	1,000億円以上	東海			○	(3)
86	不動産取引プロセスのオンライン化	株式会社GA technologies	不動産業、物品賃貸業	1,000億円以上	関東			○	(3)
87	入居者専用アプリを活用したスマートマンション	東急不動産株式会社	不動産業、物品賃貸業	1,000億円以上	関東			○	(3)
88	リアルタイム字幕表示可能な透明ディスプレイ活用による施設内コミュニケーション	三菱地所株式会社	不動産業、物品賃貸業	1,000億円以上	関東			○	(3)
89	リース申込・契約プロセスのデジタル化	三井住友ファイナンス&リース株式会社	不動産業、物品賃貸業	1,000億円以上	関東			○	(3)
90	センサーを活用した旅館内施設混雑状況可視化	株式会社湯元舘	宿泊業、飲食サービス業	50億円未満	関西			○	(3)
91	AIを活用した外国人等宿泊客対応業務変革	いろりの宿	宿泊業、飲食サービス業	―	東北		⊙		(3)
92	スマホ×RFIDによる宿泊施設利用者への情報展開	IIOプロデュース株式会社	宿泊業、飲食サービス業	50億円未満	北陸			○	(3)
93	仮想現実(VR)を用いたリハビリテーション	医療法人えいしん会	医療、福祉	―	関西			○	(3)
94	介護施設への高齢者オンデマンド送迎	株式会社エムダブルエス日高	医療、福祉	―	関東			○	(3)
95	センサ・AI活用ロボット導入による関係者コミュニケーション促進	SOMPOケア株式会社	医療、福祉	1,000億円以上	関東			○	(3)
96	映像型活動検知機能搭載システムによる入居者モニタリング	株式会社ライフケア・ビジョン	医療、福祉	―	関西			○	(3)
97	服薬支援ロボットによる服薬業務改革	社会福祉法人奉優会	医療、福祉	100億円以上、300億円未満	関東			○	(3)
98	ICT活用見守りシステムによる入居者ケア業務効率化・高度化	株式会社エクセレントケアシステム	医療、福祉	50億円以上、100億円未満	四国			○	(3)

| NO. | 事例名 | 企業属性 | | | | 手引書区分 | | |
		企業名	業種	売上規模	地域	デジタルオプティマイゼーション	デジタルトランスフォーメーション	6区分
99	ICTを活用した入居者見守り業務効率化・高度化	株式会社ケア21	医療、福祉	300億円以上、500億円未満	関西		○	(3)
100	AIチャットボットを活用した地域観光案内	株式会社サンエス・マネジメント・システムス	学術研究、専門・技術サービス業	—	北海道		○	(3)
101	観光客属性・旅程データに基づくリアルタイム観光情報提供	沖縄ツーリスト株式会社	生活関連サービス業、娯楽業	50億円未満	九州・沖縄		○	(3)
102	小学生プログラミング教育による地域振興	株式会社アペイロン	教育、学習支援業	—	関西		○	(3)
103	ICTを活用した赤潮予測への取組	愛南漁業協同組合	複合サービス事業	—	四国		○	(3)
104	各種センサーを活用した炭鉱用集中監視システム展開	釧路コールマイン株式会社	鉱業、採石業、砂利採取業	50億円未満	北海道		○	(4)
105	IoT活用による建物入居者・管理者向けデジタルサービス提供	清水建設株式会社	建設業	1,000億円以上	関東		○	(4)
106	スマホNFC機能とRFIDを用いた製品真贋判定の仕組み	株式会社ARTISTIC&CO.	製造業	—	東海		○	(4)
107	デジタル基盤強化・AI等による全バリューチェーン効率化・新薬創出	中外製薬株式会社	製造業	1,000億円以上	関東		○	(4)
108	防災情報システム展開による災害復旧迅速化	旭化成株式会社	製造業	1,000億円以上	関東		○	(4)
109	無線センサーを活用した高齢者見守りシステム	アイテック株式会社	製造業	50億円未満	甲信越		○	(4)
110	介護サービス関係者間での情報共有を可能とするデータベース	キッセイコムテック株式会社	製造業	50億円以上、100億円未満	甲信越		○	(4)
111	水道利用状況データを活用した高齢者見守りシステム	東洋計器株式会社	製造業	100億円以上、300億円未満	甲信越		○	(4)
112	要介護高齢者の食事観察サポートソフト	株式会社八光	製造業	50億円以上、100億円未満	甲信越		○	(4)
113	人感センサー等の活用による見守りサービス	有限会社フィット	製造業	50億円未満	甲信越		○	(4)
114	睡眠解析技術とセンサフュージョン技術を活用したSaaS型見守りサービス	エコナビスタ株式会社	製造業	50億円未満	関東		○	(4)
115	ウェアラブル型端末収集情報に基づく専門医遠隔診療	株式会社アルム	情報通信業	50億円未満	関東		○	(4)
116	生徒の学習進捗・姿勢解析による先生向けサポートシステム提供	atama plus 株式会社	情報通信業	—	関東		○	(4)
117	あらゆる悩みを様々な方法でサポートするヘルスケアアプリ提供	ソフトバンク株式会社	情報通信業	1,000億円以上	関東		○	(4)
118	NFTを活用したノベルティ提供	株式会社パルコ	卸売業、小売業	500億円以上、1,000億円未満	関東		○	(4)
119	アプリ収集データを用いた店舗別仕入・販売戦略策定	株式会社エブリイ	卸売業、小売業	500億円以上、1,000億円未満	中国		○	(4)
120	ウェアラブル端末を用いたマンション居住者健康管理サービス	豊田通商株式会社	卸売業、小売業	1,000億円以上	東海		○	(4)
121	入出金情報等を基にしたトランザクションレンディング	株式会社愛媛銀行	金融業、保険業	300億円以上、500億円未満	四国		○	(4)
122	アプリ・AIBeaconデータによる顧客ニーズ分析	協同組合福井ショッピングモール	不動産業、物品賃貸業	50億円未満	北陸		○	(4)
123	売主と買取業者をつなぐ不動産仲介オークション・サービス展開	住友不動産販売株式会社	不動産業、物品賃貸業	1,000億円以上	関東		○	(4)

NO.	事例名	企業属性				手引書区分		
		企業名	業種	売上規模	地域	デジタルオプティマイゼーション	デジタルトランスフォーメーション	6区分
124	顔認証技術を用いた住民・観光客・従業員乗合バスの取組	一般社団法人赤井川村国際リゾート推進協会	生活関連サービス業、娯楽業	—	北海道		○	(4)
125	建設業BIMデータの作成・活用に向けたトータルサービス提供	トランス・コスモス株式会社	サービス業(他に分類されないもの)	1,000億円以上	関東		○	(4)
126	建築業向けMR(複合現実)ソリューションの開発・導入・販売	小柳建設株式会社	建設業	50億円以上、100億円未満	甲信越		○	(5)
127	電子棚札による店舗・EC連動ビジネスの実現	株式会社ミライト・ワン(旧 株式会社ミライト・ホールディングス)	建設業	1,000億円以上	関東		○	(5)
128	デジタル技術を用いた飲食業者情報発信・商品開発支援	アイビック食品株式会社	製造業	50億円未満	北海道		○	(5)
129	現場データ見える化よる建設生産プロセス変革	株式会社小松製作所	製造業	1,000億円以上	関東		○	(5)
130	端材・余剰材料のシェアリングサービス開発の取組	上代工業株式会社	製造業	50億円未満	関東		○	(5)
131	工場デジタル化に向けた各種システムの開発と新規サービスとしての展開	株式会社IBUKI	製造業	—	東北		○	(5)
132	ガス業界内外で利用可能な受発注プラットフォームサービス展開	日本瓦斯株式会社	電気・ガス・熱供給・水道業	1,000億円以上	関東		○	(5)
133	コネクテッドカーによる法人向けEVカーシェアリングの取組	北海道電力株式会社	電気・ガス・熱供給・水道業	1,000億円以上	北海道		○	(5)
134	ブロックチェーンを活用した電力個人間取引の取組	中部電力株式会社	電気・ガス・熱供給・水道業	1,000億円以上	東海		○	(5)
135	場所・時間に制約されない働き方・くらしを創出するまちづくり	KDDI株式会社	情報通信業	1,000億円以上	関東		○	(5)
136	誰もがAPIを登録/検索できる金融APIマーケットプレイス提供	株式会社エヌ・ティ・ティ・データ	情報通信業	1,000億円以上	関東		○	(5)
137	メタバースによるスポーツ観戦空間の提供	広島テレビ放送株式会社	情報通信業	50億円以上、100億円未満	中国		○	(5)
138	介護タクシー業者と患者のマッチングPFサービスの取組	株式会社アイネット	情報通信業	300億円以上、500億円未満	関東		○	(5)
139	マッチングプラットフォームによる遊休スペース収益化	軒先株式会社	情報通信業	—	関東		○	(5)
140	遠隔水位調整サービスを用いた在宅勤務者雇用マッチング事業	株式会社笑農和	情報通信業	50億円未満	北陸		○	(5)
141	物流サプライチェーン一元管理ソリューションの創出	株式会社日立物流	運輸業、郵便業	1,000億円以上	関東		○	(5)
142	物流プラットフォームサービスによる顧客・同業他社連携強化	SGホールディングス株式会社	運輸業、郵便業	1,000億円以上	関西		○	(5)
143	電子決済、国際送金、再現金化が可能な外国人船員向けサービス	日本郵船株式会社	運輸業、郵便業	1,000億円以上	関東		○	(5)
144	タクシーによるアプリ注文可能な地域飲食店デリバリーサービス	オリエント交通株式会社	運輸業、郵便業	50億円未満	中国		○	(5)
145	工具ユーザーからの注文を不要にする"置き工具"サービス	トラスコ中山株式会社	卸売業、小売業	1,000億円以上	関東		○	(5)
146	地産地消を実現する青果流通プラットフォーム	やさいバス株式会社	卸売業、小売業	50億円未満	東海		○	(5)
147	FinTech機能を融合したエコシステム構築の取組	東海東京フィナンシャル・ホールディングス株式会社	金融業、保険業	500億円以上、1,000億円未満	関東		○	(5)

NO.	事例名	企業属性				手引書区分		
		企業名	業種	売上規模	地域	デジタルオプティマイゼーション	デジタルトランスフォーメーション	6区分
148	サブスクリプション型IoTサービス提供のためのPF構築	東京センチュリー株式会社	金融業、保険業	1,000億円以上	関東		○	(5)
149	建設業者と金融サービスをつなぐPFビジネス創出	株式会社ランドデータバンク	学術研究、専門・技術サービス業	―	関東		○	(5)
150	航空レーザ測深技術を用いた釣り情報サービスアプリ展開	アジア航測株式会社	学術研究、専門・技術サービス業	300億円以上、500億円未満	関東		○	(5)
151	スマートフォンによるドローン操縦オンラインツアー提供	株式会社阪急交通社	サービス業(他に分類されないもの)	500億円以上、1,000億円未満	関西		○	(5)
152	完全デジタルな銀行の設立とエンベデッドファイナンスの実現	株式会社ふくおかフィナンシャルグループ	金融業、保険業	1,000億円以上	九州・沖縄		○	(6)
153	「柏の葉」でのヘルスケアサービス開発エコシステム構築	三井不動産株式会社	不動産業、物品賃貸業	1,000億円以上	関東		○	(6)
154	メタバース上における就業市場の創出	パーソルマーケティング株式会社	サービス業(他に分類されないもの)	1,000億円以上	関東		○	(6)

第3章

国内産業におけるDXの取組状況の俯瞰図

1 俯瞰図の概要とDX事例分類

　第2章「国内産業におけるDXの取組状況の概観」で記述したマクロ調査とDX事例調査の結果を踏ま
え、我が国DXの現状や傾向を捉えるためにDX事例をマッピングした俯瞰図を作成した。俯瞰図につい
ては、「企業規模別俯瞰図（売上高別）」「産業別俯瞰図1」「産業別俯瞰図2」「地域別俯瞰図1（全国）」「地域
別俯瞰図2（都市圏・地方圏別）」を作成した。また、収集事例の中で他企業との協働によりDXを進めて
いる事例も確認できたことから、他企業との連携パターン別にどのような事例が存在しているのか概
観する「他企業・団体協働類型別俯瞰図」も作成している。

　また、「地域別俯瞰図2」を除く俯瞰図では、第2章2.（2）「事例の分類」でも記述したとおり、DX事例を、
事業変革を目指す"デジタルオプティマイゼーション"と、事業変革から社会の変革までを表す"デジタ
ルトランスフォーメーション"に分類している。

　俯瞰図の中で事例の傾向として記載している内容については、ネット上で得られた事例をベースと
して作成したものであり、企業がアピールする取組や、国や自治体、メディアがとり上げた事例などが
中心であり、目立たない取組が含まれにくい点については留意いただきたい。

　なお、本調査で収集した事例の中から、企業・団体の特徴的な事例を取上げ、その取組の概要を「事例
紹介」として掲載している。

2 企業規模別俯瞰図

（1）概要

　第2章1.（2）「企業規模別のDXの現状」で記述したように、企業規模を整理軸の一つとした。具体的に
は「企業規模（売上高区分）」を横軸、DX事例の取組内容を縦軸としたマトリクスに対して、収集した
DX事例の中から該当する事例をマッピングすることにより、俯瞰図を作成した（図表2-12）。

　縦軸、横軸で区切られる各領域には、事例の取組内容に基づく名称と実施事業者の産業、事例の
No.（第2部末尾の＜参考資料＞のURLに対応）を表記している。なお、"デジタルトランスフォーメー
ション"についてはプラットフォーム型の取組や既存データやノウハウを活用した新規ビジネスに関
するものを中心に、"デジタルオプティマイゼーション"については、「50億円未満」では自動化・遠隔化
に関する事例を、「50億円以上100億円未満」については全事例を、「100億円以上1,000億円未満」「1,000億
円以上」については取引先など外部も巻き込んだ事例を中心にマッピングしている。

（2）俯瞰図

　個々の事例をみると、売上規模が小さい企業（50億円未満）でも"デジタルオプティマイゼーション""デジタルトランスフォーメーション"に該当する取組が確認できる。"デジタルトランスフォーメーション"としては、地域内での農産物流通の仕組み（図表2-11 DX収集事例一覧のNo.146）や、人手不足の農家と在宅勤務を希望する障がい者をマッチングする仕組み（同No.140）など、今まで満たされていなかった需要と供給をつなぐアイデアにより規模が小さくともデジタルを活用して新たなビジネスを創出することが可能であることがうかがえる。また、売上規模が大きくなるほど、受発注や物流のプラットフォームサービスなど、同業者や取引先、顧客を巻き込んだ大規模な取組がみられる（同No.55、No.64、No.66、No.132、No.142など）。

図表2-12　企業規模別俯瞰図（売上高別）

	スタートアップ含め、マッチング事業や先進技術ソリューションによる新規サービス・商品の取組事例あり	各企業の業種・ノウハウに応じたソリューションの開発・提供がなされている	自社ノウハウ・技術を用いた、新規ビジネス領域への取組も見られる	業界共通プラットフォーム提供事例等あり
"デジタルトランスフォーメーション"	・睡眠解析技術とセンサフュージョン技術を活用したSaaS型見守りサービス（情報通信業）（No.114） ・遠隔水位調整サービスを用いた在宅勤務者雇用マッチング事業（情報通信業）（No.140） ・地産地消を実現する青果流通プラットフォーム（卸売業，小売業）（No.146）	・介護サービス関係者間での情報共有を可能とするデータベース（製造業）（No.110） ・水道利用状況データを活用した高齢者見守りシステム（製造業）（No.111） ・建築業向けMR（複合現実）ソリューションの開発・導入・販売（建設業）（No.126） ・メタバースによるスポーツ観戦空間の提供（情報通信業）（No.137）	・入出金情報等を基にしたトランザクションレンディング（金融業、保険業）（No.121） ・介護タクシー業者と患者のマッチングPFサービスの取組（情報通信業）（No.138） ・航空レーザ測深技術を用いた釣り情報サービスアプリ展開（学術研究，専門・技術サービス業）（No.150）	・センサ・AI活用ロボット導入による関係者コミュニケーション促進（医療、福祉）（No.95） ・ガス界内外で利用可能な受発注プラットフォームサービス展開（電気・ガス・熱供給・水道業）（No.132） ・物流プラットフォームサービスによる顧客・同業他社連携強化（運輸業、郵便業）（No.142）
	業務の可視化・自動化による効率化事例が中心	業務の可視化・自動化による効率化事例が中心	一部、顧客や同業他社を巻き込んだデジタル化事例もあり	取引先を含めたサプライチェーン全体の改革に取組む事例がみられる
"デジタルオプティマイゼーション"	・IoT・ドローンを活用した農作業効率化（農業、林業）（No.1） ・IoTセンサーを用いた牡蠣生育遠隔管理（漁業）（No.5） ・AI OCRによる保険契約申込書入力業務自動化（金融業、保険業）（No.40） ・RPAの活用によるガス使用量把握業務自動化（電気・ガス・熱供給・水道業）（No.26）	・AIの活用による食材自動発注（宿泊業，飲食サービス業）（No.43） ・独自アプリによる個別送迎業務効率化（医療、福祉）（No.48） ・全社データ一元管理・システム統合による全社業務効率化（製造業）（No.57）	・AIを活用した豆腐検品業務の効率化（製造業）（No.17） ・スマホを用いた介護情報デジタル化と業務効率化（医療、福祉）（No.50） ・IoT圃場データ活用によるジャガイモ生産業務改革（卸売業，小売業）（No.65） ・マイナンバーカードとスマホを活用した電子契約の取組（金融業、保険業）（No.66）	・AIによる石油精製・石油プラントの自動運転実現（製造業）（No.16） ・自動運転フォークリフトとトラック運行の連携によるサプライチェーン改革（建設業）（No.55） ・自社開発システムによる配送パートナー含めた配送業務改革（卸売業，小売業）（No.64）

売上高　→　50億円未満　→　50億円以上100億円未満　→　100億円以上1,000億円未満　→　1,000億円以上

横軸 （売上高区分）	「50億円未満」「50億円以上100億円未満」「100億円以上1,000億円未満」「1,000億円以上」の4区分（売上高の情報が得られた企業のみ、連結企業の場合は連結売上を採用）。
縦軸 （DXの取組内容）	「DX収集事例一覧（図表2-11参照）」から、事例内容を確認のうえ、"デジタルオプティマイゼーション"、"デジタルトランスフォーメーション"の観点から分類・抽出した事例名を俯瞰図に記載

3 産業別俯瞰図1

(1) 概要

第2章1.(3)「産業別のDXの現状」で示したように、産業を整理軸の一つとした。具体的には、産業別のDXの取組割合を踏まえ、各産業を「20％未満」「20％以上30％未満」「30％以上」の三つの産業群に分類したうえでこれを横軸とした。なお、DXの取組割合は総務省調査を参考にしているが、第2章1.(3)でも記述したとおり農業・林業・漁業については総務省調査では取組割合が極端に大きいことから、ここではTDB調査(図表2-7参照)の値を使用している(各産業のDXへの取組割合は図表2-14参照)。この横軸およびDX事例の取組内容を縦軸としたマトリクスに対して、収集したDX事例をマッピングし、俯瞰図として示した(図表2-13)。

企業規模別の俯瞰図と同様、縦軸、横軸で構成される各領域には、取組内容を踏まえ作成した事例名と事例実施事業者の産業を記載のうえで取組内容の傾向についてコメントを補記している。なお、事例抽出に際しては、幅広い産業事例を掲載する観点から、異なる産業の事例を選んでいる。

(2) 俯瞰図

マクロ調査からは産業によってDXに取組んでいる企業の割合に差異があることが確認されたが、本俯瞰図では、DXに取組んでいる企業割合が低い産業においても、"デジタルオプティマイゼーション"だけでなく、"デジタルトランスフォーメーション"に該当する取組が確認できる。

取組割合が20％未満の産業、たとえば「宿泊業、飲食サービス業」や「医療、福祉」における"デジタルトランスフォーメーション"の事例はすべて「(3)顧客体験の変革(図表2-10参照)」であり、「(5)市場での立ち位置の変革(同)」、「(6)社会の変革(同)」などの事例は収集されていない。「宿泊業、飲食サービス業」におけるAIを活用した外国人等顧客対応や「医療、福祉」産業における仮想現実(VR)センサー・AI活用ロボット導入によるリハビリテーションにおいて、業務効率化のみならず、顧客体験変革も兼ねた事例などの取組(図表2-11 DX収集事例一覧のNo.91、No.93)が確認できる。

また、DXに取組んでいる企業の割合が30％以上の産業群では、「(6)社会の変革」に分類したFinTechの事例など、デジタルによる新ビジネス創出の取組がみられる。

		DXの取組状況（取組企業の割合別）の産業分類		
		20%未満	20%以上30%未満	30%以上
産業群		【第一産業群】 ・農業，林業 ・漁業 ・運輸業，郵便業 ・宿泊業，飲食サービス業 ・医療，福祉	【第二産業群】 ・建設業 ・製造業 ・卸売業，小売業 ・サービス業（※1） ・不動産業，物品賃貸業 ※1：学術研究，専門・技術サービス業、生活関連サービス業、娯楽業、教育，学習支援業、複合サービス事業、サービス業（他に分類されないもの）	【第三産業群】 ・情報通信業 ・金融業，保険業 ・電気・ガス・熱供給・水道業
DX取組内容	"デジタルトランスフォーメーション"	・バーチャル見本市サービス導入による水産物販路拡大（漁業）(No.70) ・AIを活用した外国人等宿泊客対応業務変革(No.91) ・センサーを活用した旅館内施設混雑状況可視化（宿泊業，飲食サービス業）(No.92) ・仮想現実（VR）を用いたリハビリテーション（医療，福祉）(No.93) ・物流サプライチェーン一元管理ソリューションの創出（運輸業，郵便業）(No.141) ⇒業務効率化と顧客体験変革を兼ねた取組あり	・建築業向けMR（複合現実）ソリューションの開発・導入・販売（建設業）(No.126) ・防災情報システム展開による災害復旧迅速化（製造業）(No.108) ・工具ユーザーからの注文を不要にする"置き工具"サービス（卸売業，小売業）(No.145) ・メタバース上における就業市場の創出（サービス業）(No.154) ⇒業種ごとに取組内容はさまざま	・エリア混雑・予測情報等を公開する市民向けおでかけ支援サービスの取組（電気・ガス・熱供給・水道業）(No.76) ・誰もがAPIを登録/検索できる金融APIマーケットプレイス提供（情報通信業）(No.136) ・完全デジタルな銀行の設立とエンベデッドファイナンスの実現（金融業，保険業）(No.152) ⇒デジタルによる新ビジネスも登場
	"デジタルオプティマイゼーション"	・マッチングシステムによる地域建築業者集客支援（農業，林業）(No.54) ・デジタルタコグラフによる車両運行状況管理（運輸業，郵便業）(No.36) ・AIの活用による食材自動発注（宿泊業，飲食サービス業）(No.43) ⇒業務の遠隔化や自動化のほか、顧客支援の取組もみられる	・センシングデータの収集・活用による建設現場生産性向上の取組（建設業）(No.10) ・AI・IoT活用による碍子（ガイシ）製造・品質管理業務改革（製造業）(No.14) ・AI画像認識を活用した惣菜量売り機の導入（卸売業，小売業）(No.37) ・入居者専用アプリを活用したスマートマンション（不動産業，物品賃貸業）(No.87) ⇒業務効率化の他、品質・安全管理業務の高度化に資する事例もあり	・RPAの活用によるガス使用量把握業務自動化（電気・ガス・熱供給・水道業）(No.26) ・AIを活用した仕分け作業自動化の取組（情報通信業）(No.34) ・AI OCRによる保険契約申込書入力業務自動化（金融業，保険業）(No.40) ⇒定型業務の効率化事例がみられる

横軸 （DXに取組んでいる企業割合）	・DXに取組んでいる企業の割合に応じた事例の振り分け方法は以下のとおり 　(ア)「総務省調査」から、本調査の産業区分に合わせる形でDXの取組割合を再計算し、DXに取組んでいる企業の割合が20%未満を「第一産業群」、20%以上から30%未満を「第二産業群」、30%以上を「第三産業群」と設定した(図表2-14) 　(イ)ただし、「農業、林業」「漁業」については総務省調査のサンプル数が合計で26件と少数であることから、「農業、林業、漁業」のサンプル数がより多い調査結果としてTDB調査（図表2-7参照）における「農業、林業、漁業」のDXに取組んでいる企業の割合（12.3%）を基に、「第一産業群」に分類 　(ウ)また、「鉱業、採石業、砂利採取業」は総務省調査のサンプル数が7件と少なく、TDB調査には含まれていないことから、本俯瞰図では除外
縦軸 （DXの取組内容）	「DX収集事例一覧（図表2-11参照）」から、事例内容を確認のうえ、"デジタルオプティマイゼーション"、"デジタルトランスフォーメーション"の観点から分類・抽出した事例名を俯瞰図に記載

図表2-14 DXの取組状況による産業分類

分類	産業	総務省調査の サンプル数	総務省調査の DXの取組状況	備考
第一産業群	農業, 林業	22	45.4%	TDB調査を基に 第一産業群に分類
	漁業	4	25.0%	
	医療, 福祉	2,870	9%	
	宿泊業, 飲食サービス業	828	16%	
	運輸業, 郵便業	1,393	17%	
第二産業群	建設業	3,627	21%	
	卸売業, 小売業	1,846	23%	
	製造業	3,663	23%	
	サービス業※1	2,600	23%	
	不動産業, 物品賃貸業	577	23%	
第三産業群	電気・ガス・熱供給・水道業	756	32%	
	金融業, 保険業	743	45%	
	情報通信業※2	1,664	45%	

※1 総務省調査の「学術研究、専門・技術サービス業」「生活関連サービス業、娯楽業」「教育, 学習支援業」、「複合サービス事業」「サービス業(他に分類されないもの)」「分類不能の産業(その他)」をまとめて再計算した。

※2 総務省調査の「情報通信業(通信業)」「情報通信業(放送業)」「情報通信業(情報サービス業)」「情報通信業(インターネット付属サービス業)」「情報通信業(映像・音声・文字情報制作業)」をまとめて再計算した。

※3 鉱業、採石業、砂利採取業はサンプルが少なく、他に参考となる調査が見当たらなかったため、除外した。

(3) 事例紹介1　完全デジタルな銀行の設立と、エンベデッドファイナンスの実現[11]

　産業別俯瞰図1(全産業)で取上げた事例のうち、DX収集事例一覧(図表2-11参照)で「(6)社会の変革」に分類した三つの事例の一つであるFinTechの事例を以下に紹介する。

① 企業概要

　企業名：株式会社ふくおかフィナンシャルグループ(金融業、保険業)

　本社所在地：福岡県福岡市

　従業員数：7,830人(連結)(2021年度)

② 事例概要

(ア) みんなの銀行の設立

　ふくおかフィナンシャルグループでは、全国のデジタルネイティブ世代をターゲットにする『みんなの銀行』を設立。本銀行はデジタルを起点として作られた銀行であり、銀行に赴くことなく口座を開設でき、通帳やカードなども発行することなくデジタルでさまざまな取引が完結するビジネスモデルを構築している。

＊11　https://www.fukuoka-fg.com/news_info_pdf/2021/20210114_mingin.pdf

（イ）「みんなの銀行」におけるエンベデッドファイナンスの実践

　『みんなの銀行』では、近年話題となっている「エンベデッドファイナンス（Embedded Finance）」*12を実現するBaaS（Banking as a Service）事業も展開している。BaaS事業では、コンシューマー向けに開発した「みんなの銀行アプリ」の金融機能やサービスを、非金融企業向けにAPIを通じて提供する。これにより、金融に関する必要な機能やサービスを、非金融企業がサービス利用者に提供するスマートフォンアプリなどに組み込むことを可能としている。

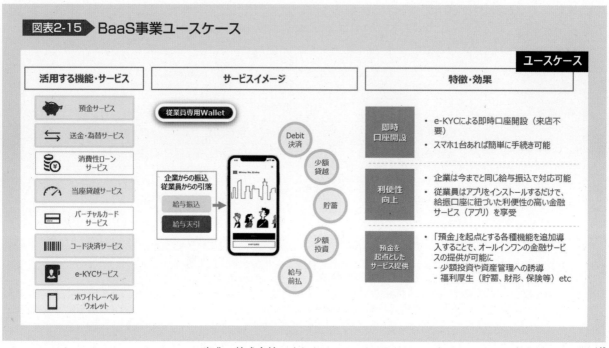

図表2-15　BaaS事業ユースケース

出典：株式会社ふくおかフィナンシャルグループNews Release（2021年1月14日）*13

③ 本事例のポイント

　スマートフォンを駆使するデジタル世代が経年により中核世代となっていくことを想定し、スマートフォンで口座開設から取引まで完結する国内初のデジタルバンクを創設した点、BaaS事業において金融機能・サービスをAPIを通じて提供することで、事業パートナーの参入を容易にしている点などが、デジタルを活用して金融業を変革する取組として注目される。

＊12　日本語では「組込み型金融」「埋込み型金融」などと呼ばれ、主に非金融事業者が金融機能を自らのサービスに組み込んで提供することを指す。
＊13　https://www.fukuoka-fg.com/news_info_pdf/2021/20210114_mingin.pdf

4 産業別俯瞰図2

(1) 概要

　ビジネス環境の激しい変化に対応することがDXの主要な目的の一つであるが、新型コロナウイルス感染症は近年の環境変化の最たる例として挙げられよう。新型コロナウイルス感染症は、治療や高齢者の感染防止などを担う医療・福祉業界のみならず、運輸業、郵便業、宿泊・飲食サービス業など従業員が移動したり、接客する産業の活動にも大きな影響を及ぼしている[14]。農業なども水際対策による外国人の入国制限による人手不足の影響を受けている[15]。また、製造業や建設業では、高齢化という社会課題により、若手人材の不足や技能継承といった問題[16,17]を抱えている。このような従業員に影響を与える環境変化や社会課題に対して、DXは解決や緩和の手段として期待される。そこでここでは、上記に挙げた「農業、林業、漁業」「運輸業、郵便業」「医療・福祉」「宿泊業、飲食サービス業」「建設業」「製造業」を対象に、現場での業務、人材の不足や技能を要する業務などに関するDX事例を基に産業別俯瞰図2を作成し、図表2-16に示した。

(2) 俯瞰図

　農業、林業、漁業においては、"デジタルオプティマイゼーション"の事例が多いが、ドローンやロボット、IoTなど多様なデジタル活用により人手がかかる作業を効率化する取組が見られ(図表2-11 DX収集事例一覧のNo.1、No.2、No.3)、今後のスマート農業の進展が期待される。運輸業、郵便業のタクシーによるアプリ注文可能な地域飲食店デリバリーサービス(同No.144)は新型コロナウイルス感染症で需要が減少した業界同士の連携によるトライアルと推定される。医療、福祉では高齢者施設の入居者の見守りの事例(同No.96、No.98)があるが、収集事例の中に他の類似事例があり、需要の高い分野と推察される。

　収集事例では、建設業の"デジタルトランスフォーメーション"は少なかったが、MR（複合現実）を用いたソリューション(同No.126)は、建設物のイメージの共有により遠隔地での関係者のすりあわせや現場の視界の共有による検査業務の効率化など、目指す目標が高度かつ幅広い。なお、製造業の事例(同No.17、No.18、No.23)を含め、収集事例の中にAIに関するものが多く含まれている。

---

*14　厚生労働省 令和3年版労働経済の分析 −新型コロナウイルス感染症が雇用・労働に及ぼした影響− 第1-(5)-43図 第3次産業活動指数の推移 <https://www.mhlw.go.jp/wp/hakusyo/roudou/20/dl/20-1-1-5_02.pdf>

*15　農林水産省 農業生産・販売面での影響と新たな動き 入国制限による影響
　　<https://www.maff.go.jp/j/wpaper/w_maff/r2/r2_h/trend/part1/chap1/c1_1_02_3.html>

*16　2020年版ものづくり白書
　　<https://www.meti.go.jp/report/whitepaper/mono/2020/honbun_html/honbun/102011_1.html>

*17　国土交通省 最近の建設業を巡る状況について
　　<https://www.mlit.go.jp/tochi_fudousan_kensetsugyo/const/content/001493958.pdf>

図表2-16 産業別俯瞰図2

	新型コロナウイルス感染症の影響が大きい産業（主要なもの）				人材の不足や技能継承の課題を有する産業（一部）	
	農業、林業、漁業	運輸業、郵便業	医療、福祉	宿泊業、飲食サービス業	建設業	製造業
"デジタルトランスフォーメーション"	●共同組織によるプラットフォーム活用により、個々の漁業関係者の負担を軽減、販路も拡大 ・バーチャル見本市サービス導入による水産物販路拡大（No.70）	●デジタルを活用した新サービスの取組 ・電子決済、国際送金、再現金化が可能な外国人船員向けサービス（No.143） ・タクシーによるアプリ注文可能な地域飲食店デリバリーサービス（No.144）	●先端技術やセンサーを活用にした現場の効率化とともに、顧客の安全性も実現 ・映像型活動検知機能搭載システムによる入居者モニタリング（No.96） ・ICT活用見守りシステムによる入居者ケア業務効率化・高度化（No.98）	●デジタルによる顧客サービス向上と顧客対応業務の効率化を両立 ・AIを活用した外国人等宿泊客対応業務変革（No.91） ・スマホ×RFIDによる宿泊施設利用者への情報展開（No.92）	●MR（複合現実）デバイスを用いた建設現場での働き方を変えるソリューション ・建築業向けMR（複合現実）ソリューションの開発・導入・販売（No.126）	●非接触で顧客を案内できる仕組みや現場の安全性、効率化を実現する取組 ・自社展示施設におけるARナビゲーション活用（No.74） ・現場データ見える化する建設生産プロセス変革（No.129）
"デジタルオプティマイゼーション"	●IoTやロボットを活用した現場作業の効率化事例 ・IoT・ドローンを活用した農作業効率化（No.1） ・QRコードを活用した果樹栽培記録の見える化（No.2） ・搾乳ロボットによる乳牛モニタリング業務改革（No.3） ・IoTセンサーを用いた牡蠣生育遠隔管理（No.5）	●データ取得及び利活用による業務効率化、高度化 ・デジタルタコグラフを活用した日報作成自動化（No.35） ・データ活用による船舶運航モニタリング・推進性能分析高度化（No.63）	●データ連携プラットフォームや、チャットツール導入による院内外の情報共有 ・クラウドサービスによる院内外情報共有（No.47） ・医療データ連携プラットフォームによる業務効率化（No.68）	●AIを活用した従業員の負荷軽減 ・AIの活用による食材自動発注（No.43） ・AI来客予測を基にした食品ロスと従業員負荷の削減（No.67）	●建設現場の作業者の健康状態把握や専門業務の支援 ・センサー付きヘルメットによる作業者健康状態のリアルタイム管理（No.8） ・AIを活用した山岳トンネル施工作業の自動判定システム開発（No.11）	●AIやIoTを用いた業務効率化や品質向上 ・IoTによる清酒生産ライン遠隔監視システム構築（No.13） ・AIを活用した豆腐検品業務の効率化（No.17） ・AIを用いた化粧筆穂先検品システム開発（No.18） ・AI活用による夾雑物除去作業自動化（No.23）

横軸（産業）	・新型コロナウイルス感染症の影響が大きい産業として「農業、林業、漁業」「運輸業、郵便業」「医療、福祉」「宿泊業、飲食サービス業」、若手人材の不足や技能継承の課題を有する産業「建設業」「製造業」を取り上げる。
縦軸（DXの取組内容）	「DX収集事例一覧（図表2-11参照）」から、事例内容を確認のうえ、各事例を"デジタルオプティマイゼーション"、"デジタルトランスフォーメーション"の観点から分類・抽出した事例名を俯瞰図に記載

（3）事例紹介2　ICT活用見守りシステムによる入居者ケア業務効率化・高度化[*18]

　新型コロナウイルス感染症などの環境変化や高齢化などの社会課題に直面する医療・福祉分野において、今回収集したDX事例でも複数見られた高齢者施設の入居者の見守りシステムの一つを紹介する。

① 企業概要

　企業名：株式会社エクセレントケアシステム（医療、福祉）

　本社所在地：徳島県徳島市

　従業員数：1,380人（連結）（2021年2月時点）

② 事例概要：ICT活用見守りシステムによる入居者ケア業務効率化・高度化

　同社は2021年8月に開業した介護付き有料老人ホーム「エクセレント宝塚ガーデンヒルズ」に、業務提携しているメーカーのICTを活用した見守りシステムを導入した。本システムにより、入居者や部屋の状況を介護記録データに集約、状態の変化を詳細に把握することができる。これらの情報を共有することで、スタッフ間の連携をスムーズに行うことができるため、利用者の転倒予防や脱水症予防などを最大限にケアし、より質の高いサービスの提供が可能となる。また、ICT導入による業務効率化により、スタッフの時間にゆとりができることで、今まで以上に利用者への声がけが可能となり、利用者がいっそう穏やかに過ごせるようになる。

＊18　https://prtimes.jp/main/html/rd/p/000000007.000068379.html

見守りシステムに利用するIoTデバイスには、見守りカメラ、マルチセンサー、バイタルセンサー、ドアセンサー、ナースコールなどがある。

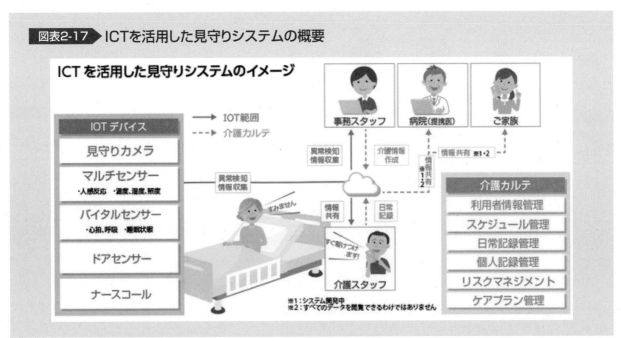

図表2-17 ICTを活用した見守りシステムの概要

出典：株式会社エクセレントケアシステムプレスリリース（2021年9月21日）

③ 本事例のポイント

本調査でも複数の事例が収集されたセンサーによる検知および情報収集に基づく見守りサービスであり、デジタルを活用して要介護者のケアの充実と介護スタッフの業務負荷軽減を両立することで、今後いっそう進む高齢化という社会課題に対応していくことが期待される。

5 地域別俯瞰図1（全国）

（1）概要

　第2章1.(4)「地域別のDXの現状」では、全体的な傾向として、都市圏の企業では地方圏と比較してDXに取組んでいる割合が高いことを確認した。そこで、全国を10の地域に区分し、収集したDX事例の中から各地域区分に該当する事例をマッピングし、俯瞰図として示した（図表2-18）。

　各地域区分には、DXの取組内容を踏まえ作成した事例名と事例実施企業の産業・本店所在都道府県を記載の上で、取組内容の傾向についてコメントを補記している。なお、各地域区分で記載している事例は、各地域の特色や収集できた複数事例内容の傾向を反映していると判断したもの中心に選定している。

（2）俯瞰図

　本俯瞰図において、各地域における個々の企業DXへの取組事例をみると、多くの大企業が集まる関東、東海、関西では、大企業を中心に「社会の変革」や「市場での立ち位置の変革」をはじめとする"デジタルトランスフォーメーション"に取組む事例がみられる。

　たとえば、北海道では農業でのデータ活用が進んでいる（令和4年農林水産統計[19]では「データを活用した農業を行っている経営体」の割合が都府県平均の20.6%に対して北海道は60.1%）。これは北海道が広大であり、30ヘクタール（30万㎡）以上の耕地面積を有する経営体が都府県合計1,500に対して北海道だけで10,100もあることに関係すると推定される。また、スマートシティプロジェクト[20]において交通関係の取組が進んでいる。北海道におけるDXの事例もそれらに類するものが収集されている（図表2-11 DX収集事例一覧のNo.51、No.133）。

　甲信越では、森林率（国土面積に占める森林面積）が全国第4位の山梨県において、ドローンの利活用による森林調査の省力化事例がみられる（同No.4）。

　東北、北陸、四国地方では働き手の減少や高齢化といった社会課題の解決としてデジタルを活用する事例がみられ、働き手が不足する北陸（2021年の完全失業率は福井県第1位、富山県第5位）においては、AI等の活用も含む業務変革や雇用のマッチング事例も見られる（同No.37、No.140）。また、高齢化率全国第7位の岩手県では技能継承の事例が見られる（同No.15）。

　なお、全国各地でスマートシティプロジェクトが実施され、デジタル田園都市国家構想実現会議事務局が募集した「夏のDigi田甲子園[21]」でも北九州市のロボット・DX推進センターの開設、山形県酒田市の飛島スマートアイランドプロジェクトなどが優勝している。

　今回収集された事例以外にも全国各地で地域の特性を踏まえたスマートシティプロジェクトなどの取組が実施されており、こうした事例は、類似した社会課題や構想を持つ地域のDXの取組に参考になる。

＊19　農林水産省 令和4年農林水産統計
　　　<https://www.maff.go.jp/j/tokei/kouhyou/noukou/attach/pdf/index-2.pdf>
＊20　スマートシティ官民連携プラットフォーム事務局「スマートシティプロジェクト」
　　　<https://www.mlit.go.jp/scpf/projects/index.html>
＊21　夏のDigi田甲子園 結果発表 <https://www.cas.go.jp/jp/seisaku/digitaldenen/koshien/index.html>

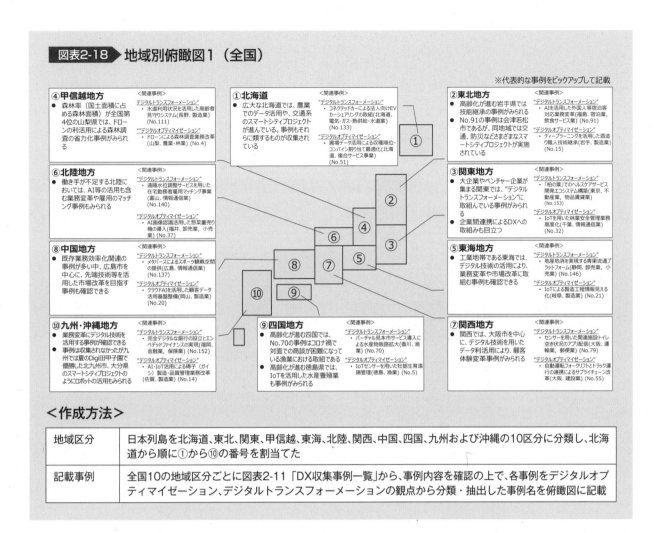

図表2-18 地域別俯瞰図1（全国）

※代表的な事例をピックアップして記載

④甲信越地方
● 森林率（国土面積に占める森林面積）が全国第4位の山梨県では、ドローンの利活用による森林調査の省力化事例がみられる

＜関連事例＞
"デジタルトランスフォーメーション"
・水道利用状況を活用した高齢者見守りシステム（長野、製造業）（No.111）
"デジタルオプティマイゼーション"
・ドローンによる森林調査業務改革（山梨、農業・林業）（No.4）

①北海道
● 広大な北海道では、農業でのデータ活用や、交通系のスマートシティプロジェクトが進んでいる。事例もそれらに類するものが収集されている

＜関連事例＞
"デジタルトランスフォーメーション"
・コネクテッドカーによる法人向けEVカーシェアリングの取組（北海道、電気・ガス・熱供給・水道業）（No.133）
"デジタルオプティマイゼーション"
・圃場データ活用による収穫順位・コンバイン割り当て最適化（北海道、複合サービス事業）（No.51）

②東北地方
● 高齢化が進む岩手県では技能継承の事例がみられる
● No.91の事例は会津若松市であるが、同地域では交通、防災などさまざまなスマートシティプロジェクトが実施されている

＜関連事例＞
"デジタルトランスフォーメーション"
・AIを活用した外国人等宿泊客対応業務変革（福島、宿泊業、飲食サービス業）（No.91）
"デジタルオプティマイゼーション"
・ディープラーニングを活用した酒造り職人技術継承（岩手、製造業）（No.15）

⑥北陸地方
● 働き手が不足する北陸においては、AI等の活用も含む業務変革や雇用のマッチング事例もみられる

＜関連事例＞
"デジタルトランスフォーメーション"
・遠隔水位調整サービスを用いた在宅勤務者雇用マッチング事業（富山、情報通信業）（No.140）
"デジタルオプティマイゼーション"
・AI画像認識活用した惣菜量売り機の導入（福井、卸売業、小売業）（No.37）

③関東地方
● 大企業やベンチャー企業が集まる関東では、"デジタルトランスフォーメーション"に取組んでいる事例がみられる
● 企業間連携によるDXへの取組みも目立つ

＜関連事例＞
"デジタルトランスフォーメーション"
・「柏の葉」でのヘルスケアサービス開発エコシステム構築（東京、不動産業、物品賃貸業）（No.153）
"デジタルオプティマイゼーション"
・IoTを用いた林業安全管理業務高度化（千葉、情報通信業）（No.32）

⑧中国地方
● 既存業務効率化関連の事例が多い中、広島市を中心に、先端技術等を活用した市場改革を目指す事例も確認できる

＜関連事例＞
"デジタルトランスフォーメーション"
・メタバースによるスポーツ観戦空間の提供（広島、情報通信業）（No.137）
"デジタルオプティマイゼーション"
・クラウドAIを活用した顧客データ活用基盤整備（岡山、製造業）（No.20）

⑤東海地方
● 工業地帯である東海では、デジタル技術の活用により、業務変革や市場改革に取組む事例も確認できる

＜関連事例＞
"デジタルトランスフォーメーション"
・地産地消を実現する青果流通プラットフォーム（静岡、卸売業、小売業）（No.146）
"デジタルオプティマイゼーション"
・IoTによる製造工程情報見える化（岐阜、製造業）（No.21）

⑩九州・沖縄地方
● 業務変革にデジタル技術を活用する事例が確認できる
● 事例は収集されなかったが九州では夏のDigi甲子園で優勝した北九州市、大分県のスマートシティプロジェクトのようにロボットの活用もみられる

＜関連事例＞
"デジタルトランスフォーメーション"
・完全デジタルな銀行の設立とエンベデッドファイナンスの実現（福岡、金融業、保険業）（No.152）
"デジタルオプティマイゼーション"
・AI-IoT活用による棒子（ガイシ）製造・品質管理業務改革（佐賀、製造業）（No.14）

⑨四国地方
● 高齢化が進む四国では、No.700事例はコロナ禍で対面での商談が困難になっている漁業における取組である
● 高齢化が進む徳島県では、IoTを活用した水産養殖業も事例がみられる

＜関連事例＞
"デジタルトランスフォーメーション"
・バーチャル見本市サービス導入による水産物販路拡大（香川、漁業）（No.70）
"デジタルオプティマイゼーション"
・IoTセンサーを用いた牡蠣生育遠隔管理（徳島、漁業）（No.5）

⑦関西地方
● 関西では、大阪市を中心に、デジタル技術を用いたデータ利活用により、顧客体験変革事例がみられる

＜関連事例＞
"デジタルトランスフォーメーション"
・センサーを用いた関連施設トイレ空き状況のアプリ配信（大阪、運輸業、郵便業）（No.79）
"デジタルオプティマイゼーション"
・自動運転フォークリフトとトラック運行の連携によるサプライチェーン改革（大阪、建設業）（No.55）

＜作成方法＞

地域区分	日本列島を北海道、東北、関東、甲信越、東海、北陸、関西、中国、四国、九州および沖縄の10区分に分類し、北海道から順に①から⑩の番号を割当てた
記載事例	全国10の地域区分ごとに図表2-11「DX収集事例一覧」から、事例内容を確認の上で、各事例をデジタルオプティマイゼーション、デジタルトランスフォーメーションの観点から分類・抽出した事例名を俯瞰図に記載

（3）事例紹介3　ドローンによる森林調査業務の改革[22]

森林率が全国第4位という山梨県においてドローンの利活用で森林調査の省力化を実現した事例として、また投資余力が少ない中小企業が補助金を活用した事例として、本取組を紹介する。

① 企業概要

企業名：有限会社天女山（農業、林業）

本社所在地：山梨県北杜市

従業員数：13人

② 事例概要：IT導入補助金を活用した森林解析

有限会社天女山は山梨県の八ヶ岳南麓で林業を営んでいる。業務へのITツール導入前、同社は下記経営課題を抱えていた。

・林業は産業構造上、利益を確保することが難しい状況

・森林調査作業に多くの人手と時間がかかる

　（実際に森林を歩いて木を1本1本調査し、結果をエクセルに入力する等）

・デジタル化を模索するも、自社負担だけではITツール導入に踏み切ることができない状況

＊ 22　https://it-case.smrj.go.jp/2020/tennyosan

上記課題解決に向けて、同社は独立行政法人 中小企業基盤整備機構（中小機構）の「IT導入補助金」を活用し、3D GISツール「ScanSurvey Z Pro」を導入。本ツールは大容量の点群データを高速で3D表示、3D編集、3D自動分析することが可能であるほか、その他レイヤ分離機能や作図機能などの機能を有している。本ツールの導入により、下記が実施できるようになった。

- ・ドローンを用いて森林調査を実施し、その結果を点群データ化する。本ツールの活用により、それら点群データを解析できるようになった
- ・作業道設計を地形図からツールの活用に変更したことで、図面上では難しかったルート選定を事前に判断できるようになった
- ・従来できなかった土量の推測値を計算できるようになった

図表2-19　導入したITツールを用いた業務風景

出典：独立行政法人中小企業基盤整備機構Webサイト*23

　上記に伴い、森林調査人員数の削減および調査コストを削減できた。

- ・森林調査人員数が1haあたり約10名から2名に削減
- ・作業道のルート選定に係る現地調査（踏査）時間が従来の約2分の1に短縮
- ・3Dデータを活用し、魅力的な施業提案が可能になった

③ 本事例のポイント

　今回のDX事例調査では事例が少なかった林業の取組であること、デジタルの活用により実際に大幅な業務効率化を実現していること、中小企業がIT導入補助金の活用によりDXを推進していることなどが林業や中小企業の参考になると期待される。

＊23　https://it-case.smrj.go.jp/2020/tennyosan

6 地域別俯瞰図2（都市圏・地方圏別）

(1) 概要

　前述の地域別俯瞰図1では、全国を10の地域区分に分類しているが、それぞれの地域区分には都市部とそれ以外の地域も混在していることから、都市圏および地方圏を横軸、都市圏・地方圏の中心となる都市およびそれ以外を縦軸として、俯瞰図を示した（図表2-20）。

　各地域区分には、取組内容を踏まえ作成した事例名と実施している企業の産業を記載のうえで、取組内容の傾向を補記している。なお、各領域の複数事例の内容を踏まえて、各領域の事例の傾向が反映されていると判断したもの中心に選定している。

(2) 俯瞰図

　本調査で収集した三大都市圏における都市と都市以外の地域区分に該当する事例をみると、都市圏・地方圏の中心となる都市、とくに東京23区（特別区）については、さまざまな産業の企業において、他業種とも連携した"デジタルトランスフォーメーション"に該当する事例が多かった。一方、都市圏・地方圏の中心となる都市以外では、デジタルを活用した業務の自動化や省力化など、生産性の向上や人口減少に伴う労働力補填に資する、いわゆる"デジタルオプティマイゼーション"に該当する事例が多かった。東京23区に集積する情報通信産業は全国の4割弱であり[24]、集積するIT企業のデジタルサービス提供やスタートアップ企業との提携などが、それ以外の地域との差につながっている可能性もある。

＊24　総務省 令和3年経済センサス（速報集計）より計算
　　　<https://www.stat.go.jp/data/e-census/2021/kekka/index.html>

	三大都市圏			地方圏
	首都圏	中京圏	近畿圏	
都市圏・地方圏の中心となる都市	**東京都(東京23区)** 企業数が多いためか事例数も多く、業界内外を巻き込んだ先進的な事例も多数 ✓ ガス業界内外で利用可能な受発注プラットフォームサービス展開(電気・ガス・熱供給・水道業)(No.132) ✓ マッチングプラットフォームによる遊休スペース収益化(情報通信業)(No.139) ✓ 建設業者と金融サービスをつなぐプラットフォームビジネス創出(学術研究、専門・技術サービス業)(No.149) ✓ メタバース上における就業市場の創出(サービス業)(No.154)	**愛知県(名古屋市)** 収集できた事例数は多くないが(4件)、市場変革や顧客体験変革に関連する事例も確認できる ✓ AI活用による夾雑物除去作業自動化(製造業)(No.23) ✓ 自社展示施設におけるARナビゲーション活用(製造業)(No.74) ✓ ウエアラブル端末を用いたマンション居住者健康管理サービス(卸売業、小売業)(No.120) ✓ ブロックチェーンを活用した電力個人間取引の取組(電気・ガス・熱供給・水道業)(No.134)	**大阪府(大阪市)** 収集できた事例数は多くないが(7件)、顧客体験変革に関連する事例が確認できる ✓ エリア混雑・予測情報等を公開する市民向けおでかけ支援サービスの取組(電気・ガス・熱供給・水道業)(No.76) ✓ センサーを用いた関連施設トイレ空き状況のアプリ配信(運輸業、郵便業)(No.79) ✓ 映像型活動検知機能搭載システムによる入居者モニタリング(医療、福祉)(No.96) ✓ スマートフォンによるドローン操縦オンラインツアー提供(サービス業)(No.151)	**札幌市・仙台市・広島市・福岡市** 各都市での取組については特段の傾向は確認できない ✓ 九州観光促進プラットフォームによる地域活性化(福岡、電気・ガス・熱供給・水道業)(No.75) ✓ AIによる魚雌雄自動判別ソリューションの創出(宮城、情報通信業)(No.78) ✓ デジタル技術を用いた飲食業者情報発信・商品開発支援(北海道、製造業)(No.128) ✓ メタバースによるスポーツ観戦空間の提供(広島、情報通信業)(No.137)
上記以外	**首都圏(東京23区を除く)** 収集した事例の業種は幅広く、多くは既存業務の変革に関連するもの ✓ センシングデータの収集・活用による建設現場生産性向上の取組(山梨、建設業)(No.10) ✓ IoTを用いた林業安全管理業務高度化(千葉、情報通信業)(No.32) ✓ デジタルタコグラフによる車両運行状況管理(埼玉、運輸業、郵便業)(No.36) ✓ AI活用によるリハビリテーション介入プログラム作成(東京、医療、福祉)(No.49) ✓ IoT活用による高齢者健康支援への取組(東京、卸売業、小売業)(No.73)	**中京圏(名古屋市を除く)** 地域性を反映してか、収集できた事例は製造業が中心 ✓ 金型共同受注システムによる同業他社との受注最適配分の実現(愛知、製造業)(No.56) ✓ 全社データ一元管理・システム統合による全社業務効率化(岐阜、製造業)(No.57) ✓ AI来客予測を基にした食品ロスと従業員負荷の削減(三重、宿泊業、飲食サービス業)(No.67) ✓ スマホNFC機能とRFIDを用いた製品真贋判定の仕組み(岐阜、製造業)(No.106)	**近畿圏(大阪市を除く)** 収集した事例の業種は幅広く、特段の傾向は確認できない ✓ マッチングシステムによる地域建築業者集客支援(和歌山、農業、林業)(No.54) ✓ センサーを活用した旅館内施設混雑状況可視化(滋賀、宿泊業、飲食サービス業)(No.90) ✓ 仮想現実(VR)を用いたリハビリテーション(大阪、医療、福祉)(No.93) ✓ 物流プラットフォームサービスによる顧客・同業他社連携強化(運輸業、郵便業)(No.142)	**その他地域** 収集した事例の業種は幅広く、特段の傾向は確認できない ✓ IoTセンサーを用いた牡蛎生育遠隔管理(徳島、漁業)(No.5) ✓ デジタルタコグラフを活用した日報作成自動化(富山、運輸業、郵便業)(No.35) ✓ 圃場データ活用による収穫順位・コンバイン割り当て最適化(北海道、複合サービス事業)(No.51) ✓ AIを活用した外国人等宿泊客対応業務変革(福島、医療、宿泊業、飲食サービス)(No.91)

横軸 (三大都市圏と地方圏)	・「三大都市圏」として、地域を首都圏(東京都・神奈川県・埼玉県・千葉県・茨城県・栃木県・群馬県・山梨県)、中京圏(愛知県・岐阜県・三重県)、近畿圏(大阪府・京都府・兵庫県・滋賀県・奈良県・和歌山県)に区分 ・また、三大都市圏以外を「地方圏」と区分
縦軸 (都市圏・地方圏の中心となる都市と上記以外)	・三大都市圏をそれぞれ「都市圏の中心となる都市(東京23区、名古屋市、大阪市)」と「上記以外」に区分 ・地方圏のうち、札幌市・仙台市・広島市・福岡市を「地方圏の中心となる都市」とし、左記以外を「上記以外」に区分

(3) 事例紹介4　メタバース上における就業市場の創出[25]

　近年、注目されている技術の一つに「メタバース」があるが、本調査で収集した事例のなかで活用している取組は2件であった。ここでは、そのうち、地方都市の人材や障がい者の活用を促進しようとする事例を紹介する。

① 企業概要

　企業名：パーソルマーケティング株式会社(サービス業)

　本社所在地：東京都新宿区

　従業員数：60,675 人(連結)(2022年3月31日時点)

② 事例概要：仮想空間を活用した新しい働き方を創出していく

　人材サービスを手掛けるパーソルマーケティングは、2022年4月に、リアルでの営業支援、販売支援、店舗支援の人材サービスの知見やノウハウを生かして、メタバース上で「接客・販売」「案内・運営」「出

＊ 25　https://www.kankeiren.or.jp/iot/pdf/iot66.pdf

店支援」「誘致支援」「アバタースタッフ育成支援」の提供を開始した。求職者は、メタバースを活用することで、年齢や性別、病気や障害の有無、勤務場所や時間などに関係なく、知識や経験を生かして在宅勤務やリモートワーク、時短勤務や日数限定勤務、複業・兼業やフリーランスなど、働く選択肢を増やすことが可能になる。メタバースの活用により、営業や販売業務に関する豊富な知識や経験がある人材であっても、勤務時間や地域に制限がある場合や、年齢による体力の衰えや病気や障害があることで、立ち仕事や外回りの仕事が難しく就業機会が限られてしまうといった課題を解決する。

同社では、メタバースを人の行動領域や選択肢を拡張させる第2世界（社会）と定義し、リアルとバーチャル双方の世界をシームレスに橋渡しすることが、新たな雇用を生み、多様な人材が活躍できる社会を構築することにつながり、また、プロモーション、イベント、物販、デジタルコンテンツの販売においてもメタバースは有用であると考えている。

図表2-21 パーソルマーケティングが考えるメタバース活用事例

出典：パーソルマーケティング株式会社Webサイト

③ 本事例のポイント

働く意思やスキルを持っていても場所や身体的な理由によって就業が困難な人材を、メタバースを活用することで就業につなげるという先進的な取組であり、大都市圏の人材を人手が不足する地方圏の職場と結び付けたり、近隣に希望する職種がない地方圏の人材が移住することなく大都市圏で就労することが可能になると期待される。

（4）事例紹介5　ウェアラブル端末を用いたマンション居住者健康管理サービス[26]

ここでは、名古屋市に分類した事例のなかで、IoTを活用した健康管理により地方拠点の付加価値を高める取組を紹介する。

① 企業概要

企業名：豊田通商株式会社（卸売業、小売業）

＊26　https://www.toyota-tsusho.com/press/detail/210412_004805.html

本社所在地：愛知県名古屋市

従業員数：65,218人（連結）（2022年3月末時点）

② 事例概要：IoT 活用健康管理システム「からだステーション」を分譲マンションへ提供

　豊田通商は、2021年4月に秋田不動産サービス株式会社、株式会社大京、ミサワホーム株式会社の3社が開発する「秋田版CCRC（Continuing Care Retirement Community）拠点整備事業」内分譲マンション「クロッセ秋田」に、自社が展開するIoT活用健康管理システム「からだステーション」の導入を開始した。「クロッセ秋田」の居住者、および地域住民に運動データを計測する専用ウェアラブル端末「Karamo」と専用測定機器（血圧計・体組成計）を提供し、日々の運動データと身体データを「からだステーション」のシステムで一元管理する。「からだステーション」の利用者は、計測したデータを基に「クロッセ秋田」の商業エリア内にある健康相談センターで、健康増進に向けたアドバイスを受けることができる。また、専用アプリ・ウェブサイト上でのデータ閲覧も可能なため、離れて暮らす家族も利用者の健康状況をいつでも見守ることもできる。今後は、商店街・百貨店と連携し、運動実施後にシステム上で取得できるポイントをクーポンに交換して、購買活動につなげることを予定している。

図表2-22 ▶ 専用ウェアラブル端末「Karamo」および利用イメージ

出典：豊田通商株式会社プレスリリース（2021年4月12日）

③ 本事例のポイント

　デジタル技術を活用した新たな端末・サービスの導入により、マンション入居者および入居者家族への提供価値を向上させるとともに、地域交流や購買活動の促進による地方創生にも寄与する取組である。

7 他企業・団体協働類型別俯瞰図

(1) 概要

　第2章1.「マクロ調査」では、DXの取組を進める上で予算・人材・ノウハウの確保が課題となっていること、またDXに取組むにあたってのデジタル化が産業によっては遅れていることを述べている。これらの課題については、自社単独では解決しがたいものも多いと推定される。そこで、自社では保有していない技術や業務領域をもつ外部の企業・団体との協働[*27]は、高度なデジタル技術の活用や業務改革・新規ビジネス創出といったDX推進に有効な手段であると考えられる。

　そこで、収集した事例の内容から分類した「他企業・団体協働類型」を横軸、DX事例の取組内容を縦軸としたマトリクスに対して、収集したDX事例の中から該当する事例を抽出のうえでマッピングし、俯瞰図を作成し、「他企業・団体協働類型」ごとに"デジタルオプティマイゼーション""デジタルトランスフォーメーション"それぞれでどのようなDXの取組事例が存在するのかを可視化した（図表2-23）。

　縦軸、横軸で構成される各領域には、取組内容を踏まえ作成した事例名と事例実施企業の名称・産業を記載の上で取組内容の傾向についてコメントを補記している。なお、「取引先」「グループ会社」の"デジタルオプティマイゼーション"に該当する領域以外は、各領域に該当する複数の事例の内容を踏まえ、事例内容の傾向を反映していると判断したものを抽出している。

(2) 俯瞰図

　本俯瞰図作成にあたっては、事例の内容から他企業・団体との取組パターンを、協働先の企業・団体の業種や取組を実施した企業との関係性などの観点から、「自治体、大学・研究機関、非営利団体」「情報通信事業者」「取引先（顧客、仕入先、委託先等）」「グループ会社（子会社、親会社、関連会社等）」の四つに区分している。

　その中で、「自治体、大学・研究機関、非営利団体」との連携では、街づくりや地域産業など、地域振興に関連する事例（図表2-11 DX収集事例一覧のNo.78、No.103、No.153、No.51、No.54、No.62）を確認することができ、「情報通信事業者」との連携では、自社ノウハウと外部企業の技術とを組合わせることで、既存業務の変革や新たな製品・サービスの創出を図っている事例（同No.126、No.148、No.15、No.16、No.49）を確認することができる。また、「取引先（顧客、仕入先、委託先等）」との連携では、ステークホルダー全体の利益に資する効率化の取組や新規サービス創出（同No.144、No.145、No.66）などが、「グループ会社（子会社、親会社、関連会社等）」との連携では、子会社や共同出資会社の設立を通じた新規ビジネスの取組事例（同No.148、No.149）が確認できる。

　これら結果はあくまで一例ではあるが、地域・産業課題解決に向けては「自治体、大学・研究機関、非営利団体」、既存業務の高度化・新商品・サービスについては「情報通信事業者」「取引先（顧客、仕入先、委託先等）」、既存ビジネスの枠から外れる新たなビジネスについては「グループ会社（子会社、親会社、関連会社等）」といった連携パターンが存在することも考えられる。

[*27] 協働には、企業・組織間連携に加え、既存事業の枠を越えた越境的な活動を通じた連携が含まれる。

	協働先の企業・団体の類型			
	自治体、大学・研究機関 非営利団体	情報通信事業者	取引先 (顧客、仕入先、委託先等)	グループ会社 (子会社、親会社、関連会社等)
"デジタルトランスフォーメーション"	**大学や研究機関、自治体と連携した街づくりや地域産業に関連する事例が目立つ** • 研究機関と連携したAIによる魚雌雄自動判別ソリューションの創出(東杜シーテック株式会社〜情報通信業)(No.78) • 大学や自治体と連携したICTを活用した赤潮予測への取組(愛南漁業協同組合〜漁業)(No.103) • 公・民・学連携での「柏の葉」へルスケアサービス開発エコシステムの構築(三井不動産株式会社〜不動産業,物品賃貸業)(No.153)	**ITベンダ等との協働により、新商品・サービス開発を実現している事例あり** • 大手情報通信企業と連携した建築業向けMR(複合現実)ソリューションの開発・販売(小柳建設株式会社〜建設業)(No.126) • グループの情報通信企業と連携したサブスクリプション型IoTサービス提供のためのプラットフォーム構築・販売(東京センチュリー株式会社〜金融業,保険業)(No.148)	**取引先とのWIN-WINの関係を実現する新規サービス創出事例あり** • コロナの影響で需要が落ちている飲食店と共同で、アプリでの注文が可能な地域飲食店デリバリーサービスを創出(オリエント交通〜運輸業,郵便業)(No.144) • 工具販売店と連携した工具ユーザーからの注文を不要にする"置き工具"サービス(トラスコ中山株式会社〜卸売業,小売業)(No.145)	**子会社や共同出資企業を通じた新規ビジネス創出事例が確認できる** • グループのIT企業と連携したサブスクリプション型IoTサービス提供のためのプラットフォーム構築・販売(東京センチュリー株式会社〜金融業,保険業)(No.148) • 複数の金融機関、建設事業者等が共同出資し、IoTデータを活用した建設業者と金融サービスをつなぐプラットフォームビジネスを創出(株式会社ランドデータバンク学術研究〜専門・技術サービス業)(No.149)
"デジタルオプティマイゼーション"	**自治体と連携した地域産業の生産性向上に資する事例が主** • 自治体と連携した圃場データ活用による収穫順位・コンバイン割り当て最適化(芽室町農業協同組合〜複合サービス業)(No.51) • 自治体と連携したマッチングシステムによる地域建築業者集客支援(龍神村森林組合〜農業,林業)(No.54) • 自治体(道の駅)と連携した直販所商品売れ行き状況の可視化・配信による販売促進(四国情報管理センター株式会社〜情報通信業)(No.62)	**先進技術の自社業務への活用時にITベンダ等と提携する事例が確認できる** • ITベンチャーと連携したディープラーニングを活用した酒造り職人技術継承(株式会社南部美人〜製造業)(No.15) • AIに強みを有する情報通信企業との連携による石油精製プラントの自動運転(ENEOSホールディングス株式会社〜製造業)(No.16) • 大手情報通信企業との連携したAI活用によるリハビリテーション介入プログラム作成(医療法人社団KNI〜医療,福祉)(No.49)	**確認できた取引先との協働事例は少数** • 法人顧客とのマイナンバーカードとスマホを活用した電子契約の取組(株式会社岩手銀行〜金融業,保険業)(No.66)	**収集事例からは該当なし**

横軸 (他企業・団体協働類型)	• 収集したDX事例において、他企業・団体と協働して実施されている事例を抽出 • 各事例については、他企業・団体との協働類型を「自治体、大学・研究機関、非営利団体」「情報通信事業者」「取引先(顧客、仕入先、委託先等)」「グループ会社(子会社、親会社、関連会社等)」とに区分 ※各事例の協働類型は一意に決まるものではなく、複数の類型に同時に部分類される事例も存在する。 ※抽出した各事例は、事例内容から他企業・団体と協働が確認できたものであり、これら以外の事例が他企業・団体と協働している可能性もある。
縦軸 (DXの取組内容)	• 図表2-11「DX収集事例一覧」から、事例内容を確認の上で、各事例を"デジタルオプティマイゼーション""デジタルトランスフォーメーション"の観点から分類・抽出した事例名を俯瞰図に記載

第4章

まとめ

　国内産業におけるDXの動向を俯瞰的に把握するため、公開されているアンケート調査などを基に、DXの取組の現状をマクロ的な視点から取りまとめた。さらに、DXへの取組の事例収集を行い、マクロ調査を基にしたDXへの取組状況の整理軸（企業規模、産業、地域）に基づいて事例をマッピングし、俯瞰図を作成した。

　各種アンケート調査等からは、企業規模、産業、地域により企業のDXの取組状況が異なることが読み取れたが、DXの取組事例をみると、中小企業がデジタルを活用した事例や情報通信業が他産業のDXを推進する事例など、企業の工夫や企業間の連携により課題を解決しつつDXを推進する姿もみられた。社会を変革するようなDX事例は大企業によるものが大部分であったが、地域社会の変革を志向する地域企業での取組もみられ、こうした取組のいっそうの広がりが期待される。

　大企業では同業者や取引先、顧客を巻き込んだ大規模な事例がみられた。業種別俯瞰図では、情報通信業が他産業のDXを推進する事例がみられ、他産業が主導するDXの取組のサポートや協業などの役割がみられた。地域別俯瞰図では、農業や森林調査など地域産業のニーズに応える事例、働き手の減少や高齢化といった地域における社会課題への対応といった事例もみられた。

　今回の分析では、公表されたDXの取組事例を活用して俯瞰図を作成しているため、メディアに注目されたり企業がアピールしている成功事例が取上げられやすいが、その背景には、DXに挑戦したものの成功に至らなかった企業や、まだ取組めていない企業が数多く存在していると推定される。それらの企業が俯瞰図において、規模や産業、地域などが自社に当てはまる場所をみることで適した事例の参照、"デジタルオプティマイゼーション"から"デジタルトランスフォーメーション"への展開を検討するなど、DXの取組に役立てていただけることを期待したい。

<参考資料>

事例一覧の出典（数字は図表2-11 DX収集事例一覧のNo.に対応）

[1]　総務省HP　https://www.soumu.go.jp/main_content/000662002.pdf
[2]　農林水産省HP　https://www.maff.go.jp/j/kanbo/smart/attach/pdf/smajirei_2018-65.pdf
[3]　農林水産省HP　https://www.maff.go.jp/j/kanbo/dx/dxsub/dxcase4.html
[4]　中小機構HP　https://it-case.smrj.go.jp/2020/tennyosan
[5]　総務省HP　https://www.soumu.go.jp/main_content/000662002.pdf
[6]　日鉄鉱業HP　https://www.nittetsukou.co.jp/ir/management/task.html
[7]　INPEX HP　https://www.inpex.co.jp/business/technology/dx/
[8]　関西経済連合会HP　https://www.kankeiren.or.jp/iot/pdf/iot39.pdf
[9]　沖縄イノベーションマッチングサイト「インダストリンク」　https://industlink.jp/news/1645683681/
[10]　スマートIoT推進フォーラム　https://smartiot-forum.jp/iot-val-team/iot-case/case-hiraga
[11]　スマートIoT推進フォーラム　https://smartiot-forum.jp/iot-val-team/iot-case/case-nishimatsu-k
[12]　富山県IoT推進コンソーシアムHP　https://www.toyama-iot.jp/file_upload/100171/_main/100171_01.pdf
[13]　秋田県産業技術センター HP　https://www.aitc.pref.akita.jp/2022/03/28/dxselection_2022/
[14]　佐賀県HP　https://www.pref.saga.lg.jp/kiji00381619/3_81619_212500_up_7ghn3tsb.pdf
[15]　朝日新聞HP　https://change.asahi.com/articles/0014/
[16]　ENEOSホールディングスHP　https://www.hd.eneos.co.jp/company/system/dx.html
[17]　DIGITAL X　https://dcross.impress.co.jp/docs/usecase/002665.html
[18]　広島県DX推進コミュニティ　https://hiroshima-dx.jp/pages/124/
[19]　山口県HP　https://www.pref.yamaguchi.lg.jp/uploaded/attachment/57829.pdf
[20]　公益財団法人 岡山県産業振興財団HP　https://www.optic.or.jp/okayama-digital-pi/pdf/daiyakougyou.pdf
[21]　中部経済産業局HP　https://www.chubu.meti.go.jp/koho/kigyo/115_ono/index.html
[22]　神奈川県HP　https://www.pref.kanagawa.jp/documents/84003/0214besshi_gaiyou.pdf
[23]　カゴメHP　https://www.kagome.co.jp/library/company/news/2021/img/211101001.pdf
[24]　関東経済産業局HP　https://www.kanto.meti.go.jp/seisaku/iot_robot/data/2020_jireishu.pdf
[25]　関東経済産業局HP　https://www.kanto.meti.go.jp/seisaku/iot_robot/data/2020_jireishu.pdf
[26]　沖縄イノベーションマッチングサイト「インダストリンク」　https://industlink.jp/news/1605238467/
[27]　DIGITAL X　https://dcross.impress.co.jp/docs/usecase/003180.html
[28]　DIGITAL X　https://dcross.impress.co.jp/docs/usecase/003068.html
[29]　丸の内熱供給HP　https://www.marunetu.co.jp/pdf/20220302.pdf
[30]　東京都下水道サービスHP　https://www.tgs-sw.co.jp/contents/wp-content/uploads/2020/07/2020007_b-dash.pdf
　　　http://www.nilim.go.jp/lab/ebg/b_dash2/r2gaiyou/05_r2_gaiyou_tenkaizu.pdf
[31]　神奈川県HP　https://www.pref.kanagawa.jp/documents/84003/0214besshi_gaiyou.pdf
[32]　総務省HP　https://www.soumu.go.jp/main_content/000662002.pdf
[33]　総務省HP　https://www.soumu.go.jp/main_content/000662002.pdf
[34]　神奈川県HP　https://www.pref.kanagawa.jp/documents/84003/0214besshi_gaiyou.pdf
[35]　富山県HP　https://www.toyama-iot.jp/file_upload/100171/_main/100171_01.pdf
[36]　東水梱包運輸HP　http://www.tosui.co.jp/?p=481
[37]　関西経済連合会HP　https://www.kankeiren.or.jp/iot/pdf/iot38.pdf
　　　https://www.nikkei.com/article/DGXMZO51091550X11C19A0962M00/
[38]　ふくいDXオープンラボ　事例集サイト　https://dxfukui.jp/case/pid137/
[39]　神奈川県HP　https://www.pref.kanagawa.jp/documents/84003/0214besshi_gaiyou.pdf
[40]　関西経済連合会HP　https://www.kankeiren.or.jp/iot/pdf/iot54.pdf
[41]　東京建物HP　https://pdf.irpocket.com/C8804/mxGt/MCeT/DUtC.pdf
[42]　関西経済連合会HP　https://www.kankeiren.or.jp/iot/pdf/iot63.pdf
　　　https://hint.smasso.jp/use/sendaikyouritsu1
[43]　DIGITAL X　https://dcross.impress.co.jp/docs/usecase/003093.html
[44]　DIGITAL X　https://dcross.impress.co.jp/docs/usecase/003015.html
[45]　京王グループHP　https://www.keio.co.jp/news/update/recommend/recommend2020/nr200813_prelia.pdf
[46]　ダンダダン HP
　　　https://www.dandadan.jp/news/ai%E9%9C%80%E8%A6%81%E4%BA%88%E6%B8%AC%E5%9E%8B%E8%87
　　　%AA%E5%8B%95%E7%99%BA%E6%B3%A8%E3%82%AF%E3%83%A9%E3%82%A6%E3%83%89%E3%82%B5
　　　%E3%83%BC%E3%83%93%E3%82%B9-%E3%80%8Chanzo%E3%80%8D%E3%82%92%E5%85%A8/
[47]　日経ヘルスケア　https://www.nikkeibpm.co.jp/item/nhc/827/bn/HC0394.html
[48]　日経ヘルスケア　https://www.nikkeibpm.co.jp/item/nhc/827/bn/HC0394.html
[49]　医療法人社団KNI HP　https://kokusai.kitaharahosp.com/news/1909/

[50] 高齢者住宅新聞
https://www.as-partners.co.jp/wp/wp-content/uploads/2022/06/220615高齢者住宅新聞.pdf
[51] スマートIoT推進フォーラム　https://smartiot-forum.jp/iot-val-team/iot-case/case-jamemuro
[52] 佐賀県HP　https://www.pref.saga.lg.jp/kiji00381619/3_81619_212462_up_wlt2cavc.pdf
[53] 総務省HP　https://www.soumu.go.jp/main_content/000662002.pdf
[54] 総務省HP　https://www.soumu.go.jp/main_content/000662002.pdf
[55] 大和ハウス工業株式会社のニュースリリース
https://www.daiwahouse.com/about/release/house/20210917093153.html
[56] 中部経済産業局HP　https://www.chubu.meti.go.jp/koho/kigyo/116_uchida/index.html
[57] 中部経済産業局HP　https://www.chubu.meti.go.jp/koho/kigyo/119_ichimaru/index.html
[58] 味の素HP　https://www.ajinomoto.co.jp/company/jp/aboutus/dx/
[59] 富士フイルムホールディングスHP　https://holdings.fujifilm.com/ja/about/dx/activity
[60] ブリヂストンHP　https://www.bridgestone.co.jp/corporate/news/2021041301.html
[61] AGC HP　https://www.agc.com/ir/library/bizbriefing/pdf/2021_1019cto.pdf
[62] 高知県オープンイノベーションプラットフォームHP　https://kochi-oip.jp/case/1093/
[63] 商船三井 HP　https://www.mol.co.jp/pr/2018/18086.html
[64] アスクル HP　https://www.askul.co.jp/kaisya/dx/stories/00035.html
[65] DIGITAL X　https://dcross.impress.co.jp/docs/usecase/003159.html
[66] DIGITAL X　https://dcross.impress.co.jp/docs/usecase/001923.html
[67] 中小企業庁HP　https://www.chusho.meti.go.jp/pamflet/hakusyo/2019/PDF/2019_pdf_mokujityuuGaiyou.pdf
[68] DIGITAL X　https://dcross.impress.co.jp/docs/usecase/002241.html
[69] デジタラボHP　https://digita-lab.jp/interview/i_13.html
[70] DIGITAL X　https://dcross.impress.co.jp/docs/usecase/003149.html
[71] 日刊工業新聞　https://newswitch.jp/p/27709
[72] LIXIL HP　https://www.lixil.com/jp/investor/strategy/digital_index.html
[73] スマートIoT推進フォーラム　https://smartiot-forum.jp/iot-val-team/iot-case/case-livet
[74] ブラザー工業HP　https://www.brother.co.jp/news/2022/220721arnavi/index.aspx
[75] 総務省HP　https://www.soumu.go.jp/main_content/000662002.pdf
[76] 関西電力HP　https://www.kepco.co.jp/corporate/notice/notice_pdf/20210212_1_01.pdf
[77] BIPROGY HP　https://pr.biprogy.com/solution/lob/commerce/retail/aiorder/
[78] 関西経済連合会HP　https://www.kankeiren.or.jp/iot/pdf/iot41.pdf
[79] 関西経済連合会HP　https://www.kankeiren.or.jp/iot/pdf/iot49.pdf
https://www.nikkei.com/article/DGXLRSP531419_T20C20A3000000/
[80] ANAホールディングス HP　https://www.ana.co.jp/ja/jp/share/ana-pocket/
[81] 広島県DX推進コミュニティ　https://hiroshima-dx.jp/pages/125/
[82] SBIインシュアランスグループ HP　https://www.sbiig.co.jp/sbiig/technology.html
[83] 東京海上日動火災保険 HP　https://www.tokiomarine-nichido.co.jp/company/release/pdf/210421_01.pdf
[84] プレミアグループ HP
https://ir.premium-group.co.jp/ja/news/news3680607089536795280/main/0/teaserItems1/00/link/210300_ai_Final.pdf
[85] DIGITAL X　https://dcross.impress.co.jp/docs/usecase/002990.html
[86] GA technologies HP　https://www.renosy.com/about
[87] DIGITAL X　https://dcross.impress.co.jp/docs/usecase/001623.html
[88] 三菱地所HP　https://www.mec.co.jp/j/news/archives/mec210906_pxdt.pdf
[89] 三井住友ファイナンス＆リースHP　https://www.smfl.co.jp/times/article/001018/
[90] 近畿経済産業局HP　https://www.kansai.meti.go.jp/1-9chushoresearch/frontline/frontline_no21.pdf
[91] DIGITAL X　https://dcross.impress.co.jp/docs/usecase/001259.html
[92] ふくいDXオープンラボ 事例集サイト　https://dxfukui.jp/case/pid56/
[93] 日経ヘルスケア　https://www.nikkeibpm.co.jp/item/nhc/827/bn/HC0394.html
[94] DIGITAL X　https://dcross.impress.co.jp/docs/usecase/002961.html
[95] SOMPOケアHP　https://www.sompocare.com/attachment/topic/1222/news_0428.pdf
[96] PRTIMES　https://prtimes.jp/main/html/rd/p/000000011.000070402.html
[97] 日経ヘルスケア
https://img2.foryou.or.jp/files/w116/files/2022/6a4ea795c0e8b5d222f6ffebf5c99342d639f6f3.pdf
[98] PRTIMES　https://prtimes.jp/main/html/rd/p/000000007.000068379.html
[99] ケア21HP
https://www.care21.co.jp/news/wp-content/uploads/sites/2/2022/04/【PR_Care21】Plaisant-Grand-Kyotoenmachi_220401.pdf
[100] サンエス・マネジメント・システムスHP　https://www.sems.co.jp/news/1251.html
[101] NTTコミュニケーションズHP　https://www.ntt.com/about-us/press-releases/news/article/2022/0527.html
[102] 総務省HP　https://www.soumu.go.jp/main_content/000662002.pdf

[103] 総務省HP　https://www.soumu.go.jp/main_content/000662002.pdf
[104] 釧路新聞社の記念誌　http://www.k-coal.co.jp/information/data/13_2.pdf
[105] 清水建設HP　https://www.shimz.co.jp/digital-strategy/
[106] 関西経済連合会HP　https://www.kankeiren.or.jp/iot/pdf/iot57.pdf
[107] 中外製薬HP　https://www.chugai-pharm.co.jp/profile/digital/
[108] 旭化成HP　https://www.asahi-kasei.co.jp/j-koho/press/20200108/index/
[109] 長野県HP　https://www.pref.nagano.lg.jp/mono/documents/201903jireisyuu.pdf
[110] 長野県HP　https://www.pref.nagano.lg.jp/mono/documents/201903jireisyuu.pdf
[111] 長野県HP　https://www.pref.nagano.lg.jp/mono/documents/201903jireisyuu.pdf
[112] 長野県HP　https://www.pref.nagano.lg.jp/mono/documents/201903jireisyuu.pdf
[113] 長野県HP　https://www.pref.nagano.lg.jp/mono/documents/201903jireisyuu.pdf
[114] スマートIoT推進フォーラム　https://smartiot-forum.jp/iot-val-team/iot-case/case-econavista
[115] 総務省HP　https://www.soumu.go.jp/main_content/000662002.pdf
[116] スマートIoT推進フォーラム　https://smartiot-forum.jp/iot-val-team/iot-case/case-atama-plus
[117] ソフトバンク HP　https://www.softbank.jp/biz/services/hr-tech/helpo/
[118] リテールガイド　https://retailguide.tokubai.co.jp/trend/15208/
[119] 山口県HP　https://www.pref.yamaguchi.lg.jp/uploaded/attachment/57830.pdf
[120] 豊田通商HP　https://www.toyota-tsusho.com/press/detail/210412_004805.html
[121] DIGITAL X　https://dcross.impress.co.jp/docs/usecase/002683.html
[122] ふくいDXオープンラボ　事例集サイト　https://dxfukui.jp/case/pid162/
[123] 住友不動産販売HP
　　　https://www.sumitomo-rd.co.jp/uploads/20210901_release_real-estate-agent-auction-service-start-in-earnest.pdf
[124] DIGITAL X　https://dcross.impress.co.jp/docs/usecase/003033.html
[125] 「to BIM」HP　https://tobim.net/about
[126] 関東経済産業局HP　https://www.kanto.meti.go.jp/seisaku/iot_robot/data/2020_jireishu.pdf
[127] ミライト・ワン HP　https://www.miratec.co.jp/service/new-field/miratec-els.html
[128] Mikketa!! 北海道IT機構 発見！発掘！マガジン　https://www.mikketa.hokkaido.jp/1495/
[129] コマツカスタマーサポート HP　https://kcsj.komatsu/ict/smartconstruction/whats
[130] 神奈川県HP　https://www.pref.kanagawa.jp/documents/84003/0214besshi_gaiyou.pdf
[131] 東北経済産業局HP　https://www.tohoku.meti.go.jp/s_joho/topics/190920.html
[132] 日本瓦斯HP　https://www.nichigas.co.jp/for-company/dx/tanomimaster
[133] DIGITAL X　https://dcross.impress.co.jp/docs/usecase/003198.html
[134] 中部電力HP　https://www.chuden.co.jp/publicity/press/3271226_21432.html
[135] 空間自在プロジェクト HP　https://kukanjizai.com/
[136] API Gallery HP　https://api-gallery.com/apigallery/
[137] 広島県DX推進コミュニティ　https://hiroshima-dx.jp/pages/122/
[138] 神奈川県HP　https://www.pref.kanagawa.jp/documents/84003/0214besshi_gaiyou.pdf
[139] 総務省HP　https://www.soumu.go.jp/main_content/000662002.pdf
[140] 総務省HP　https://www.soumu.go.jp/main_content/000662002.pdf
[141] 日立物流 HP　https://www.hitachi-transportsystem.com/jp/ir/pdf/dx_strategy_20210112.pdf
[142] SGホールディングス HP　https://www.sg-hldgs.co.jp/ir/management/dx/pdf/sgh_dx.pdf
[143] 日本郵船　プレスリリース　https://www.nyk.com/news/2019/20190725_01.html
[144] 山口県HP　https://www.pref.yamaguchi.lg.jp/uploaded/attachment/57829.pdf
[145] トラスコ中山 HP　https://www.trusco.co.jp/company/periodplan/
[146] 農林水産省HP　https://www.maff.go.jp/j/kanbo/dx/dxsub/dxcase10.html
[147] 東海東京フィナンシャル・ホールディングス HP　https://www.tokaitokyo-fh.jp/feature/digital/
[148] 東京センチュリー　プレスリリース　https://ssl4.eir-parts.net/doc/8439/tdnet/1914811/00.pdf
[149] INCJ HP　https://www.incj.co.jp/newsroom/2019/20190830.html
[150] アジア航測　プレスリリース　http://ssl4.eir-parts.net/doc/9233/tdnet/1758964/00.pdf
[151] 関西経済連合会HP　https://www.kankeiren.or.jp/iot/pdf/iot60.pdf
　　　https://www.niro.or.jp/pdf/2021drone/03hankyu-travel.pdf
[152] ふくおかフィナンシャルグループ ニュースリリース
　　　https://www.fukuoka-fg.com/news_info_pdf/2021/20210114_mingin.pdf
[153] 三井不動産　プレスリリース　https://www.mitsuifudosan.co.jp/corporate/news/2022/0608/
[154] 関西経済連合会HP　https://www.kankeiren.or.jp/iot/pdf/iot66.pdf

第3部
企業DXの戦略

　DXを推進するためには、経営トップが自ら変革を主導し全社横断で組織的に取組むことが必要となってくる。そのためには経営戦略と整合したDX戦略を策定し、推進していくことが有効である。

　第3部では、第1章で日米の企業のDXに対する取組状況を示した上で、第2章でDX戦略の全体像を示し、第3章から第6章でDX戦略の各要素についての概要説明と取組状況および課題について論じた。

DXの取組

1 はじめに

　本白書ではDXを、「企業がビジネス環境の激しい変化に対応し、データとデジタル技術を活用して、顧客や社会のニーズを基に、製品やサービス、ビジネスモデルを変革するとともに、業務そのものや、組織、プロセス、企業文化・風土を変革し、競争上の優位性を確立すること」[*1]と定義する。

　DXを推進するためには、経営トップが自ら変革を主導し全社横断で組織的に取組むことが必要となってくる。そのためには経営戦略と整合したDX戦略を策定し、推進していくことが有効である。第1章では日米の企業のDXに対する戦略的な取組状況の概要を示した。

2 日米におけるDXの取組状況

　DXを全社戦略に基づき取組んでいるか尋ねた結果を示す(図表3-1)。日本でDXに取組んでいる企業の割合は2021年度調査の55.8%から2022年度調査は69.3%に増加、2022年度調査の米国の77.9%に近づいており、この1年でDXに取組む企業の割合は増加している。ただし、全社戦略に基づいて取組んでいる割合は米国が68.1%に対して日本が54.2%となっており、全社横断での組織的な取組として、さらに進めていく必要がある。

　なお、DXに取組んでいる企業の割合とは「全社戦略に基づき、全社的にDXに取組んでいる」「全社戦略に基づき、一部の部門においてDXに取組んでいる」「部署ごとに個別でDXに取組んでいる」の合計のことをいう。また、全社戦略に基づいて取組んでいる割合とは「全社戦略に基づき、全社的にDXに取組んでいる」「全社戦略に基づき、一部の部門においてDXに取組んでいる」の合計のことをいう。

＊1　経済産業省「デジタルガバナンス・コード 2.0」
　　　<https://www.meti.go.jp/policy/it_policy/investment/dgc/dgc2.pdf>

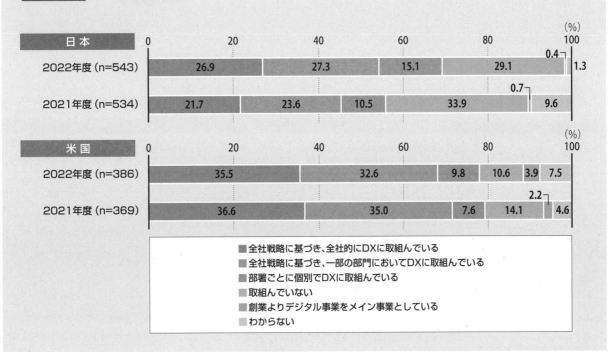

図表3-1　DXの取組状況

日本

	(%)
2022年度 (n=543)	26.9 / 27.3 / 15.1 / 29.1 / 0.4 / 1.3
2021年度 (n=534)	21.7 / 23.6 / 10.5 / 33.9 / 0.7 / 9.6

米国

	(%)
2022年度 (n=386)	35.5 / 32.6 / 9.8 / 10.6 / 3.9 / 7.5
2021年度 (n=369)	36.6 / 35.0 / 7.6 / 14.1 / 2.2 / 4.6

■全社戦略に基づき、全社的にDXに取組んでいる
■全社戦略に基づき、一部の部門においてDXに取組んでいる
■部署ごとに個別でDXに取組んでいる
■取組んでいない
■創業よりデジタル事業をメイン事業としている
■わからない

業種別のDXの取組状況を図表3-2に示す。日米ともにDXに取組んでいる割合が高いのは「金融業、保険業」、割合が低いのは「サービス業」となっている。

　とくに、日本の「サービス業」ではDXに取組んでいない割合が4割を超え、同業種の米国企業や日本企業の他業種に比べ、DXの取組が遅れていることがわかる。

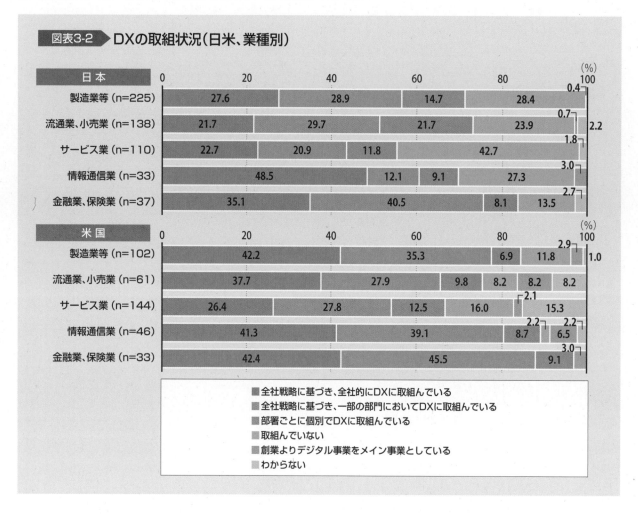

図表3-2　DXの取組状況（日米、業種別）

凡例：
- 全社戦略に基づき、全社的にDXに取組んでいる
- 全社戦略に基づき、一部の部門においてDXに取組んでいる
- 部署ごとに個別でDXに取組んでいる
- 取組んでいない
- 創業よりデジタル事業をメイン事業としている
- わからない

　日本企業のDX取組状況を業種別に経年比較した結果を示す（図表3-3）。いずれの業種においてもDXに取組んでいる割合が増加している。とくに「流通業、小売業」は取組んでいる割合が2021年度調査の54.1%から、2022年度調査は73.1%に増加している。他方、DXの取組割合が最も低い「サービス業」（図表3-2）は13.1%の増加にとどまり、顕著な進展が見られない。サービス業の生産性向上を図るうえでDXの取組をいっそう推進することが求められる。

　なお、DXに取組んでいる企業の割合とは「全社戦略に基づき、全社的にDXに取組んでいる」「全社戦略に基づき、一部の部門においてDXに取組んでいる」「部署ごとに個別でDXに取組んでいる」の合計のことをいう。

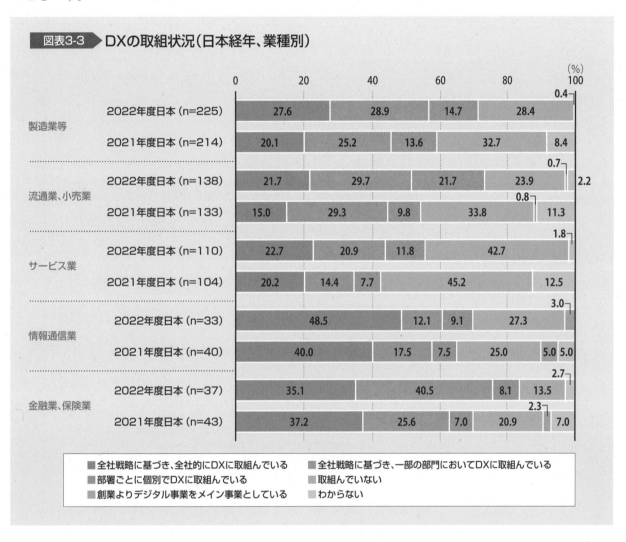

図表3-3　DXの取組状況（日本経年、業種別）

DXの取組状況を従業員規模別でみると日本は従業員数が多い企業ほどDXの取組が進んでいる（図表3-4）。日本の「1,001人以上」においてはDXの取組を行っている割合は94.8%と米国と比較しても高い割合を示しているのに対して、従業員規模が「100人以下」の日本における割合の合計は約4割、DXに取組んでいない企業が約6割となっており、中小企業のDXの取組の遅れは顕著である。

　また日本では従業員規模と取組割合に相関が見られるのに対し、米国では、「101人以上」の企業では、DXに取組む企業が9割程度でありDXの取組が中堅企業にまで浸透していることがうかがわれる。

　なお、DXの取組を行っている割合とは「全社戦略に基づき、全社的にDXに取組んでいる」「全社戦略に基づき、一部の部門においてDXに取組んでいる」「部署ごとに個別でDXに取組んでいる」の合計のことをいう。

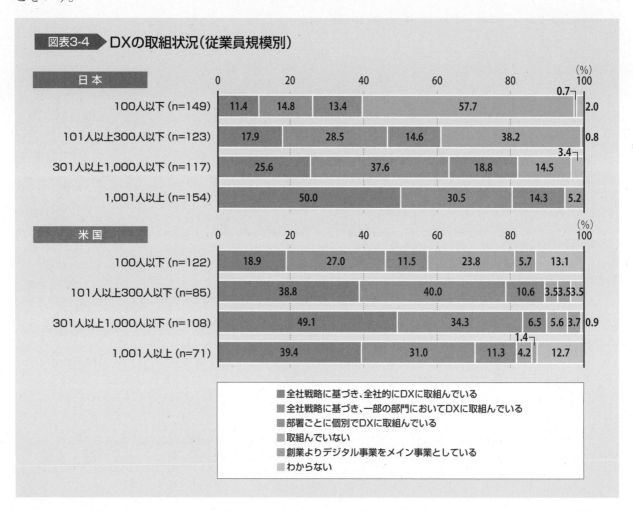

図表3-4　DXの取組状況（従業員規模別）

　DXに取組んでいる企業がいつごろからDXの取組を開始したのか尋ねた結果を示す（図表3-5）。米国の取組開始時期は「2016年以前」が20.4%、「2017年」が6.6%である。日本は「2016年以前」が8.8%、「2017年」が4.7%と早期に取組んでいた企業の割合が低い。2020年から2022年までの直近3年間で取組を始めている割合を日米で比較すると、日本は54.7%、米国は46.4%となっており、日本企業のほうが最近になってDXに取組み始めた企業の割合が高くなっている。

　この背景として、2020年に始まったコロナ禍に伴うデジタル化への対応などの動きも影響していることが考えられる。

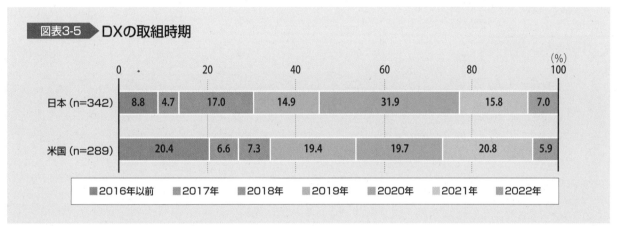

図表3-5　DXの取組時期

※集計対象は、DXの取組状況で「全社戦略に基づき、全社的にDXに取組んでいる」「全社戦略に基づき、一部の部門においてDXに取組んでいる」「部署ごとに個別でDXに取組んでいる」と回答した企業

　「DXの取組状況」において「取組んでいない」と回答した企業（図表3-1、日本29.1%、米国10.6%）における今後のDXの取組予定について尋ねた結果を示す（図表3-6）。日本においては38.0%が「DXに取組む予定はない」、48.1%が「DXに取組むか、わからない」である。

　米国では「DXに取組む予定はない」割合が8割弱を占め、DXの取組に関して明確な判断をしていることがわかる。

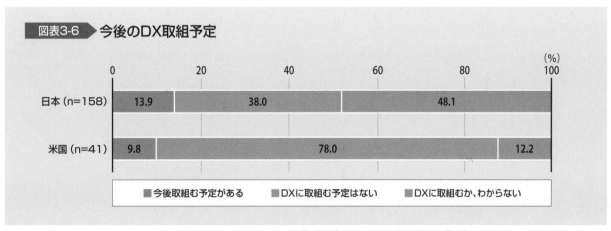

図表3-6　今後のDX取組予定

※集計対象は、DXの取組状況で「取組んでいない」と回答した企業

DXの取組において、設定した目的に対する成果の状況について尋ねた結果を示す（図表3-7）。米国は89.0%が「成果が出ている」としており、「わからない」とする企業は4.3%にとどまっている。日本で「成果が出ている」回答の割合は2021年度調査の49.5%から2022年度調査では58.0%に増加しているものの、成果の創出において日米差は依然として大きい。さらに2021年度調査では「わからない」が27.9%であったのに対し、2022年度調査では17.3%に減少しており、DXの取組の成果を把握している企業の割合が増えている。

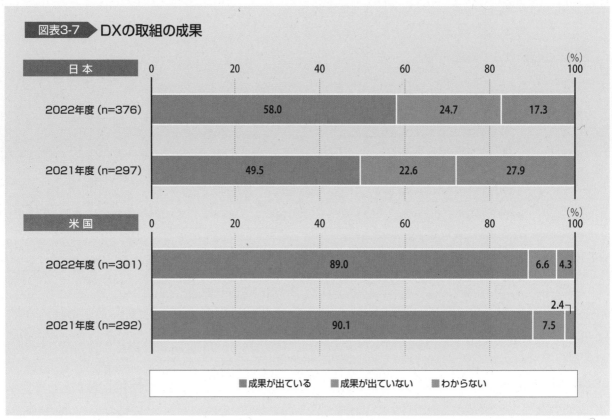

図表3-7　DXの取組の成果

※集計対象は、DXの取組状況で「全社戦略に基づき、全社的にDXに取組んでいる」「全社戦略に基づき、一部の部門においてDXに取組んでいる」「部署ごとに個別でDXに取組んでいる」と回答した企業

　従業員規模別のDXの取組の成果について尋ねた結果を示す（図表3-8）。米国は従業員規模にかかわらず8割以上が「成果が出ている」と回答している。日本で「成果が出ている」と回答した企業は従業員規模「1,001人以上」では65.8%である一方、1,000人以下では5割程度にとどまる。米国では、100人以下の企業でも8割以上の企業で成果が出ていることを踏まえると、中小企業を含め日本におけるDXの取組を推進するとともに、DXの取組内容や方法に関する工夫が求められる。

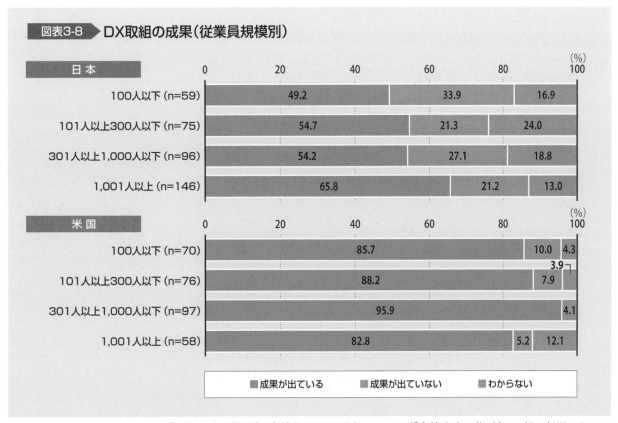

図表3-8　DX取組の成果（従業員規模別）

※集計対象は、DXの取組状況で「全社戦略に基づき、全社的にDXに取組んでいる」「全社戦略に基づき、一部の部門においてDXに取組んでいる」「部署ごとに個別でDXに取組んでいる」と回答した企業

デジタル事業（ECやAI（人工知能）やIoT、ビッグデータをはじめとするデジタル技術を活用した事業）の売上比率の把握状況を尋ねた結果を示す（図表3-9）。日本は「デジタル事業を行っており、デジタル事業の売上比率を定量的に把握できている」割合が12.7％に対し、米国では43.8％であった。

「デジタル事業を行っており、デジタル事業の売上比率を定量的に把握できている」と回答した企業におけるデジタル事業の売上比率を図表3-10に示す。売上比率が6割以上であるとの回答は、日本32.9％、米国49.7％であり、米国ではより多くの企業がデジタル事業の成果をあげている。「2割未満」と回答している企業は米国4.1％に対して日本31.3％であり、日本企業はデジタル事業が売上に貢献できる段階ではない。

日本企業は「デジタル事業は行っていない」割合が6割以上を占めること、米国企業と比較してデジタル事業の売上比率も低いことから、デジタル技術を活用した既存ビジネスの変革や新規ビジネスの創出のための取組が不十分であると考えられる。

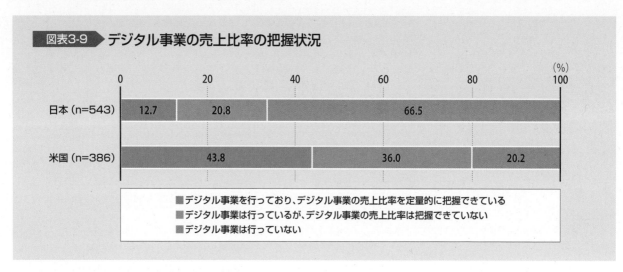

図表3-9　デジタル事業の売上比率の把握状況

	日本 (n=543)	米国 (n=386)
デジタル事業を行っており、デジタル事業の売上比率を定量的に把握できている	12.7	43.8
デジタル事業は行っているが、デジタル事業の売上比率は把握できていない	20.8	36.0
デジタル事業は行っていない	66.5	20.2

■デジタル事業を行っており、デジタル事業の売上比率を定量的に把握できている
■デジタル事業は行っているが、デジタル事業の売上比率は把握できていない
■デジタル事業は行っていない

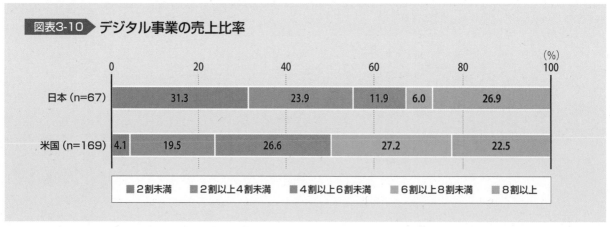

図表3-10　デジタル事業の売上比率

	2割未満	2割以上4割未満	4割以上6割未満	6割以上8割未満	8割以上
日本 (n=67)	31.3	23.9	11.9	6.0	26.9
米国 (n=169)	4.1	19.5	26.6	27.2	22.5

■2割未満　■2割以上4割未満　■4割以上6割未満　■6割以上8割未満　■8割以上

コラム

真のDX実現を目指して

株式会社エヌ・ティ・ティ・データ経営研究所 執行役員 エグゼクティブ・コンサルタント
三谷 慶一郎

情報化投資の伸び悩み

　日本の情報化投資は近年ほとんど増えていない。このメッセージはかなり衝撃的である。これだけDXの推進があらゆる企業において声高に語られている状況にも関わらず、私たちはデジタル技術という近代経営において最も重要な武器を、ひと昔前と同じ程度しか利用していないのだ。

　経済産業省の産業構造審議会資料に、日米の情報化投資とGDPの推移を示したグラフがある。これを見ると日本の情報化投資がこの30年間ほぼ変わっていないことがわかる。一方、同時期の米国の情報化投資は3.5倍以上に膨れ上がっている。また、日本でも米国でも情報化投資とGDPはほぼ連動しているように見える。つまり、日本で情報化投資を怠っていることが、そのまま日本でGDPが伸びない「失われた30年」の大きな原因である可能性があるということだ。

　同じ時期に日本の国際競争力は大幅に低下しているという証拠は少なくない。有名なIMDの世界競争力ランキングでは90年代にトップレベルを維持していた日本の順位は、2000年代以降急速に低下し、2022年には主要63カ国中34位にまで落ち込んでいる。また労働生産性も2000年代ごろからほとんど伸びが止まっている状況にある。すべてが情報化投資の伸び悩みのせいとは言えないにせよ、少なからず影響はあると考えるべきだろう。

投資をしないのは効果が期待できないから

　「情報化投資しないから競争力が伸びないのだ。これは経営者の無理解、怠慢でしかない」。そんな声が聞こえてきそうだが、個人的にはあま

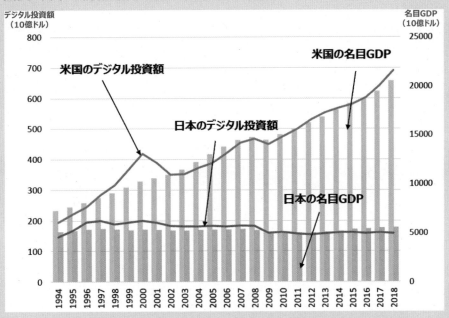

図表：日米の情報化投資額と名目GDPの推移

※出典：経済産業省「第2回 産業構造審議会 経済産業政策新機軸部会資料」

りそうは思っていない。この状況は、日本の経営者の多くが、情報化投資を増加させてもそれに見合った効果が期待できないと冷静に判断した結果生まれているのではないかと考えている。

本書「DX白書2023」において、「DXの取組成果が出ている（図表3-7）」と回答した企業は、前回より増えたとはいえ58.0％。米国の89.0％と比較するとかなりの差がある。やはり効果が体感できていないのだ。また、日本では情報化投資に対して1980年代には大きな効果をあげていたが、1990年代以降はほとんど生産性が上がらなくなったということ。一方、米国では、従前はあまり大きな効果をあげられていなかったが、1990年代以降は見違えるように大きな生産性向上が実現できたということが、九州大学篠﨑彰彦先生による研究で指摘されている。

それでは、なぜ日本における近年の情報化投資が効果創出につながっていないのだろうか。私はこの理由を「いまだに既存ビジネスの効率化中心だから」だと考えている。

情報システムは効率化のために活用するものだという認識はとても自然だ。実際企業において初めて情報システムを導入したときは大きな効果が上がっていたに違いない。しかし、一度効果が刈り取られてしまえばそのあと、さらに大きな効果を得ることは難しい。とくに、日本企業のように、従前のビジネスプロセスや人員を基本的に維持したままであれば、どれだけ高性能な情報システムを適用してもやはり得られる効果には限界がある。

そして、米国の情報化投資において大きな効果が持続して生まれているのは、「新しいビジネス（デジタルビジネス）の創出」というまったく異なる目的にシフトしたからだと考えられる。米国で大きな効果が出始めた1990〜2000年前後は、ちょうどインターネットの商用展開の時期と重なる。インターネットの普及により世界中のあらゆる人やモノの間でリアルタイムのコミュニケーションが可能となった。そしてこの環境が従来「電子計算機」でしかなかったデジタル技術を、新しいビジネスを創造するための武器に変えたということではないだろうか。

残念ながら日本企業が、デジタル技術をいわゆる「守り（業務効率化など）」を中心に使っており、「攻め（新しいビジネス創造など）」に回す投資は限定的だという状況はさまざまな調査において指摘されているとおりほとんど変わっていない。デジタル技術活用に新たな地平が見えているにも関わらず、日本企業は、昔の成功を忘れることができず、デジタル技術を身近なビジネスを効率化する道具として使い続けてしまっている。そして、経営者は、これ以上大きな効果が期待できないデジタル技術に対して新しい夢を見ることができないというのが今の状況なのだろう。

日本企業における新しいビジネス創造の難しさ

デジタル技術は新しいビジネス創造にこそ活用すべきだ。日本の現状を考えると「新規ビジネス創造こそが目指すべき真のDX」だと言い切ってもいいと考える。

残念ながら日本企業は新しいビジネス創造が得意ではない。OECDで行われた調査における「新製品・サービスを投入した企業の割合」は、先進国の中で日本は最低に近い。大成功を収めたスタートアップ企業であるユニコーン企業の数を見ても、全世界の半分を米国が、2割近くを中国が占めているにも関わらず、日本のシェアは1％を下回るというかなり心細い状況にある。

この背景には、日本企業が昔から持つ「モノづくり企業」のDNAが、新しいデジタルビジネ

ス創造と相性が悪いことがあるように思う。

たとえば、マーケティングデータを軽視する傾向があること。モノづくりを指向する日本企業には「よいモノは必ず売れる」というある種の神話が存在する。これは一見悪いことではないが、効率や品質を向上させることを絶対視するあまり、顧客である消費者を理解することを後回しにしてしまう。一方、デジタルビジネスをつくるためには、顧客の挙動をデータで取得・分析する機能が必要不可欠であり、マーケティング機能が弱いことは致命的な欠点になる。

また、日本企業は歴史的に「タテ組織」を指向している。タテ組織とは、階層構造による組織化を行い、序列を重視し、人材流動を極力なくし仲間意識を強めることで集団結束力を高めるものだ。これは特定機能の効率を追求するには適した形態で、日本の高度成長を支えてきたと言われている。しかし、人材が固定化されることで、人が保有するナレッジを組織内で形式知化する必要性が弱くなるため、デジタル化は進みづらくなる。また、自組織の求心力をあげる反動で、他組織や外部との壁が厚くなり、組織を超えたアライアンスを起こしにくくなる。いずれも、新しいデジタルビジネス創造に対する障壁につながる可能性が高くなるのだ。

新規ビジネス創造を目指すために

それでは、新しいデジタルビジネス創造を目指すためには、何を行うべきだろうか。

まずは「環境の整備」が必要になる。前項で述べたとおり日本企業の現在の環境が、デジタルビジネス創出に適していない以上、それとは完全に分断したいわゆる「出島」のようなイノベーション環境を構築すべきである。「出島」組織には、企業本体とは独立した権限や予算を持たせ、高速で独立した意思決定プロセスを具備

させる。物理的にも本体組織と離したほうがよい。また、価値観の異なる外部の人材を積極的に受入れることのできるオープンな文化の熟成を目指す。さらに重要なのは、組織ミッションに合致したKPIを設定し、独自の人事評価の仕組みをつくることだ。本体と異なる人事評価を作ることは容易ではないが、思い付きや一時的な試みではなく、企業として本気で新規ビジネス創造に取組むという経営意思を社内に浸透させる意味でも必要だと考える。「出島」組織は、本体の既存ビジネスが保有する顧客や関連企業、それを維持するためのビジネスプロセスなどの制約や柵(しがらみ)を完全に捨て去るために有効な手段である。

もう一つは「人材の確保」である。デジタル人材の補強といった曖昧な話ではなく、明確に「デジタルビジネス創造のための人材」の確保を急がなければならない。そもそもこの種の人材が日本全体として足りていない以上、外部からの採用よりは、社内の人材を育成することを優先したい。

育成すべき人材にはデジタル技術とビジネスにくわえて、デザイン思考やサービスデザインに関する知識を習得させたい。解くべき課題を発見するためのスキル(エスノグラフィーなど)、解決策を探索するためのスキル(ダイアログ、ファシリテーションなど)も学ばせたい。今まで、このタイプの人材育成に携わってきた経験からみても、モチベーションさえ高ければ、日本企業の人材であってもこれらの知識やスキルの早期取得は十分に可能だと思う。

そして、デジタルビジネス開発能力の本格的な向上のためには、実践経験の積み重ねが不可欠である。自社内で経験を積ませるだけに留まらず、社会全体として多くの「実践の場」を構築し、日本全体の新規ビジネス開発の経験値をあげる仕組みをつくることが必要だと考える。

第2章

DX戦略の全体像

1 DX戦略の全体像と立案のポイント

（1）DX戦略の全体像

　DXは企業活動自体の見直しであり、自社におよぼす影響範囲が多岐に渡るため、全社での取組が求められる。

　DX戦略の策定に際しては、まずDX推進によって達成すべきビジョンを定める。そして「外部環境変化とビジネスへの影響評価」を考慮したうえで「取組領域の策定」および「推進プロセスの策定」を行い、達成に向けた道筋を整理することが必要である。

　策定した推進プロセスを実現するためには「企業競争力を高める経営資源の獲得、活用」が鍵となる。DXを推進する際に必要不可欠な経営資源である人材・ITシステム・データをどのように獲得・配置し継続的に有効活用するかを検討することが重要である。とくにDXを推進する人材やサービスを差別化する際の源泉となるデータの整備や老朽化したITシステムの刷新には長い時間を要するため、中長期的な視点での取組が望まれる。

　「成果評価とガバナンス」では、顧客への価値提供を評価するための評価指標の設定とDX推進状況の評価、評価結果に基づくDX戦略や人材、投資などのリソースの配分見直しの仕組みを構築する必要がある。なお、評価指標を設定する目的は戦略などの見直しのためであり、失敗から学習することを阻害するような運用にならないように配慮してDX戦略を推進することが求められる。

　DX戦略の全体像と進め方のイメージを以下に示す（図表3-11）。DX推進に際しては上記の戦略策定・推進・評価の一連のプロセスを早いサイクルで繰り返し、失敗から学習しながら進めることが大切である。

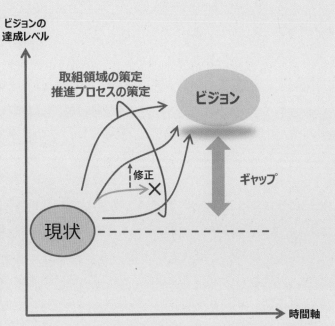

図表3-11 ▶ DX戦略の全体像と進め方

DX戦略の全体像

外部環境変化とビジネスへの影響評価
環境変化がビジネスに与える影響は？

ビジョンの策定
自社のあるべき姿は？

成果評価と
ガバナンス
ギャップは
埋まったか？
軌道修正は
必要か？

取組領域
の策定
どの領域に
取組むか？

推進プロセスの策定
ギャップと埋め方は？

企業競争力を高める経営資源の獲得、活用
必要な経営資源は？有効活用するには？

ビジョンの達成レベル

取組領域の策定
推進プロセスの策定

ビジョン

修正

ギャップ

現状

時間軸

(2) DX戦略立案上のポイント

① 目指すべき方向性を見失わない「経営戦略とDX戦略の整合性の確保」

　DX戦略を策定するうえでは、経営課題を解決するためのデジタル活用という視点と、デジタルを活用することにより新たな企業価値の創造を模索するという二つの観点から考えることが必要である。従来は、経営課題を解決するためのデジタル活用という要素が強く、すでに多様なデジタルサービス・製品・技術が提供されている中で、どのような価値を享受し、経営課題を解決できるのかを模索するということが重視されてきた。現在では、多くのデジタルのサービス・製品・技術が出てきたため、デジタルを軸に考えを発展させていくことで、新たなビジネスチャンスや新たな戦略に結びつく可能性が広がっている。その際、デジタルを活用した新たな価値を自社の経営戦略に大きく寄与させるには、自社の経営ビジョンや強み、弱みが明確化されていることが重要である。経営戦略との整合性を意識したDX戦略を立案することにより、デジタルのもたらす新たな価値を享受することができる。

② 絵に描いた餅にならないための「経営のコミットメント」

　DX戦略を策定し、経営戦略と整合した現実的な進め方が描かれたとしても、その内容が経営層で合意のとれたものになっていなければ取組が途中で頓挫する可能性が高い。DX戦略は、全社横断で取組む中長期の取組であるため、特定部門の利害や短期的な利益だけを目的にした意思決定をしては価値創出に至ることが難しい。

　また、多数の部門の賛同や協力を得ながら進めていくことが必要であるが、特定の部門にとってメリットが少なく、取組自体に十分な理解が得られないケースも発生する。そのため、都度合意形成を図っていては、現場間での調整に膨大な時間がかかり、場合によっては進まなくなってしまう。

さらに取組の特性上、不確実性の高いことに取組んでいくものであるため、適時適確な意思決定を迅速に行い、進めていくことも求められる。

　そのため、現場での取組をスムーズに行うためには、全社横断で中長期の取組に責任・権限を持つ経営層が取組の内容を理解し、内容にコミットしていくことが必要である。DXはその特性上、経営トップ自らが必要性を感じ、主導していくものであるという認識を持ち、全社に示していくことが必須の活動となっており、経営者のITリテラシーはDX遂行の成否に大きな影響があると考えられる。

　コミットメントという観点では、DXの取組が実行されるための予算の確保も重要である。一過性の取組にならず中長期的に計画立てて着実に遂行されるよう、中期事業計画や単年度の予算の中にDX枠として継続的に確保されることが必要である。

　従業員規模別のDX推進のための継続的な予算の確保状況を尋ねた結果を示す（図表3-12）。米国においては「年度の予算の中にDX枠として継続的に確保されている」と回答した企業が従業員規模101人以上ではおおむね4割から5割となっている。それに対して日本における割合は「1,001人以上」では46.1%であるが、1,000人以下では20%未満であり、さらに従業員規模が小さくなるにつれ「確保されていない」の割合が増加して「100人以下」では53.0%となっている。従業員規模が小さい日本企業において、継続的な予算が限られる中でいかにDX推進を継続させられるかが課題であると考えられる。

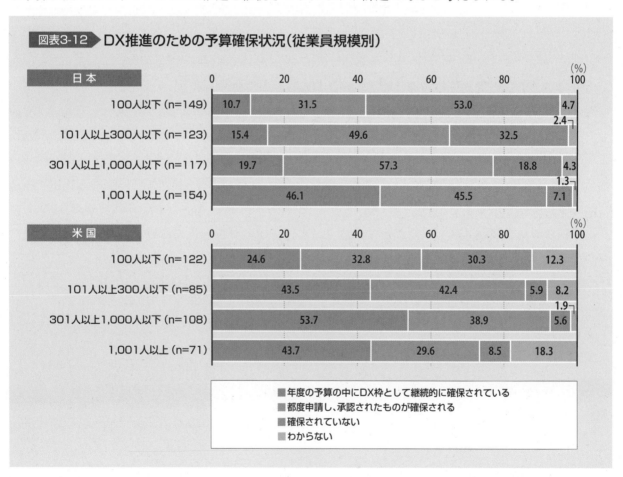

図表3-12　DX推進のための予算確保状況（従業員規模別）

IT分野に見識がある役員の割合の経年変化を示す(図表3-13)。本調査において役員とは、会社の業務執行や監督を行う幹部職員(経営者・上位管理職)としている。2021年度調査から2022年度調査にかけて日本では「5割以上」「3割以上5割未満」を合計した割合が21.4%から27.8に増加している。米国は52.3%から60.9%へ増加しており、日本企業よりも大きく増加している。日米を比較すると日本の経営層のITに対する理解が不十分であることがDXの取組の阻害になることが懸念される。

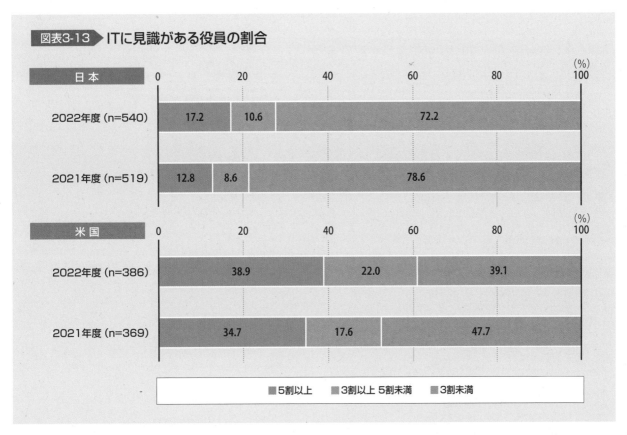

図表3-13 ITに見識がある役員の割合

日本

	5割以上	3割以上5割未満	3割未満
2022年度 (n=540)	17.2	10.6	72.2
2021年度 (n=519)	12.8	8.6	78.6

米国

	5割以上	3割以上5割未満	3割未満
2022年度 (n=386)	38.9	22.0	39.1
2021年度 (n=369)	34.7	17.6	47.7

■5割以上　■3割以上5割未満　■3割未満

大企業の役員のデジタル化と中小企業向けSaaSビジネスの必要性

ネットイヤーグループ株式会社　取締役　チーフエヴァンジェリスト　石黒 不二代

DXの推進に必要な人材や組織、さらにベンダーの採用と内製化問題などに、共通した最適解はない。なぜなら、それは、企業規模や産業、また、外部環境によって大きく異なってくるからだ。

ここでは、今まで語られることが少なかった観点から、二つの提言をしたいと思う。一つは、大企業の人材である。大企業といってもいわゆる法律上大企業に分類されるすべての企業ではなく、上場企業のレベルの大企業と考えていただきたい。私は、立場上、大企業の取締役の方々や幹部の方とお話しすることが多く、DXにおいても、これらの方々に対してDXセミナーを行うし、実際に取締役やアドバイザリーとして、取締役会にも参加することがある。そのときに、感じるのは、これら会社の最上位の決定機関にIT知識を持つ役員が少なすぎることだ。

通常、大企業でIT投資が行われる場合、決定機関は二重構造になっている。小さな投資であれば、現場と部長や事業部長クラスの二つの機関が判断に参加する。大きな投資になれば、そのもう一つ高いレイヤー、執行役員会や取締役会の判断を仰ぐことになる。つまり、二重どころか、三重構造だ。また、DXの投資には、その投資額だけでなく、戦略的投資の意味合いもあり、ビジネス判断の必要性などから、取締役会に大いにその役目を果たしてもらいたいとも思う。

しかし、現実は、うまくいっていない。一例として、次のようなものがある。大幅な基幹システムの入替え案件である。だから、きわめてレガシーな話であり、DXとまではいかない。大企業のIT部門では、大手ベンダーを退職して、そのまま、ユーザー企業のIT部門のトップに移籍する場合があり、その場合は、大手ベンダーを継続して採用することがなぜか多い。ソフトウェアには、海外製品を使うという。しかも、日本で初めての利用だという。さらに大手ベンダーでは中国での開発をすすめてきた。リスクの掛け算のような案件だ。何か一つでもリスク回避ができれば、結果は、違ったかもしれない。しかし、総意で、プロジェクトは進み、結果は言わずともわかる。これらは、ITの知識がある取締役会メンバーがいれば、回避できることだと思う。

だから、私の問題意識は、DXの推進には企業の最高意思決定機関としての取締役会の役割が重要であるにもかかわらず、とくに、このレイヤーにIT知識のある人材が不足しているという現実とのギャップである。さすがに、最近では、取締役会におけるCIOの参画は多くなってきたものの、CTOを擁する企業数は少なく、流行りのCXOの人材採用は困難を極めている。また、ITといってもその技術や範囲はさまざまで、ITをすべて理解している人材の採用はほぼ不可能だ。

IT知識を持ち適切な判断ができるようになるためには、ある程度の期間、ITに実際に携わっていることが、投資の勘所を持つ唯一の方策であると私は思っている。そのような人材を取締役会に招聘する努力こそが必要であると考えている。

もう一つは、中小企業のデジタル化である。残念ながら、中小企業におけるDXの推進は、ますます困難を極めることになるだろう。この

白書でも触れているが、日本でのDXの推進は必須であるものの、中小企業でのDXは、IT人材の不足が足を引っ張ることが自明だからである。デジタル化推進のために、中小企業も人材獲得に動くが、実際には、サービスプロバイダー側も今まで以上の採用を進めるし、大企業も自前のデジタル化人材の確保に動いている今、需給バランスは破綻、とくに資金力に限りがある中小企業では、その目的の達成の可能性がきわめて低い。

中小企業は個別のシステム構築よりも、もっと標準化されたSaaSビジネスの採用が必須であると思う。ペーパーレスや生産性向上を求めるDXはもとより、攻めのDXと呼ばれるECやデジタルマーケティング、さらに、データ分析など、より使いやすさを求めるサービスとしての共通基盤を作って提供する形が望ましい。これらサービスは、徐々に提供されつつある。しかしながら、現在提供されているサービスのカバレッジはDX全体に及んでいないこと、また、品質の向上とサービス間の連携、カスタマーサービスの質の向上などに期待したい。使いやすさの面で、デジタル人材がいなくともDXの開始や運用ができるほどのSaaSビジネスを構築することが日本を支える中小企業のデジタル化を促進していくと考えている。

第3章

外部環境の評価と取組領域の策定

1 外部環境変化とビジネスへの影響評価

（1）外部環境の変化と影響

　コロナ禍のような外部環境の変化に対して、企業はテレワークをはじめとしたITインフラや就業ルールなどを迅速に変更し対応している。一方で、デジタル技術を十分に活用できず、環境変化に対応できなかった企業も存在しており、対応できた企業との差の拡大が懸念される。そのため予見できる外部環境の変化はできるだけ予見し、適切な評価および対応を練り、競合よりできるだけ優位に立つためのケイパビリティ（企業競争力を高めるための組織としての能力）を確保できるDX戦略を考えておくことが必要である。

　外部環境は大きく、業界外と業界内に分けることができる。DX戦略を素早くわかりやすく考えるうえでは、既存のフレームワークの活用も有効である。企業の活動にさまざまな影響を与える要素のうち、業界をとりまく周辺環境の分析を行うPEST（Politics（政治）、Economy（経済）、Society（社会）、Technology（技術））分析が例としてあげられる。とくに昨今では、パンデミック（新型コロナウイルス感染症）やAI、IoTなどの技術の活用、ディスラプターの出現など、業界内の環境変化だけでなく、業界外の変化がビジネスに与える影響が大きい。業界外を含めた環境変化を分析し、機会や脅威に対応していく必要がある。PEST分析による外部環境の変化および機会／脅威となる影響は、たとえば下記（図表3-14）のように整理される。実際に機会や脅威となるかは、業界や各社の置かれた立場によって異なり、自社で考えた場合にどのようなビジネスへの影響（機会なのか脅威なのか）となるかを考え、対応を練る必要がある。

図表3-14 ▶ PEST分析の例

分析の観点（PEST）	外部環境の変化	機会／脅威となる影響
政治的要因（Politics） 法律や条例、規制緩和や税制の変化など	・経済安全保障 ・ウクライナ情勢 ・プライバシー規制の強化（GDPR等） ・パンデミックによる各種政策実施 ・SDGsの推進	利活用可能なデータの拡大 データガバナンス対応コストの上昇 制限のある業務環境への対応（3密等） SDGs関連の活動需要高まり
経済的要因（Economy） 景気の状態や成長率、物価や為替の変化など	・為替変動 ・パンデミック（新型コロナウイルス感染症等） ・資源不足	持続的なサプライチェーンの構築・見直し 外出自粛による市場縮小 感染症拡大防止関連の需要拡大 競合の撤退等に伴うシェアの拡大 資源価格の高騰
社会的要因（Society） 人口動態の変化、流行、ライフスタイルなど	・消費活動の変化（所有から利用、サブスクリプションモデル利用　等） ・リモート／非対面 ・気候変動	在宅関連需要の拡大 対面型ビジネスの市場縮小 異常気象の発生による事業被害 環境関連ビジネスの需要拡大 （再生エネルギー等）
技術的要因（Technology） 情報通信技術など	・技術の発展（AI、IoT、3Dプリンタ、ロボット、ブロックチェーン　等） ・ディスラプターの出現	新規ビジネスの拡大 既存ビジネスの衰退

（2）ビジネスへの影響評価と経営層の理解

　外部環境の変化が整理された後は、外部環境の変化が自社の事業にとってどのような意味（機会なのか脅威なのか）があり、どの程度の影響を与えるのか、影響を評価し、認識することが必要となる。一方で、環境変化を常に最新にアップデートし、自社ビジネスへの影響を適切に評価し、認識すること自体は容易ではない。

　不確実性の高い現代においては、日々新しい環境変化があり、環境変化についていくだけでも一苦労である。さらにディスラプターやSDGs、AIなど聞きなれたキーワードであったとしても、具体的に何を示すのか、自社のビジネスにおいて具体的に何がどのように機会や脅威に結びつくのか、環境変化によって生じる影響は一過性のものなのか永続的なものなのか、対応可能なものなのかそうでないのか、戦略を練るためには、具体的な事象に落とし込み、一つ一つ考えていくことが求められる。

　DX戦略を策定し実行責任を担う経営層が、万が一環境変化を正しく理解しておらず、自社ビジネスへの影響を十分に把握していない場合、抽象度が高いDX戦略となり実効性の乏しいものになるか、取組自体が的外れなものになってしまう可能性が高い。そのため、環境変化やビジネスへの影響については、経営層が正しく理解し、自社ビジネスへの影響を多角的に評価できるように、常日頃から知識をアップデートし、理解を深めておくことが重要である。

　とくに近年は、デジタル技術の進展・活用が進んでおり、大きなパラダイムシフトが起きている。日本企業では図表3-13に示したように、ITに見識のある経営層の割合が米国企業に比べて低い状況にあるが、デジタル技術を活用できないということは競争優位を確保できないというだけではなく、企業の存続をも脅かす事態につながるものになってきている点は留意しておきたい。

パンデミックをはじめとした、外部環境変化に対する企業のビジネスへの影響と対応状況を尋ねた結果を示す（図表3-15）。外部環境変化への機会としての認識で「非常に強い影響があり、ビジネスを変革させ最優先で影響に対応している」「強い影響があり、ビジネスを変革させ影響に対応している」を合計した割合で日本が高い項目は「技術の発展」「SDGs」「パンデミック」の3項目で約3割となっている。「プライバシー規制、データ利活用規制の強化」「地政学的リスク」「ディスラプターの出現」の3項目はビジネスとして対応している割合が米国の約4割から5割に対して日本は2割以下となっており、環境変化への認識と対応が遅れている。日本企業はグローバルな外部環境の変化へのアンテナを高くしていくこと、および変化を機会と捉えていくマインドのシフトが求められる。

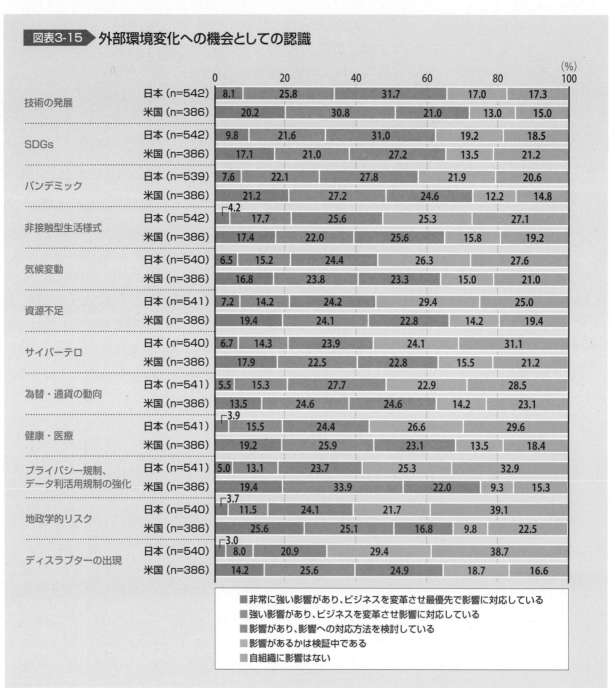

図表3-15　外部環境変化への機会としての認識

		非常に強い影響があり、ビジネスを変革させ最優先で影響に対応している	強い影響があり、ビジネスを変革させ影響に対応している	影響があり、影響への対応方法を検討している	影響があるかは検証中である	自組織に影響はない
技術の発展	日本 (n=542)	8.1	25.8	31.7	17.0	17.3
	米国 (n=386)	20.2	30.8	21.0	13.0	15.0
SDGs	日本 (n=542)	9.8	21.6	31.0	19.2	18.5
	米国 (n=386)	17.1	21.0	27.2	13.5	21.2
パンデミック	日本 (n=539)	7.6	22.1	27.8	21.9	20.6
	米国 (n=386)	21.2	27.2	24.6	12.2	14.8
非接触型生活様式	日本 (n=542)	4.2	17.7	25.6	25.3	27.1
	米国 (n=386)	17.4	22.0	25.6	15.8	19.2
気候変動	日本 (n=540)	6.5	15.2	24.4	26.3	27.6
	米国 (n=386)	16.8	23.8	23.3	15.0	21.0
資源不足	日本 (n=541)	7.2	14.2	24.2	29.4	25.0
	米国 (n=386)	19.4	24.1	22.8	14.2	19.4
サイバーテロ	日本 (n=540)	6.7	14.3	23.9	24.1	31.1
	米国 (n=386)	17.9	22.5	22.8	15.5	21.2
為替・通貨の動向	日本 (n=541)	5.5	15.3	27.7	22.9	28.5
	米国 (n=386)	13.5	24.6	24.6	14.2	23.1
健康・医療	日本 (n=541)	3.9	15.5	24.4	26.6	29.6
	米国 (n=386)	19.2	25.9	23.1	13.5	18.4
プライバシー規制、データ利活用規制の強化	日本 (n=541)	5.0	13.1	23.7	25.3	32.9
	米国 (n=386)	19.4	33.9	22.0	9.3	15.3
地政学的リスク	日本 (n=540)	3.7	11.5	24.1	21.7	39.1
	米国 (n=386)	25.6	25.1	16.8	9.8	22.5
ディスラプターの出現	日本 (n=540)	3.0	8.0	20.9	29.4	38.7
	米国 (n=386)	14.2	25.6	24.9	18.7	16.6

外部環境変化への脅威としての認識（図表3-16）において、「非常に強い影響があり、ビジネスを変革させ最優先で影響に対応している」と「強い影響があり、ビジネスを変革させ影響に対応している」を合計した割合が高いのは、日本は「パンデミック」40.1％、「資源不足」31.1％、「サイバーテロ」30.5％であり、米国は「プライバシー規制、データ利活用規制の強化」50.0％、「パンデミック」44.8％、「技術の発展」42.5％である。日米の違いは両国を取り巻く外部環境や意識が異なることが影響していると考えられるが、米国企業において「パンデミック」と並びデジタルに関係する内容が上位となっていることがわかる。

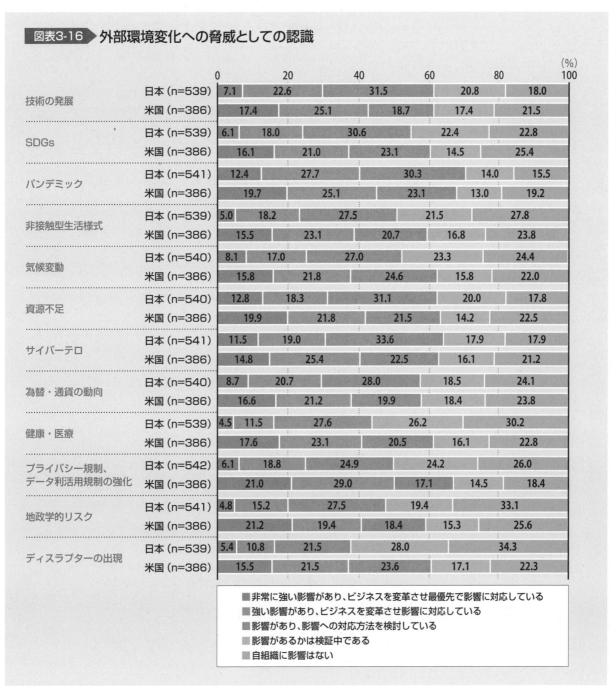

図表3-16 外部環境変化への脅威としての認識

事業領域ごとのDXの取組状況について尋ねた結果を示す（図表3-17）。米国は事業領域によらず「すでに取組んでいる」「実証実験（PoC）中である」を合計した割合が5割以上である一方で、日本は1割から3割にとどまっており、7割以上が未着手となっている。また、「新規製品・サービスの創出」に関し、米国では、4割以上の企業がすでに取組んでおり、日本の15.5%を大きく上回る。

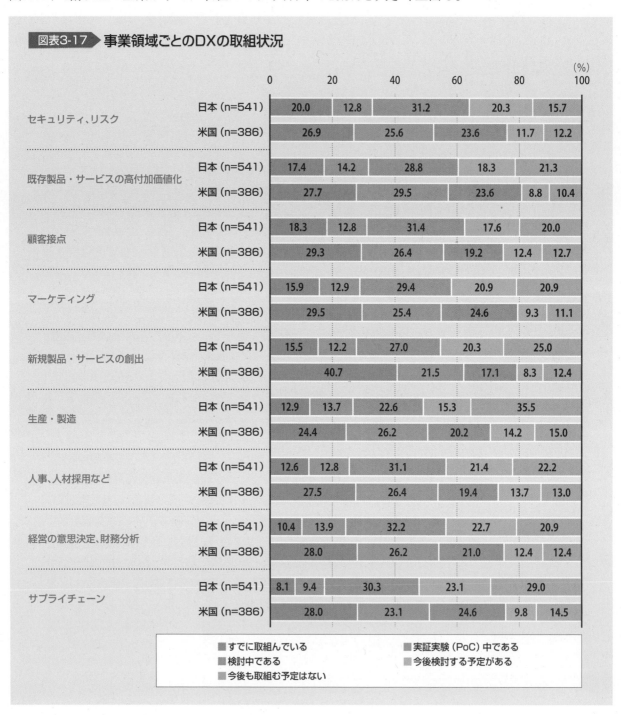

図表3-17　事業領域ごとのDXの取組状況

	すでに取組んでいる	実証実験（PoC）中である	検討中である	今後検討する予定がある	今後も取組む予定はない
セキュリティ、リスク					
日本 (n=541)	20.0	12.8	31.2	20.3	15.7
米国 (n=386)	26.9	25.6	23.6	11.7	12.2
既存製品・サービスの高付加価値化					
日本 (n=541)	17.4	14.2	28.8	18.3	21.3
米国 (n=386)	27.7	29.5	23.6	8.8	10.4
顧客接点					
日本 (n=541)	18.3	12.8	31.4	17.6	20.0
米国 (n=386)	29.3	26.4	19.2	12.4	12.7
マーケティング					
日本 (n=541)	15.9	12.9	29.4	20.9	20.9
米国 (n=386)	29.5	25.4	24.6	9.3	11.1
新規製品・サービスの創出					
日本 (n=541)	15.5	12.2	27.0	20.3	25.0
米国 (n=386)	40.7	21.5	17.1	8.3	12.4
生産・製造					
日本 (n=541)	12.9	13.7	22.6	15.3	35.5
米国 (n=386)	24.4	26.2	20.2	14.2	15.0
人事、人材採用など					
日本 (n=541)	12.6	12.8	31.1	21.4	22.2
米国 (n=386)	27.5	26.4	19.4	13.7	13.0
経営の意思決定、財務分析					
日本 (n=541)	10.4	13.9	32.2	22.7	20.9
米国 (n=386)	28.0	26.2	21.0	12.4	12.4
サプライチェーン					
日本 (n=541)	8.1	9.4	30.3	23.1	29.0
米国 (n=386)	28.0	23.1	24.6	9.8	14.5

「新規製品・サービスの創出」領域におけるDXの取組状況を、業種別に比較した結果を図表3-18に示す。日本においては、ITと事業の親和性の高い「情報通信業」が「すでに取組んでいる」の割合が39.4％とほかの業種より突出して高くなっている。米国では「金融業、保険業」が5割を超えるほか、「情報通信業」以外のすべての業種で「すでに取組んでいる」が35％以上となっており、業種に限ることなくDXによる新たな価値の創出が進んでいる。

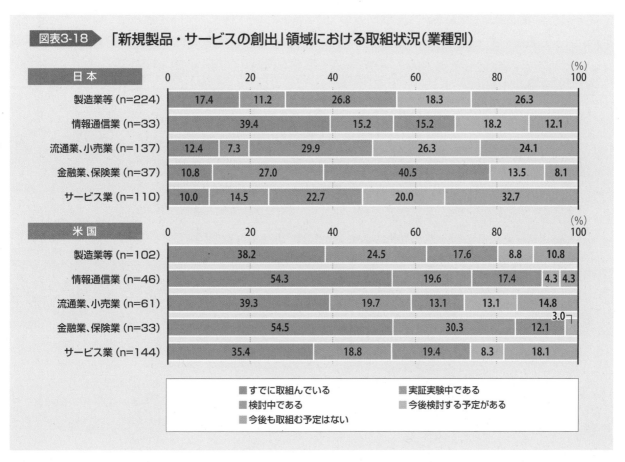

図表3-18 「新規製品・サービスの創出」領域における取組状況（業種別）

2 ビジョンと取組領域、推進プロセスの策定

（1）デジタル技術によって企業にもたらされる価値

DXの推進にあたり、デジタル技術による社会および競争環境の変化の影響を踏まえた経営ビジョンを策定したうえで、「顧客や社会の問題の発見と解決による新たな価値の創出」と「組織内の業務生産性向上や働き方の変革」という二つのアプローチを同時並行に進めることが重要となる。既存事業を対象としたDXを行うことで、早期に成果を出しながら、DXに取組むうえでのケイパビリティを高めることにもつながる。くわえて、既存事業のDXによって得られた原資を新たな価値創出に向けた活動に充当していくことで、企業の競争力と経営体力を高めながら、環境変化にも対応していきやすい。企業がDXの具体的なアクションを検討するうえでは、DXを実現する段階とDXの取組領域に分け、整理していくと考えやすい。

DXを実現する三つの段階は、関係者間で達成レベルや取組内容をすり合わせ、具体的な内容を検討する際の出発点として活用できる（図表3-19）。

・デジタイゼーション：アナログ・物理データのデジタルデータ化[*2]（例：配車実績情報の電子化）

・デジタライゼーション：個別の業務・製造プロセスのデジタル化[*3]（例：配車業務の自動化）

・デジタルトランスフォーメーション：組織横断/全体の業務・製造プロセスのデジタル化、「顧客起点の価値創出」のための事業やビジネスモデルの変革[*4]（例：配車プラットフォームの構築）

またDXの取組領域の検討においては、全社横断テーマ（プラットフォームビジネス構築、サブスクリプションモデル構築など）や個別機能単位のテーマ（事業活動を機能ごとに分類したバリューチェーン単位（マーケティング、調達、生産・製造、顧客接点など））などで分類・整理することが有益である。

図表3-19　DXの構造

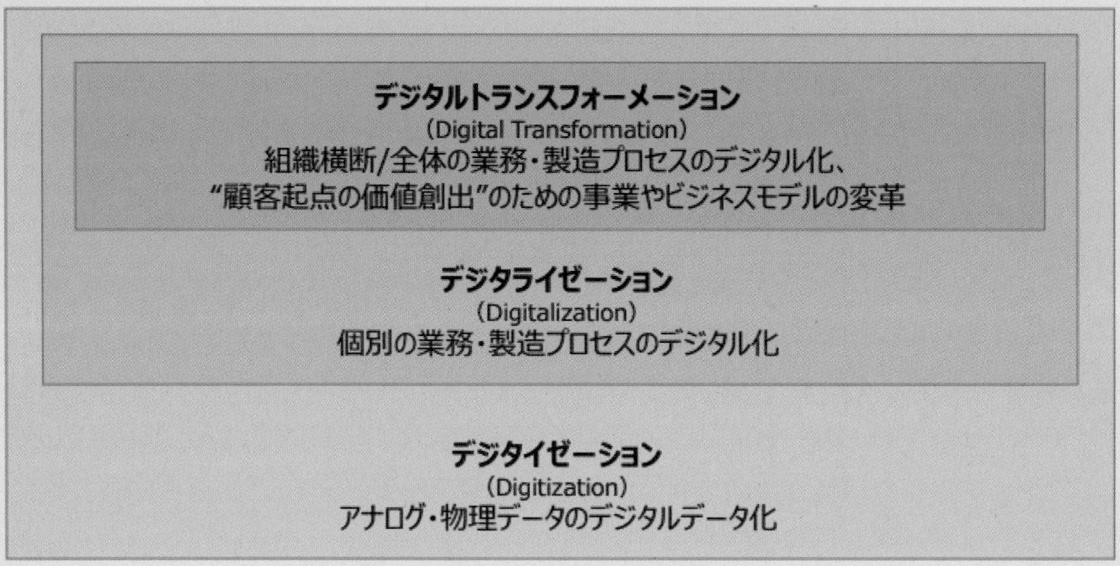

デジタルトランスフォーメーション
(Digital Transformation)
組織横断/全体の業務・製造プロセスのデジタル化、
"顧客起点の価値創出"のための事業やビジネスモデルの変革

デジタライゼーション
(Digitalization)
個別の業務・製造プロセスのデジタル化

デジタイゼーション
(Digitization)
アナログ・物理データのデジタルデータ化

出典：経済産業省「DXレポート2（中間取りまとめ）」

＊2　経済産業省「DXレポート2（中間取りまとめ）」
　　　<https://www.meti.go.jp/press/2020/12/20201228004/20201228004-2.pdf>
＊3　同上
＊4　同上

　DXの取組の成果が出ている企業に対して、取組領域ごとの成果状況を尋ねた結果を示す（図表3-20）。デジタイゼーションに相当する「アナログ・物理データのデジタル化」とデジタライゼーションに相当する「業務の効率化による生産性の向上」において、日本は「すでに十分な成果が出ている」「すでにある程度の成果が出ている」を合計した割合が約80%であり、米国と差がなくなっている。

　デジタルトランスフォーメーションに相当する「新規製品・サービスの創出」「顧客起点の価値創出によるビジネスモデルの根本的な変革」「企業文化や組織マインドの根本的な変革」の三つの取組内容について、「すでに十分な成果が出ている」「すでにある程度の成果が出ている」を合計した割合は、「新規製品・サービスの創出」では日本が24.8%と米国が66.8%、「顧客起点の価値創出によるビジネスモデルの根本的な変革」では日本が21.5%と米国が71.3%、また「企業文化や組織マインドの根本的な変革」では日本が31.6%と米国が69.0%であった。デジタルトランスフォーメーションに相当する項目では日米の差が大きく開いていることがうかがえる。

　日本企業はデジタイゼーションやデジタライゼーションの領域での成果を、価値創出やビジネスモデルの変革につなげていくことが必要である。

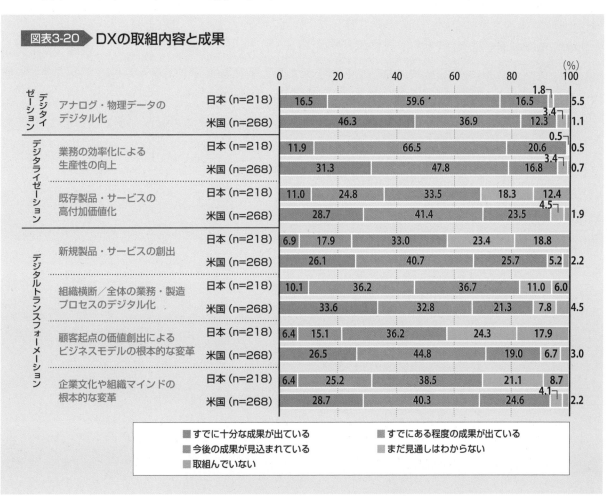

図表3-20　DXの取組内容と成果

※集計対象は、DXの取組の成果において「成果が出ている」と回答した企業

（2）価値創出に至るまでのアジャイルでの継続的な推進プロセスの必要性

　DXは、ニーズの不確実性が高く、技術の適用可能性もわからない、予測困難な状況下において推進することが求められる。そのため、当初定めた綿密な計画を単に実行に移せばよいということではなく、環境変化への感度を高め、状況に応じて柔軟かつ迅速に対応していくことが必要である。また、新たな価値を創出していくことが求められるDXにおいては、あらかじめ最終的なビジネスのあり方やサービスを具体的に定義することは困難であり、試行錯誤しながら進めていくことが必要不可欠である。そこで、そのような状況に対応するDXの実現手段として、アジャイルな取組が求められている。アジャイルな取組とは、企画、実行、学習のサイクルを継続的かつスピード感をもって反復することである。

　米国では多くの企業においてアジャイルな取組が進められているが、うまくいかないケースも少なくない。アジャイルで取組を進めていくうえでは、人材、組織・役割、プロセス・ルールの3点に留意が必要である。

　人材面では、アジャイルマインド（俊敏に適応し続ける精神）や、越境思考（組織内外、業界内外などとつながってオープンな対話とディスカッションにより課題解決をする思考や行動）、心理的安全性を確保すること（失敗を恐れない・失敗を減点としないマインドを大切にする風土づくり）が求められる。

　組織・役割の面では、部門ごとの力関係や責任・役割が局所的に分割されてしまい、協調して活動がしにくいケースも多い。課題解決に対して必要なスキルと責務を担った人材から構成される機能横断チーム（フィーチャーチーム）を組成するなどの対応が求められる。

　最後にプロセス・ルールでは、従来の画一的な社内プロセス・ルールの見直しが必要である。変革の目的を損なうことなく新たな取組が円滑に進むようにプロセス・ルールの見直しを図ること、安全・安心にチャレンジや失敗ができる環境を作ることが必要である。

　このようにアジャイルな取組を進めるうえでの留意点を理解し、アジャイルで進められる環境を整備していくことが、DXを実現していくうえで重要となる。

　アジャイルの原則とアプローチを組織のガバナンスに取り入れているかを尋ねた結果を示す（図表3-21）。日本においてはいずれの部門においても「全面的に取り入れている」「一部取り入れている」の合計の割合が5割未満で、おおむね7割を超える米国と差がある。「取り入れていない」割合は2021年度調査ではすべての部門で5割を超えていたが、2022年度調査は5割を下回っており、やや導入が進んだ傾向はみてとれる。

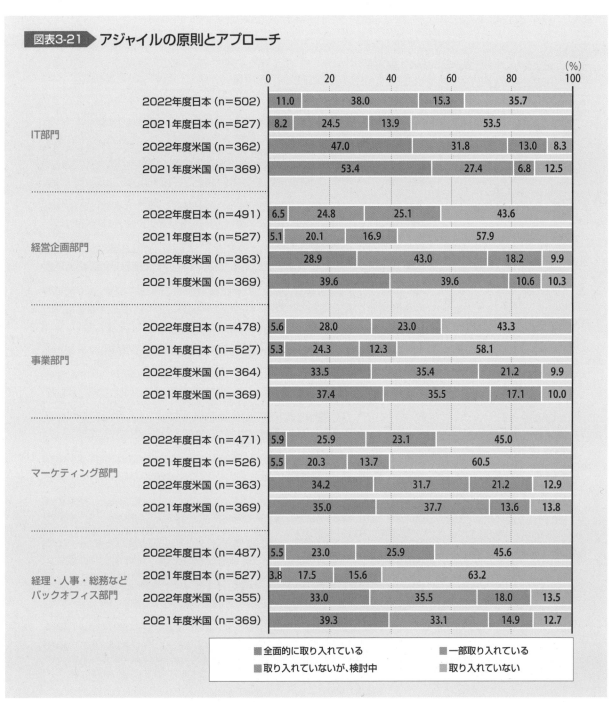

図表3-21　アジャイルの原則とアプローチ

　DXによる価値創出に至るための組織の一連の行動であるDX推進プロセスごとにその重要度を尋ねた結果を示す（図表3-22）。「重要である」「まあまあ重要である」を合計した割合が高いDX推進プロセスの上位3項目は、日本では「継続的な改善」70.8%、「全社員による危機意識の共有」68.1%、「経営トップの継続的な関与・コミットメント」66.3%となっている。米国の上位3項目は「全社員による危機意識の

共有」74.6%、「経営トップの継続的な関与・コミットメント」66.4%、「ビジネス戦略全体へのデジタル技術の組込み」66.3%となっている。日本の「重要である」「まあまあ重要である」を合計した割合が最も低いのが「目に見える成果の短いサイクルでの計測と評価」の49.0%であり、DX推進プロセス自体の成果に対する評価や、実施すべき改善のタイミングを逃している可能性がある。これは第5章「成果評価とガバナンス」で取り上げている図表3-40「顧客への価値提供などの成果評価の頻度」で日本が高頻度で評価している割合が米国と比べて低い、という内容にもつながっている。

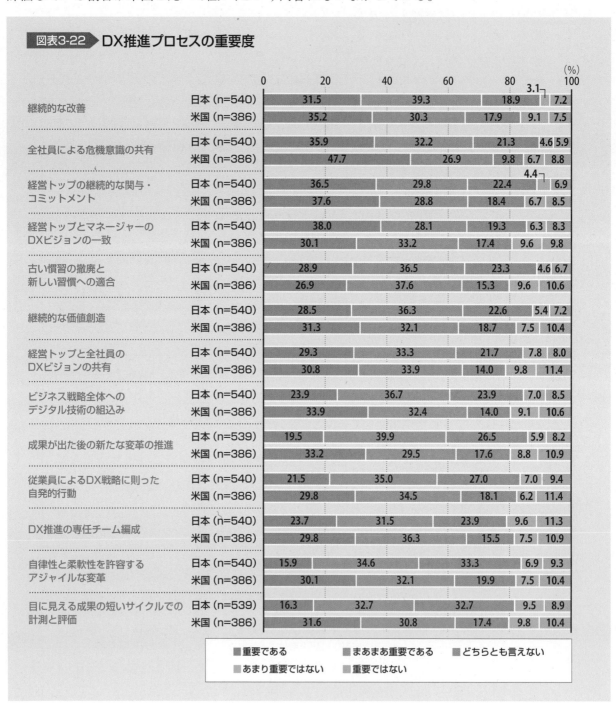

図表3-22 DX推進プロセスの重要度

		重要である	まあまあ重要である	どちらとも言えない	あまり重要ではない	重要ではない
継続的な改善	日本 (n=540)	31.5	39.3	18.9	3.1	7.2
	米国 (n=386)	35.2	30.3	17.9	9.1	7.5
全社員による危機意識の共有	日本 (n=540)	35.9	32.2	21.3	4.6	5.9
	米国 (n=386)	47.7	26.9	9.8	6.7	8.8
経営トップの継続的な関与・コミットメント	日本 (n=540)	36.5	29.8	22.4	4.4	6.9
	米国 (n=386)	37.6	28.8	18.4	6.7	8.5
経営トップとマネージャーのDXビジョンの一致	日本 (n=540)	38.0	28.1	19.3	6.3	8.3
	米国 (n=386)	30.1	33.2	17.4	9.6	9.8
古い慣習の撤廃と新しい習慣への適合	日本 (n=540)	28.9	36.5	23.3	4.6	6.7
	米国 (n=386)	26.9	37.6	15.3	9.6	10.6
継続的な価値創造	日本 (n=540)	28.5	36.3	22.6	5.4	7.2
	米国 (n=386)	31.3	32.1	18.7	7.5	10.4
経営トップと全社員のDXビジョンの共有	日本 (n=540)	29.3	33.3	21.7	7.8	8.0
	米国 (n=386)	30.8	33.9	14.0	9.8	11.4
ビジネス戦略全体へのデジタル技術の組込み	日本 (n=540)	23.9	36.7	23.9	7.0	8.5
	米国 (n=386)	33.9	32.4	14.0	9.1	10.6
成果が出た後の新たな変革の推進	日本 (n=539)	19.5	39.9	26.5	5.9	8.2
	米国 (n=386)	33.2	29.5	17.6	8.8	10.9
従業員によるDX戦略に則った自発的行動	日本 (n=540)	21.5	35.0	27.0	7.0	9.4
	米国 (n=386)	29.8	34.5	18.1	6.2	11.4
DX推進の専任チーム編成	日本 (n=540)	23.7	31.5	23.9	9.6	11.3
	米国 (n=386)	29.8	36.3	15.5	7.5	10.9
自律性と柔軟性を許容するアジャイルな変革	日本 (n=540)	15.9	34.6	33.3	6.9	9.3
	米国 (n=386)	30.1	32.1	19.9	7.5	10.4
目に見える成果の短いサイクルでの計測と評価	日本 (n=539)	16.3	32.7	32.7	9.5	8.9
	米国 (n=386)	31.6	30.8	17.4	9.8	10.4

DX推進プロセスに対する達成度を示す(図表3-23)。「達成している」「まあまあ達成している」を合計した割合が高いDX推進プロセスの上位3項目は、日本では「DX推進の専任チーム編成」46.6%、「経営トップの継続的な関与・コミットメント」36.6%、「経営トップとマネージャーのDXビジョンの一致」34.2%となっている。米国の上位3項目は「継続的な改善」78.7%、「全社員による危機意識の共有」77.5%、「DX推進の専任チーム編成」76.4%となっている。米国は13項目中10項目で「達成している」「まあまあ達成している」が7割以上であるのに対して、日本は2割から3割程度であり達成度にはかなりの差がある。

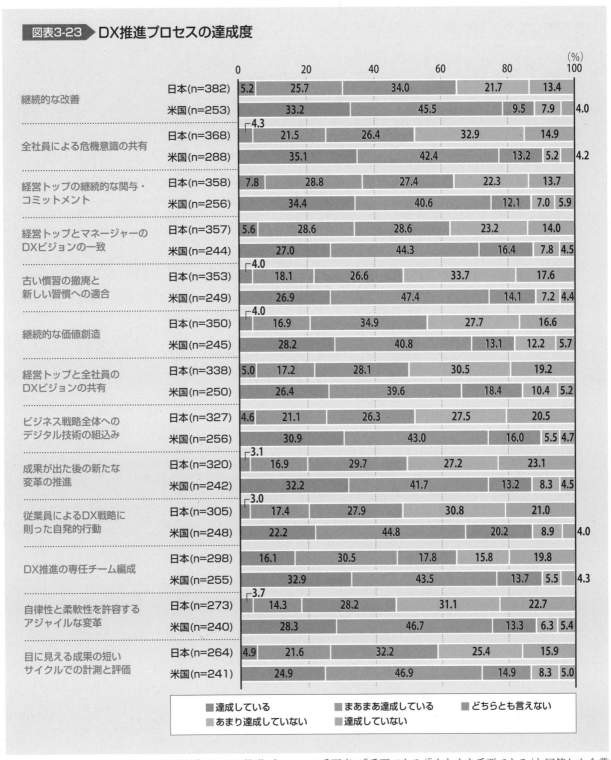

図表3-23 DX推進プロセスの達成度

凡例: ■達成している ■まあまあ達成している ■どちらとも言えない ■あまり達成していない ■達成していない

項目	国	達成している	まあまあ達成している	どちらとも言えない	あまり達成していない	達成していない
継続的な改善	日本(n=382)	5.2	25.7	34.0	21.7	13.4
	米国(n=253)	33.2	45.5	9.5	7.9	4.0
全社員による危機意識の共有	日本(n=368)	4.3	21.5	26.4	32.9	14.9
	米国(n=288)	35.1	42.4	13.2	5.2	4.2
経営トップの継続的な関与・コミットメント	日本(n=358)	7.8	28.8	27.4	22.3	13.7
	米国(n=256)	34.4	40.6	12.1	7.0	5.9
経営トップとマネージャーのDXビジョンの一致	日本(n=357)	5.6	28.6	28.6	23.2	14.0
	米国(n=244)	27.0	44.3	16.4	7.8	4.5
古い慣習の撤廃と新しい習慣への適合	日本(n=353)	4.0	18.1	26.6	33.7	17.6
	米国(n=249)	26.9	47.4	14.1	7.2	4.4
継続的な価値創造	日本(n=350)	4.0	16.9	34.9	27.7	16.6
	米国(n=245)	28.2	40.8	13.1	12.2	5.7
経営トップと全社員のDXビジョンの共有	日本(n=338)	5.0	17.2	28.1	30.5	19.2
	米国(n=250)	26.4	39.6	18.4	10.4	5.2
ビジネス戦略全体へのデジタル技術の組込み	日本(n=327)	4.6	21.1	26.3	27.5	20.5
	米国(n=256)	30.9	43.0	16.0	5.5	4.7
成果が出た後の新たな変革の推進	日本(n=320)	3.1	16.9	29.7	27.2	23.1
	米国(n=242)	32.2	41.7	13.2	8.3	4.5
従業員によるDX戦略に則った自発的行動	日本(n=305)	3.0	17.4	27.9	30.8	21.0
	米国(n=248)	22.2	44.8	20.2	8.9	4.0
DX推進の専任チーム編成	日本(n=298)	16.1	30.5	17.8	15.8	19.8
	米国(n=255)	32.9	43.5	13.7	5.5	4.3
自律性と柔軟性を許容するアジャイルな変革	日本(n=273)	3.7	14.3	28.2	31.1	22.7
	米国(n=240)	28.3	46.7	13.3	6.3	5.4
目に見える成果の短いサイクルでの計測と評価	日本(n=264)	4.9	21.6	32.2	25.4	15.9
	米国(n=241)	24.9	46.9	14.9	8.3	5.0

※集計対象は、DX推進プロセスの重要度で「重要である」「まあまあ重要である」と回答した企業

図表3-24はDX推進プロセスに対する重要度（図表3-22）と達成度（図表3-23）の二つの指標に基づいて各プロセスをマッピングしたものである。米国が全てのプロセスで重要度と達成度がともに高いのに対して、日本は達成度がおしなべて低い。日本はDXに必須である「目に見える成果の短いサイクルでの計測と評価」と「自律性と柔軟性を許容するアジャイルな変革」のスピード・アジリティに関するプロセスについては重要度が低くなっていることは課題である。また、米国で重要度と達成度がともに高い割合である「全社員による危機意識の共有」について、日本は達成度が低くなっていることも課題であると考える。

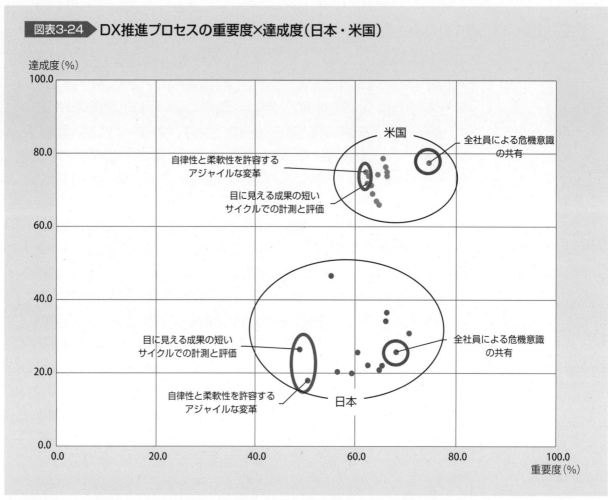

図表3-24　DX推進プロセスの重要度×達成度（日本・米国）

※集計対象は、DX推進プロセスの重要度の「重要である」「まあまあ重要である」回答割合の合計と、DX推進プロセスの達成度の「達成している」「まあまあ達成している」回答割合の合計

第4章

企業競争力を高める経営資源の獲得・活用

　企業がデジタル企業へと変革するためには、DXを推進するために必要となる組織や人材、技術、データなどの経営資源を獲得し、有効活用することが不可欠である。

　第4章ではDXを推進するための組織や人材のあり方、ビジネスニーズと整合したITシステムとそのソーシング手段、データドリブン経営を実現するために不可欠となったデータの獲得や活用手段に対する戦略的な取組について論じる。

1 組織づくり・人材・企業文化

　DXの推進にあたっては、経営層、業務部門、IT部門が協働してビジネス変革に向けたコンセプトを描いていく必要がある。そもそもDXとはどういうもので、自社のビジネスにどのように役に立つか、どのような進め方があるのかなどについて最低限の共通理解がなければ議論を進めることができない。

　すなわち、DXを推進する関係者の間で基礎的な共通理解を初めに形成することが求められる。DX推進のために経営資源の配分について経営トップと対等に対話し、デジタルを戦略的に活用する提案や施策をリードする経営層が最高デジタル責任者（Chief Digital Officer; CDO）である。

　まず、CDOがどのような役割・権限を担うべきか明確にしたうえで、これに基づき、DXを推進するための適切な人材が配置されるようにすることが望ましい。

　DXの推進においては経営トップの適切なリーダーシップがきわめて重要である。競争領域に該当しない業務については業務プロセスの標準化を進めパッケージソフトウェアやSaaSを活用することによってIT投資を削減することができる。しかし、適切なリーダーシップが欠如しているとIT部門が業務部門の現行業務の支援にとどまり、業務プロセスが個別最適で縦割りとなってしまう可能性があり、DXの目標である事業全体の変革を妨げる原因となってしまう恐れがある。さらに、パッケージを導入しても多数のカスタマイズが必要になる、といった非効率なIT投資が発生することも懸念される。

　デジタル化に係る投資を行うためには、業務部門の業務プロセスの見直しを含めたIT投資の効率化にとどまらず、場合によっては不要となる業務プロセスと対応するITシステムの廃止・廃棄にまでつなげることが必要であり、こうした決断には経営トップのリーダーシップが欠かせない。

CDOの有無を尋ねた結果を示す(図表3-25)。日本においてCDOがいる企業はわずか16.2%である。

IT分野に見識がある役員の割合も低く(図表3-13参照)、CDOも不在であるということは、DXに必要な知見を持つ経営層の関与・リーダーシップが不十分でDXの継続的な推進や成果創出の阻害要因となることが懸念される。

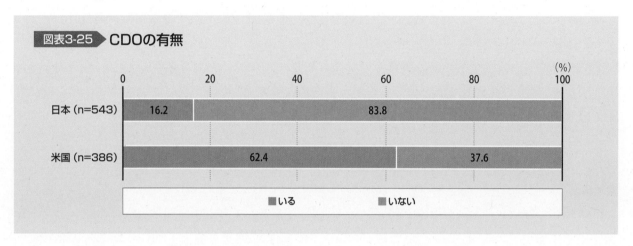

図表3-25 ▶ CDOの有無

DXの推進やデジタルビジネスの強化などをミッションとする専門部署の有無を尋ねた結果を示す(図表3-26)。日本は「専門部署がある」の割合が43.4%、「専門部署はないが、プロジェクトチームがある」が29.5%である。米国は「専門部署がある」の割合が56.1%、「専門部署はないが、プロジェクトチームがある」の割合が36.9%であり、専門部署設置のうえでのDXの推進、デジタルビジネスの強化が主流となっている。「専門部署がない」については、米国は5.0%であるのに対し、日本は26.6%であり、米国と比べて高い割合となっている。

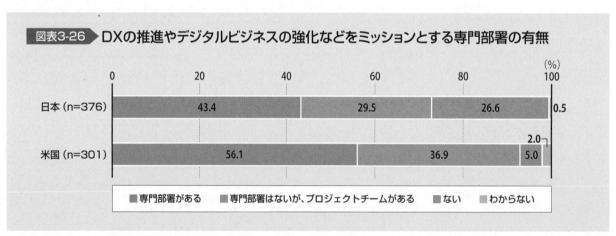

図表3-26 ▶ DXの推進やデジタルビジネスの強化などをミッションとする専門部署の有無

※集計対象は、DXの取組状況で「全社戦略に基づき、全社的にDXに取組んでいる」「全社戦略に基づき、一部の部門においてDXに取組んでいる」「部署ごとに個別でDXに取組んでいる」と回答した企業

　DXの推進やデジタルビジネスの強化などをミッションとする専門部署の有無を尋ねた結果を従業員規模別に集計した（図表3-27）。米国における「専門部署がある」との回答割合は、従業員規模が「100人以下」の企業で38.6%、101人以上の企業では5割以上となっている。

　日本における「専門部署がある」の回答割合は従業員規模が「1,001人以上」の企業では63.0%である。また、1,000人以下の企業では「ない」との回答が26%以上であり、100人以下の企業では「ない」が59.3%と高い割合となっている。

図表3-27　DXの推進やデジタルビジネスの強化などをミッションとする専門部署の有無（従業員規模別）

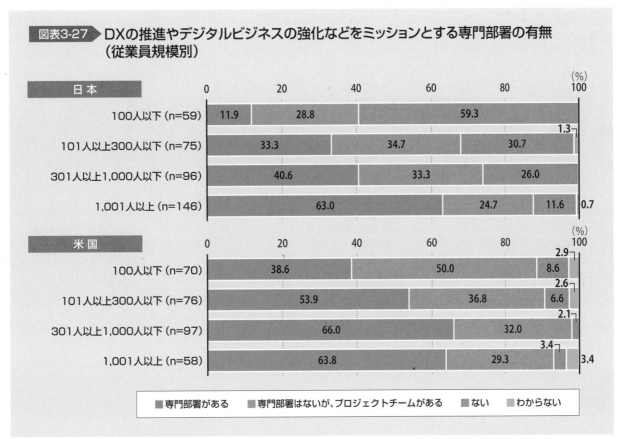

※集計対象は、DXの取組状況で「全社戦略に基づき、全社的にDXに取組んでいる」「全社戦略に基づき、一部の部門においてDXに取組んでいる」「部署ごとに個別でDXに取組んでいる」と回答した企業

DX推進のための継続的な予算の確保状況を尋ねた結果を示す（図表3-28）。「年度の予算の中にDX枠として継続的に確保されている」との回答が日本は23.8%、米国は40.4%となっている。また、「必要な都度、申請し、承認されたものが確保される」との回答が日本は45.1%、米国は36.0%である。両者を合わせると日米ともに約7割においてDX推進のための予算が確保されている状況であるが、日本企業において継続的に予算確保されている割合は米国に比較して低い。DXが全社横断で取組む中長期の取組であることを踏まえると一過性ではない継続的な予算を確保していくことも重要である。

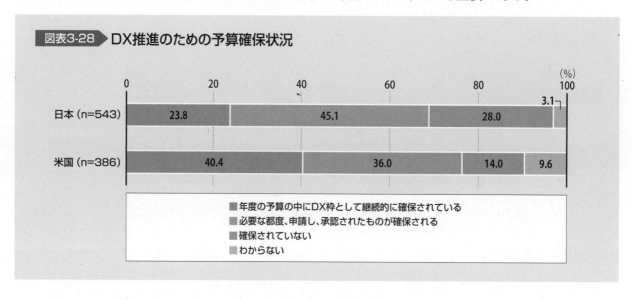

図表3-28　DX推進のための予算確保状況

- 年度の予算の中にDX枠として継続的に確保されている
- 必要な都度、申請し、承認されたものが確保される
- 確保されていない
- わからない

　デジタル技術の獲得・活用の方針をどのように策定しているか尋ねた結果を示す（図表3-29）。米国は「全社方針を策定」の回答割合がいずれの技術においても約7割であるのに対して、日本は約3割から5割と技術によってばらつきがある。事業部単位での個別最適による複雑化・ブラックボックス化を回避するために全社最適に向けた活用技術の標準化の取組のさらなる推進が必要である。

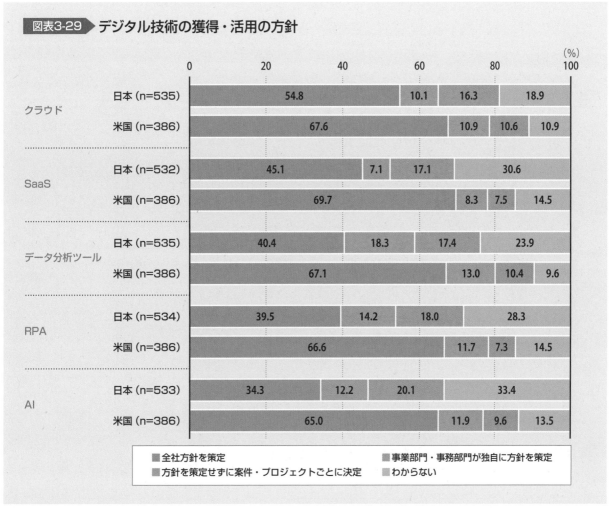

図表3-29　デジタル技術の獲得・活用の方針

※「CDO/CIOが全社方針を策定」「DX推進部門が全社方針を策定」「IT部門が全社方針を策定」の回答を「全社方針を策定」としてまとめた。

経営者・IT部門・業務部門が協調できているかを尋ねた結果を示す（図表3-30）。日本は「十分にできている」「まあまあできている」を合計すると37.1％となっている。米国は「十分にできている」の割合が31.9％であり、「まあまあできている」48.2％と合計すると全体の8割以上で、経営者・IT部門・業務部門の協調ができている。米国では8割であるのに対して日本は4割弱となっておりDXを全社的に推進していくうえでの課題となっていることが推察される。

　部門間などの組織の壁を越えた協力・協業ができているか尋ねた結果（図表3-31）でも類似の傾向を示している。

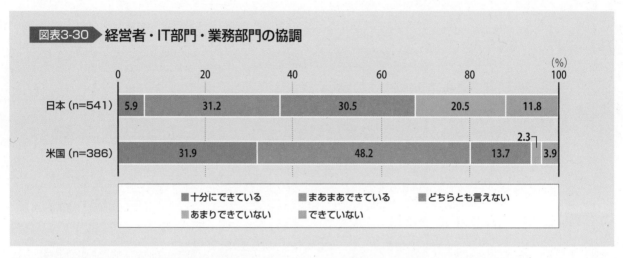

図表3-30　経営者・IT部門・業務部門の協調

	十分にできている	まあまあできている	どちらとも言えない	あまりできていない	できていない
日本 (n=541)	5.9	31.2	30.5	20.5	11.8
米国 (n=386)	31.9	48.2	13.7	2.3	3.9

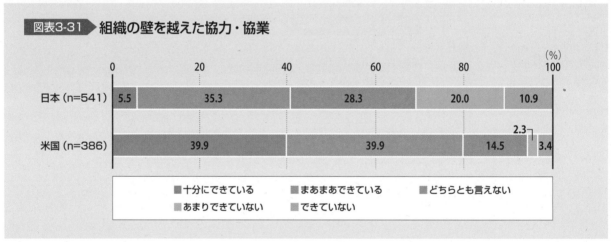

図表3-31　組織の壁を越えた協力・協業

	十分にできている	まあまあできている	どちらとも言えない	あまりできていない	できていない
日本 (n=541)	5.5	35.3	28.3	20.0	10.9
米国 (n=386)	39.9	39.9	14.5	2.3	3.4

　DXの推進にあたっては、新たなデジタル技術の獲得のためにオープンイノベーション、社外アドバイザー・パートナーの活用、スタートアップ企業との協業など、これまでのIT分野での受発注関係と異なる外部リソースの活用も視野に入れる必要がある。また、新たなビジネスモデルを早急に実現するために、DX推進においてエコシステムなど、企業間提携を主導していくことも有効である。

　ビジネスモデルの変革や新技術やデータの利活用を推進するためにどのような団体・組織と密接なパートナーシップを結んでいるか尋ねた結果を示す(図表3-32)。2021年度調査から2022年度調査にかけての経年変化では、日本において「パートナーシップは結んでいない」と回答した割合が27.1%から18.4%に減少しており、パートナーシップの重要性への理解が進みつつあることがうかがえる。また米国においては「プラットフォーム提供者」との連携において10.6%の増加が見られた。

　日米を比較すると、「システムインテグレーター(SIer)」を除いていずれの提携相手においても米国のほうが高い回答割合を示しており、米国においては多様なパートナーシップの提携が進んでいることがうかがえる。とくに、米国が日本と比べて10%以上高い項目は4項目であり、回答割合の差は「プラットフォーム提供者」26.8ポイント、「競合他社」15.6ポイント、「非営利活動法人」12.8ポイント、「顧客企業」12.0ポイントであった。

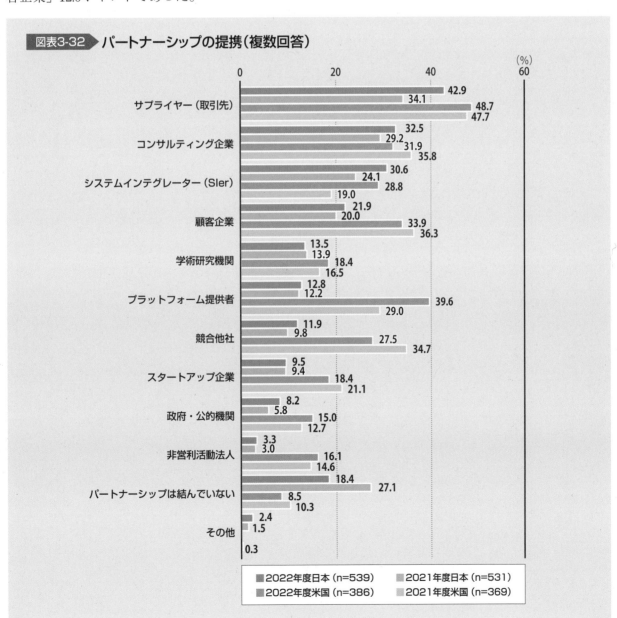

図表3-32 パートナーシップの提携(複数回答)

経済産業省は2021年8月に発表した「DXレポート2.1（DXレポート2追補版）」*5でデジタル産業を構成する企業の四つの類型を示した。

・企業の変革を共に推進するパートナー：DXを通じてビジネスモデルそのものの変革を目指す企業や、DX推進のための組織変革を目指す企業など、ビジネス面での変革を目指す企業に対して、「伴走支援」を行う*6。

・DXに必要な技術を提供するパートナー：DXに必要な技術を獲得しようとする企業に対して、伴走支援を行う*7。

・共通プラットフォームの提供主体：個別業界の共通プラットフォームや、業界横断の共通プラットフォームを提供する*8。

・新ビジネス・サービスの提供主体：新たなビジネス・サービスを市場に供給する。プラットフォーム上のサービスを組み合わせて個別のサービスを実現することで、迅速な価値提供を可能とする。同時に、プラットフォームの活用により、環境の変化をプラットフォームが吸収することの恩恵を受けることができるため、持続性の高いサービスの提供が可能となる。さらに、プラットフォーム間の連携はプラットフォームを横断したサービスの連携を可能とするため、個別のサービスはより広範囲にスケールする可能性を享受できる*9。

＊5 「DX レポート 2.1 （DX レポート 2 追補版）」経済産業省
　　<https://www.meti.go.jp/press/2021/08/20210831005/20210831005-2.pdf>
＊6 同上
＊7 同上
＊8 同上
＊9 同上

　四つの類型に対し現状と目指す姿がいずれにあてはまるかについて尋ねた結果を示す（図表3-33）。現状を示す類型において、米国は四つの類型いずれにおいても当てはまる割合が約4割から5割であるのに対して日本は「当てはまらない」が最も高い38.7%を示し、DXにおける自企業の立ち位置が定まっていないと考えられる。

　日本は目指す姿において「企業の変革を共に推進するパートナー」「新ビジネス・サービスの提供主体」の回答割合が約3割となっており、ほかの類型の回答割合よりも高く、この二つの類型の役割が大きい。一方、米国ではいずれの類型でも約3割から4割の回答割合であり、目指す姿の類型間の差が小さい。

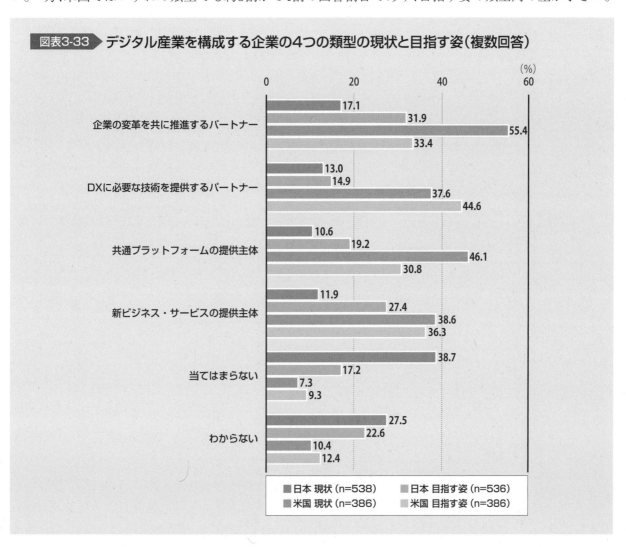

図表3-33　デジタル産業を構成する企業の4つの類型の現状と目指す姿（複数回答）

（%）

企業の変革を共に推進するパートナー
- 17.1
- 31.9
- 55.4
- 33.4

DXに必要な技術を提供するパートナー
- 13.0
- 14.9
- 37.6
- 44.6

共通プラットフォームの提供主体
- 10.6
- 19.2
- 46.1
- 30.8

新ビジネス・サービスの提供主体
- 11.9
- 27.4
- 38.6
- 36.3

当てはまらない
- 38.7
- 17.2
- 7.3
- 9.3

わからない
- 27.5
- 22.6
- 10.4
- 12.4

凡例：
■日本 現状（n=538）　■日本 目指す姿（n=536）
■米国 現状（n=386）　■米国 目指す姿（n=386）

2 ITシステム・デジタル技術活用

経済産業省は「DXレポート2」において、企業がDXの取組領域や具体的なアクションを検討する際の手がかりとなる「DX成功パターン」がDX戦略立案を支援するツールとして有効であるとしている。戦略を実現するためのDX成功パターンは、ITシステム、デジタル技術を「使いこなす」視点と、デジタル「だからこそ」の視点の二つの視点から策定することがカギとなる（図表3-34）。

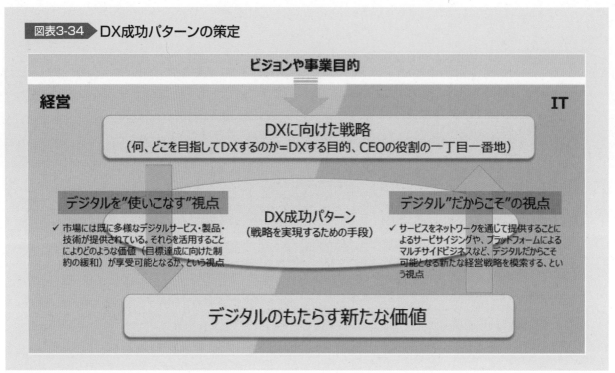

図表3-34 ▶ DX成功パターンの策定

出典：経済産業省「DXレポート2（中間取りまとめ）」

企業の経営者は今後のシステムの利用に際し、自社の強みとは関係の薄い協調領域とビジネスの強みである競争領域を識別するとともに、協調領域におけるIT投資を効率化・抑制し、生み出した投資余力を競争領域へと割り当てていくことが必要である。

日本企業と米国企業を比較すると、日本企業のシステムは受託開発によってシステムを構築している割合が高い。また、パッケージソフトウェアを利用する場合もカスタマイズするケースが多い。一方、米国ではユーザー企業がパッケージを極力カスタマイズせずに利用し、複数のパッケージを組合わせることでスピーディーに現場に導入することが一般的である。

企業の経営者は、協調領域については自前主義を排し、経営トップのリーダーシップの下、業務プロセスの標準化を進めることでSaaS、パッケージソフトウェアを活用し、貴重なIT投資の予算や従事する人材の投入を抑制することができる。いわゆる、内製、外製など適切なソーシング手段の選択が重要である。

さらに、IT投資の効果を高めるために、業界内の他社と協調領域を形成して共同利用できるITシステムである共通プラットフォームの構築の検討も必要である。個社の投資余力が小さくても複数社が投資を行うことによって、充実した共通プラットフォームを整備することも期待できる。

共通プラットフォームは、特定業界における協調領域をプラットフォーム化した業界プラットフォームや、特定の地域における社会課題の解決のための地域プラットフォームなどが想定される。こ

うした共通プラットフォームによって生み出される個社を越えたつながりは、社会課題の迅速な解決と、新たな価値の提供を可能とするため、デジタル社会の重要な基盤となる。

競争領域を担うシステムの構築においては、仮説・検証を俊敏に実施するため、アジャイルな開発体制を社内に構築し、市場の変化を捉えながら小規模な開発を繰り返すべきである。競争力を担うITシステムの開発体制を実現していくうえでは、企業が自ら変革を主導していくことが重要である。しかし、こうした開発体制の変革は一朝一夕には実現できない。これらのことを念頭に置くと、変革を確実に推進させるために対等な立場で活動してくれる企業や、必要な技術・ノウハウを提供してくれる企業とのパートナーシップを構築することが重要である。また、その関係構築においては、アジャイルな開発に適した柔軟性の高い契約モデルを採用することも必要である。

事業戦略やITシステムといった領域において、それぞれどのようなソーシング手段を適用しているのか尋ねた結果を示す（図表3-35）。日本はいずれの領域においても「既製のソフトウェアやSaaSの導入」「外部委託による開発」「内製による自社開発」の順に回答割合が高く、「コア事業／競争領域」であっても「ノンコア事業／非競争領域」であっても、ソーシング手段の傾向が一貫している。米国は「コア事業／競争領域」では「内製による自社開発」とする回答が5割以上であり、それ以外の領域では「外部委託による開発」や「既製のソフトウェアやSaaSの導入」の回答割合のほうが高い。

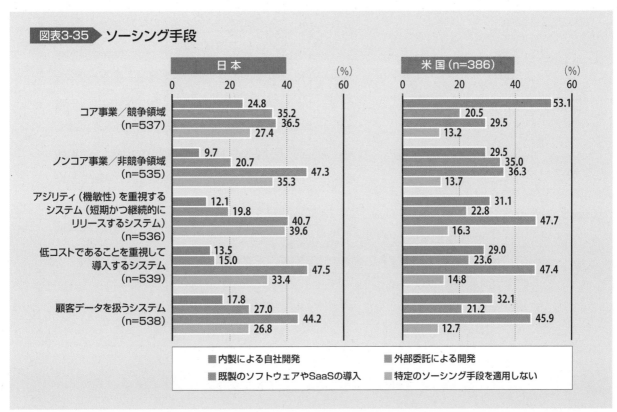

図表3-35　ソーシング手段

※各事業戦略やITシステムごとに最大二つまで選択肢を回答可能としている。「パッケージソフトウェアの導入」「SaaSの導入」「パッケージソフトウェアやSaaSをベースとしたインテグレーション」の回答を「既製のソフトウェアやSaaSの導入」にまとめた。

ビジネスニーズに対応するために、ITシステムにはどのような機能が重要だと考えているのか尋ねた結果を示す（図表3-36）。日本で「重要である」と回答した割合が高い項目は「変化に応じ迅速かつ安全にITシステムを更新できる」が39.4%（2021年度調査30.3%）と「必要で適切な情報を必要なタイミングで取り出せる」が39.6%（2021年度調査34.5%）であった。「重要である」と回答した割合が最も低い項目は「小さなサービスから始め、価値を確かめながら拡張していくことができる」が17.6%（2021年度調査17.2%）であった。

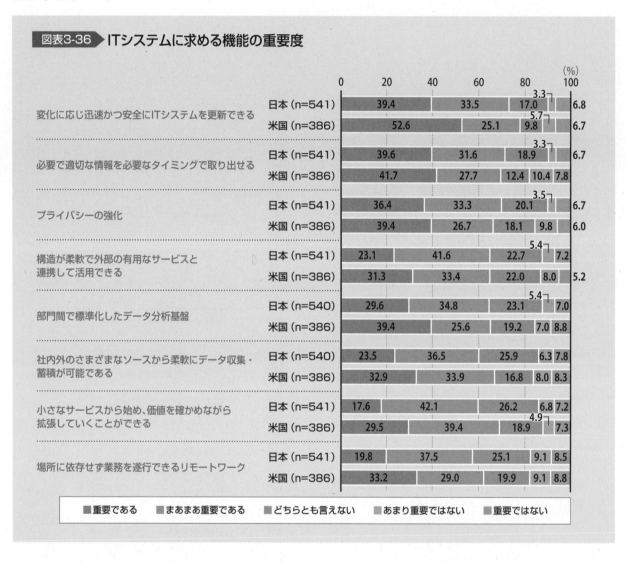

図表3-36 ▶ ITシステムに求める機能の重要度

　ITシステムに求める機能の達成度（図表3-37）の回答割合において日本では、「場所に依存せず業務を遂行できるリモートワーク」の「達成している」が18.8%、「プライバシーの強化」が13.8%で、ほかの項目と比較してとくに高い割合となっている。しかし前掲のITシステムに求める機能の重要度（図表3-36）で「重要である」との回答割合が高かった「変化に応じ迅速かつ安全にITシステムを更新できる」機能を「達成している」と回答した割合は3.3%、「必要で適切な情報を必要なタイミングで取り出せる」機能を「達成している」と回答した割合は5.2%にとどまっている。日本企業においては重要度の高い機能への適切なリソース配分など、成果創出に向けた取組が必要と考える。

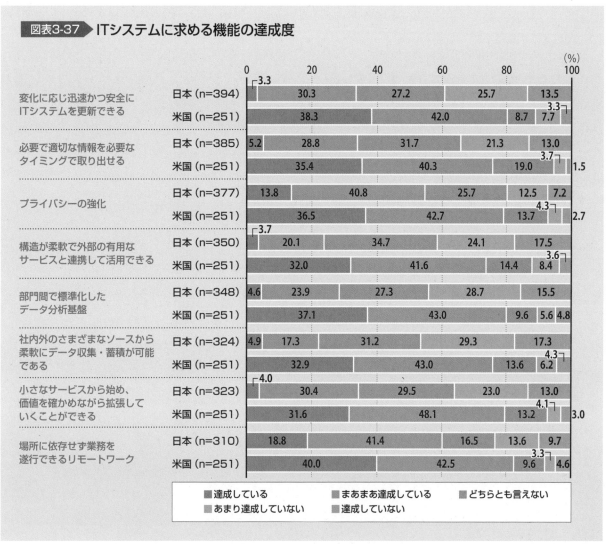

図表3-37　ITシステムに求める機能の達成度

※集計対象は、ITシステムに求める機能の重要度で「重要である」「まあまあ重要である」と回答した企業

3 データの獲得と活用

　企業は顧客・社会の課題を解決するための仮説となるプロダクトやサービスを繰り返し市場に提示し、データに基づいて顧客・社会の反応を把握しながら、迅速にプロダクトやサービス、あるいはその提供体制にフィードバックし続ける必要がある。

　そのためには、企業の経営者は、データを重要な経営資源として再認識し、データの獲得と活用について戦略的な取組を推進していくことが重要となる。DXで成功した企業の多くはデータ戦略の「なぜ」「何を」「どのように」を明確に理解しており、全社的な戦略に基づいてデータ利活用を推進している。

　また、データ利活用を組織に根付かせるためには、経営層が重要な意思決定プロセスを明確に定め、それらの意思決定プロセスに分析結果を組み込むように定めるとともに、現場でもデータ分析に基づく価値提供を実現するための環境(データ、人材、IT)を整備する必要がある。

　さらに、データを統合しやすい、必要に応じて柔軟に適用、拡張できるようなデータアーキテクチャーを構築する必要がある(第5部第3章1.(3)「導入プロセス」参照)。データ分析手法の進展に伴い高度化する分析モデルを活用して、ビジネス価値創出に貢献できるようにテストおよびアップグレードを、絶えず迅速にできるような環境を構築、維持、改良しつづけることが重要である。

　経営層の重要な意思決定プロセスにAIによる分析結果や、データサイエンティストによる分析結果など、専門的で高度なデータ分析を実施しているか尋ねた結果を示す(図表3-38)。日本における「できている」「まあまあできている」の回答割合の合計は12.7%である一方、米国は70.4%である。日本では高度なデータ分析に取組んでいるのは一部の企業であるが、米国企業では当たり前の取組となっており、データ分析に取組んでいない企業は競争において不利な立場におかれる可能性がある。

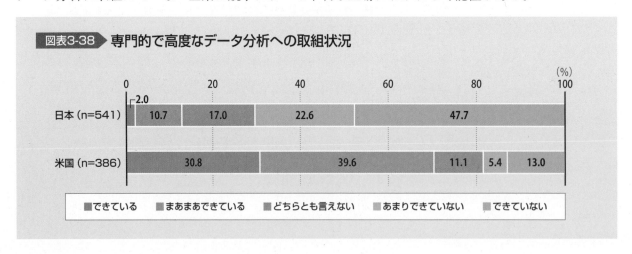

図表3-38 ▶ 専門的で高度なデータ分析への取組状況

　ビジネスの現場でデータ分析による意思決定を積極的に活用するため、どのような工夫をしているのか尋ねた結果を示す(図表3-39)。「従業員の教育」においては日本も米国と近い割合であるが、ほかの工夫においてはほとんどが10ポイント以上の差がある。データ分析において人材面だけでなく、プラットフォームや分析モデルといった技術や、全社的な戦略に基づいてデータ分析を推進する担当や組織の設置など、技術面と戦略面からの取組も重要であることがうかがえる。

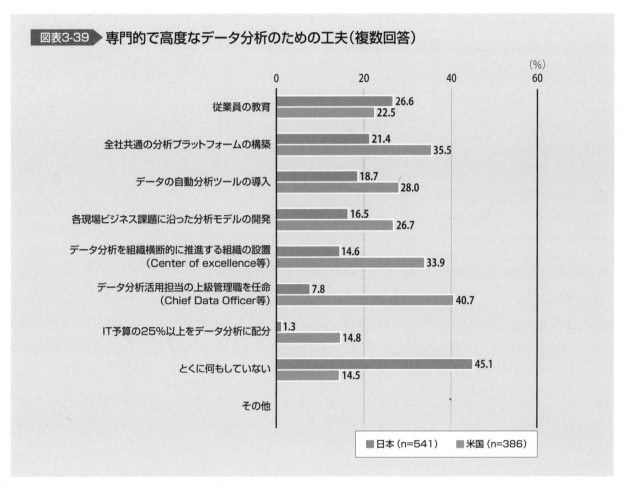

図表3-39　専門的で高度なデータ分析のための工夫(複数回答)

項目	日本 (n=541)	米国 (n=386)
従業員の教育	26.6	22.5
全社共通の分析プラットフォームの構築	21.4	35.5
データの自動分析ツールの導入	18.7	28.0
各現場ビジネス課題に沿った分析モデルの開発	16.5	26.7
データ分析を組織横断的に推進する組織の設置(Center of excellence等)	14.6	33.9
データ分析活用担当の上級管理職を任命(Chief Data Officer等)	7.8	40.7
IT予算の25%以上をデータ分析に配分	1.3	14.8
とくに何もしていない	45.1	14.5
その他		

デジタル企業、デジタル産業に向かって

三菱ケミカルグループ株式会社　データ＆先端技術部　部長　浦本 直彦

　日本企業の間で、Digital Transformation（DX）という言葉が使われ始めたのは、個人的な感覚では2016年ごろである。もちろんその前から、クラウドコンピューティングや、IoTなどのデジタル技術、2012年頃から始まった統計的機械学習技術の進展は、注目を浴び始めていた。また、一部の企業では、デジタル技術を扱う組織が従来のIT組織とは別に動き始めそれらの技術による成果を享受しながら試行錯誤が始まっていた。2018年に経済産業省が「DXレポート」を発表し、それは日本にとって本質的な課題であるレガシートランスフォーメーションを中心に据えていたきらいはあるものの、日本企業にとって変革のためのトリガーとなった。それから5年が経過し、多くの企業がなんらかの形でデジタル技術を導入しつつある（コロナの影響も大きい）。また、それを支援するIT企業や、経済産業省やデジタル庁などが提供するガイドラインなども登場している。

　DXを進めるうえでよく言われることは、大事なのはX、つまり変革でありデジタル技術はその道具や手段である（transformation by digitalあるいはdigital as enabler for transformation）ということである。これは正しい。さらには、DXの活動には経営者の覚悟や組織の壁の打破、現場がDXを自分ごととして捉えることも重要である。経験的には、DXを促進すればするほど技術から遠ざかっていく気すらする。しかし、長年イノベーションを追いかけてきた身からすると、それでもデジタル技術が果たす本質的な意味があると信じる。

　たとえば、これまで人間が目視で判断していた最終製品のチェックを、機械学習を使って自動化する外観検査は、製造工程におけるDXの適用例として言及されることが多い。これを単なる工数削減だと考えると手段としてのデジタルにすぎない。しかし、国内外の複数の工場の外観検査の品質を標準化し、顧客に対して世界中のどの場所でも標準化された品質で製品を提供するための技術であると考えると、これは顧客に対する新しい価値になりえる。

　また、DXを行ううえでよく直面するのが組織や会社間の壁である。事業部門ごとに扱う製品や顧客層は異なるので、デジタル技術を適用するにしても、どうしても部分最適になりがちである。しかし、デジタル技術には、その壁を打破し全体最適へ導く力がある。これもまた、デジタルが変革に必要不可欠な理由の一つである。

　上であげた例は、社内業務の改善から改革が始まるアプローチである。ここでのデジタル技術の果たす本質的な役割も重要であるが、今後競争力を持った企業変革を進めていくうえでは、自社の製品やその一部がデジタル（モノでなくコト）となる、製品を販売したりサポートする空間がデジタルであるというアプローチが必要であり、ここではまさにデジタルが主役になるはずである。前述のDXレポートは定期的に更新されており、2021年8月に2.1版、2022年7月には2.2版が公開されている。2.1版では、個々の企業にとどまらず、産業全体で大きな変革を加速するための「デジタル産業」のビジョンが、2.2版では、それを踏まえた企業のさらなるDXの取組への示唆がなされている。共通する目指す方向性は、「新規デジタルビジネスの創出」と「デジタル技術の導入による既存ビジ

ネスの付加価値向上」である。これを成し遂げるには、デジタル技術が変革の道具ではなく、変革の一部となるべきであり、我々もギアを切り替える必要がある。

DXレポート2.1版が提唱するデジタル産業は、今後の社会の実現に必要となる機能を社会にもたらす。最初、このレポートを読んだときには、筆者が所属する日本の典型的な製造業にとっては距離感のあるキーワードではないかと感じた。自戒も込めて、日本のDXの取組については、なんらかの活動を始めた企業が増えてきているものの、社内のプロセスのデジタル化や自動化など改善に近いものが多い。社内向けの価値から顧客や社会に対する価値の提供へ、あるいはコスト削減から売上増へと向かうべきであるが、なかなか実際に大きく会社の成長に繋がるところまで行きつけていない。デジタル産業は、言葉どおり各企業個別のDXではなく、デジタル技術を活用しながら業界の中でエコシステムを構築するものである。もっとも、個別ではできないから業界全体で、というやり方は業種によってその難易度が変わってくるだろう(デジタルかどうかは別として、多くの業界で、川上・川下の構造が組変わる動きがある)。

我々が次の段階に向かうためには、それをデジタル産業とよぶかどうかは別として、DXの視点を社内から社外に変える必要がある。たとえば、社内の一つの業務プロセスの自動化や最適化から始めて、それを社内の別の組織のプロセスと繋げる、その一部を顧客や取引先と繋げる、さらには、同じ業務プロセスを持つ同業他者と共有するといったことが考えられる(物流などにおいてはすでに始まっている)。また、現在社内向けに提供されている機能を顧客に提供することで新しい価値を生み出すこともできるだろう。データ科学を用いた新材料の探索手法であるマテリアルズインフォマティクスなどの分野でも研究開発向けばかりでなく事業部門が活用するための取組が始まっている。業界内でのデータの共有もこれからであるが、協業できる領域からはじめてデジタル産業への道を拓きたい。もちろんゼロから新しいものを破壊的に作り出すことも必要であるが、「繋ぐ」ことからこれまでなかった価値を、組織や企業を超えて作り上げるやり方があってもよい。

予期しない大きな変化が確実に起こる時代に、企業が生き残っていくためには大きな発想の転換が必要であり、デジタル技術は本質的な意味を持つのである。

第5章

成果評価とガバナンス

　DXを推進するためには顧客への価値提供の実現を指標として成果評価をすることが重要であり、適切なKPIを設定し測定、改善していくことが必要である。また、日本では失敗を許容しにくい硬直的なガバナンスが変革の妨げになっている可能性があり、アジャイルな考え方に基づくガバナンスの確立とともに、デジタル化に伴うリスクへの対応が重要である。

1 顧客価値提供視点での成果評価

　企業がDXによる競争優位を確立するためには製品やサービスをいち早く市場に投入して、顧客との対話を通じて戦略や施策を評価し、改良・改善し、新しい製品・サービスを投入するというサイクルを構築、維持し、短期間にかつ効率的に実施できることが重要である。

　そのためには、顧客などへの価値提供という視点で、適切な成果指標を設定し、短期間で評価し、改善を推進していく必要がある。

　指標としては、①企業価値創造に係る指標（企業が目標設定に用いるあるいは戦略的なモニタリング対象とする財務指標）、②戦略実施により生じた効果を評価する指標、③戦略に定められた計画の進捗を評価する指標が考えられる。

　実際、DXの先進企業の多くは、顧客価値提供視点での成果評価を実施しており、成果指標としては、自社の製品の不良率やサービスの障害発生率、製品やサービスに対する顧客からのレビュー数、製品やサービスのデリバリー時間や新しい製品・サービスの導入スピードがある。くわえて、ネットプロモータースコアと呼ばれる顧客ロイヤリティを測る指標や新しいデジタル製品・デジタルサービス事業の収入の割合や成長率も指標となる。これら一連の成果指標は、最終的に財務成果指標へ帰着するストーリーが明快であることが重要である。

　顧客への価値提供などの成果について、どのくらいの頻度で評価しているのか尋ねた結果を示す(図表3-40)。日本においては「評価対象外」との回答の割合が3割半ばから7割程度となっており、取組の成果が測定されていないことは大きな課題である。米国は「アプリのアクティブユーザ数」「顧客体験(カスタマーエクスペリエンス)への影響」「消費者の行動分析」など顧客向けの取組については「毎週」「毎月」評価しているという割合が約5割であるのに対して、日本は1割程度となっている。また、「従業員の勤務時間の短縮」「コストの軽減率」「製品の不良率やサービスの障害発生率」など社内向けの取組についての指標は頻度が「毎月」については日米で差がない。顧客への価値提供など対応スピードが求められる領域には高頻度で実施していくなど、取組内容に応じた適切な成果評価の頻度の設定や見直しが必要である。

図表3-40 顧客への価値提供などの成果評価の頻度

	毎週	毎月	四半期に1度	半期に1度	1年に1度	評価対象外	
アプリのアクティブユーザ数	4.3 / 32.4	13.5 / 22.8	6.5 / 21.0	4.3 / 4.7	6.1 / 2.6	65.3 / 16.6	日本(n=539) 米国(n=386)
アプリのダウンロード数	3.0 / 15.0	12.1 / 33.2	6.5 / 19.7	4.6 / 10.4	3.9 / 3.9	69.9 / 17.9	日本(n=539) 米国(n=386)
顧客体験(カスタマーエクスペリエンス)への影響	3.2 / 23.1	7.4 / 26.4	9.3 / 26.4	8.0 / 9.3	8.5 / 3.6	63.6 / 11.1	日本(n=539) 米国(n=386)
サービスやシステムのデリバリー時間の短縮	2.2 / 17.9	7.4 / 29.3	8.9 / 24.1	8.0 / 11.1	8.3 / 4.1	65.1 / 13.5	日本(n=539) 米国(n=386)
従業員の勤務時間の短縮	2.6 / 17.9	26.5 / 23.8	10.4 / 24.4	10.4 / 11.7	12.0 / 4.9	38.1 / 17.4	日本(n=540) 米国(n=386)
デジタルサービス事業の収入の割合	1.7 / 16.8	7.8 / 25.6	8.0 / 26.2	6.5 / 10.1	5.0 / 5.2	71.1 / 16.1	日本(n=539) 米国(n=386)
デジタルサービス事業の収益成長率	1.1 / 18.9	7.4 / 27.2	7.2 / 24.1	6.5 / 11.1	5.6 / 3.9	72.2 / 14.8	日本(n=539) 米国(n=386)
コストの軽減率	0.9 / 19.9	21.2 / 25.9	13.7 / 24.1	13.7 / 11.4	14.5 / 4.1	36.0 / 14.5	日本(n=539) 米国(n=386)
製品の不良率やサービスの障害発生率	4.3 / 18.4	25.8 / 28.0	10.2 / 23.1	6.7 / 10.4	5.8 / 4.9	47.3 / 15.3	日本(n=539) 米国(n=386)
新しいサービスや製品の革新スピード	0.7 / 17.6	7.2 / 23.1	10.2 / 24.6	9.8 / 14.2	8.9 / 7.3	63.1 / 13.2	日本(n=539) 米国(n=386)
デジタルチャネルを介してのアクセス数	3.9 / 19.9	12.6 / 25.9	7.8 / 23.8	7.6 / 11.1	4.6 / 4.4	63.5 / 14.8	日本(n=539) 米国(n=386)
消費者の行動分析	2.0 / 19.4	10.4 / 26.2	8.6 / 23.1	9.3 / 12.2	6.9 / 5.7	62.8 / 13.5	日本(n=538) 米国(n=386)
ネットプロモータースコア(NPS:顧客ロイヤリティを図る指標)	1.1 / 16.1	6.7 / 25.9	6.7 / 23.1	6.7 / 12.4	4.5 / 5.7	74.4 / 16.8	日本(n=539) 米国(n=386)
製品やサービスに対する顧客からのレビュー	4.3 / 22.3	13.9 / 22.8	8.9 / 21.2	9.6 / 13.7	11.5 / 8.3	51.8 / 11.7	日本(n=539) 米国(n=386)

(%) ●日本 ●米国

2 ガバナンス

　企業文化を変革するためには企業の行動変容が重要となる。そのためには、①企業が自ら自社のDX推進状況に対する立ち位置を客観的に把握し、場合によってはDXが進んでいないと認識することと、②株主など企業の外側からDX推進状況に対する評価を行うことでDXを推進させる環境を整備する必要がある。DXを推進するためにはこれらの二つの視点に基づくガバナンスを構築する必要がある。

　企業の経営者は、デジタル技術を活用する戦略の実施に当たり、ステークホルダーへの情報発信を含め、リーダーシップを発揮することが期待される。具体的には、経営者自らがデジタル技術を活用する戦略について、経営方針や経営計画、自身の言葉でそのビジョンの実現を社内外のステークホルダーに発信し、経営・事業レベルの戦略の進捗・成果把握を即座に行うとともに、戦略変更・調整が生じた際、必要に応じて、IT/DX戦略・施策の軌道修正が即座に実行できていることが望ましい。

　また経営者は、業務部門やIT部門、人事部門などとも協力し、デジタル技術に係る動向や自社のITシステムの現状を踏まえた課題を把握・分析し、戦略の見直しに反映していかなければならない。経営トップとDX推進部署の責任者(CDOのほか、Chief Technology Officer、Chief Information Officer、Chief DX Officerなど)の定期的なコミュニケーションは重要である。たとえば、企業価値向上のためのDX推進に関して取締役会・経営会議で報告・議論されていることが望ましい。

事業戦略の推進プロセスについて、評価や見直しをどのくらいの頻度で行っているか尋ねた結果を示す（図表3-41）。2021年度調査と比較すると、日本は「1年に1度」の頻度で行っているとの回答割合が「新規事業への予算配分」「不採算事業への予算配分」「戦略の見直し」を含む6項目で増加している。

「評価対象外」を除くと、日本はいずれの項目においても「1年に1度」の回答割合が最も高い。米国は日本よりもすべての項目で高頻度な回答を示しているが、推進プロセスごとに頻度の特徴がみられる。体験価値の評価や見直しの頻度を比較すると、「従業員体験価値（EX）の向上推進」で最も回答割合が高いのは「毎月」であるが、「顧客体験価値（CX）の向上推進」はより頻度の高い「毎週」が33.7％という最も高い割合を示す。また、同じ予算配分に関する項目では、「新規事業への予算配分」は「毎月」が28.5％と最も高い割合であり、「不採算事業への予算配分」は「四半期に1度」29.0％が最も高い割合である。

同じ体験価値や予算に関する評価や見直しでも、米国企業は顧客向けの取組や新規事業に対してより高頻度に実施していることがうかがえる。

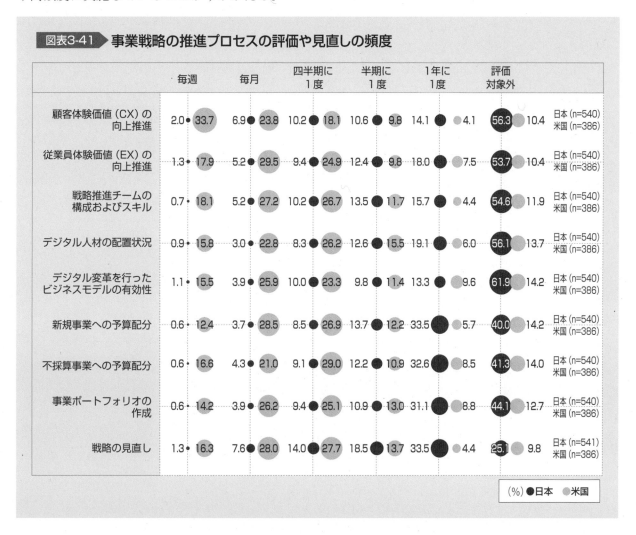

図表3-41 事業戦略の推進プロセスの評価や見直しの頻度

	毎週	毎月	四半期に1度	半期に1度	1年に1度	評価対象外	
顧客体験価値（CX）の向上推進	2.0 / 33.7	6.9 / 23.8	10.2 / 18.1	10.6 / 9.8	14.1 / 4.1	56.3 / 10.4	日本 (n=540) 米国 (n=386)
従業員体験価値（EX）の向上推進	1.3 / 17.9	5.2 / 29.5	9.4 / 24.9	12.4 / 9.8	18.0 / 7.5	53.7 / 10.4	日本 (n=540) 米国 (n=386)
戦略推進チームの構成およびスキル	0.7 / 18.1	5.2 / 27.2	10.2 / 26.7	13.5 / 11.7	15.7 / 4.4	54.6 / 11.9	日本 (n=540) 米国 (n=386)
デジタル人材の配置状況	0.9 / 15.8	3.0 / 22.8	8.3 / 26.2	12.6 / 15.5	19.1 / 6.0	56.1 / 13.7	日本 (n=540) 米国 (n=386)
デジタル変革を行ったビジネスモデルの有効性	1.1 / 15.5	3.9 / 25.9	10.0 / 23.3	9.8 / 11.4	13.3 / 9.6	61.9 / 14.2	日本 (n=540) 米国 (n=386)
新規事業への予算配分	0.6 / 12.4	3.7 / 28.5	8.5 / 26.9	13.7 / 12.2	33.5 / 5.7	40.0 / 14.2	日本 (n=540) 米国 (n=386)
不採算事業への予算配分	0.6 / 16.6	4.3 / 21.0	9.1 / 29.0	12.2 / 10.9	32.6 / 8.5	41.3 / 14.0	日本 (n=540) 米国 (n=386)
事業ポートフォリオの作成	0.6 / 14.2	3.9 / 26.2	9.4 / 25.1	10.9 / 13.0	31.1 / 8.8	44.1 / 12.7	日本 (n=540) 米国 (n=386)
戦略の見直し	1.3 / 16.3	7.6 / 28.0	14.0 / 27.7	18.5 / 13.7	33.5 / 4.4	25.1 / 9.8	日本 (n=541) 米国 (n=386)

(%) ●日本 ●米国

企業の経営者は、事業実施の前提となるサイバーセキュリティリスクなどに対しても適切に対応を行うべきである。個人情報の取扱いに伴うレピュテーションリスクやセキュリティなどデジタル化を推進するのに伴い、経営が意識すべき新たな脅威に対応していく必要が高まっている。

　戦略の実施の前提となるサイバーセキュリティ対策を推進している必要があり、企業レベルのリスク管理と整合したIT/デジタルセキュリティ対策、個人情報保護対策やシステム障害対策を組織・規範・技術など全方位的に打たなければならない。

　経営者はサイバーセキュリティリスクを経営リスクの一つとして認識し、最高情報セキュリティ責任者（Chief Information Security Officer; CISO）などの責任者を任命するなど管理体制を構築するとともに、サイバーセキュリティ対策のためのリソース（予算、人材）を確保していかなければならない。また、サイバーセキュリティリスクとして守るべき情報を特定し、リスクに対応するための計画（システム的・人的）を策定するとともに、防御のための仕組み・体制を構築することが求められる。くわえてサイバーセキュリティリスクに対応できる体制の構築に向けた取組として、情報処理安全確保支援士の取得を会社として奨励し、サイバーセキュリティリスクの性質・度合いに応じて、サイバーセキュリティ報告書、CSR報告書、サステナビリティレポートや有価証券報告書などへの記載を通じて開示を行っていくことが重要である。

デジタル化の推進に伴い、リスクへの深刻度評価はどのように変化したか尋ねた結果を示す（図表3-42）。

日米ともに「サイバー攻撃」に対して「深刻になった」と回答した割合が高く、日本は19.0%、米国は30.1%となっておりリスクへの高い感度を示している。そのほかの脅威に対しては、日米ともにいずれの項目も「変わらない」の回答割合がおおむね2割から4割である。

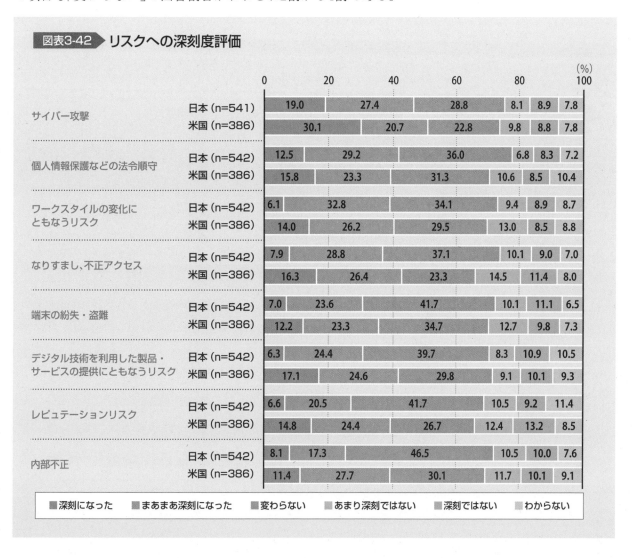

図表3-42 リスクへの深刻度評価

第6章

先進技術を使った新たなビジネスへの取組

先進的なデジタル技術を使った新しいビジネスへの取組状況を尋ねた結果を示す（図表3-43）。日本は「取組みを始めている」の回答割合がいずれの項目でも20%に満たない。米国はいずれの項目でも50%以上となっており、先進的な技術への感度と新たな分野への対応スピードが差として表れているといえる。

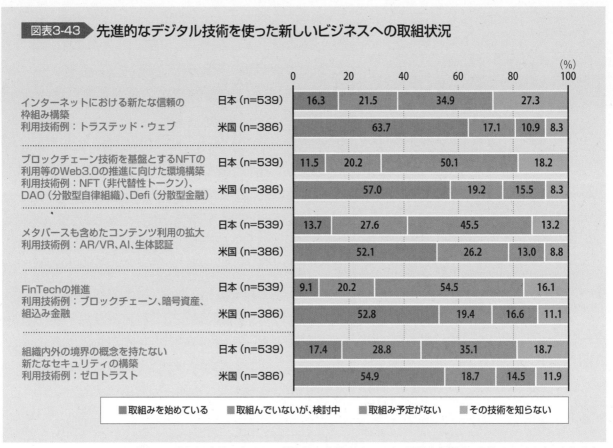

図表3-43 ▶ 先進的なデジタル技術を使った新しいビジネスへの取組状況

※「すでに取組み成果が出ている」「取組みを始めている」の回答を「取組みを始めている」にまとめた。

パンデミックを契機としたIT利活用の変化について尋ねた結果を示す（図表3-44）。コロナ禍において「Web会議、ビジネスチャットなどのコミュニケーションツール」「リモートアクセス環境」の導入が進んでおり、日本では7割以上（「コロナ以前から導入済み」「コロナ禍への対応として導入した」の合計）の企業で導入されている。「採用活動のオンライン化」はコロナ以前の導入は6.9%であり、コロナ禍後の導入は42.5%と6倍以上の導入割合となっている。同じ対面式の業務でも「営業活動のオンライン化」は「コロナ以前から導入済み」が13.5%、「コロナ禍への対応として導入した」が29.7%であり、業務により導入の進み度合いに差がある。

日本では「コロナ禍への対応として導入した」と回答した割合は2021年度調査よりも17項目すべてで増加している。増加割合の上位3項目は「採用活動のオンライン化」9.8ポイント、「紙書類の電子化」9.3ポイント、「Web会議、ビジネスチャットなどのコミュニケーションツール」7.2ポイントである。しかしながら、米国と導入の割合の差は大半の項目で大きいため、更なる導入の促進と継続的な取組が必要だろう。

図表3-44 ▶ パンデミックを経たIT利活用の変化

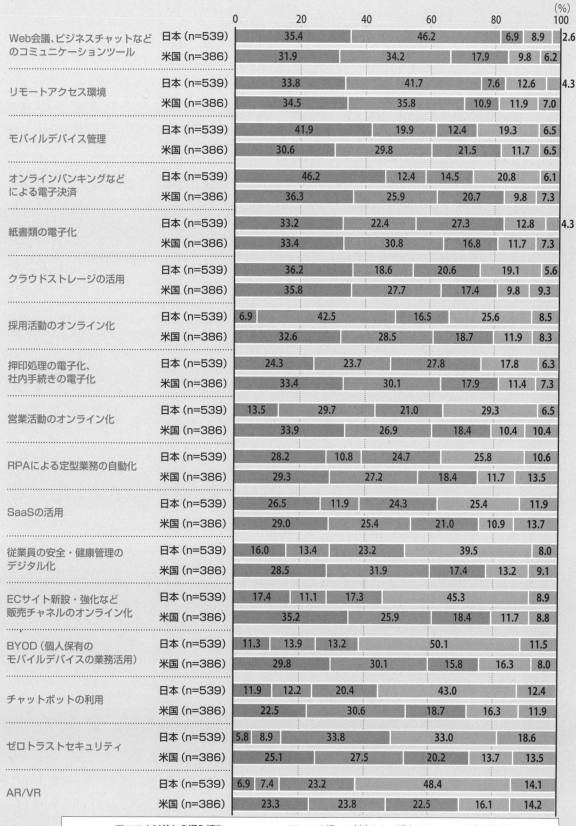

凡例:
- ■ コロナ以前から導入済み
- ■ コロナ禍への対応として導入した
- ■ 導入検討中
- ■ 検討していない／導入予定はない
- ■ この技術・手法を知らない

項目	国	コロナ以前から導入済み	コロナ禍への対応として導入した	導入検討中	検討していない／導入予定はない	この技術・手法を知らない
Web会議、ビジネスチャットなどのコミュニケーションツール	日本 (n=539)	35.4	46.2	6.9	8.9	2.6
	米国 (n=386)	31.9	34.2	17.9	9.8	6.2
リモートアクセス環境	日本 (n=539)	33.8	41.7	7.6	12.6	4.3
	米国 (n=386)	34.5	35.8	10.9	11.9	7.0
モバイルデバイス管理	日本 (n=539)	41.9	19.9	12.4	19.3	6.5
	米国 (n=386)	30.6	29.8	21.5	11.7	6.5
オンラインバンキングなどによる電子決済	日本 (n=539)	46.2	12.4	14.5	20.8	6.1
	米国 (n=386)	36.3	25.9	20.7	9.8	7.3
紙書類の電子化	日本 (n=539)	33.2	22.4	27.3	12.8	4.3
	米国 (n=386)	33.4	30.8	16.8	11.7	7.3
クラウドストレージの活用	日本 (n=539)	36.2	18.6	20.6	19.1	5.6
	米国 (n=386)	35.8	27.7	17.4	9.8	9.3
採用活動のオンライン化	日本 (n=539)	6.9	42.5	16.5	25.6	8.5
	米国 (n=386)	32.6	28.5	18.7	11.9	8.3
押印処理の電子化、社内手続きの電子化	日本 (n=539)	24.3	23.7	27.8	17.8	6.3
	米国 (n=386)	33.4	30.1	17.9	11.4	7.3
営業活動のオンライン化	日本 (n=539)	13.5	29.7	21.0	29.3	6.5
	米国 (n=386)	33.9	26.9	18.4	10.4	10.4
RPAによる定型業務の自動化	日本 (n=539)	28.2	10.8	24.7	25.8	10.6
	米国 (n=386)	29.3	27.2	18.4	11.7	13.5
SaaSの活用	日本 (n=539)	26.5	11.9	24.3	25.4	11.9
	米国 (n=386)	29.0	25.4	21.0	10.9	13.7
従業員の安全・健康管理のデジタル化	日本 (n=539)	16.0	13.4	23.2	39.5	8.0
	米国 (n=386)	28.5	31.9	17.4	13.2	9.1
ECサイト新設・強化など販売チャネルのオンライン化	日本 (n=539)	17.4	11.1	17.3	45.3	8.9
	米国 (n=386)	35.2	25.9	18.4	11.7	8.8
BYOD（個人保有のモバイルデバイスの業務活用）	日本 (n=539)	11.3	13.9	13.2	50.1	11.5
	米国 (n=386)	29.8	30.1	15.8	16.3	8.0
チャットボットの利用	日本 (n=539)	11.9	12.2	20.4	43.0	12.4
	米国 (n=386)	22.5	30.6	18.7	16.3	11.9
ゼロトラストセキュリティ	日本 (n=539)	5.8	8.9	33.8	33.0	18.6
	米国 (n=386)	25.1	27.5	20.2	13.7	13.5
AR/VR	日本 (n=539)	6.9	7.4	23.2	48.4	14.1
	米国 (n=386)	23.3	23.8	22.5	16.1	14.2

まとめ

　日本企業はデジタイゼーションやデジタライゼーションの領域での成果はあがっているものの、顧客価値創出やビジネスモデルの変革といったトランスフォーメーションのレベルの成果創出は不十分であり、本来の目的「X＝変革」に向けてさらなる取組の深化が必要である。

　また経営資源の獲得・活用の観点ではDXを推進する予算が継続的に確保されていない企業の割合が高く、DXを推進する上でリーダーシップをとる経営層のITについての見識が低く、経営層とIT部門・業務部門との協調も不十分であることは課題である。継続的な成果創出やガバナンスの観点では取組内容に応じた適切な成果評価の頻度の設定や見直しも必要である。

　先進技術の活用に関しても米国企業は先進技術への感度が高く、DXに必要な「先んじて挑戦し失敗からも学ぶ」というやり方で、いち早く取組を進めていることがうかがえ、日本企業はマインドシフトや取組方の見直しを進めていくことが必要である。

株式会社GA technologies

1. DX戦略の推進

　当社はアナログな課題が数多く残る産業に対し、テクノロジーを使って変革をするという理念のもと企業を立上げている。当社社長は元々不動産業界で営業に携わっており、実務を経験したうえで、業務の効率化や就業環境の改善、顧客の体験の向上をできないかと不動産領域をテクノロジーの側面から変えていくことを目的に設立した。

　また、一番大事にしている志があり、それは「テクノロジー×イノベーションで、人々に感動を生む世界のトップ企業を創る」というものである。この志のもと、不動産業界をアップデートしてきた中でDXという言葉が生まれ、創業以来やってきたことはDXそのものであると感じている。

　現在の当社サービスは、目の前にある「不便」を少しずつ解消しようとして積み上がったものである。解決してきたものが数珠つなぎになり、オンライン上での一気通貫の不動産取引体験ができる「RENOSY」であったり、不動産DXを推進するためのSaaS「ITANDI BB ／ ITANDI BB+」の提供に結びついている。現在は当然戦略を描きながら展開しているが、最初は細かい改善を繰り返し、その先に、今の形が出来上がっていると考える。

　こうしたテクノロジーを活用した効率化は、まずは自社の顧客に対して提供していく。その一方で、BtoBとしてほかの不動産会社含め業界全体に導入していくことにより、当社の直接の顧客ではないエンドユーザーも、テクノロジーの恩恵を得ることができる。業界全体のテクノロジーが進んでいけば、最終的に国内の不動産業界の向上に寄与することができるだろうと考えている。業界の破壊者というより、業界の端で旗を立てて誰もやってなかったことをやり続けて、その旗を分けていくイメージである。

2. 組織作りや企業文化

　DXに関する推進室のようなものはなく、会社全体がDXを推進している大きな組織体というイメージである。そのなかで特徴的な点として、AI Strategy CenterとGA BootCampをあげることができる。

　AI Strategy Centerは不動産業務の効率化や顧客体験の向上にいかにAIなど先端技術を適用していくかを研究する部署で、17名（2022年9月時点）で構成されている。一つの特徴としては、研究組織の機能はあるが、いわゆるR&D組織ではなく、最終的にはその技術が、その顧客体験にどう好影響があるのかというところから全部バックキャストされており、技術研究のための研究というのはほとんどない。最終的にはプロダクトとサービスに結びつくところまでを描き動いている。非常に事業に根付いているという点が、強い特徴である。

　他方、未経験の新卒者をエンジニアに育てる場がGA BootCampである。新卒者を対象としたプログラムで、エンジニアリングの経験がなくとも、本人の意志さえあれば選考を受けることができる。選考プロセスでは適性などが判断されるが、通過すればGA BootCampに参加することとなる。ここではCTOが直接指導しており、このプログラムがあることで、一定の技術レベルを習得させることはもちろん、全員が同じ体験をしていることで、共通言語化できるメリットがある。毎年20名前後が参加し、すでに100名近い人材がGA BootCampから育っている。IT人材の獲得競争が激化する中、当社は独自の人財育成・確保策を講じていく。

　企業文化として特徴的なのは、各事業部の中にマーケティング、プロダクトの企画、開発、営業などあらゆるスタッフが在籍しているが、顧客体験を向上させるには何をすべきかについて、職種を超えて取組んでいる点があげられる。不動産業務のDXは社員全員で考えていく、そういう考えが企業文化とし

て根付いている。

3. デジタル技術活用

　展開中の不動産サービス「RENOSY」では、会員登録者はマイページを開設することができるが、そこでは面談日程をネット上で簡単に予約できるなど、やり取りのフローなどを顧客主導で設計している。また、本人確認書類や納税証明書など従来は紙を郵送していたところをオンラインで提出できるようにするなど、ユーザーの利便性、顧客体験の向上に努めている。従来と本質的な中身は変わらないが、ユーザー体験はまったく異なるものになっていると思っている。一方で、「RENOSY」の機能を外部の企業に提供していくようなサードパーティ向けのビジネスも行っている。これは従来の不動産業界の常識ではありえなかったまったく新しいビジネスモデルである。自社の成功したやり方を他社に使ってもらうことで「顧客を渡してしまう」ことになるため、本来であれば絶対にされてこなかったモデルだが、あくまでも顧客本位で考えたオープンなサービスを展開している。

　ITANDIは不動産賃貸業の管理・仲介業務などを支援するSaaSを提供している。いわゆるバーティカルSaaSと呼ばれるもので、そのセグメントでは1社が高い市場シェアを取る特徴があるが、賃貸の電子申込みのSaaSにおける国内シェアは、当社が70％程度取っている。そうなると電子契約などほかの領域についても、データの連携や繋ぎ込みなどに利便性が高まるため、他社のサービスではなくITANDIでというようになる。ITANDIが提供するサービス群が不動産管理・仲介業務にとって不可欠なものになるよう普及をしていくために、投資を行っている。

　昨今注目しているテクノロジーとしては、今後の不動産業界のDXという観点では、ブロックチェーン技術は重要になると考えている。不動産の売買により所有者が変更になった際の登記、あるいは賃貸の入居者情報の変更などは、ブロックチェーン技術と相性が良い。しかし、法律の規制や商習慣が残る部分もあり、改善を訴えていく必要があると感じている。

4. 成果評価とガバナンス

　当社では、事業を進めていくことがDXを進めることそのものであることから、DXのみを対象とするKPIはない。事業そのものの成長を測るKPIとしては、連結売上、利益、導入社数、チャーンレートといったものがあり、それを見ながら経営している。組織的なことでいうと、エンジニアの採用目標などはあるが、それはあくまでDXを達成するために必要な組織を作る中間指標という位置づけである。

東京センチュリー株式会社

1. DX戦略の推進

外的要因がDX推進の契機に

DXはデジタルを活用した事業変革と解釈しているが、祖業のリースビジネスがリーマンショックの
ころから業界全体で右肩下がり傾向となっており、事業モデルの変革や組織の新設、リニューアルなど
へのチャレンジは当時から断続的に行ってきた。DXという言葉が出てきてからは、いっそうデジタル
を活用するようにしているが、DX推進は外的要因が大きな契機であったと感じる。

また、DXという言葉が出始めたころから、2025年の崖問題を見据えてリース基幹システムの更改
に関する議論をいち早くスタートした。効率化だけでなく、リース会社のあり方が変容しても対応でき
るシステムに合わせていくべく、このころから、全社でDXを推進する流れが定着していった。

DX戦略の内容

2020年12月にDX戦略を策定し、4つの戦略と目標を打ち立てた。具体的には、①企業風土・組織・プ
ロセスの変革、②革新的な生産性向上、③既存ビジネスの変革、④新規ビジネスの創出、である。②から
④は、当時、経済産業省のDXガイドラインに掲げられていた定義をベースにしている。それに加え、企
業風土そのものを変えていかなければならないという課題意識もあったため、①を追加した。

とくに注力している点が、①企業風土・組織・プロセスの変革と④新規ビジネスの創出である。予
算や教育、社内的な評価制度を変えていく取組や、サブスクリプションを例としたデジタルビジネスを
活用した新たな共創実現といった取組を始めている。当社の強みとしてパートナーシップ戦略があり、
DXにおいてもその強みが発揮されている。「お客さまとの連携」に寄与するため、どの事業分野も共通
して取組んでいるものである。

2. 組織作りや企業文化

2020年4月、社長直轄組織として、デジタル・トランスフォーメーション特命担当を設置した。社長
補佐(専務)、システム部門長(常務)、次長、担当の4名でのスタートであり、当初は市場調査、プレセール
ス、新型コロナ対応として電子契約導入などに取組んだ。同年12月には経営企画部門配下の組織とし
て、DX戦略部を新設。4つの事業分野の各営業統括部、経営企画部、人事部、IT推進部から兼務者を派
遣し、DXにかかるビジョン・戦略・経営目標の設定を行っている。DX戦略部の陣容は13名で、うち
専任者が5名となっている(2022年9月時点)。

DX戦略部は当社事業に対し幅広い知見を有する人材で構成されている。主要部門のキーマンを兼務
として引き込んでおり、その人材の協力を得ながら新しいことを考え、顧客との関係性構築や価値創出
に繋がっている。その点が、DXを上手く回せている成功要因ではないかと思っている。

くわえて、積極的な権限移譲により、迅速な意思決定に結びつけることができている。また、DX戦略
部が直接経営トップとコミュニケーションを取れるよう、定期的にそうした機会を設けた。さらにDX
戦略部内の兼務者による各事業セグメントとのコミュニケーションの円滑化も図っている。そのほか
の具体的な取組として、DX研修の拡充、データ分析チームの強化、実証予算制度の新設などが挙げら
れる。実証予算はメーカーでいう研究開発予算に類似するもので、金融・サービスの提供を主体とする
当社が、自ら事業を手掛けていくために手当てされるものだ。また新規ビジネスの創出支援として、各
事業分野で顧客(パートナー)と新規事業を検討する際に、スタートアップなどの外部機関を紹介して

連携を支援したり、DXに関する知見を提供したりしている。

3. デジタル技術活用
スタートアップとの連携を開始

サブスクリプションビジネスのための統合プラットフォーム「TCplats」の提供を開始している。それ以外では、新規事業をパートナーと創りあげていく場合、当社の役割は金融機能の提供が主体としてあり、特別なデジタル開発の役割を担ったり、デジタルツールを提供するということは少ない。今後は蓄積されたデータを分析し、事業にフィードバックしていくような取組を磨いていきたいと考えている。

DX戦略部ができてから実証予算制度の新設や、アクセラレーター・ベンチャーキャピタルであるPlug and Play Japanとのパートナー契約などを行う中で、当社として劇的に変わったのはスタートアップ企業との連携を始めた点である。スタートアップには特定分野に特化した独自ツールやサービスの提供により、DXを支援する企業がたくさんある。これまでは、いわゆるベンチャー企業などの上場直前の企業に資本を入れるなどの取組はあったが、スタートアップに定義づけられるような企業と話をする機会はほとんどなかった。営業部主導で動く従来のプロセスでは、利益が出るのかという議論にしかならなかったが、ここが変わったというのは一番の改革ではないかと感じる。

基幹システム刷新は自ら主導的に対応

また、2025年の崖問題への対策として、基幹システムの刷新を行っている。リースの基幹システムは、一般的には、システムインテグレータに依頼し、大幅にカスタマイズして構築している。しかし今回は、主導的にプロジェクトを仕切って対応している。システム基盤にはAWSを採用し、すでに移行済みである。今後、アプリケーションについてRPAや自動化を意識しながら構築すべく計画しているところである。

また新しい基幹システムは、グループ会社などをはじめとする共同利用システムを目指し、社内体制を準備しているところである。

4. 成果評価とガバナンス

現状のDX戦略においては、KPIを設定していない。それぞれの事業を伸ばしていくうえで、何よりも重要視しているのがプロセスの改革である。企業風土そのものを変えていきたいとする現在のフェーズでは、定量的な部分も含めて細かな設定はしていないというのが現状である。来年度から次期中期経営計画がはじまるため、DXの要素も含めて作成しているところである。世の中のDX推進の動きを見ると、KPIを定めていかなければならないとは思うが、当社の場合はDXだけ取り出してKPIを設定するよりも会社の事業そのものへのKPIを設定する中で、DXを活用しながら事業展開していく、という考えである。

株式会社日立製作所

1. DX戦略の推進

DX推進の戦略の概要

リーマンショック後のV字回復を支えたDX推進

　リーマンショック後の経営危機を受け、日立製作所は事業構造改革を進め、データとテクノロジーを活用し、顧客やパートナーとともに社会の課題を解決する社会イノベーション事業に注力している。社会問題や複雑さを増す経営課題に対して、各企業がデジタルやサービスの活用をさらに強化している事業環境の中、社内および顧客の業務や社会インフラのDXを推進し、サステナブルな社会の実現に貢献していきたいと考えている。また、SDGsや環境問題などの解決に向けた投資の拡大や、グローバルでのDX市場の高成長見通しを背景に、当社のIT・OT（運用・制御技術）・プロダクトのノウハウを活用し、顧客との価値協創を通じて事業の拡大を目指している。

Lumada*とは

　同社はLumadaを核に顧客の価値協創のサイクルをデータ駆動で回すことで、「デジタル」「グリーン」「イノベーション」を通じた成長を実現し、社会に貢献することで、社会イノベーション事業のグローバルリーダーを目指している。Lumadaは、顧客のデータから価値を創出し、デジタルイノベーションを加速するための、日立の先進的なデジタル技術を活用したソリューション／サービス／テクノロジーの総称であり、Lumada事業で培ってきたデータ活用やデジタルの技術・ノウハウ・ソリューションを顧客に提供している。当社は長らくモノ売りのビジネスが続いていたが、機器の稼働データを元に故障発生前に保守を提案するなど、これまでにない新しい価値、コト売りを提供するビジネスへの変革を各事業で進めている。

DX推進において重視するポイント

　経営トップの関与とDX推進の強いメッセージ発信にくわえて、社員の意識改革も重要と考えている。社員の意識改革を進めるための仕掛けを三つあげると、まず一つ目は海外拠点を含む全社員向けのeラーニングである。業務変革・DX推進活動を紹介するコンテンツを発信しており、毎年の履修を義務付けている。二つ目は新規事業のビジネスプランコンテスト「Make a Difference!」の開催である。海外拠点を含む全社から新たなビジネスプランを募り、優れたものは事業化に向けた支援を行っている。三つ目はDXの民主化の取組で、RPAなどデジタルツールを利用する環境の提供、教育機会の提供、グループ内のDX事例の公開などによって、一般の社員も自らDXを意識して働けるように促している。

2. 組織づくりや企業文化

DXを推進する組織

　各事業部門が自らLumada事業を発展させる体制とするため、役員レベルの責任者を「Chief Lumada Business Officer（CLBO）」としてすべての事業領域に配置している。CLBOは、各事業でデジタルを活用した事業戦略と変革を管轄する役割を担い、全社で20名程度がCLBOに任命されている。

　また、通称「スマトラ」と呼ばれる組織横断の構造改革を担当する部門として、「スマートトランスフォーメーションプロジェクト強化本部」がある。30人ほどの体制でさまざまな改革を支援しているが、社内DX推進の役割の一つに社内DX事例の収集と公開がある。大きな組織のため横のつながりが持ちにくい中で、別の部門で類似の取組や投資を行うなどの重複や無駄を省くためである。2022年現在

＊　https://www.hitachi.co.jp/products/it/lumada/about/

700件弱の社内DX取組事例を社内向けに公開しており、問い合わせがあれば実施部門の担当者を紹介するなど、人やノウハウを横串でつなぎ、社内のDX加速の支援を図っている。他方、手段としてのDXを支える部署がITデジタル統括本部である。共通のデータレイクや分析環境を準備するなどしている。

Lumadaアライアンスプログラムでの外部組織との連携

図に示すように、Lumadaを活用した新しいビジネスモデルを構築し、さまざまなステークホルダーとの協創を通じて新しい価値提供を推進している。2020年にグローバルで開始した「Lumadaアライアンスプログラム」では、ビジョンに賛同したパートナー企業（コンサルティング系などの競合他社、同業者も含まれる）も参加し、1社では解決できないさまざまな社会課題の解決を進めている。

図　グローバルでのDXを実現するLumada協創の取組

3. デジタル技術活用

重視しているのは、元々製造業であるため、ITだけでなくプロダクトとOTの領域を持っている点である。ほかのSIerなどとはそこで差別化できており、その強みを生かしながら、Lumada事業においてデータ活用やデジタル技術を用いて、顧客の課題解決に応えていくのが戦略の軸となっている。

Lumada事業の更なる成長のため、ノウハウやリソースを獲得すべくM&Aなども行っており、2021年7月には米国GlobalLogic社を買収した。既存のIT・OT・プロダクトのノウハウに加え、デジタル系のエンジニアリングノウハウなどを獲得することで、グローバルDX市場でのLumada事業の成長を図っている。

また、データサイエンティストなどの人財を増やす必要がある中で、GlobalLogic社の採用育成スキームを国内人財にも活用し、育成の加速に成功している。

4. 成果評価とガバナンス

経営指標のKPIの中にLumadaやデジタル人財などに関する定量的な指標を設けているほか、Lumada事業の収益やユースケースの数などは全社共通で管理し評価している。一方で、事業領域は多岐にわたるため一元的に管理できない部分については事業ごとに管理を行っている。

また、「スマトラ」の活動の一貫として、社内の各事業領域のデジタル成熟度診断を行っている。経済産業省のDX推進指標も取り入れ、DX戦略、デジタルインフラ、営業、調達など10業務領域について5段階で評価する。目的は、組織間で優劣を付けることではなく、診断結果をコミュニケーションツールとして活用し、自分たちで進捗や目標達成状況を把握できるようにすることである。課題があればスマトラチームが解決を支援する。診断結果をふまえて改善を繰り返し、グローバルリーダーを目指す意識を全社的に高めたい考えである。

株式会社山本金属製作所

1. DX戦略の推進

　山本金属製作所は「機械加工にイノベーションを起こし、アジアで輝く企業になる」ことを目指し、ラーニングファクトリー、つながる工場、新分野マーケット開拓などからなる将来の姿をIntelligence Factoryと呼び、2030年ビジョンとして掲げている。

　ビジョン策定に最も影響したのは、少子化・高齢化による労働力減少が続く日本において、ものづくり力をどのように維持・成長させていくかという点であった。金属加工という基礎的なものづくりの能力の維持に危機感を持っており、生産性を上げ付加価値を高めていかなければならないと考えた。そのために、新しいデジタル技術を積極的に活用し、ものづくりを革新するという考えがベースにある。営業活動や基幹システムなど、さまざまなものをつなげてデータに基づく生産や経営管理を行い、くわえて、ものづくりの根幹となる人材育成においてもデータとITを駆使し加速する必要があると考えている。また、2030年ビジョンのIntelligence Factory 2030では、すべての工場自らがデータに基づいて日々進化する姿を目指している。当社の統合オペレーションセンターで遠隔より海外や各地域の無人運転工場の稼働状況などを見て、支援する仕組みを持ち、高度で生産性の高いものづくりを分散して行うための、ロードマップに沿って取組んでいる。この生産システムから生み出される大量のデータを理解し活用するノウハウと、組織・人材・仕組みを構築する潜在能力の獲得を目指す。

2. 組織作りや企業文化

全社デジタル化へ向けた取組

　当社には、専任者3名、兼任者6名で構成されるデジタル推進室がある。ここでは、データ化し、それをつなげてより生産性を向上するというミッションを掲げている。グループ会社からもデジタル推進室に参画している。現場の人員が加わることで、現場ニーズを踏まえた、いわゆる一般的なIT化、たとえばグループウェアの導入や、属人化の撲滅活動なども行っている。重点投資先は機械加工ソリューションの事業だが、ベースの業務のデジタル化も並行して進めており、デジタル推進室は全社のデジタル化、DX化、仕事の生産性向上を行っている。

　デジタル化の取組を社内に定着させるのは容易ではなく、社長は繰り返し2030年ビジョンを伝え、世界と戦うためにデジタル技術の活用が必須だとアナウンスした。またデジタル推進室では、デジタル化の利点を実感してもらえるよう、現場の困りごとをITで支援する活動もしている。さらに現場サイドではITツールに長けた若手が伝道師役を担うなど、各所とコミュニケーションを取りながら、浸透を図っている。

失敗を恐れずにチャレンジする風土

　当社の経営信条に「失敗を恐れるな」がある。これは、新しいチャレンジをする者を評価し、チャレンジしないことは評価されないという企業風土である。とにかくやってみて、失敗しても改善点を探し分析してPDCAを回す考え方が基本にある。2012年に、当社は岡山県に機械加工の研究開発を行う「岡山研究開発センター」を設置し、機械加工で何が起こっているのかを愚直に捉えていく取組を始めた。これは大きなチャレンジであり、さまざまな現象や結果をデータ化、可視化し、科学的な根拠に基づいて改善のベースを回していくやり方は企業風土ともつながっているといえる。

3. デジタル技術活用

切削加工中に何が起きているか、従来は熟練の加工者が音や加工機の振動、切りくずの色や臭いの変化などから、首尾を判断していた。その"暗黙知"を"形式知"に変換するために、データに基づき判断する取組が始まっている。こうしたデータを蓄積することで、刃物の交換時期の設定、面粗度など製品品質への影響の可視化など、新たな価値が創造できると考えている。すでに「岡山研究開発センター」のラーニングファクトリーでは、異常に合わせて自律制御する工場が稼働しており、その全社展開を目指している。遠隔オペレーションの源泉である「データを活用し"暗黙知"を"形式知"に変換する」技術と経験を備えており、すでに切削加工やFSW接合（Friction Stir Welding）の分野においてサービス事業としても展開中である。

データ分析などIT分野については、大学との共同研究やIT人材の中途採用など、外部人材を活用したり、ITにも強い加工技術者が手掛けるなどしている。しかし、当社は機械加工のイノベーションがミッションであり、加工技術こそは絶対に負けてはならないと考えている。IT人材は必要だが、その前にものづくり人材の確保が重要としており、ものづくりマイスター制度で、高い技術力を持つ人材を優遇するなどしている。当社としては、高度な技術を持ちながらデジタル技術の利用に抵抗がない人材を最も増やしたいと思っており、そうした人材がデータに基づいて改善し、効果を上げることを非常に期待している。そのため、スキルチェンジというよりはスキルアップで育てていきたいと考えている。

また、デジタル技術面での課題はセキュリティである。サービス事業において顧客現場から取得したデータは、セキュリティ上の懸念からクラウドへのアップロードやネットワークを介したアクセスなどが禁じられることも少なくない。この問題は中堅・中小企業だけで解決するのは難しいと感じている。

4. 成果評価とガバナンス

経営者はKPIをベースに、さまざまな改善を図りたいと考えており、各部署で自らKPIを決め、それを常にフォローする取組を行っている。しかし、すべてがデジタル化されているわけではなく、データ化が難しい領域もあるため、完璧なKPIはまだない。製造部門や生産管理部門などと議論し、何が重要なデータなのか試行錯誤しているところである。有効なKPIを見つけ、それを見える化・共有化していくのが会社全体の動きであり、その実現のために道具やインフラを整備するのが、デジタル推進室に与えられた課題でもある。

なお、2030年へのビジョンは全社的なもので、それがそのままDXの取組となっている。そのためデジタル化に向けてのKPIという考え方はしていない。DXは仕事の生産性を上げるための仕事のやり方に過ぎないためである。

ラーニングファクトリーは完全無人で24時間、ロボットでハンドリングして自律稼働することがすでにできており、現状と2030年ビジョンとのギャップという観点では、しっかりやれば手が届く目標だと思っている。皆が同じ目標に向きあい、途中のアウトプットを確認しつつ、目標に近づきつつある実感を得られるような体制づくりが重要と考える。経営者は、典型的な日本の中小製造業である山本金属製作所が、実際にデジタル技術を活用し、企業成長している実績こそ、最大の信頼へのブランドであると確信している。

Pitney Bowes（米国）

Pitney Bowesは、郵便関連機器の大手メーカーとして100年の歴史を持つ。しかし、デジタル化の進展とともに長期的な紙ベースの郵便物の郵送が縮小し、事業の将来性に懸念があった。そこで、郵便・郵送業務のナレッジを活かし、EコマースのeBayのパートナーとして商品配送の送料、州ごとに異なる消費税、輸出入時の関税などの計算や支払いなどの配送のプロセスを総合的に管理するクラウドサービス「Pitney Bowes Commerce Cloud」を開発している。[1]

1. DX推進の背景

Pitney Bowesは、米国郵便局と長期間にわたって良好な関係を築き、郵便ビジネスでリードしてきた。その後、郵便の代わりに人々はデジタルを使い始めたが、一方で、Eコマースによる荷物の輸送は増加しており、それがこの業界における大きなターニングポイントだと考えた。単にビジネストランスフォーメーションだけではなく、よりドラスティックなトランスフォーメーションを考えることが必要となる。また今後、我々がどのようにビジネスを行うかということに関して、適切なテクノロジーやイノベーションのアプローチを活用するビジネストランスフォーメーションでもある。DXはPitney Bowesの戦略において極めて重要な要素であり、同社のビジネスにおける三つの重要な役割を担っている。それは、①デジタル化による優れた顧客体験の提供、②まったく新しい製品とビジネスモデルからの新しいビジネスチャンスの獲得、③規模の経済とコスト削減による経営効率の向上である。[2]

2. DX戦略の推進

まず、一つ目に考えるべきことは、どのテクノロジーを使うのか、ふさわしいテクノロジーは何か、もっと新しいテクノロジーはあるか、あるいは、いま利用しているテクノロジーを再構築するべきなのかということである。二つ目に明確にすべき点は、DXはビジネスの目標を達成するだけではなく、ビジネスのやり方や働き方、市場や顧客との接し方に関して、これまでの方法が変わるということである。これらの中心となるのがヒトである。単なるテクノロジーの変更ではなく、かかわるヒトの要素も考慮することが絶対的に重要である。三つ目は、戦略を設定しブレークダウンし、カルチャーの変更を行うことである。長期的な理想像があったとしても、小さくスタートすることが重要だと考えている。Pitney Bowesでは、最大の顧客であるeBayのみをDXのスターティングポイントとしてその課題を解決することから始め、そこで学んだこと、うまく出来たことをパターン化し、不都合があれば修正や変更を考えるという継続学習を行ってきた。プロセスの中で学び続けることで、直面しているさまざまな課題も認識できる。ウォーターフォールのモデルではなく、アジャイルでリーンな開発モデル、これがPitney Bowesが採用しているアプローチである。

3. 組織作り・企業文化

DX推進のためには、目的、コミットメント、期待、投資などをトップが明確に示す必要がある。現CEOはトランスフォーメーションにおいて考えるプロセスを取り入れた旗手である。ただし、トップマネジメントだけではなく、エンジニアリング、IT、ファイナンス、調達といった通常業務に加え、ビジネス開発、行政や米国郵便局との関係づくりなどすべての機能、すべての部門がDXの一部である。CEOをトッ

＊1 https://www.pitneybowes.com/ca/en/commercecloud.html
＊2 https://thesiliconreview.com/magazine/profile/innovation-in-growth-markets-pitney-bowes-expands-with-shipping-ecommerce-and-data-offering

プとして、その下には企業の各機能を担当するエグゼクティブが参加しているステアリングコミッティが置かれている。そして、プロジェクトマネジメントオフィス(PMO)の役割は、全員が同じ目的を持つようにつなぐことである。達成すべき目標やトランスフォームされるべき機能などを具体的に考えるためには、サブジェクトマターエキスパート(専門知識を持つ人材)が必要であり、業務に100%集中できるよう他の業務との兼任ではなく専任としている。

4. デジタル技術活用

　Pitney BowesがeBayに対して解決しようとした課題は、膨大な数のアイテムに対して、どの商品をどの国の買い手が買うことができるのか、というものであった。あるアイテムを売りたい場合、貿易コンプライアンスの観点から各国ごとに貿易に関するコンプライアンスルールが異なっており、かつ常に変化している。こうした状況下で、オンライン取引では数マイクロ秒で決定を行う必要があるため、eBay as a Platformに載せられるアイテムは、これらの情報すべてをマイクロ秒単位で特定し表示することを可能にしている。今後検討しているサービスの一つに「データに基づいた意思決定」があり、Pitney BowesではAIやマシンラーニングにかなりの投資を行っている。さらに、もうひとつのアプローチとして、構築したサービスを業界の多くの企業が使えるよう汎用化し、スケーラブルで採用しやすいものにしたいと考えている。ツールを使いたいと考える人々が訓練を必要とせず、APIを通してマイクロサービスを公開するようなサービスであり、さまざまなプラットフォームがAPIを通して、これらのサービスと統合することができるようなものを目指している。

5. ビジネスモデルの変化

　Eコマースビジネスへの対応がDXの結果として生まれた、最もインパクトと価値をもつビジネスモデルである。6、7年前には、Eコマースは会社の全収益のほんの一部でしかなかったが、DXの進展とともに、収益全体の50%を占めるようになった。新たなモデルとしては、SaaSビジネスモデルによる従量課金制で、月間サブスクリプションフィーを課金するモデルである。ただし、どのような販売体制にすべきか、顧客の採用サイクルはどの程度か、どんなサポート体制が必要か、などの課題が解決した段階で実際のビジネスとして取り入れることを想定している。

6. DXにおける自社の姿

　eBayのEコマースのケースであげたようにPitney BowesはクライアントとともにDXを実施するパートナーである。eBayは、自社のC2Cプラットフォーム上で発生した商取引から実際に配送する必要があるが、Pitney Bowesは配送する仕組みを提供するパートナーである。また、テクノロジーを提供するパートナーでもあると同時に、ビジネスサービスも提供している。パートナーシップの関係はさまざまでPitney Bowesの全てのテクノロジーサービスを活用する会社もあれば、Pitney Bowesの最新のAPIを使って出荷向けのUIを作る会社もある。

石川　順也（ベイン・アンド・カンパニー　東京オフィス　パートナー）

1. 日本企業とAX（アジャイル・トランスフォーメーション）

　2021年8月に「AX（アジャイル・トランスフォーメーション）戦略：次世代型現場力の創造」*の日本語版を出版した。原題は「Doing Agile Right」である。欧米ではアジャイルは普及している一方で、何でもアジャイルにやろうとしてうまくいっていない事例もあり、正しい方法でアジャイルに取組むべきである、というメッセージで書かれている。日本ではアジャイルがまだソフトウェア開発やR&D分野での技術用語として扱われており、アジャイルを使ってビジネスを変革する、スピードアップするという考え方が根付いていないため、邦題を原題と変えた。

　日本企業では「変革」「アジャイル」2つの成功率が低く、なかなかスケールしないという実態がある。ポイントは「変革」だが、日本企業は顧客の変化のスピードと乖離してしまいがちだ。顧客主義、ディスラプションを起こすといっても掛け声倒れになってはいないか。

　アジャイルの目的は、まず真の顧客価値を追求すること、次に組織競争力を高めること、この二つである。アジャイルの導入が正しく進むと顧客の満足度向上につながり、組織での優先順位が明確になり、従業員のエンゲージメントが上がり生産性も向上する、その循環が起きるのがAXの究極の姿である。それができている日本企業が少ないため、アジャイルを使った変革が必要だという問題提起を行っている。日本企業は改善型である程度コンセプトを設定して進化を図るのは得意だが、イノベーションにおいてはアジャイルかつスモールスタートで進めるという革新的なやり方が必要になる。その際には、アジャイルチームは指示されたことを行うのではなく、アジャイルチーム自体が改革型で進めるということが非常に重要になる。

2. 欧米でのAX取組状況

　AXのコンセプト自体は数十年前からある。アメリカを例に取ると、「Born to be Agile」で創業以来アジャイルの手法を使って成長を遂げた企業がGAFAを筆頭に一定数ある。新しい企業が顧客志向でスピードと創業メンタリティを失わず拡大した結果、株式時価総額トップ企業群は数十年前とはほとんど入替わった。それを見た伝統的な企業でもアジャイルを取り入れるといった素地ができている。一方で、日本では株式時価総額トップ10の企業は過去30年あまり変わっていないのが実態となっている。

3. 日本企業がAXを推進する際の注意点

　AXのステージを三つに分けると、「第1ステージ：アジャイルチームの離陸」「第2ステージ：アジャイルの取組拡大」「第3ステージ：アジャイル企業への進化」となる。日本に限らず、ある程度伝統的な企業で取組む際にはこの3段階が必要になる。しかし、多くの日本企業は1から2段階で墜落する。とりわけ、アジャイルチームを専任とせず、優秀な人材に通常業務と変革業務を兼務でアサインしがちなのは失敗の原因となる。その人材は、アジャイルへのミッションは変革業務（Change The Business）だが、実際には通常業務（Run The Business）にエネルギーと時間を使われてしまうことになる。それでは第1、第2ステージが突破力を持てずスケールするイメージを持てなくなり、足踏みし失敗する。変革に関与することをリスクと感じるようにもなる。

---

*　ダレル・リグビー、サラ・エルク、スティーブ・ベレズ著、石川順也、市川雅稔監訳・解説、川島睦保翻訳、『AX（アジャイル・トランスフォーメーション）戦略：次世代型現場力の創造』東洋経済新報社

図：AXを通じた変革の3つのステージ

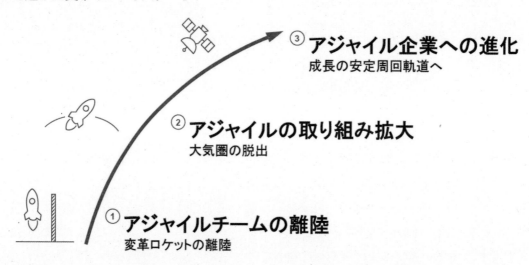

③ **アジャイル企業への進化**
　　成長の安定周回軌道へ

② **アジャイルの取り組み拡大**
　　大気圏の脱出

① **アジャイルチームの離陸**
　　変革ロケットの離陸

出典：ベイン・アンド・カンパニー

　正しいアジャイルの取組のポイントをあげると、行動指針としては顧客価値の提供を優先することである。常に顧客価値に立ち返らなくては内部志向になり、スピード感がずれてしまう。また、アジャイルチームのマインドセットとしては、早く失敗することがよいことだと宣言することである。完璧主義ではなく、失敗はTest and Learnであり悪いことではない、早く失敗することはいいことであるという考え方である。オペレーションにおいては、アジャイルは高速でPDCAを回す。官僚的プロセスで管理に終始したり、Doのみをひたすらするのは、悪い進め方である。

4. 日本企業におけるAXの成功パターン

　成功しているケースでは、第1ステージの段階で、適切な人が専任でアジャイルチームに参画している。あらゆるイノベーションをゼロから作っている企業はあまりなく、何かの理由でお蔵入りになっていたアイデアなどが解き放たれることも多い。その背景をわかっている人が最初からチームに入るとスムーズに立上がる。その後に社内公募を行うこともある。公募によってやる気がある人、興味を持っていた人が入ってくると同時に、企業内でもよい噂になり認知度が高まる。このように、第2、第3ステージの展開を見越して初めから取組んでいる。また、第2ステージに移行してプレッシャーを受けることになっても結果が出るまでやると宣言している。

　AXもDXも変革という根幹は共通している。通常業務と変革業務は両輪で、一人で両方担当するのは基本的に無理である。ただし、変革がスケールすると通常業務に落とし込まれていく。どちらかだけではなく、サイクルとして回っていくことで、最初の一歩として第1ステージの「変革ロケットの離陸」から第2ステージの「大気圏の脱出」に進んでいくことができる。

入山　章栄（早稲田大学ビジネススクール　経営学博士　教授）

1. DXの考え方と日本企業の課題

　DXの本質はデジタルではなくトランスフォーメーションにあり、つまり本質的にはイノベーティブな企業体質への経営改革である。米国ではそもそもイノベーティブな企業体質でなければ潰れてしまうので、現在生き残っているグローバル企業はイノベーティブな企業体質であり、そこにデジタル化を合わせて上手くDXを機能させることができている。

　日本企業はまずイノベーティブな企業体質へと変わるというのが課題となるが、これを阻む要因となっているのが経路依存性である。会社というのは、さまざまな仕組みが上手く、そして複雑に絡まっている経路依存性に陥っており、一部だけデジタルを入れてもうまくいかず、全体を変えることが必要となる。ただし仕組みを会社全体で変えると色々な部署で軋轢が生じ時間もかかるため、言うは易く行うは難しい。経路依存性から脱するには、会社全体に対する長期的で徹底的な変革が必要であり、日本企業は二つの経営改革が必要であると考えている。

　一つ目が、経営陣の任期の見直しである。日本企業の役員任期は大抵の場合2年から3年であり、長期的な変革を遂行するには短すぎる。取組む社長や役員がすぐに替わってしまうと、DXも一過性のバズワード的な取組みで終わりがちになる。米国では終身雇用がないために経営陣は1年単位の任期であるが、結果を出し続ければ長期的に役職を継続することができるため、経営者が責任をもって長期的な変革に取組むことが可能となっている。トップが長期的にビジョンと責任を持ってこそ徹底的に変えられる、経路をぶっ壊すことができると考えている。

　二つ目は権力の集中である。日本企業、とくに大企業は〇〇担当役員などの役員が多すぎる。担当役員が大勢いると会議で軋轢が生じて決まるものも決まらない。争点となっている担当を一人の役員に集中させれば、軋轢を起こさずに解決することができる。たとえば、グループウェア一つ導入するのにもさまざまな反対意見や代替案の検討が生じてなかなか導入できない事態に陥るが、デジタル担当の役員が兼任をして人事権や予算決定権などの強い権力を持つことで前に進められる変革はある。経路依存性の高い大企業ほど権力を集中させるべきである。

2. 今後（アフターコロナ）の日本企業が取るべき方向性

　コロナ禍は、企業が否応なしに会社全体を見直さなくてはならない状態のため、そういう意味で今は経営改革のチャンスである。実際にイノベーションを起こしていくには「両利きの経営*1」で言うところの「知の深化、知の探索」のうちの「知の探索」を日本企業は進めていかなくてはならない。「知の探索」は人間にしかできない活動であり、すぐには成果が出ないことが多く、長期志向で取組む必要がある。「デジタルを使ってイノベーティブな企業体質になる」、つまりデジタル化によって人間が無駄なことをしないで済むようにする、バックオフィス業務などはデジタル化によってアウトソーシングすることによって、ビジネス現場の人間を人間にしかできない仕事に集中させるべきである。本当に会社にとって大事な仕事というのは人間にしかできないもので、自社においてはそれが何なのかを徹底的に考えなくてはならない。日本企業はもともと現場の人間が強いので、現場を会社の本質的業務に集中させられれば強さを発揮しやすく、イノベーションを起こすチャンスである。

　また、人手不足もあり、これからはデジタルをうまく取入れて魅力的な会社にしていかなくては、人

＊1　チャールズ・A・オライリー著、入山章栄監訳・解説、富山和彦解説、渡部典子訳「両利きの経営」東洋経済
　　新報社

も採れないし、優秀な社員が辞めていくようになる。既にノートパソコンとスマホがあれば世界中どこでも仕事ができてどこへも行ける状態である。「折角なら行きたい」という気持ちにさせるオフィスが人を集めるようになるため、互いの信頼性を築けるオフィスを戦略的に作っていくことが重要になる。テレワークやWeb会議は視覚と聴覚だけを使って交流しており、味覚・嗅覚・触覚が失われている状態である。オフラインの重要性は五感であり、たとえば週に一回オフィスに集まってみんなで同じご飯を食べて味覚・嗅覚・触覚を共有し近接感覚を高めていくことで、オンラインでは話せなかった深い会話や「ここだけの話」といった裏話ができる関係性を築くことが可能となる。今後、オフィスは「行きたい」という気持にさせることで、従業員や顧客を集め、人同士のエンゲージメントを築くために使われるようになる。従来のような週5日間オフィス勤務を強制するだけのつまらない会社は潰れるだろう。これまでは、どの会社のあり方も似ていたと思うが、これからの時代は、デジタルによって相当変わると考えている。

3. 経営戦略の今後の動向

　本白書のアンケート調査では日本企業でもDXの取組が進み始めていて、日米を比較すると日本が2021年度調査よりも追いついているように見えるが、むしろ米国や中国だけでなくリープフロッグ型の発展が進む東南アジアやアフリカにも日本は今後追い抜かれ、完全に引き離されていく可能性が高い。今はバーチャル上で世界中がコミュニケーションをとれる状態で、今後はナレッジの共有の仕方が完全にグローバルになり、ナレッジ革命がやってくると思う。グローバルにzoomなどのツールでつながれる組織の方が多様性は高く、イノベーションを起こすことが可能となる。これまではイノベーションの中心はシリコンバレーだったが、圧倒的に多様性の高いバーチャル上で今後はイノベーションが生まれていくだろう。ブラウン大学経済学教授のOded Galorが書いた「格差の起源[*2]」によると、人類の進歩は多様性と共にあるが、日本人は同一性が高く内側に閉じているので、世界で最もこの輪の中に加われていない可能性が高い。日本企業は英語やプログラミング言語といった世界共通言語を使って、世界とつながっていくことが必要である。言語の壁は高いが、自動翻訳ツールの精度が高くなってくれば、英語が話せなくても日本の良さを出していけるチャンスはあると考えている。

　日本人ほど勤勉な人間は世界にいない。勤勉で、安定していて、モノづくりの点では高く評価されているのだから、うまくデジタルやITと繋がり、強みを発揮できる方向へ進んでいくべきである。たとえば、今後のIoT時代のプラットフォームは、スマホのホワイトスペースに入り込んだGAFAMプラットフォームと違って、既存プレイヤーである企業同士を繋いでいくための大変難しい地道な調整が必要とされている。物流や保険といった古くからある業界の企業がデジタルプラットフォームに既存プレイヤー企業を加えようと大変な苦労をしている。プレイヤーをプラットフォームに載せていく経営戦略が非常に重要であること、日本国内だけでなくグローバルレベルで既存プレイヤーの調整をやっていくことが必要であり、そこが日本の強みを活かすチャンスとなるのではないだろうか。日本はDXが進んできたように見えるが、グローバルはもっとすごいスピードで進んでいる。重ねてになるがDXの本質は経営改革であり死ぬ気でやるぐらいの覚悟をもって取組むことが必要と考える。

＊2　オデッド・ガロー著、柴田裕之監訳、森内薫翻訳、『格差の起源　なぜ人類は繁栄し、不平等が生まれたのか』NHK出版

Dr. Marc Peter (University of Applied Sciences and Arts Northwestern Switzerland professor, Head of Competence Centre for Digital Transformation)

1. DX戦略の推進

　企業がDXに取組む動機は主に三つである。最大の動機である一つ目は、プロセス効率を向上させる必要性からのデジタル対応である。二つ目は、新しいテクノロジーの利用可能性である。そして、三つ目は顧客要求の変化であり、顧客は、デジタルプラットフォームを通じてコミュニケーションしたいと望んでおり、デリバリーの迅速化と処理時間の短縮化を期待している。

　DX推進は七つの戦略的アクションフィールドに分けられる。これは取締役会や経営陣のための7つのトピックである。

① 顧客中心主義。顧客が不満を抱いたり、あるいは顧客の期待に応えられなかった場合に、苦情や質問が直ちに紛争解決チームに伝わるようなプロセスやツールを組織内に導入する必要がある。その一つが、トランザクショナル・ネットプロモータースコア(NPS)である。各プロセスのタッチポイントやエスカレーションポイントでこのようなツールを活用する必要がある。

② 新しいテクノロジー。脅威や機会を特定し、それを新製品開発やイノベーションにつなげるためには、どのように能力を高めるか、そのための新たなテクノロジーをどう見つけるかが必要となる。新しいテクノロジーに経営陣が対応できない、あるいは理解さえできていないという場合も多く課題となっている。

③ データとクラウド。データの種類や品質レベル、データの取込みや更新のプロセスなどを確認する必要がある。ほとんどの企業は時代遅れのCRMデータしか存在しないため、データの収集、クリーニングなどのプロセスをどのように埋め込んで業務に活用できるようにするかを考慮する必要がある。常に最新の価格が反映される商品情報管理システム導入など、データとクラウドをどのように戦略的に活用し、データを使って新しいビジネスチャンスを構築するにはどうしたらよいかを検討すると同時に、データの安全性や暗号化に関しても検討する必要がある。

④ デジタルビジネスの開発。今日の市場で競争するためには、デジタル技術と新しい戦略を使い、いかに顧客にリーチするか、新しいサービスを充実させるかをロードマップとして描く必要がある。

⑤ プロセスエンジニアリングやオートメーション。デジタライゼーションのエッセンスであり、プロセスをいかに効率的に設計するかということである。アウトソースできる部分や自動化できる部分、それらのコストや時間、品質を検討する。

⑥ リーダーシップとカルチャー。新たに生まれる業務、リモートワーク、社員のインセンティブに関連して、コラボレーションをどう行い、バーチャルチームをどう管理するか、パートタイムなど新しい働き方に関する取り決めなども議論する必要がある。

⑦ デジタルマーケティング。セールスや顧客サービスなど、市場を相手にした活動全般が含まれる。ソーシャルメディアやEメールなどのプラットフォームや、マーケティングオートメーションなどのテクノロジーも含め、企業の市場との関わり方においてデジタルテクノロジーをどのように活用するのかを検討する。

　以上の7つのトピックすべてを成し遂げ、さらにイニシアチブと潜在的な機会への理解を深めて初めて、組織がこのデジタル時代に成功するための戦略を手に入れることになる。

2. 組織作り

　DXを組織全体に浸透させるためにとる体制は、ビジネスを変革することへの熱心さや関心の度合い、組織の成熟度、企業の財務面の制約、あるいは組織全体の年齢などによって異なる。複数の要因に左右されるため、こうすれば必ず成功するという処方箋はない。

　方法論の観点からは、第一にDXをボトムアップで開始することが非常に重要だ。多くの場合、企業は標準的なトップダウン・アプローチで始める。デジタルテクノロジーやデジタル化のための機会を、ビジネスの最前線、つまり顧客と接する人たち、あるいは現場で仕事をしている人たちが見極めるべきだ。それからトップダウンアプローチへ戻り、戦略を作り、この二つのアプローチ（ボトムアップとトップダウン）をどのようにすり合わせるかを考えるのである。第二に、包括的なアプローチをとること。新しい仕事やデジタルマーケティング施策について議論を始める前に、デジタルという観点から、戦略の方向づけを大まかに理解する必要がある。

　組織構造の観点では、第一に経営幹部の賛同が必要であり、それがなければ決してうまくいかない。第二にDXプロジェクトは企業の標準的な投資よりも速く実行されるため、予算配分にある程度の柔軟性が必要だ。第三に適切な人材を発掘する必要がある。

　現社員のデジタルIQを向上させるには、デジタル戦略への協力に関心を示すデジタルエバンジェリストが求められる。その選定に際しては、変革の必要性と、企業がデジタルジャーニーを選択したことを表明するCEOの言葉が必要で、それに賛同する人たちを募る。企業はDXに伴う作業を過小評価している。ほとんどの経営者は、チームリーダーやスペシャリストの社員に期待するが、それでは決してうまくいかない。社員にのしかかる仕事量と長期的なアプローチを考え、企業は早い段階でインセンティブについて表明する必要がある。また、なぜ社員がDXに興味を持つのか、彼らに何を還元できるのかを真に理解する必要もある。DXプロジェクトチームは、古くからのしきたりで雁字搦めになった組織では機能できない。これまでと異なるルールに挑戦する自由度が必要である。

3. 成果評価のKPI

　KPIは常に同じ三つの指標である。一つ目は、ビジネスとして、少しでも多くの利益をもたらすことができるかどうか。二つ目は顧客満足度である。なぜなら、顧客調査で影響がなければ、明らかに何か間違ったことをしたことになるからだ。三つ目は社員満足度、社員ネットプロモータースコア（eNPS）である。

第4部
デジタル時代の人材

　第4部では、複数の調査結果を基に「DXを推進する人材」の動向について述べる。まず、第1章では「企業を中心としたDX推進に関する調査」の結果に基づき、DXを推進する人材の特徴を明らかにする。具体的には日本企業と米国企業との比較により、DXを推進するための人材施策、組織のあり方などについて特徴的な点を明らかにしている。

　第2章では2021年度に実施した「デジタル時代のスキル変革等に関する調査」の日本国内の企業調査および個人調査の結果を基に、日本におけるIT人材の現状、IT人材の学びの状況を述べる。くわえて、事業会社とIT企業におけるDX成果の違いによる人材施策などを明らかにしている。なお、第2章で概説している調査は、IPAが発行していた「IT人材白書」を継承しているため、調査対象企業が第1章と異なる点に留意されたい。

第1章
日米調査にみるDXを推進する人材

第2章
デジタル時代における人材の
適材化・適所化に関する国内動向

日米調査にみるDXを推進する人材

1 はじめに

本章においてはDXを推進する人材に関する取組の全体像を以下のように定義した。

① 人材像の設定・周知

② 人材の獲得・確保

③ キャリア形成・学び

④ 評価・定着化

⑤ 企業文化・風土

　DXを推進するためには、全社員がデジタルリテラシーを身につけるとともに、DXを推進するために自社にどのような役割や専門性を持つ人材が必要となるか、具体的な人材像を設定し、それを社内に周知し、組織として目指す方向性についての共通理解が醸成されることが必要となる。次にその人材像に当てはまる人材を社内から発掘・登用、また社外から獲得し確保をしていくことが必要となる。獲得・確保した人材についてはDXを推進する人材としてのキャリア形成やキャリアサポートの施策を明確にして取組む。またDX推進に必要なスキルを定義して、スキルアップのための育成施策や既存人材の学び直しなどにも取組むことが重要となる。DXを推進する人材に対しては、デジタル技術に関する能力のみならず、デジタル化による業務変革やビジネスモデルの変革への貢献など、既存の人材とは異なった評価基準が必要となるため、そのための評価基準の新たな定義と定期的な評価を実施し、人材にフィードバックを行うことが人材の定着化につながる。DXが組織に根付いていくためには土壌となる企業文化・風土のあり方も重要であり、自社の風土・文化の特性を把握し、DXにふさわしい姿に変革していくことが求められる。

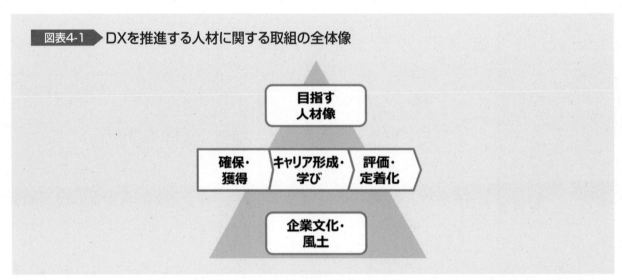

図表4-1 ▶ DXを推進する人材に関する取組の全体像

目指す
人材像

確保・
獲得 ｜ キャリア形成・学び ｜ 評価・定着化

企業文化・
風土

　以降でDXを推進する人材像の設定状況、DXを推進する人材の「量」「質」「獲得・確保」、キャリアパス、キャリアサポートの状況、DXを推進する人材の評価・処遇との連動、企業文化、風土の状況を尋ねた結果から日米企業において人材の取組の状況や課題を明らかにしていく。

なお、本章では「DXを推進する人材」を以下のDXの定義に沿った活動を推進する人材とした。

DXを、「企業がビジネス環境の激しい変化に対応し、データとデジタル技術を活用して、顧客や社会のニーズを基に、製品やサービス、ビジネスモデルを変革するとともに、業務そのものや、組織、プロセス、企業文化・風土を変革し、競争上の優位性を確立すること」[1]と定義する。

なお、本章での2022年度調査結果では、DXを推進する人材に関する動向を示すため、DXの取組状況について、「全社戦略に基づき、全社的にDXに取組んでいる」「全社戦略に基づき、一部の部門においてDXに取組んでいる」「部署ごとに個別でDXに取組んでいる」と回答したDXに取組む企業を対象とした回答に基づく調査結果を示す。

2 目指す人材像

(1) DXを推進する人材像の設定・周知

DXを推進する人材について、人材像を設定し、社内に周知しているかを尋ねた結果を示す(図表4-2)。人材像を「設定し、社内に周知している」割合は日本では18.4%、米国では48.2%、「設定していない」割合は日本では40.0%を占め、米国の2.7%に対する大きな差がみられる。人材像が明確になっていないことが人材の獲得・確保において本章4.「DXを推進する人材の獲得・確保」に示す「戦略上必要なスキルやそのレベルが定義できていない」「採用したい人材のスペックが明確でない」などの課題につながっていることから、日本企業はこの取組の遅れを認識し、早急に取組む必要がある。

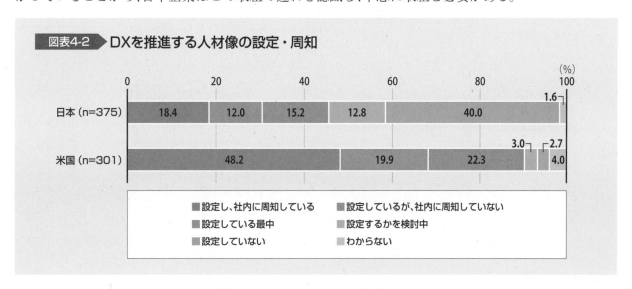

図表4-2 DXを推進する人材像の設定・周知

日本 (n=375): 18.4 / 12.0 / 15.2 / 12.8 / 40.0 / 1.6
米国 (n=301): 48.2 / 19.9 / 22.3 / 3.0 / 2.7 / 4.0

■ 設定し、社内に周知している　　■ 設定しているが、社内に周知していない
■ 設定している最中　　　　　　　■ 設定するかを検討中
■ 設定していない　　　　　　　　■ わからない

---

*1 「DX推進指標」とそのガイダンス　経済産業省　令和元年7月
　<https://www.meti.go.jp/press/2019/07/20190731003/20190731003-1.pdf>

3 DXを推進する人材の「量」「質」

（1）DXを推進する人材の「量」「質」の確保

　人材の確保は、DX戦略を推進するうえでの重要な課題である。そのため、自社の人材の充足度を把握し、継続的に人材確保をする必要がある。

　DXを推進する人材の「量」の確保について尋ねた結果の経年比較を図表4-3に示す。

　2022年度調査では、DXを推進する人材が充足していると回答した企業は日本が10.9%、米国が73.4%である。「大幅に不足している」が米国では2021年度調査の20.9%から2022年度調査の3.3%と減少する一方、日本では2021年度調査の30.6%から2022年度調査は49.6%と増加し、DXを推進する人材の「量」の不足が進んでいる。

　なお、DXを推進する人材が充足している回答とは「やや過剰である」「過不足はない」の合計のことをいう。

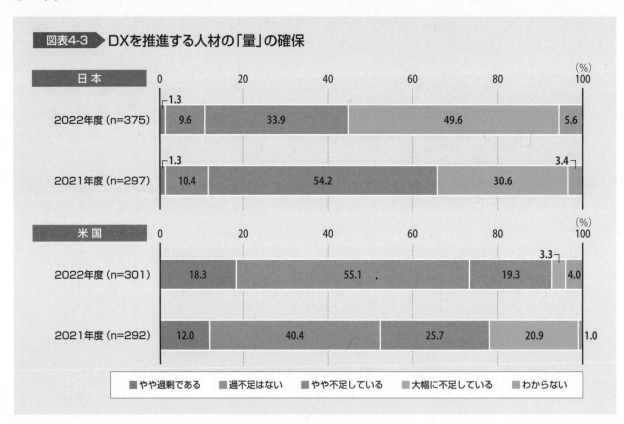

図表4-3　DXを推進する人材の「量」の確保

日本企業のDXを推進する人材の「量」の確保を、DXを推進する人材の人材像設定別に集計したものを図表4-4に示す。

人材像を設定している企業は、充足しているという回答が25.4%、「大幅に不足している」が30.7%であるのに対して人材像を設定していない企業は充足しているという回答が5.1%、「大幅に不足している」が59.6%となっている。

DX取組を実施し人材像が明確になることで、求める人材の「量」の適切な確保にもつながると考えられる。

なお、充足しているとはDXを推進する人材の「量」の確保の「やや過剰である」「過不足はない」の回答の合計のことをいう。

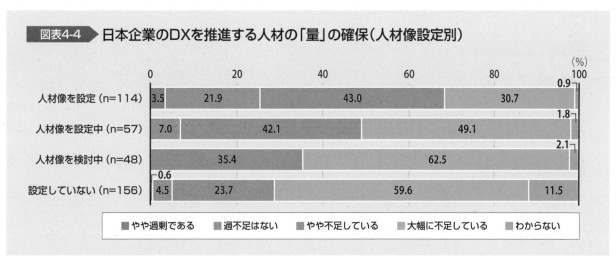

図表4-4 日本企業のDXを推進する人材の「量」の確保（人材像設定別）

※DXを推進する人材像を「設定し、社内に周知している」と「設定しているが、社内に周知していない」を「人材像を設定」「設定していない」「わからない」を「設定していない」とした

DXを推進する人材の「質」の確保について尋ねた結果の経年比較を図表4-5に示す。日本では、「やや不足している」は2021年度調査の55.0%から2022年度調査は34.4%、「過不足はない」は10.7％から6.1％と減少している一方、「大幅に不足している」は2021年度調査の30.5%から2022年度調査は51.7%になり不足が増加している。また、米国では「大幅に不足している」が2021年度調査の26.7％から2022年度調査は7.6％と減少している。

日本企業でDXを推進する人材の「量」「質」の不足が増加した要因としては、この1年でDXに取組む企業の割合が増加し、それに合わせてDXの推進に必要な人材に対するニーズが増えていることが考えられる。（第3部第1章2.「日米におけるDXへの取組状況」を参照）

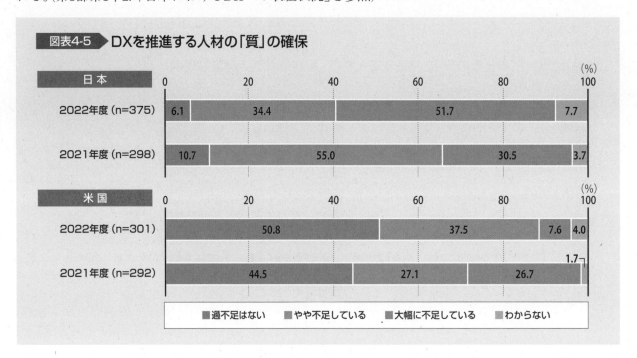

図表4-5　DXを推進する人材の「質」の確保

凡例：■過不足はない　■やや不足している　■大幅に不足している　■わからない

日本
- 2022年度 (n=375)：6.1 / 34.4 / 51.7 / 7.7
- 2021年度 (n=298)：10.7 / 55.0 / 30.5 / 3.7

米国
- 2022年度 (n=301)：50.8 / 37.5 / 7.6 / 4.0
- 2021年度 (n=292)：44.5 / 27.1 / 26.7 / 1.7

(2) デジタル事業に対応する人材の「量」「質」

デジタル事業に対応する人材を図表4-6のように分類し、その充足度に関する調査を実施した。

図表4-6　デジタル事業に対応する人材

職種（人材名）	説明
プロダクトマネージャー	デジタル事業の実現を主導するリーダー格の人材
ビジネスデザイナー	デジタル事業（マーケティング含む）の企画・立案・推進等を担う人材
テックリード（エンジニアリングマネージャー、アーキテクト）	デジタル事業に関するシステムの設計から実装ができる人材
データサイエンティスト	事業・業務に精通したデータ解析・分析ができる人材
先端技術エンジニア	機械学習、ブロックチェーンなどの先進的なデジタル技術を担う人材
UI／UXデザイナー	デジタル事業に関するシステムのユーザー向けデザインを担当する人材
エンジニア／プログラマー	デジタル事業に関するシステムの実装やインフラ構築、保守・運用、セキュリティ等を担う人材

※デジタル事業（ECやAI（人工知能）やIoT、ビッグデータをはじめとするデジタル技術を活用した事業）

　デジタル事業に対応する人材の「量」の確保について職種別に尋ねた結果を示す（図表4-7）。

　全体的にみると日本は不足しており、米国は充足していることが読み取れる。とくに、日本でデジタル事業に対応する人材の不足感が強い職種は「データサイエンティスト」（72.3%）、「ビジネスデザイナー」（70.1%）、「プロダクトマネージャー」（68.3%）である。米国で不足感が強い職種は「データサイエンティスト」（37.2%）、「先端技術エンジニア」（35.5%）となった。

　なお、デジタル事業に対応する人材の不足感とは「やや不足している」「大幅に不足している」の回答の合計、充足は「やや過剰である」「過不足はない」の回答の合計のことをいう。

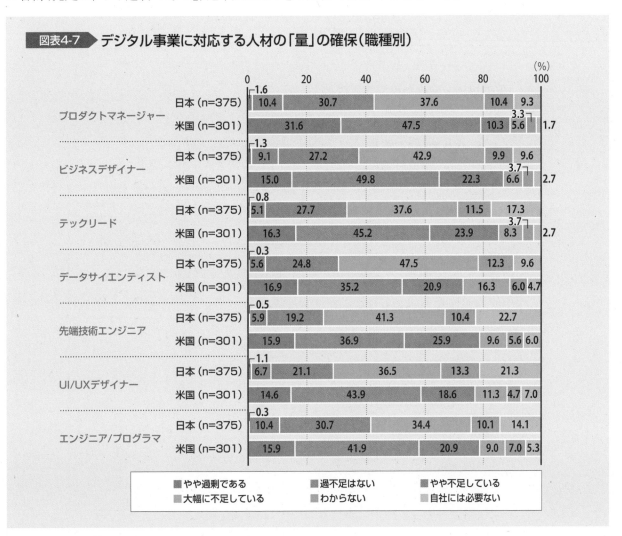

図表4-7　デジタル事業に対応する人材の「量」の確保（職種別）

凡例：
■やや過剰である　■過不足はない　■やや不足している
■大幅に不足している　■わからない　■自社には必要ない

4 DXを推進する人材の獲得・確保

　DXを推進する人材の獲得・確保の方法を尋ねた結果を図表4-8に示す。日米ともに「社内人材の育成」(54.9%、42.5%)の割合が一番高い。日本では次いで「既存人材(他部署からの異動も含む)の活用」(47.7%)、「外部採用(中途採用)」(44.3%)、「社外の専門家との契約(コンサルタントなど)」(37.1%)であり、これらの項目は米国も同様に割合が高い。また、日本と米国の差異をみると米国は、日本より「特定技術を有する企業や個人との契約」(42.5%)、「リファラル採用(自社の社員から友人や知人などを紹介してもらう手法)」(24.9%)などさまざまな社外からの獲得手段の割合が高く、日本企業もこのような手段を積極的に活用していくことが必要と考える。

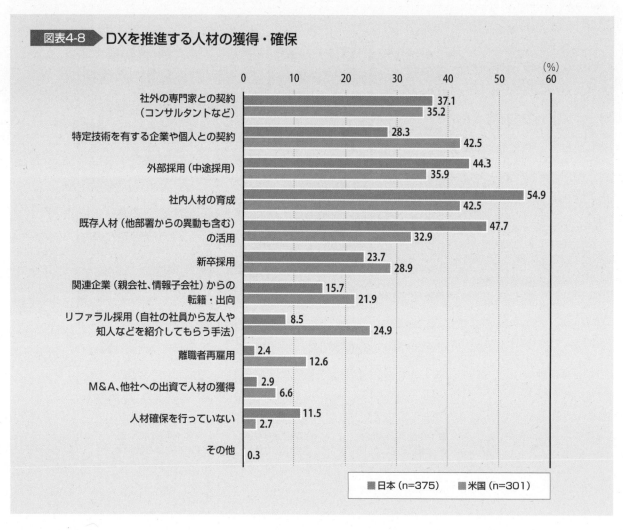

図表4-8　DXを推進する人材の獲得・確保

項目	日本(n=375)	米国(n=301)
社外の専門家との契約(コンサルタントなど)	37.1	35.2
特定技術を有する企業や個人との契約	28.3	42.5
外部採用(中途採用)	44.3	35.9
社内人材の育成	54.9	42.5
既存人材(他部署からの異動も含む)の活用	47.7	32.9
新卒採用	23.7	28.9
関連企業(親会社、情報子会社)からの転籍・出向	15.7	21.9
リファラル採用(自社の社員から友人や知人などを紹介してもらう手法)	8.5	24.9
離職者再雇用	2.4	12.6
M&A、他社への出資で人材の獲得	2.9	6.6
人材確保を行っていない	11.5	2.7
その他	0.3	

　日本企業のDXを推進する人材の獲得・確保を尋ねた結果をDX成果別に比較したものを図表4-9に示す。

　「成果あり」「成果なし」で差がとくに大きい項目は「特定技術を有する企業や個人との契約」や「外部採用（中途採用）」「既存人材（他部署からの異動も含む）の活用」「新卒採用」である。「成果あり」と回答した企業は社内人材の育成、既存人材の活用に加え、新卒採用や外部からDXを推進する人材の獲得・確保をしていることがうかがえる。

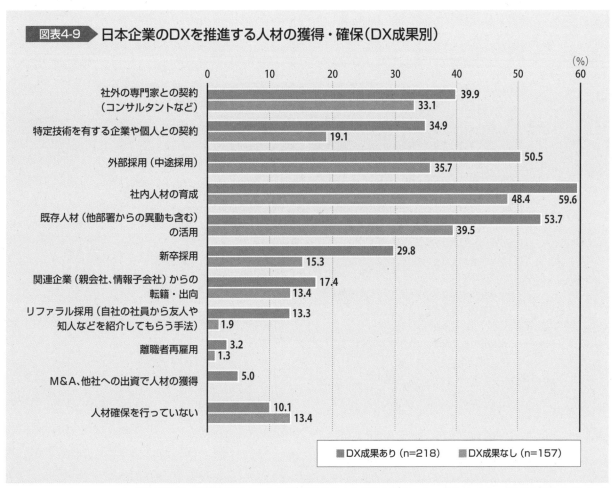

図表4-9　日本企業のDXを推進する人材の獲得・確保（DX成果別）

項目	DX成果あり (n=218)	DX成果なし (n=157)
社外の専門家との契約（コンサルタントなど）	39.9	33.1
特定技術を有する企業や個人との契約	34.9	19.1
外部採用（中途採用）	50.5	35.7
社内人材の育成	59.6	48.4
既存人材（他部署からの異動も含む）の活用	53.7	39.5
新卒採用	29.8	15.3
関連企業（親会社、情報子会社）からの転籍・出向	17.4	13.4
リファラル採用（自社の社員から友人や知人などを紹介してもらう手法）	13.3	1.9
離職者再雇用	3.2	1.3
M&A、他社への出資で人材の獲得	5.0	
人材確保を行っていない	10.1	13.4

※DX取組で「成果が出ている」を「成果あり」、「成果が出ていない」「わからない」を「成果なし」とした

DXを推進する人材の獲得・確保の課題を尋ねた結果を図表4-10に示す。日米ともに「戦略上必要なスキルやそのレベルが定義できていない」「採用したい人材のスペックが明確でない」の割合が高い。日本では次いで「要求水準を満たす人材にアプローチできない」（35.8%）、米国では、「採用予算や人件費の制約」（33.2%）の割合が高い。

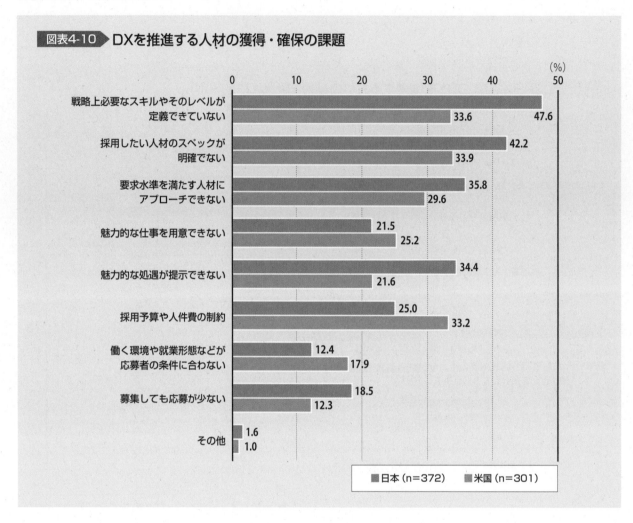

図表4-10　DXを推進する人材の獲得・確保の課題

　日本企業のDXを推進する人材の獲得・確保の課題を尋ねた結果について、DX成果別に比較したものを図表4-11に示す。

　「成果あり」と「成果なし」で差の大きい項目は「要求水準を満たす人材にアプローチできない」「魅力的な処遇が提示できない」が「DX成果あり」と回答した企業の方が高く、「魅力的な仕事を用意できない」「戦略上必要なスキルやそのレベルが定義できていない」は「DX成果なし」と回答した企業の方が高い。「DX成果あり」の企業は求める人材レベルが明確になっているうえでの課題、「DX成果なし」は求める人材レベルやポジションが明確になっていないこと自体が課題と考えられる。

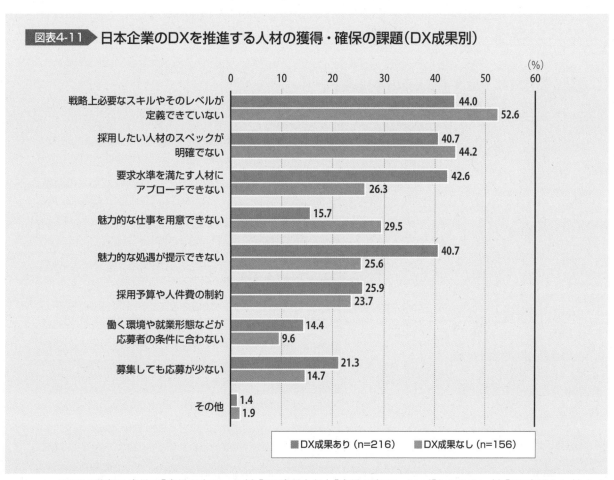

図表4-11　日本企業のDXを推進する人材の獲得・確保の課題（DX成果別）

項目	DX成果あり (n=216)	DX成果なし (n=156)
戦略上必要なスキルやそのレベルが定義できていない	44.0	52.6
採用したい人材のスペックが明確でない	40.7	44.2
要求水準を満たす人材にアプローチできない	42.6	26.3
魅力的な仕事を用意できない	15.7	29.5
魅力的な処遇が提示できない	40.7	25.6
採用予算や人件費の制約	25.9	23.7
働く環境や就業形態などが応募者の条件に合わない	14.4	9.6
募集しても応募が少ない	21.3	14.7
その他	1.4	1.9

※DXの取組の成果で「成果が出ている」を「DX成果あり」、「成果が出ていない」「わからない」を「DX成果なし」とした

（1）DXを推進する人材の育成方法

DXを推進する人材の育成方法について尋ねた結果を図表4-12に示す。

日本のDXを推進する人材の育成方法は、「実施・支援なし」が全項目で4割から7割と割合が高い。米国では「DX案件を通じたOJTプログラム」が6割を超えるほか、その他の取組もおおむね30%から40%台である。日本で育成を会社として実施している割合が最も高いのは「DX案件を通じたOJTプログラム」が23.9%であり、DXの推進人材の育成施策を会社として取組む姿勢に日米で大きな差が出ている。

図表4-12 DXを推進する人材の育成方法

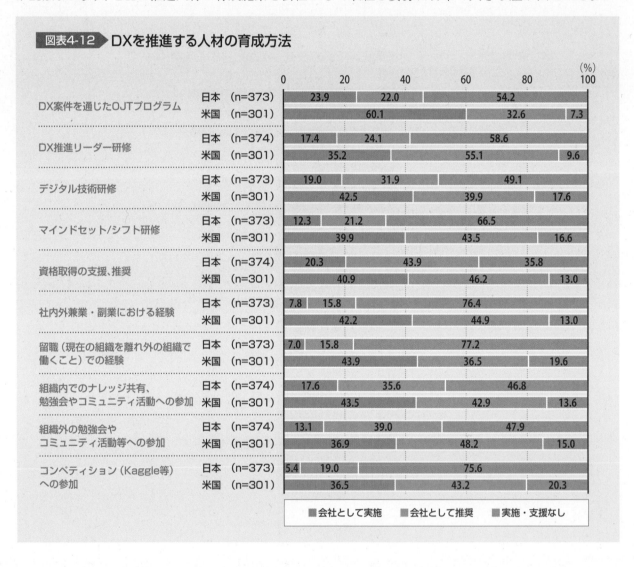

		会社として実施	会社として推奨	実施・支援なし
DX案件を通じたOJTプログラム	日本 (n=373)	23.9	22.0	54.2
	米国 (n=301)	60.1	32.6	7.3
DX推進リーダー研修	日本 (n=374)	17.4	24.1	58.6
	米国 (n=301)	35.2	55.1	9.6
デジタル技術研修	日本 (n=373)	19.0	31.9	49.1
	米国 (n=301)	42.5	39.9	17.6
マインドセット/シフト研修	日本 (n=373)	12.3	21.2	66.5
	米国 (n=301)	39.9	43.5	16.6
資格取得の支援、推奨	日本 (n=374)	20.3	43.9	35.8
	米国 (n=301)	40.9	46.2	13.0
社内外兼業・副業における経験	日本 (n=373)	7.8	15.8	76.4
	米国 (n=301)	42.2	44.9	13.0
留職（現在の組織を離れ外の組織で働くこと）での経験	日本 (n=373)	7.0	15.8	77.2
	米国 (n=301)	43.9	36.5	19.6
組織内でのナレッジ共有、勉強会やコミュニティ活動への参加	日本 (n=374)	17.6	35.6	46.8
	米国 (n=301)	43.5	42.9	13.6
組織外の勉強会やコミュニティ活動等への参加	日本 (n=374)	13.1	39.0	47.9
	米国 (n=301)	36.9	48.2	15.0
コンペティション（Kaggle等）への参加	日本 (n=373)	5.4	19.0	75.6
	米国 (n=301)	36.5	43.2	20.3

　DXを推進する人材の育成に関する課題を尋ねた結果を図表4-13に示す。日本は、「スキル向上・獲得へのマインドシフト」(43.2%)、「スキル向上・獲得による処遇向上」(38.9%)、「スキル向上・獲得の仕組みやガイドの提供」(35.7%)の割合が高い。米国は「スキル向上・獲得の仕組みやガイドの提供」(41.5%)、「スキル向上・獲得による処遇向上」(41.2%)、「スキルの実績機会や評価・フィードバックの提供」(39.9%)の割合が高い。「スキルの実績機会や評価・フィードバックの提供」は、日本は米国に比べて割合が著しく低いが、日米で差が最も大きい項目は「支援はしていない（個人に任せている）」で日本が20.5%に対して米国は3.7%である。日本では企業によるDXを推進する人材の育成に関する支援が遅れている。

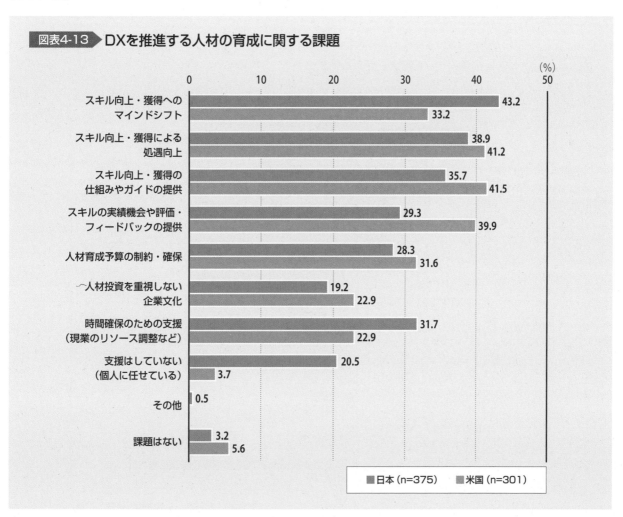

図表4-13　DXを推進する人材の育成に関する課題

項目	日本 (n=375)	米国 (n=301)
スキル向上・獲得へのマインドシフト	43.2	33.2
スキル向上・獲得による処遇向上	38.9	41.2
スキル向上・獲得の仕組みやガイドの提供	35.7	41.5
スキルの実績機会や評価・フィードバックの提供	29.3	39.9
人材育成予算の制約・確保	28.3	31.6
人材投資を重視しない企業文化	19.2	22.9
時間確保のための支援（現業のリソース調整など）	31.7	22.9
支援はしていない（個人に任せている）	20.5	3.7
その他	0.5	
課題はない	3.2	5.6

DXを推進する人材のキャリアサポートを尋ねた結果を図表4-14に示す。日本はDXを推進する人材のキャリアサポートを「特に実施していない」とする企業が3割台半ばであり、大きな課題と考えられる。

　その他で割合が高い上位3項目は、日本では「上司によるキャリア面談の実施」(28.8%)、「本人の意向を尊重した自己申告制度」(25.3%)、「キャリアに関する教育の実施」(24.5%)である。米国では、「キャリアパスの整備」(41.5%)、「キャリアの方向性を踏まえた計画的な配置・育成」(40.5%)、「キャリアに関する教育の実施」(35.5%)となっている。「ロールモデルの提示」「上司以外でキャリアについて相談できる存在(キャリアアドバイザー、メンター等)の設置」は米国では3割を超える割合に対して、日本は1割程度と差が大きい。

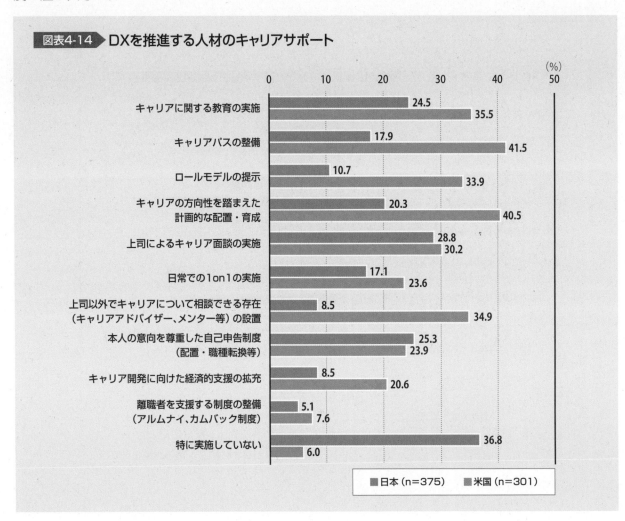

図表4-14　DXを推進する人材のキャリアサポート

項目	日本 (n=375)	米国 (n=301)
キャリアに関する教育の実施	24.5	35.5
キャリアパスの整備	17.9	41.5
ロールモデルの提示	10.7	33.9
キャリアの方向性を踏まえた計画的な配置・育成	20.3	40.5
上司によるキャリア面談の実施	28.8	30.2
日常での1on1の実施	17.1	23.6
上司以外でキャリアについて相談できる存在(キャリアアドバイザー、メンター等)の設置	8.5	34.9
本人の意向を尊重した自己申告制度(配置・職種転換等)	25.3	23.9
キャリア開発に向けた経済的支援の拡充	8.5	20.6
離職者を支援する制度の整備(アルムナイ、カムバック制度)	5.1	7.6
特に実施していない	36.8	6.0

日本企業のDXを推進する人材のキャリアサポートを尋ねた結果をDX成果別に比較したものを図表4-15に示す。

「DX成果あり」の企業では、「特に実施していない」と回答した割合が29.4%に対し、「DX成果なし」の企業では47.1%と半数弱の企業がDXを推進する人材のキャリアサポートをとくに実施しておらず、大きな差があることがわかる。

また、「特に実施していない」以外で「DX成果あり」と「DX成果なし」と回答した企業との間で差の大きい項目は、「上司によるキャリア面談の実施」「日常での1on1の実施」「キャリアパスの整備」の順であり、「DX成果あり」の企業ではきめ細やかなキャリアサポートが行われていると考えられる。

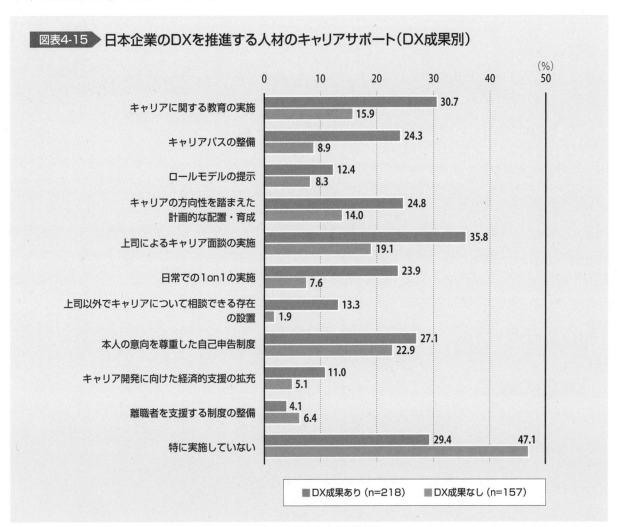

図表4-15 日本企業のDXを推進する人材のキャリアサポート（DX成果別）

※DXの取組の成果で「成果が出ている」を「DX成果あり」、「成果が出ていない」「わからない」を「DX成果なし」とした

DXを推進する人材を育成するための予算の増減を尋ねた結果を図表4-16に示す。米国は、DXを推進する人材の育成予算を増やした割合（「大幅に増やした」「やや増やした」の合計）は65.8%と半数を超えている。日本の育成予算を増やした割合は33.7%と米国の半分程度である。また、日本では「変わらない」とする割合が48.7%であり、DXを推進する人材の育成投資を増加させていない企業の割合が半数程度を占めている。

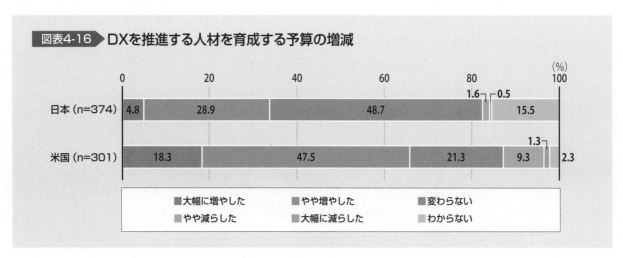

図表4-16 ▶ DXを推進する人材を育成する予算の増減

DXを推進する人材を育成する予算の増減を尋ねた結果を、DX成果別に比較したものを図表4-17に示す。日本において「DX成果あり」とする企業が育成予算を増やした割合（「大幅に増やした」「やや増やした」の合計）は42.8%と「DX成果なし」とした企業の21.0%の約2倍であり、育成予算を増加した企業でDX成果が出ている傾向がみられる。また、米国でも「DX成果あり」と「DX成果なし」とする企業を比較すると、日本と同様の傾向がみられ、育成予算を増加した企業でDX成果が出ている。

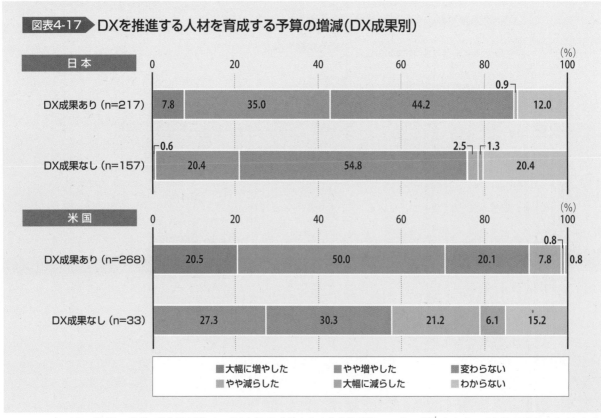

図表4-17 ▶ DXを推進する人材を育成する予算の増減（DX成果別）

※DXの取組の成果で「成果が出ている」を「DX成果あり」、「成果が出ていない」「わからない」を「DX成果なし」とした

（2）従業員の学び直し（リスキル）、デジタルリテラシー向上

　DXを進めていくには従業員全体の学び直し、リテラシー向上が重要である。その状況を把握するため、従業員の学び直し、デジタルリテラシー向上について尋ねた。

　従業員の学び直し（リスキル）の取組状況について尋ねた結果の経年比較を図表4-18に示す。日本は「希望者に学び直しの取組みをしている」が2021年度調査では13.5%だが2022年度調査では26.6%に増加している。学び直しの取組をしている企業は増加傾向にあるが、米国は、9割以上が学び直しの取組をしており、日本との差は依然として大きい。なお、学び直しの取組をしているとは「取組みはしていない」以外の項目を示す。

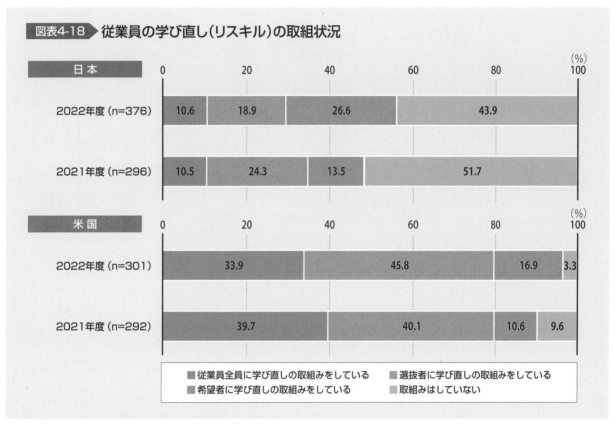

図表4-18　従業員の学び直し（リスキル）の取組状況

日本

	従業員全員	選抜者	希望者	取組みはしていない
2022年度 (n=376)	10.6	18.9	26.6	43.9
2021年度 (n=296)	10.5	24.3	13.5	51.7

米国

	従業員全員	選抜者	希望者	取組みはしていない
2022年度 (n=301)	33.9	45.8	16.9	3.3
2021年度 (n=292)	39.7	40.1	10.6	9.6

■従業員全員に学び直しの取組みをしている　■選抜者に学び直しの取組みをしている
■希望者に学び直しの取組みをしている　■取組みはしていない

※2021年度調査の「実施していないが検討中」「実施していないし検討もしていない」の合計を2022年度調査の「取組みはしていない」としている。また、2021年度調査は「その他」を除いている

従業員の学び直し（リスキル）の取組内容について尋ねた結果を図表4-19に示す。米国は「企業として学び直しの重要性、投資や支援についての方向性を発信する」（55.3%）、「学び直しに対する取組や成果に対するインセンティブを与える」（55.0%）、「ベテラン社員を積極的にローテーションや社内プロジェクトに参加させる」（50.5%）の割合が高い。日本と米国の差が大きいものは「ベテラン社員を積極的にローテーションや社内プロジェクトに参加させる」であり、日本25.1%に対して米国は50.5%と2倍以上の差がある。

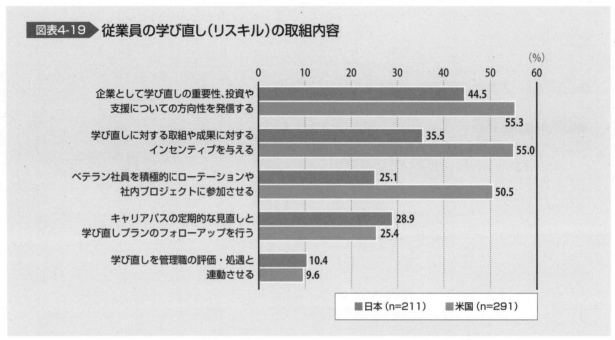

図表4-19　従業員の学び直し（リスキル）の取組内容

※学び直し（リスキル）の取組状況で「取組みはしていない」を除いた

　従業員のデジタルリテラシー向上の取組状況について尋ねた結果を図表4-20に示す。デジタルリテラシー向上の取組において、「全社的に取組んでいる」「一部の部門において取組んでいる」「部署ごとに独自、個別に取組んでいる」の合計は、日本は80.5%、米国は94.0%である。日米企業ともにDXに取組んでいる企業は積極的に従業員のデジタルリテラシー向上に取組んでいる姿勢がうかがえるが、日本は「取組んでいない」が17.6%であることは課題である。

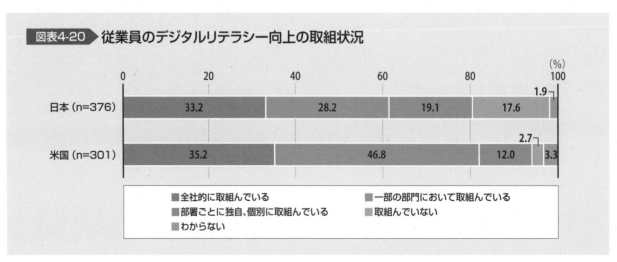

図表4-20　従業員のデジタルリテラシー向上の取組状況

コラム

DX時代の学びのあり方〜大人の学びパターンランゲージ（略称：まなパタ）〜

株式会社豆蔵　取締役　HDグループ　CTO　羽生田 栄一

1. デジタル社会に生きていくということ

　DXは企業や社会のデジタルな取組でありビジネス＝経営の変革であるが、その前提となっているのが企業や社会・コミュニティの中でDXを進めていく個人個人のX、つまりひとりひとりがまさに「変身＝変態」できるかに係わっている。そのためには個人個人がUpdateするための学びを習慣化することが大事であり、そのようなカルチャーが企業内にも社会の中にも醸成されていくことが必要である。それは決してデジタル技術を全員がリテラシーとして習得すればそれで終わりといった話ではない。デジタル技術の学習よりも、「デジタル」というものが我々のビジネスや社会生活のインフラとなっていくことの意味、デジタル技術＝ソフトウェアが第2の自然として社会に埋め込まれたアーキテクチャとなるという事実を正確に受止めたうえで、そうした条件の下で自分自身はどのような生き方をしたいのか、を「アンラーニング」する機会を定期的に持つ、ということをセットで「学び」を日常化するということになるのだろう。これは職業人や企業人として家庭人として地域社会人として、今までとは違った視点、発想、行動が求められるということで、大きなチャレンジが突き付けられているともいえるし、個人がゼロベースで今までとは違ったスタイルやふるまいのモードで仕事や生活に取組める機会が以前より大幅に増えるチャンスだと前向きに捉えることもできる。

2. デジタルな社会は実はどんな社会であるべきか

　デジタルとはITエンジニアだけの問題ではない。ビジネス組織や社会のあらゆるコミュニティの中で活動していく際の基本的な振舞い方がデジタルを前提に変わっていくということだ。逆にいえば、それぞれの現場の持ち場で、みなさんが不確実な社会やマーケットに対して手探りで前に進んでいく際の安全な作法を身に着ける必要がある。そのためには、いつも現場視点・顧客視点・困っている人視点・ゴール視点で考えてみる癖、目的と照らして仮説を立てその帰結をシミュレーションしたりプロトタイピングしたり現場・現物で検証し、具体的な結果から仮説や進め方自体を修正し、優先順位をもって仕事に取組んでいくやり方、そうした原則の下で、こんどは逆に自分自身の人生の目標やライフワークを意識した仕事テーマの設定とそのための学習の開始、といったさまざまな観点での取組が考えられる。こうした個人個人の自由闊達な発想や取組の集合体としてデジタルな社会に魂が込められ、生き生きとした創造的な、競争ではなく共創的な社会（Society5.0の本来のあり方）に一歩ずつ近づいていくのではないだろうか。

3. 「学び方」のUpdateとそれを後押しするパターンランゲージ

　しかしながら今までの企業や組織があらかじめ研修をデザインし、集合教育で基礎を学んでもらった上で後は各自の職場でOJTという形

の教育では、上で述べたような創造的なデジタル社会へのシフトには対応できないのは明らかである。自主性・自由闊達さ・創造性・協働・共創・遊び心といったことがテーマになり、しかも自分事としてスタートしなければ意味がないからである（当然、企業組織としても個人個人が自律的な学習をしやすい環境や制度を整備することが前提となるのはいうまでもない）。なんとか自律的・自主的な学びを見よう見まねでやってみようとする手助けを与えることはできないものか。そこでヒントになるのがパターンランゲージというAlexanderが始めた建築・まちづくりの世界での取組である。今まで暗黙知として埋もれていた、ある分野の肝になる知の結節点をパターンとして「問題−状況−解決策−結果」としてテンプレート化し、関連するパターン群をネットワーク化し、みんなで取組む際の会話の基本語彙として各パターンを使用する。現在、大学での学習、よいプレゼンの仕方、インバウンド時代のおもてなし、保育リーダーのあり方、災害サバイバル、認知症の方々とのよりよい生活、進路を考える、充実した読書体験、といったさまざまな分野の課題を扱うパターンランゲージの制作が進み、公開されている。このパターンランゲージの形式を活用して、社会人の学びを後押しするきっかけ・ヒントをそっと提示できると考えたのである。

■ 4. 新しい学びへ近づくためのパターンランゲージ『まなパタ』のすすめ

そのような意図のもとでIPAでは2021年の個人・組織の「トランスフォーメーションに対応するためのパターンランゲージ（略称：トラパ

タ）」に引き続き、「大人の学びパターンランゲージ（略称：まなパタ）」制作に取組み、2022年6月に公開[1]にこぎつけた。

日本国内の12人の学びのパイオニアの皆さんに各数時間のインタビューとメールでのフォローをお願いし、そこから約700のパターンの素（もと）を抽出し、それらを整理・洗練して30パターンを浮かび上がらせた。大きく四つのカテゴリとして、A：出会いや気づきを楽しむ（マインド）、B：自分を大切にしたデザイン（学び方）、C：自分と学びのブラッシュアップ（実践）、D：知のシェアリング（コミュニティ・社会）を設定し、最初の学びのきっかけをAで指し示し、自分に合った学び方のデザインをBで示し、実際に学びを進めていく際の実践ノウハウをCでヒントとして提示し、さいごに学びを通してコミュニティや社会とつながっていくことをDで示唆している。

各パターンの内容はぜひ『まなパタ』をダウンロードして味読してほしいが、各パターンのタイトルもその意味が体感しやすい言葉を吟味して命名している点にも注目されたい。「縁カウンター」「とりあえずトライ」「知と知の価値ちゃんこ」「継続は気楽にあり」「保温と加温」「ゆらす、ずらす、こえる」「使ってなんぼ」「習うより慣れよ」といった言葉遊びをあえて使って、言葉が身体に働きかける力にも気を配った。ぜひ音読してほしい。ぜひ孔子が論語の冒頭「学而篇」で言っているように、身体で体験し仲間で共有して学びをコミュニティとして実践してほしい。それが「学習し進化し続ける組織・社会」への第一歩となる。

＊1　IPA まなパタ公開サイト <https://www.ipa.go.jp/ikc/reports/20220601.html>

5. 人類のサガとしての学び

学ぶということは人類のみのもつ優れた特性ということもできるし、我々は好奇心が強すぎていやでも学び続けてしまうという意味では人類の性（さが）だともいえる。そうであるな

らば、少しでも楽しく気軽に日々の仕事や生活の中で「学び」に取組んでいきたいものである。「まなパタ」のさいごの30番目のパターンは「わたしの学びは人類のバトン」となっている。ぜひ皆さんと一緒にこのパターンの意味を噛みしめていきたいと思う。

まなパタ（30パターン）の全体像とサンプル

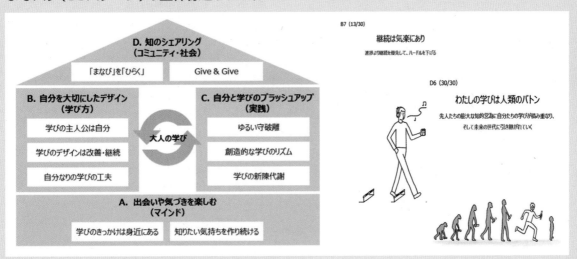

カテゴリ	グループ	パターン
A.出会いや気づきを楽しむ（マインド）	学びのきっかけは身近にある	A1 実はそこにある
		A2 縁カウンター
		A3 とりあえずトライ
	知りたい気持ちを作り続ける	A4 もやもやをコトバに
		A5 キワを攻める
		A6 知と知の価値ちゃんこ（ガッチャンコ）
B.自分を大切にしたデザイン（学び方）	学びの主人公は自分	B1 学びの源は自分が起点
		B2 感情は学びのナビゲーター
		B3 自分テーマ
	学びのデザインは改善・継続	B4 学び旅、マイプラン
		B5 レビュー＆アップデート
		B6 ライフシフトは学びシフト
	自分なりの学びの工夫	B7 継続は気楽にあり
		B8 苦手解消ハック
		B9 保温と加温

C.自分と学びのブラッシュアップ（実践）	ゆるい守破離	C1 基本の型をまねぶ
		C2 興味の転回、学びの展開
		C3 終わりなき学び熊
	創造的な学びのリズム	C4 学びの道は急がば回れ
		C5 集中とぼんやり
		C6 マイナスはプラス
	学びの新陳代謝	C7 ゆらす、ずらす、こえる
		C8 虫の目、鳥の目…、いろんな目
		C9 知識を編む
D.知のシェアリング（コミュニティ、社会）	「まなび」を「ひらく」	D1 使ってなんぼ
		D2 習うより慣れよ
		D3 ヘルプ！で広がる学びの連鎖
	Give & Give	D4 学びのコミュニティ
		D5 伴走し合える場づくり
		D6 わたしの学びは人類のバトン

DXの本質は課題解決

名古屋国際工科専門職大学　教授　山本 修一郎

我が国のDXが、諸外国と比べて遅れている理由として、DX人材不足が指摘されている。

データとデジタル技術を活用することにより、企業の具体的な問題を解決して、競争力のあるデジタル企業に変革することがDXである。我が国の企業経営者には、「D（デジタル）は分かるが、X（変革）が分からない」という声が多いようである。手段（解決策）によって、「問題状況」を「問題が解決された状況」に変換することが、問題解決の根本構造である。「デジタル技術により、課題のある社会を、課題が解決された社会」に変換することが社会的DXである。また、「デジタル技術により、課題のある企業を、課題が解決された企業」に変換することが、企業のDXである。①問題＝既存企業の問題、②あるべき姿＝デジタル企業、③解決策（変革手段）＝デジタル技術だと考えると、デジタル技術という手段は分かるが、変革が分からないのは、変革結果である企業のあるべき姿が分からないということになる。つまり、DXが分からない真の原因は、問題解決の根本構造を、これまでの学校教育で学習していないために、企業の問題が明確にできない点にある。手段としてのデジタル技術や他者のDX事例をいくら勉強しても、自社のDXが成功することはない。企業や社会の問題を認識する能力がないと、DX人材だけではDXは進まない。必要なのは、DX人材育成ではなく、この問題解決構造を理解する人材の育成である。

企業の問題が分からないもう一つの理由は、「悪いことは起こらない」「これまでの延長に未来がある」という正常化バイアスである。たとえば、「自社製品の問題点をお客様からたくさんいただいているので、問題は明確です」といわれることがある。この場合も、現状の製品やサービスの問題が見えているだけである。当面の問題を解決しようとすると、製品やサービスがどんどん複雑化する。現状の複雑なプロセスの一部をAIやIoTで自動化するDXでは、現状の制約が残っているので期待できる効果に限界があることは明白である。

したがって、この正常化バイアスの下では現状に問題がないか、あっても改善できることになるから、変革する理由がないというわけである。これでは、デザイン思考をいくら学んでも、現状に問題はないのだから、新しい価値を生む画期的なデジタル製品やデジタルサービスのアイデアが生まれることはない。

第4部　第1章

日米調査にみるDXを推進する人材

6 DXを推進する人材の評価

（1）DXを推進する人材の評価

　DXを推進する人材を評価するための基準について尋ねた結果を図表4-21に示す。米国では過半数を越え63.8%が「基準がある」と回答したのに対して、日本では「基準がある」が12.0%、「基準はない」が79.3%となった。DXを推進する人材は既存の人材とは異なった評価基準が必要であり、そのための評価基準を新たに設定することが急務であると考える。

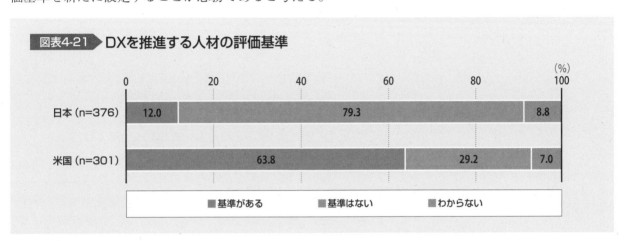

図表4-21　DXを推進する人材の評価基準

　DXを推進する人材の評価基準があると回答した企業にDXを推進する人材を評価するための基準に対する評価・処遇の連動について尋ねた結果を図表4-22に示す。米国では63.0%、日本では53.3%が「処遇に連動・反映させる仕組みがある」と回答している。

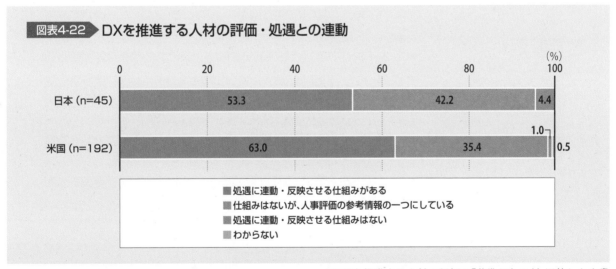

図表4-22　DXを推進する人材の評価・処遇との連動

※DXを推進する人材の評価の「基準がある」と回答した企業
※日本企業は図表4-21で「基準がある」とした回答が少ないため、当設問の回答数も少なくなっていることに留意

7 企業文化・風土

　DXの推進のための企業文化・風土の「現在」の状況を尋ねた結果を図表4-23に示す。日本は「できている」の割合が高い項目として「企業の目指すことのビジョンや方向性が明確で社員に周知されている」（30.4%）、「個人の事情に合わせた柔軟な働き方ができる」（28.0%）が挙げられるが、すべての項目が40%以上の米国との差は大きい。DXが組織に根付いていくためには土壌となる企業文化・風土のあり方も重要であり、DXにふさわしい姿に変革していくことが求められる。

図表4-23　DX推進のための企業文化・風土の状況（現在）

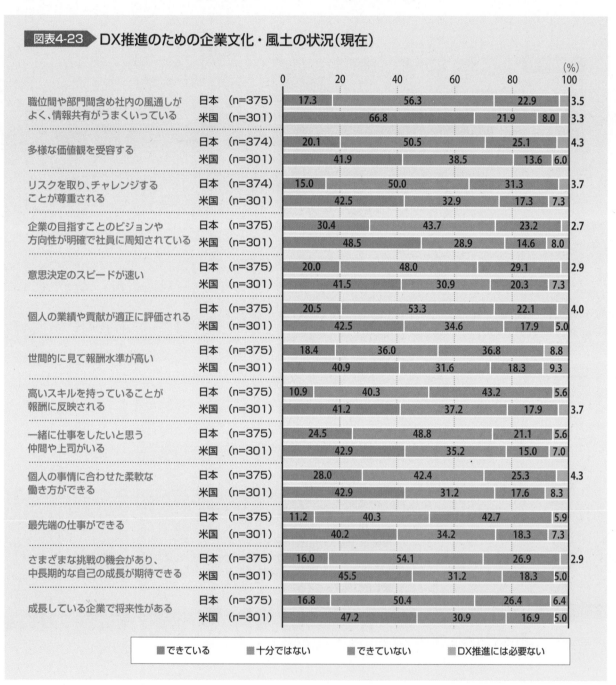

「DX推進のための企業文化・風土の状況(現在)」(図表4-23)で「十分ではない」「できていない」と回答した企業に「今後あるべき姿」を尋ねた結果を図表4-24に示す。

「現在」(図表4-23)において日本の「できていない」の回答率が最も高い「高いスキルを持っていることが報酬に反映される」に対し、「今後あるべき姿」(図表4-24)では87.8%の企業が「必要である」と回答している。DXの推進のための企業文化・風土ができていない日本企業の多くは、必要性を認識しつつも、「できていない」状況にあり、ギャップが大きい。

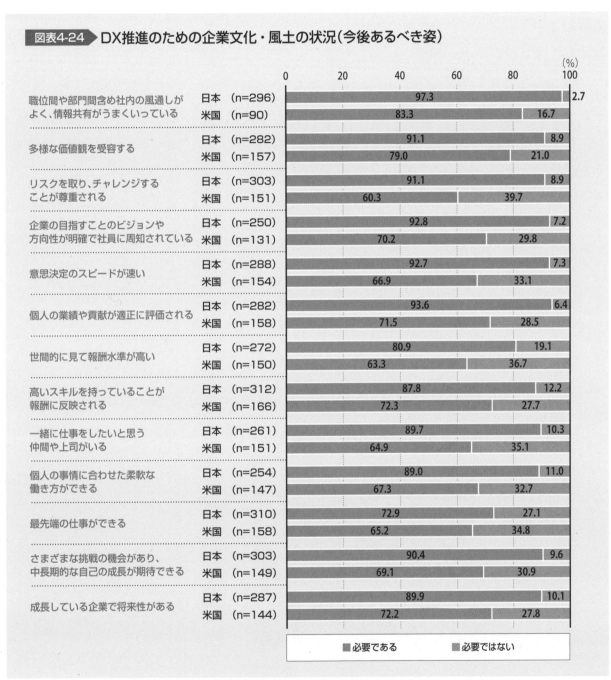

図表4-24 DX推進のための企業文化・風土の状況(今後あるべき姿)

項目	国	必要である	必要ではない
職位間や部門間含め社内の風通しがよく、情報共有がうまくいっている	日本 (n=296)	97.3	2.7
	米国 (n=90)	83.3	16.7
多様な価値観を受容する	日本 (n=282)	91.1	8.9
	米国 (n=157)	79.0	21.0
リスクを取り、チャレンジすることが尊重される	日本 (n=303)	91.1	8.9
	米国 (n=151)	60.3	39.7
企業の目指すことのビジョンや方向性が明確で社員に周知されている	日本 (n=250)	92.8	7.2
	米国 (n=131)	70.2	29.8
意思決定のスピードが速い	日本 (n=288)	92.7	7.3
	米国 (n=154)	66.9	33.1
個人の業績や貢献が適正に評価される	日本 (n=282)	93.6	6.4
	米国 (n=158)	71.5	28.5
世間的に見て報酬水準が高い	日本 (n=272)	80.9	19.1
	米国 (n=150)	63.3	36.7
高いスキルを持っていることが報酬に反映される	日本 (n=312)	87.8	12.2
	米国 (n=166)	72.3	27.7
一緒に仕事をしたいと思う仲間や上司がいる	日本 (n=261)	89.7	10.3
	米国 (n=151)	64.9	35.1
個人の事情に合わせた柔軟な働き方ができる	日本 (n=254)	89.0	11.0
	米国 (n=147)	67.3	32.7
最先端の仕事ができる	日本 (n=310)	72.9	27.1
	米国 (n=158)	65.2	34.8
さまざまな挑戦の機会があり、中長期的な自己の成長が期待できる	日本 (n=303)	90.4	9.6
	米国 (n=149)	69.1	30.9
成長している企業で将来性がある	日本 (n=287)	89.9	10.1
	米国 (n=144)	72.2	27.8

■必要である　■必要ではない

※DX推進のための企業文化・風土の状況(現在)の項目で「十分でない」「できていない」を選択した企業の回答

8 まとめ

　日本企業はDXを推進する人材の人材像の設定・周知ができておらず、2021年度調査と比べて人材の質・量はともに不足が進んでいる。人材の獲得・確保について米国企業は社外からの獲得を手段として活用している割合が高く、日本企業も積極的な活用が必要と考える。

　日本企業は米国企業に比べ、キャリア形成・学びに関する取組を組織として実施している割合が低い。また人材を評価するうえで基本となる評価基準について、日本企業では「評価の基準なし」が8割を占め、米国企業に比べDXを推進する人材施策の取組ができていない。DXの推進の土壌となる企業文化・風土についても現状ではDXに必要な要素が備わっている割合は低い状況である。

　今回の調査結果は、全般的に「DXの推進において人材が課題」という状況が顕著にあらわれた結果となっており、取組の加速は急務であると考える。

DXを阻む真因は経営者に、まずは社内の風土改革から

株式会社日経BP　総合研究所イノベーションICTラボ所長　大和田 尚孝

デジタル化の予算と人材が足りず、レガシーシステムの刷新にてこずり、データ活用は進んでいない——。デジタルトランスフォーメーション（DX）に苦労する日本企業の実態がIPAにおける最新の調査によって改めて浮き彫りになった。多くの企業が新ビジネスの創出、事業変革、人材育成、老朽システムの刷新、新技術の導入、デジタル投資など、さまざまな課題に直面している。その裏側には本質的な課題が存在する。経営者のリーダーシップの欠如だ。経営者は自ら先頭に立ち、変革をやり切る行動力が問われている。

DXに苦しむ企業は、個別の課題それぞれに対して局所的に取組むケースが少なくない。「DXによる新規事業の創出」などと称して、新たなプロジェクトを始めるのが最たる例だ。あるいは「DX推進室」といった組織を新設し、デジタル人材の育成に乗り出す動きも目立つ。前者であればビジネス変革への取組みであり、後者は人材面での課題解決を狙うものだ。どちらも一定の成果は出るかもしれないが、それでも限界がある。

たとえば前者の新規事業創出は、次のような結末にたどり着くケースが少なくない。「新規事業の話が具体化するにつれて、稼ぎ頭の既存部門から『待った』がかかった。稼ぎ頭の既存部門を率いる責任者は次期社長候補の筆頭役員なのに対して、新規プロジェクトの責任者は部長クラス。反論できるはずもなく、新規プロジェクトは成果を出せず解散した」。

後者の人材育成であれば、そもそもどんな人材を育成すべきかの方向性を決めないと育成のしようがない。そこが肝なわけだが、一方で人材育成に取組む段階では、どんなビジネスを仕掛けていこうか、デジタル技術をどう活用していこうかといった点がまだ決まっていないことがほとんどだ。目標を定めずに人材育成だけを先行しようとすると、それこそ「AIの基礎」や「データ分析」といった基礎知識の習得にとどまってしまいがち。部署によってはビジネスに直結しにくいため、「そんな研修を受けている時間があったら客回りをしたほうが売り上げを伸ばせる」などとそっぽを向かれてしまいかねない。

「営業DX」「財務DX」など部署や組織の単位でDXプロジェクトを進めるのも、変革と呼べるような成果にはつながりにくい。これらの活動の実態はDXというよりも、部門単位での効率化や業務改善にとどまるのが大半だ。改革は組織の枠組みにとらわれずに進めなければならないのに、既存の組織や仕事の進め方を前提にしている時点で、目的と手段にズレが生じている。

多くの企業がDXに手を焼くなか、苦労しながらも前進させている企業も存在する。成否の分かれ目、両者の違いはどこにあるのだろうか。最大のポイントは、全社一丸となって取組むこと。言い換えれば、経営主導のプロジェクトにある。経営者がリーダーシップを発揮し、全社のDXに臨む好例として、ここではSOMPOホールディングスを紹介したい。

SOMPOホールディングスは脱・保険会社を標榜し、デジタル技術とデータを駆使してさまざまな社会課題を解決する会社への変貌を目指している。SOMPOが目指す姿は「安心・安全・健康のテーマパーク」だ。やや分かりにくい

印象を受けるかもしれないが、その真意について、櫻田謙悟グループCEO・経済同友会代表幹事は次のように説明する。「テーマパークとはテレビや映画でしか見られなかったものを、実際に触れたり乗ったりできるものに変える仕組みだ。我々も安心・安全・健康というこれまで目に見えず、触れられなかったものを、触れられるようにしたい」。触れられるようにするとは、価値を感じてもらえるようにする、とも言い換えられるだろう。そこで欠かせないのがデジタル技術とデータだ。

「人とデジタル技術の融合により、あらゆる人が健康で豊かに人生を楽しめるようにしたい」（櫻田グループCEO）。このような思いに基づき、SOMPOホールディングスはリアルデータプラットフォーム（RDP）と呼ぶサービス提供基盤を整備している。保険や介護、製造、物流、輸送などグループ各社やパートナー企業が持つさまざまなデータを生かして、社会課題を解決する仕組みだ。

たとえば介護であれば、介護サービス事業を展開するグループ会社を通じて、入居者が介護施設に入る前の医療データや、施設に入ってからの健康データ、介護職員に関するデータなどを参考に、経験の浅い人でもベテラン介護士のようなきめ細かいサービスを提供できるようにする。数か月先に健康状態が悪化する人を特定して手を打つ、予測型のサービスも見据える。

データ駆動型のビジネスといえば、GAFAと呼ばれる米IT大手が世界で先行する。でも櫻田グループCEOは勝機があるとみる。海外の大手プラットフォーマーが集めるのはネット上のデジタルデータだが、SOMPOホールディングスはいつ、どこで作られ、誰のものかが明らかな「リアルデータ」を集めているからだ。「我々しか持っていない、保険や介護などに関するリ

アルデータを生かせば、社会に大きな価値をもたらすことができる」（櫻田グループCEO）。ビジネス活動を通じて多様なデータを集め、それらを武器にビジネス自体を一段強くしていく。SOMPOホールディングスはそのようなサイクルを築き、全社でDXを推進している。

SOMPOホールディングスがトップダウンでDXに挑む背景には、櫻田グループCEOの危機感がある。主力の保険ビジネスは人口減などにより先細りが避けられない。自社の強みをデジタル技術によって増幅し、強い会社に生まれ変わるには全社改革が欠かせないとの確信に基づく。異業種の人材を役員としてどんどん迎え入れるなど、社内の反発を恐れずに改革の歩みを進める。

従来であればたくさんの保険契約を取った敏腕営業が本部長、役員と上がっていくのが自然の流れだった。外部からの役員登用が増えれば、面白くないと感じる社員もいるはずだ。軋轢（あつれき）も覚悟の上で、新たな方向性を示し、前向きの力に変えていく。そのようなことができるのは経営者だけだ。

経営者が自ら変革を率先すれば、変化を嫌う社内の風土も変えることができる。カルチャー改革が浸透していけば、社員が自発的にさまざまな改革を成し遂げる機運が生まれ、それらがDXへの推進力となっていく。トップダウンでこのような好循環を生み出せた企業だけが、DXを果たすことができる。違う言い方をすると、経営主導で変革のカルチャーを醸成できれば、事業変革、人材育成、システム刷新など個別課題の解決も見えてくる。

DXには経営トップの主導による社内のカルチャー改革が欠かせない。こう書くと「そんなことを言ったら、どんな戦略だって結局は社長次第だ」という反論が出るかもしれない。そのとおりだ。DXは企業が生き残るために必要な

最重要の経営改革であり、経営そのもの。社長が担うべき一丁目一番地の経営課題だ。日本のDXがうまくいっていないとすれば、それはテクノロジーや手法、社員に原因があるのではない。経営者の問題だ。

最近、中期経営計画や株主向けのIR資料など

で「DXへの注力」を掲げる企業が増えている。そこに描かれたDXは、社長の覚悟に裏付けされた、本気の取組なのか。それとも「ライバルがアピールしているから当社も」といった、お飾りのDXにすぎないのか。その答えが分かる日は、意外と近いかもしれない。

コラム

地方都市の問題地図

あまねキャリア株式会社　代表取締役CEO　沢渡 あまね

なぜ地方都市や地方の企業でDXやそのための投資が起こりにくいのか？

そのメカニズムを紐解きつつ、低位安定の「負けパターン」から脱却するために、地域企業の経営者、行政、金融機関などは何をすべきかを立体的に紐解いてみたい。

この図をご覧いただきたい。2022年4月に刊行した『新時代を生き抜く越境思考』の「地方都市の問題地図」である。地方都市の企業や行政においてなぜ変革が起こりにくいか、筆者が事業展開をしている静岡県および筆者が関わってきた複数の地方都市で体験および見聞きし

地方都市の問題地図

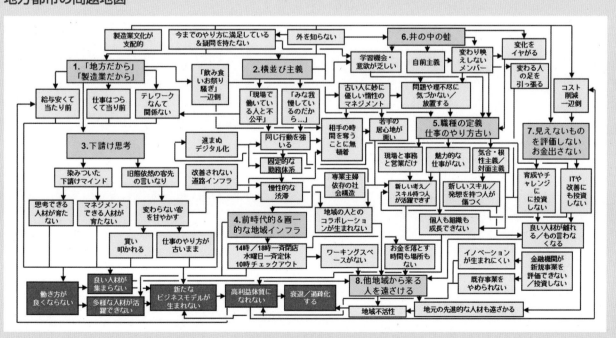

出典：「新時代を生き抜く越境思考」（沢渡あまね著／技術評論社 2022年4月）

たりアルをもとに描いた。各論の解説は同書籍を参照願うこととして、本コラムでは地方都市の企業の経営者、行政、金融機関などに取組んで欲しい三つの提言を示したい。

■ 1. 意思決定層のアンラーニングこそ急務

DXの文脈で、従業員のアンラーニング（今まで学んだ知識や既存の常識を捨て去り、新しく学び直すこと）やリスキリング（時代の変化や新しい職務に対応すべく、新しい知識や技術を身につけること）の必要性が叫ばれている。我が国においても、大企業を中心に「デジタル人材を1,000人登用」「IT人材を3,000名育成」のようなニュースが連日新聞紙面などを賑わしている。

筆者はむしろ経営トップ、役員、部門長など意思決定層のアンラーニングこそが日本、とりわけ地方の企業や行政組織において急務であると確信している。なぜなら、どんなに優秀なデジタル人材やDX人材を登用したところで、経営陣をはじめとする意思決定層の意識が変わらなければ、たちまち現場の優秀な人材は無力化されるからである。日本の組織ではいまだ年功序列による昇格システムが色濃い。自ずと意思決定層の顔ぶれは生え抜きで上がってきた高齢かつ男性に偏りがちだ。過去の成功体験を手放しにくく、かつ長年ともに汗を流してきた同志たちへの思いやりからか、今までのやり方を変えさせようとしない。悪く言えば「身内」に甘い。現場の若手や中堅がITを活用した新たな取組みを提言したところで脆くも無力化される。意思決定層を変革のストッパーにしない。そのためにも、意思決定層のアンラーニングこそが重要なのだ。

なにより意思決定層には外の世界を見せるべきだ。たとえば地域外や他業界の経営陣や管理職と定期的にディスカッションをする。それにより、同業他社や他業界他社のよい取組を知ることができ、かつ自組織の強みを認識することもできる。組織や地域の上下関係などしがらみのない場だからこそ、本音も言いやすくオープンな意見交換もしやすい。筆者も『組織変革Lab』という企業間のオンライン越境学習プログラムを主宰しているが、異なる企業同士のディスカッションを通じ、参加者のアンラーニングが起こる変化を体感している。ITを活用すれば遠方地域の人たちとつながり、ともに育成し合ったり、課題解決することも可能になる。

外部の有識者や複業人材の、役員や顧問への登用も検討したい。デジタルを活用した働き方やビジネスモデルを展開してきた人材に経営に参画願う。そこまでしても頑なに変わらない経営陣や部門長には退任願うしかない。その覚悟を経営トップは持てているか。変わらない身内を甘やかしていては、DXなどそれこそ言葉遊びでしかない。

■ 2. 地方の企業こそ人材育成に投資を。行政や地域金融機関の後押しも重要

上場企業は、人的資本経営の文脈で人材育成への投資が急速に進んでいる。東京本社のある上場大企業は中堅人材1人当たり年間20万円の人材育成に投資をすると発表した。一方で地方都市の企業においてはどうか。呆れるほど人の育成にお金を出さない。静岡県内のある中堅企業の管理職に話を聞いたところ「1人年間1万円も会社が出してくれればよいほう」、別の企業からは「人の育成に投資する発想がない」「そんなこと（育成）している暇があったら、現場で手を動かせと言われる」との情けなく恥ずかしい回答が返ってきた。20対1どころか20対0。この

格差はあまりに大きい。これではデジタルを活用した新たなビジネスモデルや雇用モデルはおろか、足元の業務の改善さえ進まない。低利益、低賃金の下請けビジネスモデルから脱却できない。そのような地域によい人材が集まり定着するだろうか。大都市と地方都市の人材育成格差は、ビジネスモデル変革力や人材獲得力に直結する。それが地方都市の関係人口にも影響するであろう。

もちろん地方都市の企業、中小企業の事情も分かる。

慢性的な人手不足、かつ下請け構造のビジネスモデルにおいて、人材育成の時間を割く余裕がない。元請けからのコスト削減圧力や一方的な要請に抗えず、人材育成など効果が見えにくいものに投資できない。いつまでたっても低位安定の下請けモデルから脱却できない。そうはいっても、やはり中小企業の自助努力だけではいかんともしがたい。

ここは地域金融機関や行政による後押しを期待したい。

人材育成への投資を条件とした融資の実行。行政による地域企業への支援金や感染症蔓延防止のための休業補償なども、たとえば休業期間中の人材育成や業務のデジタル化によるオペレーション改善や新規ビジネスモデル創出を前提条件にする。このような、地域の企業や人材のアップデートを後押しする施策は考え得る。短期的な稼ぎを生む業務と、近未来の稼ぎを生む業務を両立させる。いわゆる「両利きの経営」を後押しするのも地域金融機関や行政の責務であろう。

雑務の多さも気になる。アナログな事務作業、煩雑な管理間接業務、対面を強いる業務……これらは、他都市などでスマートなやり方に慣れた人を遠ざける。「現場（工場など）と不公平だから」などと言い訳して、テレワークのような働き方さえ取り入れようとしない地域の経営者も少なくない。DXなど夢物語である。

デジタルを活用し、雑務を減らした企業を広報したり好条件で融資する。そのような後押しを、地域金融機関や行政機関に期待したい。いっそのこと地域の企業のデジタルツール活用度合いやテレワークなどのデジタルワークの取組状況を公表してはどうだろう？脱アナログの追い風になり、改善が進めばその地域で働く魅力が高まる。すなわち地域のブランディングにも大きく寄与する。

3. 新たな職種を生み出す

DXとはデジタルを活用した新たな働き方や稼ぎ方を生む取組でもある。たとえば、デジタルマーケティング、データサイエンティストなどはデジタル技術の発展に伴い生まれた新たな職種だ。

ところが地方都市の企業においてはこの変化も起こりにくい。会社の仕事といえば現場と営業と事務の3択のみ。だれも疑おうとしないし、デジタル技術を活用した新たなやり方も生まれにくい。地域で就業したい人も「この地域には面白そうな仕事がない」「大都市の先進的な企業の経験が活きない」と感じ、東京など大都市に出ていってしまう。地域の企業にとっても、その地域で就業したい人材にとってももったいない。デジタルを活用した、新たな職種を地域に生む。そのトランスフォーメーションこそが優秀な人材を集め、高利益のビジネスモデル転換を可能にし、待遇も向上させる。

実際に旧来の気合と根性と足で稼ぐ営業スタイルを刷新、デジタルマーケティングやブランディングの職種を新設してよい人材を集め、自社ブランドを確立しつつ新たな商圏を拡大した老舗の金属加工業の中小企業が、浜松市においても複数ある。そのためには、繰り返しに

なるが経営陣をはじめとする意思決定層のアンラーニングや、プロパー（生え抜き）人材が新たな知識や能力を獲得するための機会創出も欠かせない。そうでないと新しい能力を持った人たちが、プロパー人材の抵抗により傷つけられたり、従前の非効率な管理間接業務がなくならず組織全体が停滞からの衰退の道を進む。

　若手、女性、IT技術者やデザイナー、複業人材や多拠点人材など今までとは異なる「勝ちパターン」で威力を発揮し得る人へのエンパワーメント（権限移譲）も鍵である。デジタル技術を活用すればそれこそ複業やリモートワークで部分的に参画願うこともできる。異なるプレイヤーに関わってもらう。権限移譲する。意思決定に参画願う。それも越境思考である。育休明けの従業員が、育休中に会社の投資かつ本人の希望で学んだマネジメントやデジタルワークのスキルを活かし、復職後に時短勤務かつテレワークで成果を出す仕事のやり方にチェンジ。組織変革の中核として活躍する変化も起こっている。これも従来とは異なる人材へのエンパワーメントの一形態である。

　「井の中の蛙」集団は、地域と組織の成長リスクである。IT×越境で景色を変え、地方都市の「勝ちパターン」を創っていこう。

　デジタル技術（D）は既にある。それを活用して変革（X）できるかどうかは人のマインド次第なのだ。なによりあなた自身が変わる覚悟があるかどうか。そこに尽きる。

第2章

デジタル時代における人材の
適材化・適所化に関する国内動向

1 はじめに

　IPAでは企業におけるDX取組状況や先進事例、および先端デジタル領域において不足が懸念される IT人材[1]の学び直しや流動実態等の調査事業を実施し、その結果を報告書として公開するなど、IT人材の変革という視点から我が国におけるDX推進に資する取組を行ってきた。

　第2章では、2022年1月に実施した「デジタル時代における企業や人材のスキル変革等に関する調査」[2]を基にこれまでの調査の経年変化を示すと同時に、IT人材の適材化・適所化[3]に向けた具体的な施策検討のために深掘した調査結果を概説する。

2 デジタル時代のスキル変革調査概要、IT人材総数の推計

(1) デジタル時代のスキル変革等に関する国内企業調査、個人調査概要

　2022年1月に実施した「デジタル時代における企業や人材のスキル変革等に関する調査」(以降、本章では「2021年度調査」と言う)では、日本国内企業および個人を対象にアンケートを実施した。調査概要を図表4-25に掲載する。

　企業調査は、日本国内の事業会社およびIT企業の計15,000社を調査対象として2022年1月から2022年2月にかけて実施し、計1,935社(事業会社：1,046社、IT企業：889社)から回答を得た。なお、2021年度調査では、IT人材の範囲を次のように定義して調査を行った。

　　・IT企業やネットビジネス企業に所属する研究者やエンジニア
　　・一般の事業会社の情報システム部門に所属しIT業務に携わる人材
　　・ITを活用して新規事業創造、新技術・製品の研究・開発、既存製品・サービスの付加価値向上、業務のQCD向上などを行う人材

　個人調査は、2022年1月に実施し、企業に所属するIT人材2,136名、フリーランス482名から回答を得た。

＊1　本章の調査でいう「IT人材」は、ITベンダー企業やネットビジネス企業、一般の事業会社の情報システム部門に所属しIT業務に携わる、いわゆるITエンジニアだけではなく、ITを活用して事業創造や製品・サービスの付加価値向上、業務のQCD(Quality(品質)、Cost(コスト)、Delivery(納期)の頭文字を示す)向上などを行う人々すべてを対象とした、広義のIT人材を指す。また、特定の企業に所属しないフリーランス等も含む。

＊2　「デジタル時代における企業や人材のスキル変革等に関する調査」(過年度調査も含む)
　　　<https://www.ipa.go.jp/ikc/our_activities/sx/chousa.html>
　　　第4部第1章「日米調査にみるDXを推進する人材」の調査回答企業とは異なる。

＊3　IT人材の適材化・適所化とは、IT人材の学びや学び直しが行われ(＝適材化)、自身のスキルおよび志向性がマッチする場へ流動し活躍(＝適所化)している状態およびそのような場になることを指す。

デジタル時代のスキル変革等に関する国内企業調査、個人調査概要

	企業調査	個人調査
調査対象	・ IT企業・事業会社の 人事部門の責任者 情報システム部門の責任者 デジタルビジネス(*1)推進部門の責任者	・ 20歳～59歳の下記の人材 　・ 企業に所属するIT人材(*2) 　・ 特定の企業に属さないIT人材（フリーランス）
調査期間	・ 2022年1月7日（金）～2022年1月26日（水）	・ 2022年1月7日（金）～2022年1月28日（金）
調査項目	・ 2020年度調査項目＋2021年度重点調査事項	・ 2020年度調査項目＋2021年度重点調査事項
調査対象数	・ IT企業(*3)：5,000社 ・ 事業会社(*3)：10,000社 ・ 計：15,000社	・ 調査会社の登録モニターを利用
回収数	・ IT企業：889社（回収率：17.8%） ・ 事業会社：1,046社（回収率：10.5%） ・ 計：1,935社（回収率：12.9%）	・ 企業に所属するIT人材：2,136名 ・ 特定の企業に属さないIT人材（フリーランス）：482名
調査対象 抽出方法や 留意点	・ 2020年度回答企業 　（調査の継続性の観点から対象に選定） ・ 企業データベースから業種や従業員規模で割り付けてランダムに抽出	・ 可能な限り、年代構成が社会実態に沿うよう、サンプルを抽出
備考	・ アンケートについてはIPAからの直接依頼とあわせ、経済団体、IT関連の業界団体や各地域の情報サービス産業協会等を通じた告知を実施	

*1　デジタルビジネスとは、AI（人工知能）やIoT、ビッグデータをはじめとするデジタル技術を活用したビジネスを指す「デジタル事業」と同意）。

*2　本章の調査でいう「IT人材」は、ITベンダー企業やネットビジネス企業、一般の事業会社の情報システム部門に所属しIT業務に携わる、いわゆるITエンジニアだけではなく、ITを活用して事業創造や製品・サービスの付加価値向上、業務のQCD向上などを行う人々すべてを対象とした、広義のIT人材を指す。また、特定の企業に所属しないフリーランス等も含む。

*3　2021年度調査では、IT企業は、情報通信業の情報サービス業を示す（一部情報通信業以外でIT事業が主体の企業も含む）。事業会社はIT企業以外を示している。業種は日本産業分類に基づく。

出典：IPA「デジタル時代のスキル変革等に関する調査（2021年度）」2022年4月14日

（2）国内IT人材総数の累計

2021年度調査結果に基づき、国内のIT人材の総数を推計した。2021年度調査結果に基づく事業会社のIT人材の推計が約34.6万人、IT企業の推計が約107.9万人で、合わせて国内のIT人材の合計数は約142.5万人となった。以下に事業会社とIT企業における各IT人材人数の推計について述べる。

① 事業会社の IT 人材数の推計

2021年度調査結果に基づく事業会社のIT人材の推計数は約34.6万人となった（図表4-26）。総従業員数が多い業種（製造業、医療・福祉、卸売業・小売業）は、業種別の従業員数別にIT人材数の割合[*4]を用いてIT人材数の推計を行った。その他の業種は、一律して従業員規模別にIT人材数の割合を用いて推計した。また、IT人材数を基にIT人材の職種とIT人材レベル別の推計を行った（図表4-27）。

図表4-26 事業会社のIT人材推計結果

民間企業データベース登録データより			調査結果
業種大分類名称	企業数	従業員数	IT人材推計
製造業	10,186	4,999,949	84,244
医療・福祉	8,195	2,977,629	14,846
卸売業・小売業	6,413	2,552,518	60,084
建設業	2,050	833,078	
電気・ガス・熱供給・水道業	157	159,483	
情報通信業（※）	961	465,540	
運輸業・郵便業	3,776	1,640,804	
金融業・保険業	986	1,138,499	
不動産業・物品賃貸業	1,111	461,941	186,826
学術研究・専門・技術サービス業	1,628	720,907	
宿泊業・飲食サービス業	1,023	405,611	
生活関連サービス業・娯楽業	983	340,624	
教育・学習支援業	1,273	638,052	
複合サービス事業	583	409,846	
サービス業（他に分類されない）	3,352	1,492,443	
			346,000

※IT企業は除く（詳細は図表4-28参照）、従業員数100名以下は除く、業種は農業、林業、漁業、鉱業、採石業、砂利採取業、公務は除く、企業数は社数、従業員数、IT人材推計は人数
出典：IPA「デジタル時代のスキル変革等に関する調査（2021年度）」2022年4月14日公開集計データと民間データベースを基に作成

[*4] 株式会社東京商工リサーチの業種別従業員数のデータベースを基に2021年度の業種別従業員別のIT人材数の割合を用いてIT人材数の推計を行った。IT人材の割合とは、回答企業の従業員に対するIT人材の占める割合を業種別（製造業、医療・福祉、卸売業・小売業、それ以外の業種）、従業員規模別（101名以上300名以下、301名以上1,000名以下、1,001名以上）毎に算出した。推計IT人材数の合計は百の単位を切捨て表示。

図表4-27 事業会社のIT人材の職種・レベル別推計結果

職種	IT人材の割合(%)	社内・業界をリードする人材	指導者・リーダー	自立して業務を遂行できる人材	指導や補助が必要な人材	合計
ITストラテジスト	4.2%	1,032	2,180	7,121	4,199	14,532
システムアーキテクト	4.7%	1,155	2,439	7,968	4,700	16,262
プロジェクトマネージャ	13.6%	3,341	7,058	23,057	13,600	47,056
ITサービスマネージャ	6.3%	1,548	3,270	10,681	6,299	21,798
ネットワーク技術者・担当者	6.9%	1,695	3,581	11,698	6,900	23,874
データベース技術者・担当者	5.2%	1,277	2,699	8,816	5,200	17,992
エンベデッドシステム技術者・担当者	7.6%	1,867	3,944	12,885	7,600	26,296
情報セキュリティ技術者・担当者	5.7%	1,400	2,958	9,664	5,700	19,722
アプリケーション技術者・担当者	13.7%	3,366	7,110	23,227	13,699	47,402
プログラマー	18.9%	4,643	9,809	32,043	18,899	65,394
システム監査	1.3%	4,498				4,498
その他	11.9%	41,174				41,174
					推計IT人材数の合計	346,000

※推計IT人材数の合計は百の単位を切捨て表示、職種は情報処理技術者試験・情報処理安全確保支援士試験の試験区分一覧
　(https://www.jitec.ipa.go.jp/1_11seido/seido_gaiyo.html)に定義された職種などを用いた。
出典：IPA「デジタル時代のスキル変革等に関する調査(2021年度)」2022年4月14日公開集計データと民間データベースを基
　に作成

② IT企業のIT人材数の推計

　2021年度調査結果に基づき、IT企業のIT人材の総数を推計した。2021年度調査結果に基づくIT企業のIT人材の推計数は約107.9万人となった(図表4-28)。IT企業の業種別のIT人材数の割合を用いて、IT人材数の推計を行った。また、IT人材数を基にIT人材の職種とIT人材レベル別の推計を行った(図表4-29)。

図表4-28 IT企業のIT人材推計結果[*5]

民間企業データベース登録データより			調査結果
業種細分類名称	企業数	従業員数	IT人材推計
受託開発ソフトウェア業	19,130	960,844	750,380
情報処理サービス業	2,671	232,025	147,304
組込みソフトウェア業	2,135	81,053	52,652
パッケージソフトウェア業	778	87,208	53,689
電気機械器具卸売業	7,750	234,712	64,532
電子計算機製造業	478	22,463	6,164
情報記録物製造業	617	15,608	4,279
			1,079,000

※企業数は社数、従業員数、IT人材推計は人数
出典：IPA「デジタル時代のスキル変革等に関する調査(2021年度)」2022年4月14日公開集計データと民間データベースを基に作成

図表4-29 IT企業IT人材の職種・レベル別推計結果

職種	IT人材の割合(%)	社内・業界をリードする人材	指導者・リーダー	自立して業務を遂行できる人材	指導や補助が必要な人材	合計
ITストラテジスト	3.4%	2,054	6,127	19,700	8,805	36,686
システムアーキテクト	5.2%	3,142	9,370	30,130	13,466	56,108
プロジェクトマネージャ	10.4%	6,284	18,740	60,260	26,932	112,216
ITサービスマネージャ	3.6%	2,175	6,487	20,859	9,323	38,844
ネットワーク技術者・担当者	5.7%	3,444	10,271	33,027	14,761	61,503
データベース技術者・担当者	3.8%	2,296	6,847	22,018	9,841	41,002
エンベデッドシステム技術者・担当者	2.7%	1,631	4,865	15,644	6,993	29,133
情報セキュリティ技術者・担当者	3.7%	2,236	6,667	21,439	9,581	39,923
アプリケーション技術者・担当者	22.0%	13,293	39,642	127,473	56,972	237,380
プログラマー	30.7%	18,550	55,319	177,883	79,501	331,253
システム監査	0.6%	6,474				6,474
その他	8.2%	88,478				88,478
					推計IT人材数の合計	1,079,000

※推計IT人材数の合計は百の単位を切捨て表示、職種は情報処理技術者試験・情報処理安全確保支援士試験の試験区分一覧
(https://www.jitec.ipa.go.jp/1_11seido/seido_gaiyo.html)に定義された職種などを用いた
出典：IPA「デジタル時代のスキル変革等に関する調査(2021年度)」2022年4月14日公開集計データと民間データベースを基に作成

＊5　株式会社東京商工リサーチより業種別従業員数のデータベースを基に2021年度調査の業種別のIT人材の割合を用いてIT人材数の推計を行った。IT人材の割合とは、従業員に対してIT人材が占める割合を示す。推計IT人材数の合計は百の単位を切捨て表示。

（3）日米の情報処理・通信に携わる人材の数、所属、職種の経年比較

　本項では、日本と米国で実施された統計調査を基に情報処理・通信に携わる人材の数や所属、職種の経年比較を行った。日本の統計情報は2015年と2020年の国勢調査[*6]、米国は2015年と2021年の職業雇用統計[*7]による。対象とした職種は、国勢調査が「システムコンサルタント・設計者」「ソフトウェア作成者」「その他の情報処理・通信技術者」、職業雇用統計が「Computer and Information Systems Managers」「Computer and Information Research Scientists」「Computer and Information Analysts」「Software and Web Developers, Programmers, and Testers」「Database and Network Administrators and Architects」「Computer Support Specialists」「Computer Occupations, All Other」「Data Scientists」を情報処理・通信に携わる人材として扱っている。

　日本における情報処理・通信に携わる人材は、2015年[*8]国勢調査の1,045,200人に対して2020年国勢調査では、1,253,930人に増加した。また、日本における情報処理・通信に携わる人材がIT企業[*9]、IT企業以外に所属する割合は2020年が73.6％対26.4％である。2015年における所属の割合の72.0％対28.0％から大きな変化は見られないが、情報処理・通信に携わる人材の総数増加に伴い、IT企業に所属する人材は、169,870人、IT企業以外に所属する人材数は38,860人増加したことになる。

　IT企業の職種の割合を2015年と2020年で比較すると「ソフトウェア作成者」が19.9％から22.8％に微増し、それ以外は微減である。IT企業以外の職種割合は、「システムコンサルタント・設計者」が10.1％から11.0％に微増し、それ以外は微減となった。

　米国の情報処理・通信に携わる人材は、2015年職業雇用統計の4,195,110人に対し、2021年は4,981,090人に増加した。なお、2021年の人材数には、2015年時点では含まれていなかった職種としてデータサイエンティスト（105,980人）が新たに加わっている。また、米国における情報処理・通信に携わる人材のIT企業[*10]、IT企業以外に所属する割合は、35.1％対64.9％である。2015年では34.6％対65.4％であり、2021年はIT企業の割合が微増した。職種[*11]の割合は 2015年と2021年ではあまり変化が見られない。

＊6　令和2年国勢調査：調査主体は総務省統計局。抽出詳細集計（2022年12月27日公表）
　　　<https://www.stat.go.jp/data/kokusei/2020/kekka.html>

＊7　職業雇用統計：2015年は職業雇用統計（Occupational Employment Statistics）、2021年は職業別雇用・賃金統計（Occupational Employment and Wage Statistics）。調査主体は、米国労働統計局（Bureau of Labor Statistics）と State Workforce Agencies（SWAs）の協同プログラム。<URL：https://www.bls.gov/>

＊8　「IT人材白書2017」第2部第2章日本と米国の情報処理・通信に携わる人材の動向を引用した。「2015年国勢調査結果」は、抽出速報集計（2016年06月29日公表）を参照していることに留意すること。なお、2017年12月13日に公表された「2015年国勢調査結果」抽出詳細集計では、情報処理・通信に携わる人材は、1,000,960人である

＊9　日本でIT企業として扱った業種は、「ソフトウェア業」、「情報処理・提供サービス業」、「インターネット附随サービス業」

＊10　米国でIT企業として扱った業種は、「Software Publishers」、「Data Processing, Hosting, and Related Services」、「Computer Systems Design and Related Services」

＊11　米国の情報処理・通信に携わる人材の職種において「システムコンサルタント・設計者」を「Computer and Information Systems Managers」「Computer and Information Research Scientists」「Computer and Information Analysts」、「ソフトウェア作成者」を「Software and Web Developers, Programmers, and Testers」、「その他の情報処理・通信技術者」を「Database and Network Administrators and Architects」「Computer Support Specialists」「Computer Occupations, All Other」「Data Scientists」とした。2015年は「IT人材白書2017」第2部第2章日本と米国の情報処理・通信に携わる人材の動向を引用した。米国の情報処理・通信に携わる人材の職種は2015年以降職種コード、職種の変更、追加に留意が必要である

　日本の2020年国勢調査の全就業者数(57,673,630人)は、2015年国勢調査の全就業者数(58,140,600人)より減少しているが、日本における情報処理・通信に携わる人材はIT企業、IT企業以外ともに増加している。近年、デジタル化を推進する人材の必要性が高まり、情報処理・通信に携わる人材が増加している。

3　IT人材の状況

　2021年度調査で明らかになったIT人材の現状について示す。企業調査ではIT人材の状況(不足感)などを尋ねた。個人調査では、現業種で主に関わる技術や領域について尋ね、先端技術・領域に携わるIT人材か否かの分類を行った。

(1) 企業のIT人材の状況(量、質、経年変化)

　IT人材の職種別人材の数とレベルの把握状況を事業会社、IT企業の企業区分別に示す(図表4-30)。全体でみるとIT人材を把握している割合(「職種別の人材数、人材のレベル両方を把握している」「職種別の人材数だけ把握している」「人材のレベルだけ把握している」の合計)は67.3%である。「把握していない」と回答した割合をみると、事業会社は44.7%、IT企業は18.6%であり、IT企業のほうが把握している割合が高い。

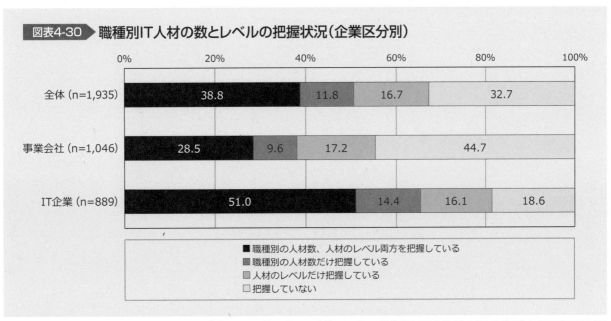

図表4-30　職種別IT人材の数とレベルの把握状況(企業区分別)

出典：IPA「デジタル時代のスキル変革等に関する調査(2021年度)」2022年4月14日

IT人材の「量」に対する過不足感について、事業会社に尋ねた結果を従業員規模別に示す（図表4-31（左））。全体は7割強が不足（「やや不足している」「大幅に不足している」の合計）していると回答があり、従業員規模が大きい企業のほうが「大幅に不足している」の割合が高くなっている。

IT人材の「質」に対する不足感について尋ねた結果を従業員規模別に示す（図表4-31（右））。全体でみると7割強が不足（「やや不足している」「大幅に不足している」の合計）していると回答がある。IT人材の「量」の過不足感と同様の傾向である。

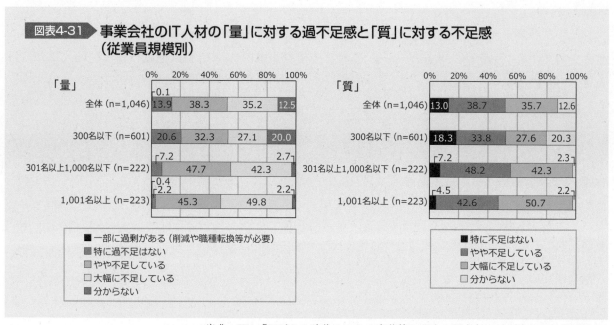

図表4-31 事業会社のIT人材の「量」に対する過不足感と「質」に対する不足感（従業員規模別）

出典：IPA「デジタル時代のスキル変革等に関する調査（2021年度）」2022年4月14日

IT人材の「量」に対する過不足感について、IT企業に尋ねた結果を従業員規模別に示す(図表4-32(左))。全体でみると8割強が不足(「やや不足している」「大幅に不足している」の合計)していると回答があり、「やや不足している」は、従業員規模が大きくなるに従い割合が高くなっている。

IT人材の「質」に対する不足感について尋ねた結果を従業員規模別に示す(図表4-32 (右))。全体でみると8割強が不足(「やや不足している」「大幅に不足している」の合計)している。IT人材の「量」の過不足感と同様の傾向である。

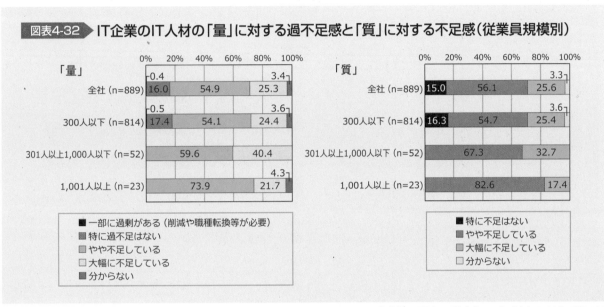

図表4-32 IT企業のIT人材の「量」に対する過不足感と「質」に対する不足感(従業員規模別)

出典：IPA「デジタル時代のスキル変革等に関する調査(2021年度)」2022年4月14日

事業会社のIT人材[12]に対する「量」の過不足感と「質」の不足感の経年変化を図表4-33に示す。2021年度調査の事業会社のIT人材に対する「量」の過不足感は、全体でみると不足（「やや不足している」「大幅に不足している」の合計）と回答した企業は7割強である（図表4-33（左））。

　事業会社のIT人材に対する「質」の不足感について、「分からない」の割合が増加している（図表4-33（右））。

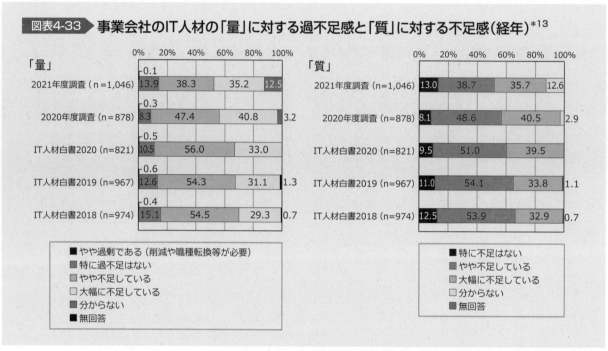

図表4-33 ▶ 事業会社のIT人材の「量」に対する過不足感と「質」に対する不足感（経年）[13]

出典：IPA「デジタル時代のスキル変革等に関する調査」、「IT人材白書」を基に作成

---

* 12　2020年度調査以降は、それ以前の調査とIT人材の定義が異なる。2020年度調査以降では、従来のIT人材（IT企業や事業会社の情報システム部門等に所属する人）にくわえ、ITを活用して事業創造や製品・サービスの付加価値向上、業務のQCD向上等を行う人も含む。

* 13　2017年度調査は「IT人材白書2018」、2018年度調査は「IT人材白書2019」、2019年度調査は「IT人材白書2020」、2020年度調査は、「デジタル時代のスキル変革等に関する調査報告書（2021年度）」、2021年度調査は「デジタル時代のスキル変革等に関する調査報告書（2021年度）」を示す。

196 DX白書2023

　IT企業のIT人材＊14に対する「量」の過不足感と「質」の不足感の経年変化を図表4-34に示す。2021年度調査のIT企業のIT人材に対する「量」の過不足感は、全体でみると不足（「大幅に不足している」「やや不足している」の合計）は8割強で2020年度調査とほぼ同様だが、「大幅に不足している」は25.3%と増加している（図表4-34（左））。

　2021年度調査のIT企業のIT人材に対する「質」の不足感は、「大幅に不足している」が25.6%であり、2020年度調査の22.4%から再び増加している。

　その一方で、「特に不足はない」は、過去5年間で最も割合が高い。IT企業の「質」の不足感は、「大幅に不足している」と「特に不足はない」に二極化していることがうかがえる（図表4-34（右））。

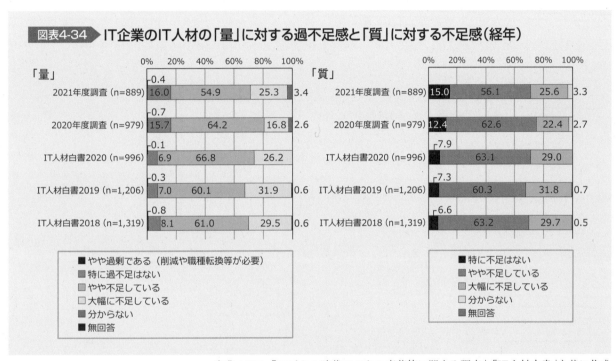

図表4-34　IT企業のIT人材の「量」に対する過不足感と「質」に対する不足感（経年）

出典：IPA「デジタル時代のスキル変革等に関する調査」、「IT人材白書」を基に作成

＊14　事業会社調査と同様、2020年度調査以降は、それ以前の調査とIT人材の定義が異なる。2020年度調査以降では、従来のIT人材（IT企業や事業会社の情報システム部門等に所属する人）にくわえ、ITを活用して事業創造や製品・サービスの付加価値向上、業務のQCD向上等を行う人も含む。

（2）個人調査のIT人材の分類

　企業においてDXを進めるうえでは、先端技術・領域[15]に対応可能なIT人材の存在が欠かせない。そのようなIT人材を確保するためには、従来の技術・領域に携わるIT人材の業務転換やスキルチェンジなども重要な要素となる。個人調査では、現業種で主に関わる技術や領域について尋ね、先端技術・領域に携わるIT人材か否かの分類を行った。

　先端技術・領域に携わるIT人材（以降、「先端IT従事者」と言う）に対しては、別の領域から先端技術・領域への転換（業務転換）を経験しているかどうかを尋ねた。業務転換を経験している回答者に対しては、転換のきっかけについて尋ね、自発的か会社主導によるものかの分類を行った。先端技術・領域に携わっていないIT人材（以降、「非先端IT従事者」と言う）には、先端技術・領域に携わりたいかどうかの意向を尋ねた。以上の結果より、転換タイプを自発転換、受動転換、当初から先端、転換志向、固定志向の五つに分類した（図表4-35）。

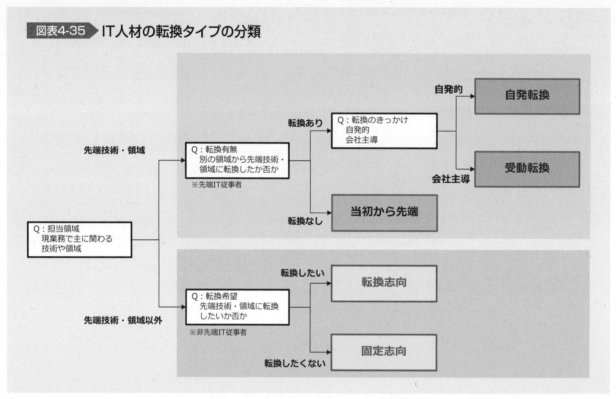

図表4-35　IT人材の転換タイプの分類

出典：IPA「デジタル時代のスキル変革等に関する調査（2021年度）」2022年4月14日

＊15　いずれかに該当するものを先端技術・領域とした。データサイエンス、AI／人工知能、IoT、デジタルビジネス／X-Tech、アジャイル開発／DevOps、AR／VR、ブロックチェーン、自動運転／MaaS、5G、左記以外の先端的な技術や領域。

図表4-35の分類方法に従って、IT人材の分類を行った結果を示す(図表4-36)。

図表4-36 IT人材の転換タイプ[16]

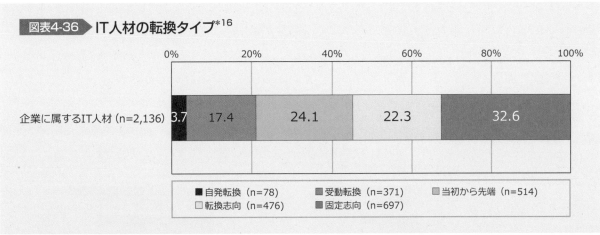

注)企業に属するIT人材の転換タイプの割合はアンケートに対する回答者の割合であり、実存数とは異なることに留意
出典：IPA「デジタル時代のスキル変革等に関する調査(2021年度)」2022年4月14日

4 IT人材の学びに対する企業の取組

スキル変革を推進するためには、IT人材の学びや学び直しが行われること、また身につけたスキルや志向性がマッチする場へと流動して活躍できることが重要となる。企業には、IT人材のキャリア形成を考え、新たなスキルを身につけるため学びをサポートしていくことが求められる。

2021年度調査の結果を基にDXの成果別[17]に傾向を分析し、IT人材のキャリア形成に関する企業の認識と取組、IT人材の学びや学び直しの現状を明らかにする。

(1) 企業のIT人材のキャリア形成、IT人材の学びや学び直しの現状把握

企業に対し、IT人材のキャリア形成や学びに対してどのような指針を持っているのか、またどのような支援や施策を実行しているかを尋ねた調査結果を以下に示す。

---

* 16 フリーランスの調査結果は非掲載。
* 17 本章の調査ではDX取組状況について「全社戦略に基づき、全社的にDXに取り組んでいる」「全社戦略に基づき、一部の部門においてDXに取り組んでいる」「部署ごとに独自、個別にDXに取り組んでいる」と回答した企業に対してDXの成果を尋ねている。DX成果が出ている企業を「DX成果あり」、DX成果が出ていない企業を「DX成果なし」とした。

DX白書2023 199

① 企業によるキャリア形成支援の状況

　IT人材に対して、どのようなキャリアサポートを行っているかを尋ねた結果を示す（図表4-37）。企業区分やDX成果の有無に関わらず最も実施している割合が高かったものは「上司によるキャリア面談の実施」である。DX成果別にみると、事業会社の「DX成果なし」では、キャリアサポートを「行っていない」割合が46.9%と顕著であり、IT人材個人にキャリア形成を任せている状態がうかがえる。

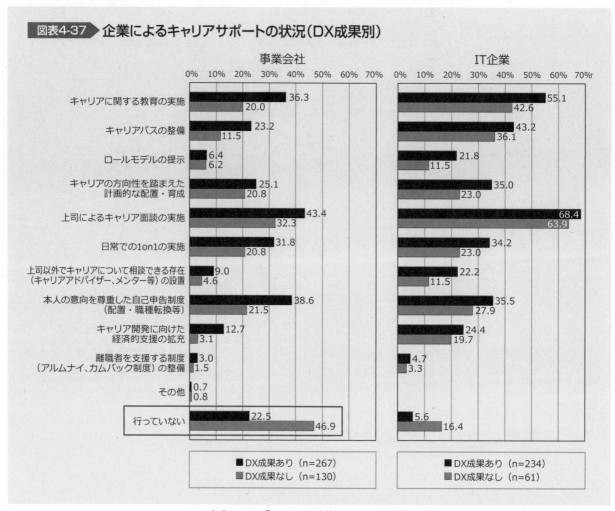

図表4-37　企業によるキャリアサポートの状況（DX成果別）

出典：IPA「デジタル時代のスキル変革等に関する調査（2021年度）」2022年4月14日

② IT人材の学びに関する会社の方針

IT人材の学びについての会社の方針を尋ねた結果を示す（図表4-38）。企業区分やDX成果の有無に関わらず「本人主導」の割合が高く、企業区分別にみると、事業会社は、IT企業と比較すると、「特に方針はない」と回答した企業の割合が高い。IT企業では、社内人材の多くをIT人材が占めるため、方針が明確になっていると思われる。

DX成果別にみると、IT企業については、DX成果の有無による違いはあまりみられない。事業会社については、「DX成果あり」では、「DX成果なし」と比べ会社主導の方針を掲げる割合が高い。会社主導で自社IT人材の学びについて積極的な働きかけを行い、IT人材のスキル向上や新たなスキル獲得を促すことで、自社のDXの成果につながる可能性がある。

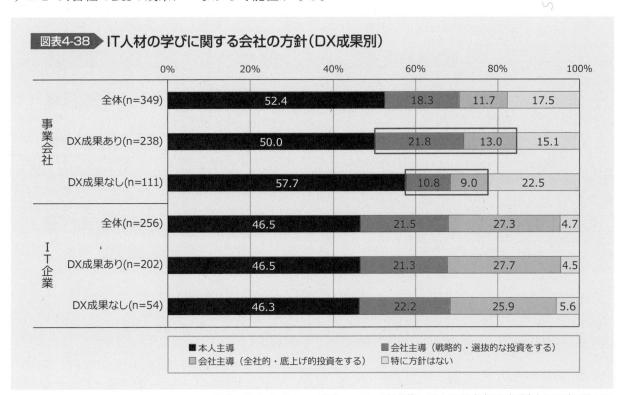

図表4-38　IT人材の学びに関する会社の方針（DX成果別）

	本人主導	会社主導（戦略的・選抜的な投資をする）	会社主導（全社的・底上げ的投資をする）	特に方針はない
事業会社 全体(n=349)	52.4	18.3	11.7	17.5
事業会社 DX成果あり(n=238)	50.0	21.8	13.0	15.1
事業会社 DX成果なし(n=111)	57.7	10.8	9.0	22.5
IT企業 全体(n=256)	46.5	21.5	27.3	4.7
IT企業 DX成果あり(n=202)	46.5	21.3	27.7	4.5
IT企業 DX成果なし(n=54)	46.3	22.2	25.9	5.6

出典：IPA「デジタル時代のスキル変革等に関する調査（2021年度）」2022年4月14日

③ IT 人材の教育費の増減

IT人材の教育費の状況について尋ねた結果を示す（図表4-39）。事業会社とIT企業の両方で、増加と回答した企業の割合が減少と回答した企業を上回っている。

DX成果別にみると、事業会社とIT企業の両方で、「DX成果あり」が、「DX成果なし」に比べて教育費が増加している割合が高い。

IT人材の教育費の増加とは「大幅に増えた」「やや増えた」の合計、減少は「やや減った」「大幅に減った」の合計のことをいう。

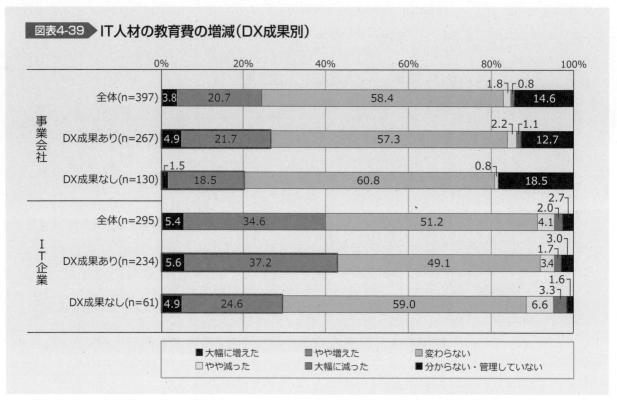

図表4-39　IT人材の教育費の増減（DX成果別）

出典：IPA「デジタル時代のスキル変革等に関する調査（2021年度）」2022年4月14日

④ **今後身につけさせるべき重要度が高いIT人材のスキル**

　IT人材に今後身につけさせるべき重要度が高いと思うスキルについて尋ねた結果の経年比較を示す（図表4-40）。企業区分に関わらず、「人、プロジェクトやタスクのマネジメントスキル」が最も多く選択されている。

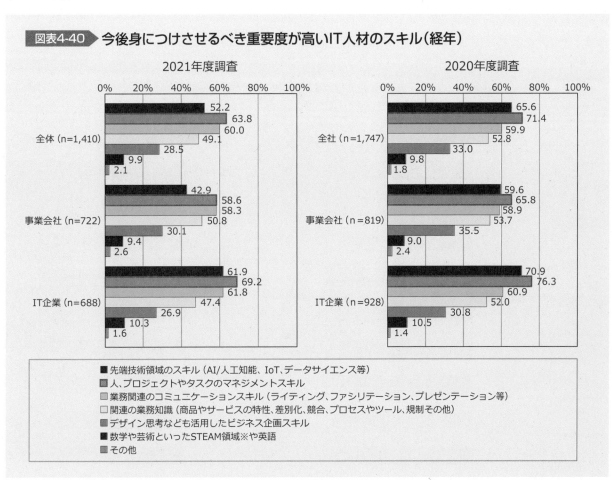

図表4-40　今後身につけさせるべき重要度が高いIT人材のスキル（経年）

注：STEAM領域：科学（Science）・技術（Technology）・工学（Engineering）・芸術（Art）・数学（Mathematics）
出典：IPA「デジタル時代のスキル変革等に関する調査（2021年度）」2022年4月14日

IT人材が先端技術領域のスキルを学んだ場合に活かす場があるかどうかを尋ねた結果の経年比較を示す（図表4-41）。事業会社全体では2020年度調査と比較して「ある」（「かなりある」「多くはないがある」の合計）と回答した割合は減少している。しかし、従業員規模別にみると、従業員規模が大きいほど先端技術領域のスキルを活かす場があると回答する企業の割合が高くなる傾向があり、IT企業の301名以上1,000名以下を除き、事業会社・IT企業ともに、301名以上の企業では「かなりある」と「多くはないがある」を合計した回答割合は2020年度調査より増加していることがわかる。

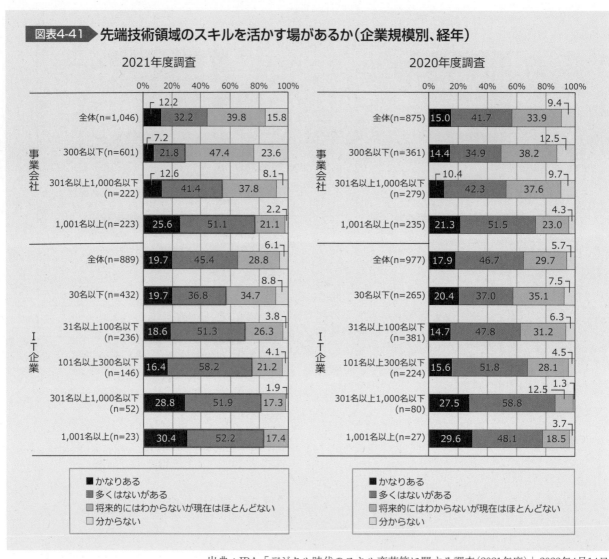

図表4-41　先端技術領域のスキルを活かす場があるか（企業規模別、経年）

出典：IPA「デジタル時代のスキル変革等に関する調査（2021年度）」2022年4月14日

⑤ IT 人材の学びを支援する仕組みの状況

　人材のスキル向上・新たなスキル獲得のための「会社として推奨、支援する仕組み」[18]がある企業を
DX成果別に示す（図表4-42）。事業会社、IT企業ともにDX成果がある企業で有償研修や資格取得のた
めの勉強などの「コンテンツ学習」の割合が高い。IT企業ではDX成果がない企業でも「コンテンツ学習」
の割合が高い一方、副業などによる経験を積ませる「越境学習」については、DX成果の有無に関わらず
割合が低い。

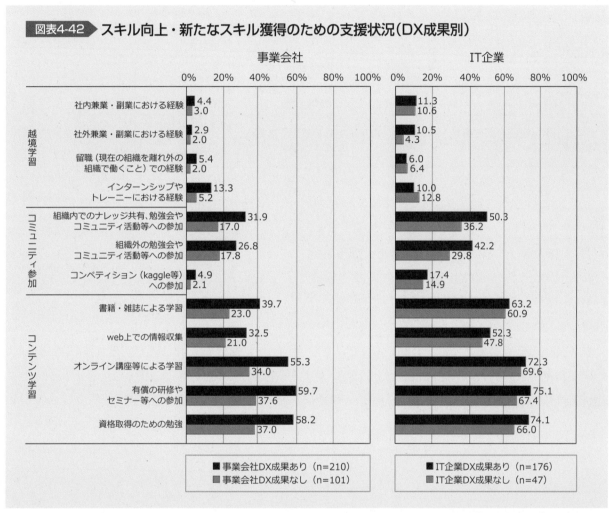

図表4-42　スキル向上・新たなスキル獲得のための支援状況（DX成果別）

※本設問のn値は回答数に多いn値を記載
出典：IPA「デジタル時代のスキル変革等に関する調査（2021年度）」2022年4月14日

＊18　人材のスキル向上・新たなスキル獲得の設問の選択肢は「会社として推奨し、支援する仕組みがある」「会社
　　として推奨しているが特に支援はしていない」「特に推奨、支援していない」の三つであるが「会社として推
　　奨し、支援する仕組みがある」のみ表示している。

他方、個人調査において新たなスキル獲得に有効な方法を尋ねた結果によれば、とくに先端IT従事者では新たなスキルを獲得するためには組織外・社外での学びが有効と考えている回答が上位にある（図表4-43）。この結果と企業側の支援状況がコンテンツ学習中心であることを比較すると、両者にギャップがあることがわかる。

図表4-43	新たなスキル獲得に有効な方法（転換タイプ別、割合が高い順に3位まで）				
	自発転換	受動転換	当初から先端	転換志向	固定志向
1位	社外兼業・副業における経験	組織外の勉強会やコミュニティ活動等への参加	組織外の勉強会やコミュニティ活動等への参加	資格取得のための勉強	資格取得のための勉強
2位	社内兼業・副業における経験	社内兼業・副業における経験	社内兼業・副業における経験	社外兼業・副業における経験	社内兼業・副業における経験
3位	web上での情報収集	オンライン講座等による学習	社外兼業・副業における経験	組織外の勉強会やコミュニティ活動等への参加	web上での情報収集

※企業に属するIT人材のみの集計
出典：IPA「デジタル時代のスキル変革等に関する調査（2021年度）」2022年4月14日

⑥ IT人材の学びについて支援が必要だと思うもの

IT人材の学びについて、企業側として支援が必要だと思うものについて尋ねた結果を示す（図表4-44）。全体でみると、「学びの機会の提供」や「学んだことを実践する機会の提供」を選んだ企業が半数近くに上る（図表4-44（上））。

事業会社とIT企業それぞれをDX成果別でみると、事業会社では「学んだことを実践する機会の提供」を選んだ割合に差異がみられる。「DX成果あり」が52.0%、「DX成果なし」では39.6%と10ポイント以上の差がある（図表4-44（下））。

…

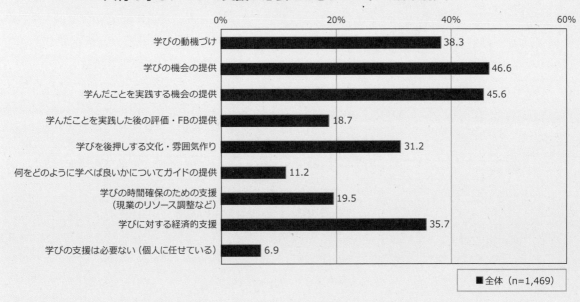

図表4-44　IT人材の学びについて支援が必要だと思うもの（全体）上、IT人材の学びについて支援が必要だと思うもの（DX成果別）下

- 学びの動機づけ 38.3
- 学びの機会の提供 46.6
- 学んだことを実践する機会の提供 45.6
- 学んだことを実践した後の評価・FBの提供 18.7
- 学びを後押しする文化・雰囲気作り 31.2
- 何をどのように学べば良いかについてガイドの提供 11.2
- 学びの時間確保のための支援（現業のリソース調整など） 19.5
- 学びに対する経済的支援 35.7
- 学びの支援は必要ない（個人に任せている） 6.9

■全体（n=1,469）

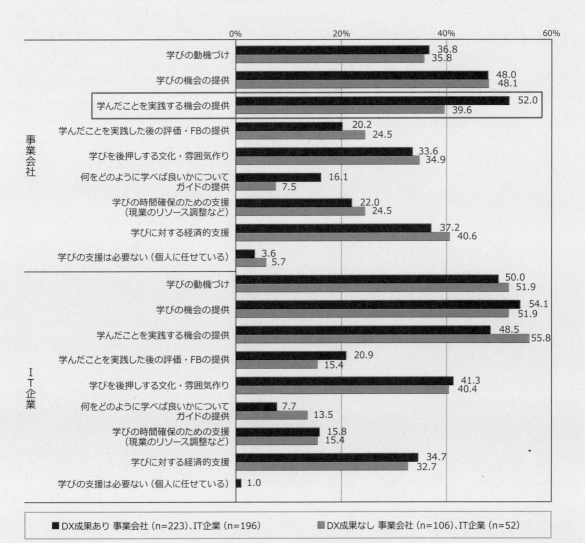

事業会社

- 学びの動機づけ 36.8 / 35.8
- 学びの機会の提供 48.0 / 48.1
- 学んだことを実践する機会の提供 52.0 / 39.6
- 学んだことを実践した後の評価・FBの提供 20.2 / 24.5
- 学びを後押しする文化・雰囲気作り 33.6 / 34.9
- 何をどのように学べば良いかについてガイドの提供 16.1 / 7.5
- 学びの時間確保のための支援（現業のリソース調整など） 22.0 / 24.5
- 学びに対する経済的支援 37.2 / 40.6
- 学びの支援は必要ない（個人に任せている） 3.6 / 5.7

IT企業

- 学びの動機づけ 50.0 / 51.9
- 学びの機会の提供 54.1 / 51.9
- 学んだことを実践する機会の提供 48.5 / 55.8
- 学んだことを実践した後の評価・FBの提供 20.9 / 15.4
- 学びを後押しする文化・雰囲気作り 41.3 / 40.4
- 何をどのように学べば良いかについてガイドの提供 7.7 / 13.5
- 学びの時間確保のための支援（現業のリソース調整など） 15.8 / 15.4
- 学びに対する経済的支援 34.7 / 32.7
- 学びの支援は必要ない（個人に任せている） 1.0

■DX成果あり 事業会社（n=223）、IT企業（n=196）　■DX成果なし 事業会社（n=106）、IT企業（n=52）

出典：IPA「デジタル時代のスキル変革等に関する調査（2021年度）」2022年4月14日

（2）IT人材のキャリア形成と学びに対するミドルマネージャーの役割

　企業でのIT人材のキャリア形成や学びに関し、ミドルマネージャー（部長・課長相当）層の影響や期待される役割とその実態について企業調査と個人調査を行った。

① ミドルマネージャーが IT 人材のキャリア形成や学びに対して果たすべき役割の定義

　IT人材のキャリア形成や学びに対し、ミドルマネージャーが果たすべき役割を図表4-45に挙げた項目と定義した。

図表4-45　IT人材のキャリア形成や学びに対して果たすべきミドルマネージャーの役割定義

	区分		役割の内容
1	ラーニングカルチャー醸成に向けた組織運営		ミドルマネージャー自身の学びの姿勢
2			OFF-JTの動機づけ
3			社外研修参加の企画
4			社外コミュニティ参加の企画
5	業務に関する部下のマネジメント		ストレッチ目標の付与
6			OJTの機会創出（先端領域に関わる業務の創出）
7			本人の志向と合ったプロジェクトアサイン
8			OJTでの指導
9			業務の相談を目的とした1on1
10			キャリア相談を目的とした1on1
11			日常的なコミュニケーションを目的とした1on1

出典：IPA「デジタル時代のスキル変革等に関する調査（2021年度）」2022年4月14日

② ラーニングカルチャー醸成に向けた組織運営（企業調査）

企業調査において、自社のミドルマネージャーをイメージしたときに、部下育成に関して期待している役割とその実態について該当するものを尋ねた。回答選択肢は「役割として期待しており、実際にその役割を果たせている」「役割として期待しているが、実際にはその役割を果たせていない」「役割として期待していない」の三つとした。

ミドルマネージャーの役割定義区分のうち「ラーニングカルチャー醸成に向けた組織運営」については、すべての項目でミドルマネージャーに「役割として期待している」との回答が6割を超える。企業区分別でみても大きな違いはみられない。「社外研修参加の企画」「社外コミュニティー参加の企画」という社外における活動についても、約7割の企業がミドルマネージャーに役割として期待している。

しかし、「実際にその役割を果たせている」と認識している企業の割合は、最も割合が高かった「ミドルマネージャー自身の学びの姿勢」でも30%強である（図表4-46）。

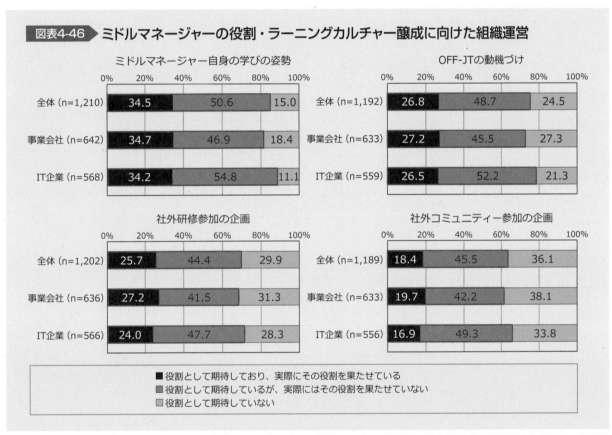

図表4-46 ミドルマネージャーの役割・ラーニングカルチャー醸成に向けた組織運営

出典：IPA「デジタル時代のスキル変革等に関する調査（2021年度）」2022年4月14日

③ 業務に関する部下のマネジメント（企業調査）

　企業調査でミドルマネージャーの役割定義区分のうち「業務に関する部下のマネジメント」について尋ねた結果を示す（図表4-47）。すべての項目で「役割として期待している」と回答した割合は70%を超えている。「実際にその役割を果たせている」の割合をみると、「OJTでの指導」が最も割合が高く、半数の企業が「役割を果たせている」と回答しており、「実際にはその役割を果たせていない」と回答した企業を上回っている。しかしながら、「OJTの機会創出（先端領域に関わる業務の創出）」に関しては、「役割として期待しているが、実際にはその役割を果たせていない」割合が4割を超え、先端領域に関わる業務のOJT機会提供面での役割を果たせていないことがうかがえる。

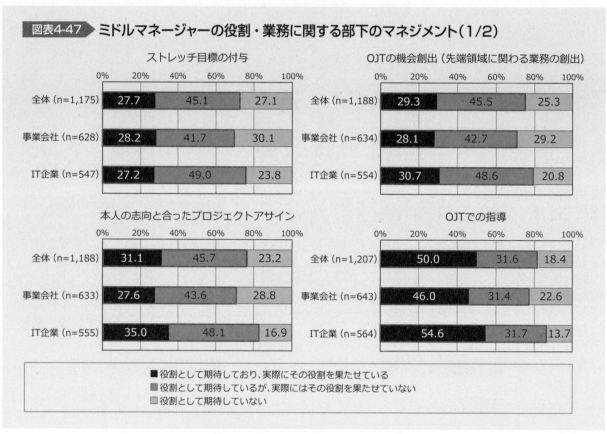

図表4-47 ▶ ミドルマネージャーの役割・業務に関する部下のマネジメント（1/2）

ストレッチ目標の付与

	役割として期待しており、実際にその役割を果たせている	役割として期待しているが、実際にはその役割を果たせていない	役割として期待していない
全体 (n=1,175)	27.7	45.1	27.1
事業会社 (n=628)	28.2	41.7	30.1
IT企業 (n=547)	27.2	49.0	23.8

OJTの機会創出（先端領域に関わる業務の創出）

全体 (n=1,188)	29.3	45.5	25.3
事業会社 (n=634)	28.1	42.7	29.2
IT企業 (n=554)	30.7	48.6	20.8

本人の志向と合ったプロジェクトアサイン

全体 (n=1,188)	31.1	45.7	23.2
事業会社 (n=633)	27.6	43.6	28.8
IT企業 (n=555)	35.0	48.1	16.9

OJTでの指導

全体 (n=1,207)	50.0	31.6	18.4
事業会社 (n=643)	46.0	31.4	22.6
IT企業 (n=564)	54.6	31.7	13.7

■ 役割として期待しており、実際にその役割を果たせている
■ 役割として期待しているが、実際にはその役割を果たせていない
□ 役割として期待していない

出典：IPA「デジタル時代のスキル変革等に関する調査（2021年度）」2022年4月14日

図表4-48のミドルマネージャーの役割・業務に関する部下のマネジメント（2/2）で「役割として期待しているが、実際にはその役割を果たせていない」よりも「役割として期待しており、実際にその役割を果たせている」の回答割合が上回った項目を全体でみると、「業務の相談を目的とした1on1」「日常的なコミュニケーションを目的とした1on1」である。業務や日常的でない専門性の高い「キャリア相談を目的とした1on1」は、ミドルマネージャーの役割・業務としてはあまり成果を上げられないことがわかる。

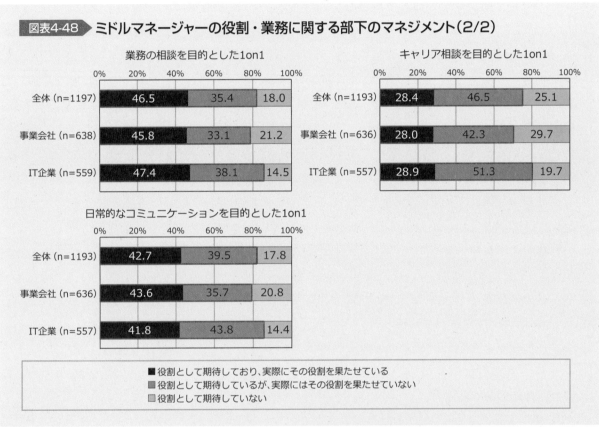

図表4-48 ミドルマネージャーの役割・業務に関する部下のマネジメント（2/2）

業務の相談を目的とした1on1

	役割として期待しており、実際にその役割を果たせている	役割として期待しているが、実際にはその役割を果たせていない	役割として期待していない
全体 (n=1197)	46.5	35.4	18.0
事業会社 (n=638)	45.8	33.1	21.2
IT企業 (n=559)	47.4	38.1	14.5

キャリア相談を目的とした1on1

全体 (n=1193)	28.4	46.5	25.1
事業会社 (n=636)	28.0	42.3	29.7
IT企業 (n=557)	28.9	51.3	19.7

日常的なコミュニケーションを目的とした1on1

全体 (n=1193)	42.7	39.5	17.8
事業会社 (n=636)	43.6	35.7	20.8
IT企業 (n=557)	41.8	43.8	14.4

■ 役割として期待しており、実際にその役割を果たせている
■ 役割として期待しているが、実際にはその役割を果たせていない
□ 役割として期待していない

出典：IPA「デジタル時代のスキル変革等に関する調査（2021年度）」2022年4月14日

④ ミドルマネージャーの役割と実態（個人調査）

　IT人材のキャリア形成や学びに対してミドルマネージャー（部長・課長相当）が果たすべき役割とその評価に関する個人調査の結果を示す。

　個人調査においてもミドルマネージャーに対して自身のキャリア形成に関して期待している役割とその実態について該当するものを尋ねた。回答選択肢は企業調査と同様に「役割として期待しており、実際にその役割を果たせている」「役割として期待しているが、実際にはその役割を果たせていない」「役割として期待していない」の三つとした。なお、回答者自身が部長・課長相当の役割を果たしている場合は、自己評価としての回答である。

　回答結果を一般社員とミドルマネージャーに分け、一般社員の評価とミドルマネージャー本人の自己評価を比較することで、実態を明らかにし、「先端IT従事者」と「非先端IT従事者」を比較することで、その傾向を探った。

　期待されている役割のうち、「ミドルマネージャー自身の学びの姿勢」を「役割として期待している」を選んだ割合が一般社員とミドルマネージャーのいずれにおいても最も高い（図表4-49）。ミドルマネージャー自身が学び続けていること、そしてそれを示すことが部下の学びに好影響を与えることも期待できる。

　一般社員とミドルマネージャーの自己評価を比較すると、ミドルマネージャーのほうがすべての項目において「役割を果たせている」と回答した割合が高い。

　さらに、「先端IT従事者」と「非先端IT従事者」の違いに注目してみると、「非先端IT従事者」のうち、とくに一般社員で「役割として期待していない」と回答した割合が高く、「先端IT従事者」と比べるとミドルマネージャーとの自己評価とのギャップが大きいことがわかる。なお、一般社員・ミドルマネージャーともに「先端IT従事者」のほうが「役割を果たせている」と回答した割合が高い。なお、他の項目においても同様の傾向である[19]。

---

[19]　他の項目の結果についても「デジタル時代のスキル変革等に関する調査（2021年度）個人調査報告書」
　　<https://www.ipa.go.jp/ikc/reports/20220414.html> に記載している。

図表4-49 ミドルマネージャーの役割・ラーニングカルチャー醸成に向けた組織運営（一般社員とミドルマネージャーの回答）

一般社員の回答

ミドルマネージャー自身の学びの姿勢
- 先端（n=581）：39.2／33.9／26.9
- 非先端（n=817）：21.3／22.6／56.1

OFF-JTの動機づけ
- 先端（n=570）：28.8／37.2／34.0
- 非先端（n=813）：11.7／23.5／64.8

社外研修参加の企画
- 先端（n=580）：26.6／35.0／38.4
- 非先端（n=814）：10.6／22.1／67.3

社外コミュニティー参加の企画
- 先端（n=573）：25.5／34.2／40.3
- 非先端（n=813）：8.1／22.0／69.9

■ 役割として期待しており、実際にその役割を果たせている　■ 役割として期待しているが、実際にはその役割を果たせていない　□ 役割として期待していない

ミドルマネージャーの回答

ミドルマネージャー自身の学びの姿勢
- 先端（n=327）：57.2／27.5／15.3
- 非先端（n=223）：38.1／34.1／27.8

OFF-JTの動機づけ
- 先端（n=326）：41.1／35.9／23.0
- 非先端（n=225）：25.3／33.3／41.3

社外研修参加の企画
- 先端（n=326）：38.0／35.9／26.1
- 非先端（n=224）：14.7／30.4／54.9

社外コミュニティー参加の企画
- 先端（n=328）：36.3／34.8／29.0
- 非先端（n=224）：14.3／32.6／53.1

■ 役割として期待されており、実際にその役割を果たせている　■ 役割として期待されているが、実際にはその役割を果たせていない　□ 期待されていない

※グラフ内の先端は先端IT従事者、非先端は非先端IT従事者を示す
出典：IPA「デジタル時代のスキル変革等に関する調査（2021年度）」2022年4月14日

　自身のスキルやキャリア形成に関するミドルマネージャーとの対話頻度を尋ねた結果を示す（図表4-50上）。「先端IT従事者」と「非先端IT従事者」を比較すると、一般社員とミドルマネージャーのいずれにおいても、「先端IT従事者」の対話頻度が高くなっている。さらに、キャリアや学びに対する意識と、将来のキャリアの志向性との関係について分析した。一般社員のうち、ミドルマネージャーとの対話について「機会がない」「四半期に1回より多い」と回答した者は、その他の回答した者と比較してキャリアの志向性が「特にない」と回答した割合が高いことがわかる（図表4-50下）。

　これまで述べてきたとおり、IT人材個人のキャリア形成意識の醸成や行動促進に関して、ミドルマネージャーが少なからず影響を与えている。当然ながらミドルマネージャー層だけではなく、企業の経営層（役員クラス）にもITの活用に関する見識やそれに基づくリーダーシップが求められる。「デジタル時代のスキル変革等に関する調査（2020年度）報告書」[20]でも指摘したが、経営層（役員クラス）にITの見識のある人がどの程度存在するかによりDXの成果に違いがある、という傾向も確認されている。そのため、経営層（役員クラス）、ミドルマネージャー層のいずれについても、自らがリスキリングすること、そしてそれを従業員に示すことが重要である。

＊20　「デジタル時代のスキル変革等に関する調査（2020年度）報告書」
　　　<https://www.ipa.go.jp/ikc/reports/20210422.html>

自身のスキルやキャリア形成に関する上司（ミドルマネージャー（部・課長クラス））との対話頻度

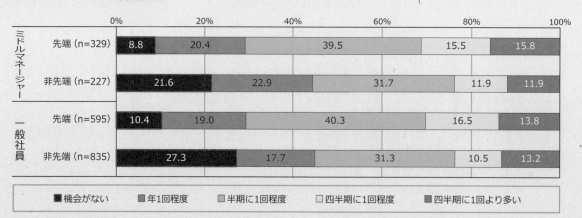

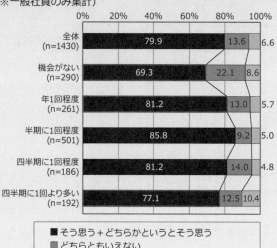

活躍し続ける為の新しいスキル習得の必要性の認識
（※一般社員のみ集計）

先端領域への転換の意欲
（※一般社員のみ集計）

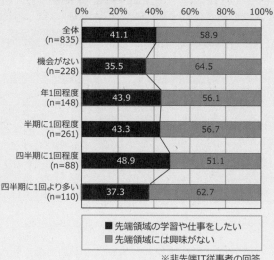

キャリアの志向性（将来）（※一般社員のみ集計）

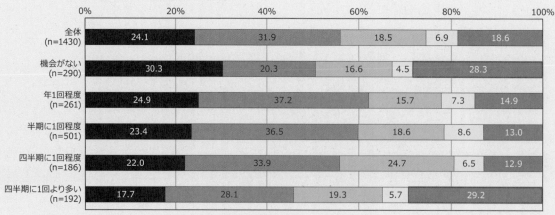

出典：IPA「デジタル時代のスキル変革等に関する調査（2021年度）」2022年4月14日

5 IT人材の学び・スキル向上

DXの推進に伴い、先端技術・領域(データサイエンス、AI・人工知能、IoT、デジタルビジネス/X-Tech、アジャイル開発など)の業務が増加しており、対応できるスキルを持ったIT人材の確保が急務となっている。IT人材自身が学び新たなスキルを身につけることが、先端技術・領域に対応できる人材の創出につながるため、IT人材の学びの実態や将来的なキャリアの志向性を知ることは重要である。

個人調査では、IT人材個人のキャリア形成や学びに対する意識や、スキルの向上や獲得、学びの実態について調査を行った。先端技術・領域と先端技術・領域以外への携わりによって、先端IT従事者(転換タイプが「自発転換」「受動転換」「当初から先端」)、非先端IT従事者(転換タイプが「転換志向」「固定志向」)に分類(第2章3.(2)「個人調査のIT人材の分類」を参照)し、調査結果を分析することで、スキル転換の実態を探る。

(1) 先端技術・領域への業務転換に関する考えの変化

非先端IT従事者の業務転換に関する考え方について尋ねた結果の経年比較を示す(図表4-51)。非先端IT従事者の転換志向、固定志向の割合は、それぞれ40.6%、59.4%である。2020年度調査と同様に、非先端IT従事者の約4割が先端技術・領域に業務転換をしてもよいと考えている。

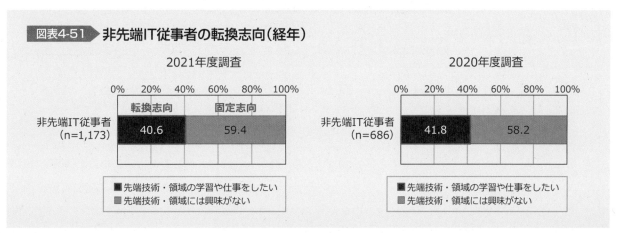

図表4-51　非先端IT従事者の転換志向(経年)

※企業に属するIT人材のみの集計
出典:IPA「デジタル時代のスキル変革等に関する調査(2021年度)」2022年4月14日

企業調査の結果をみると、IT企業では先端技術領域のスキルを活かす場が「かなりある」「多くはないがある」と回答した割合が2021年度調査でやや増加しており(図表4-41)、事業会社でも従業員規模が大きい企業ではその割合が高くなっている。転換を希望するIT人材の受皿は存在すると考えられる。

（2）スキルの向上・新たなスキル獲得の状況

直近1年におけるスキル向上・新たなスキル獲得について尋ねた結果を、転換タイプ別に示す（図表4-52）。先端IT従事者のうち「自発転換」と「受動転換」の9割近くが成果を感じていると回答し、先端技術・領域への転換経験者（「自発転換」「受動転換」）は、先端技術領域への転換後も自身のスキルを研鑽し続けている様子がうかがえる。

一方で、非先端IT従事者の場合は、スキルが向上していないと回答した割合が高い。「転換志向」では44.5%、「固定志向」では67.0%が、元々持っているスキルのレベル向上と新たなスキル獲得のどちらもできていないと回答している。

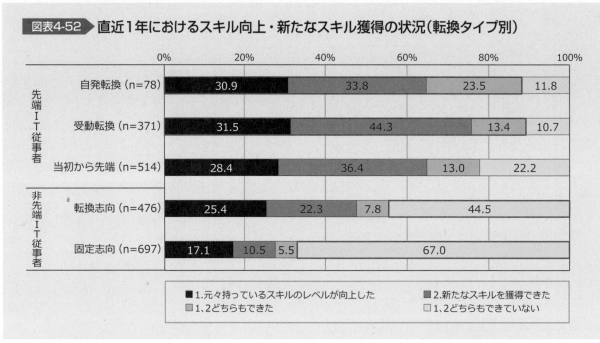

図表4-52 直近1年におけるスキル向上・新たなスキル獲得の状況（転換タイプ別）

※企業に属するIT人材のみの集計
出典：IPA「デジタル時代のスキル変革等に関する調査（2021年度）」2022年4月14日

（3）動機づけ（学ぶ、次のキャリア）

① スキルや学びを見直したきっかけ

スキル向上・新たなスキルを獲得する以前に、自身のスキルや学びを見直す必要性を感じたきっかけについて尋ねた結果を示す（図表4-53）。

転換タイプ別にみると「業務・プロジェクトがひと段落した」「現業務の社会的意義・社会貢献性を感じた」は、転換経験者（自発転換と受動転換）と転換非経験者（転換志向と固定志向）の間で大きな差がある。また、「自発転換」では、「自身のキャリア形成に関する面談を行った」「自身の能力開発に関する面談を行った」の割合が他に比べて突出して高く、面談がキャリア形成、能力開発のきっかけになっていることがわかる。

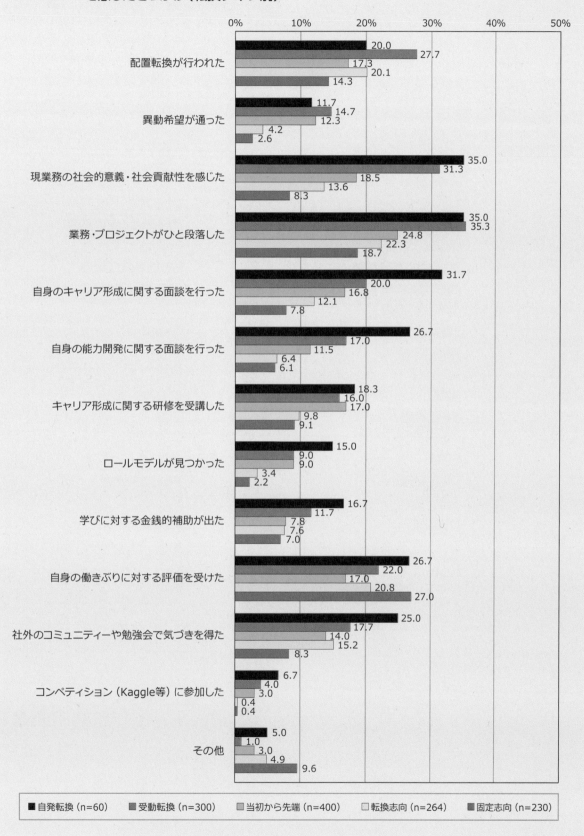

図表4-53　スキル向上・新たなスキルを獲得する以前に、自身のスキルや学びを見直す必要性を感じたきっかけ（転換タイプ別）

項目	自発転換 (n=60)	受動転換 (n=300)	当初から先端 (n=400)	転換志向 (n=264)	固定志向 (n=230)
配置転換が行われた	20.0	27.7	17.3	20.1	14.3
異動希望が通った	11.7	14.7	12.3	4.2	2.6
現業務の社会的意義・社会貢献性を感じた	35.0	31.3	18.5	13.6	8.3
業務・プロジェクトがひと段落した	35.0	35.3	24.8	22.3	18.7
自身のキャリア形成に関する面談を行った	31.7	20.0	16.8	12.1	7.8
自身の能力開発に関する面談を行った	26.7	17.0	11.5	6.4	6.1
キャリア形成に関する研修を受講した	18.3	16.0	17.0	9.8	9.1
ロールモデルが見つかった	15.0	9.0	9.0	3.4	2.2
学びに対する金銭的補助が出た	16.7	11.7	7.8	7.6	7.0
自身の働きぶりに対する評価を受けた	26.7	22.0	17.0	20.8	27.0
社外のコミュニティーや勉強会で気づきを得た	25.0	17.7	14.0	15.2	8.3
コンペティション（Kaggle等）に参加した	6.7	4.0	3.0	0.4	0.4
その他	5.0	1.0	3.0	4.9	9.6

※企業に属するIT人材のみの集計、直近1年でスキル向上や新たなスキル獲得できたと回答した集計
出典：IPA「デジタル時代のスキル変革等に関する調査（2021年度）」2022年4月14日

② IT人材の新たに学ぶ領域を選ぶ基準

新たに学ぶ領域を選ぶ基準について尋ねた結果の経年比較を示す（図表4-54）。「固定志向」を除くと転換タイプに関わらず、「現業務の課題解決に役立つこと」「中長期のキャリアやゴールに必要なこと」を選択した割合が高い。

2020年度調査と比較すると、転換経験者（自発転換と受動転換）は「会社などから必須テーマとして学習を指示されたこと」を選択する割合が大きく増加し、企業からの学びに関する働きかけが積極化していることが示唆される。

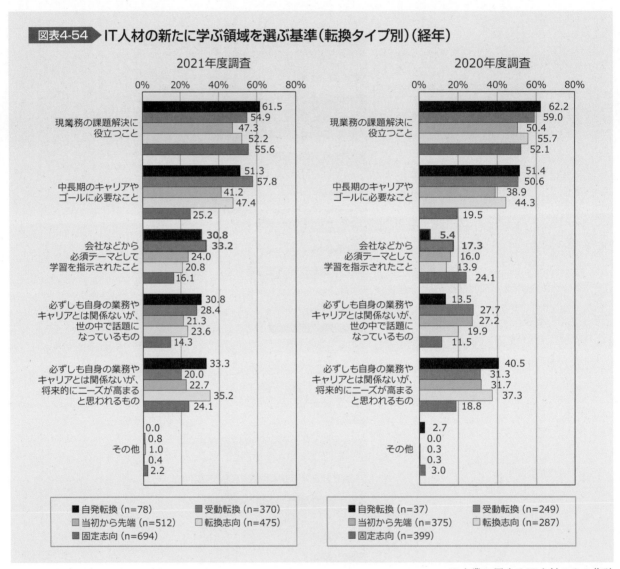

図表4-54　IT人材の新たに学ぶ領域を選ぶ基準（転換タイプ別）（経年）

※企業に属するIT人材のみの集計
出典：IPA「デジタル時代のスキル変革等に関する調査（2021年度）」2022年4月14日

③ 今後身につけるべき重要なスキル

　今後身につけるべき技術や領域のスキルとして重要度が高いと思うものについて尋ねた結果を示す（図表4-55）。先端IT従事者、非先端IT従事者を問わずAI、データサイエンス、IoTを選択する割合が高い。先端IT従事者は非先端IT従事者と比較すると、「上記以外の先端的な技術や領域」と「その他」を除くすべての項目で割合が高い。

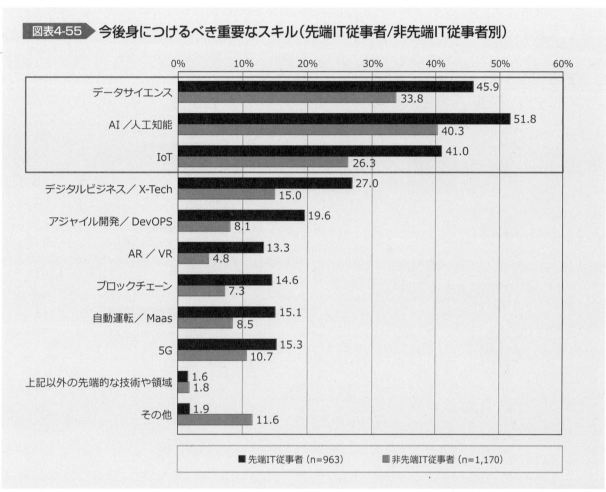

図表4-55　今後身につけるべき重要なスキル（先端IT従事者/非先端IT従事者別）

※企業に属するIT人材のみの集計
出典：IPA「デジタル時代のスキル変革等に関する調査（2021年度）」2022年4月14日

IT人材に技術領域以外のスキルに関する重要度について尋ねた結果を示す（図表4-56左）。また、企業調査では、先端技術領域も選択肢に含め、今後身につけさせるべき重要度の高いIT人材のスキルについて尋ねた結果を示す（図表4-56右）。先端技術領域以外では、IT人材と企業のいずれも「人、プロジェクトやタスクのマネジメントスキル」が最も多く、「業務関連のコミュニケーションスキル」「関連の業務知識」の順になっている。しかし、「先端IT従事者」と「非先端IT従事者」に分けてみると、非先端IT従事者は「業務関連のコミュニケーションスキル」「関連の業務知識」と回答した割合が先端IT従事者と比べて低く、重要度の認識に乖離があることがうかがえる。

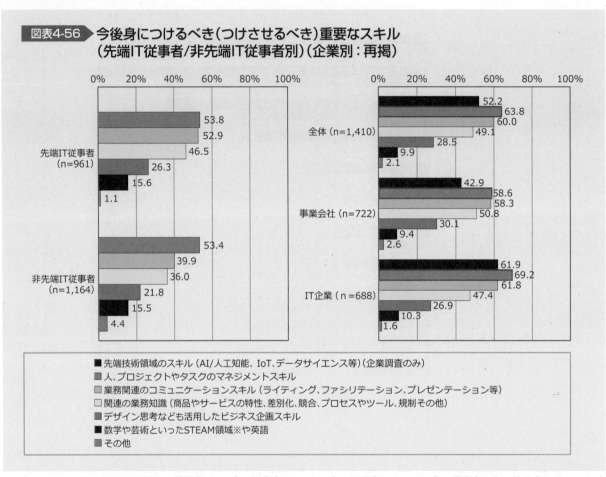

図表4-56　今後身につけるべき（つけさせるべき）重要なスキル（先端IT従事者/非先端IT従事者別）（企業別：再掲）

注：STEAM領域：科学（Science）・技術（Technology）・工学（Engineering）・芸術（Art）・数学（Mathematics）
※企業に属するIT人材のみの集計（左）
※個人調査結果と企業調査では項目が異なる（先端技術領域のスキルに関しては他の設問で調査を行った）
出典：IPA「デジタル時代のスキル変革等に関する調査（2021年度）」2022年4月14日

④ 将来的なキャリアの志向性

将来におけるキャリア形成の考えについて尋ねた結果を示す（図表4-57）。「自発転換」「受動転換」「転換志向」はキャリアアップやキャリアチェンジを望む回答者の割合は6割弱から7割程度である。一方、「固定志向」では、キャリアアップやキャリアチェンジを望む割合が2割半ばであり、転換の意欲が少ないことがわかる。「特にない」と回答した割合が3割程度あり、自身のキャリアについて方針がない者も多いことがうかがえる。

図表4-57 将来的なキャリアに対する考え（転換タイプ別）

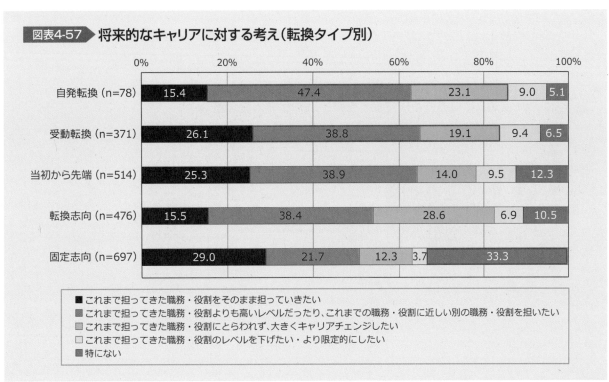

自発転換 (n=78)：15.4 / 47.4 / 23.1 / 9.0 / 5.1
受動転換 (n=371)：26.1 / 38.8 / 19.1 / 9.4 / 6.5
当初から先端 (n=514)：25.3 / 38.9 / 14.0 / 9.5 / 12.3
転換志向 (n=476)：15.5 / 38.4 / 28.6 / 6.9 / 10.5
固定志向 (n=697)：29.0 / 21.7 / 12.3 / 3.7 / 33.3

■ これまで担ってきた職務・役割をそのまま担っていきたい
■ これまで担ってきた職務・役割よりも高いレベルだったり、これまでの職務・役割に近しい別の職務・役割を担いたい
■ これまで担ってきた職務・役割にとらわれず、大きくキャリアチェンジしたい
□ これまで担ってきた職務・役割のレベルを下げたい・より限定的にしたい
■ 特にない

※企業に属するIT人材のみの集計
出典：IPA「デジタル時代のスキル変革等に関する調査（2021年度）」2022年4月14日

（1）IT企業と事業会社間の人材流動状況

　個人調査において、過去2年より前から企業に属するIT人材や、直近2年でIT企業・事業会社から転職した企業に属するIT人材を集計対象[21]として、IT企業・事業会社からの流動を図表4-58のように算出・整理した[22]。

　算出・整理の結果、直近2年において転職したと回答したIT人材の流動状況をみると、IT企業からIT企業への流動（6.5%）よりも、事業会社への流動（8.8%）のほうが多いことがわかる。

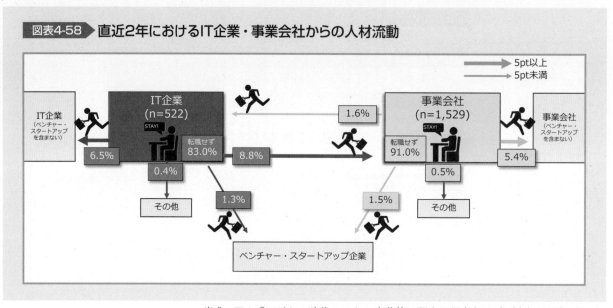

図表4-58 ▶ 直近2年におけるIT企業・事業会社からの人材流動

出典：IPA「デジタル時代のスキル変革等に関する調査（2021年度）」2022年4月14日

---

[21] フリーランスと企業に属するIT人材のサンプル数の制約から、直近2年においてIT企業・事業会社からフリーランスに転向した回答者は除外して集計している（割合には含まれていない）。

[22] 直近2年で転職していない回答者のうち、所属企業の業種として「受託開発ソフトウェア業」「組込みソフトウェア業」「パッケージソフトウェア業」「情報処理サービス業」「情報提供サービス業」と選択した者を「IT企業」所属のIT人材と定義し、「その他情報通信業」を含むその他業種を選択した者を「事業会社」と定義し、集計している。そのため、上図の「転職せず」には、IT企業・事業会社に属するベンチャー・スタートアップ企業が一定数含まれている事に注意。また転職者に関しては、転職前の所属企業として「IT企業（ベンチャー・スタートアップを含まない）」「事業会社（ベンチャー・スタートアップを含まない）」を選択した回答者を集計対象とし、転職先は回答者が選択した「IT企業（ベンチャー・スタートアップを含まない）」「事業会社（ベンチャー・スタートアップを含まない）」「ベンチャー・スタートアップ」「その他」によって分類し、割合を算出している。

また、転職状況について尋ねた結果の経年比較を示す（図表4-59）。

転換タイプ別でみると、2021年度調査の「自発転換」の43.6%が直近2年で転職しており、他の転換タイプと比較して突出して割合が高い（図表4-59左）。

2020年度調査（図表4-59右）と比較すると、「自発転換」では転職した割合が増加している。他の転換タイプでは大きな変化はなく、「自発転換」での流動化が以前より活発になっている様子がうかがえる。

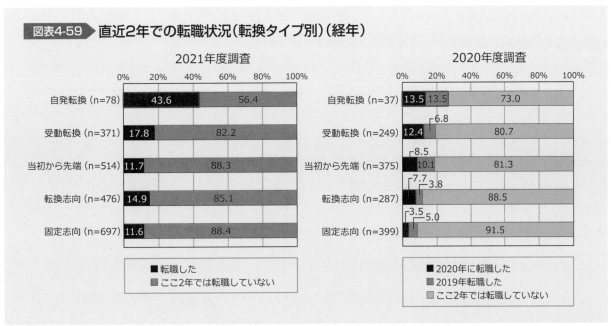

図表4-59 直近2年での転職状況（転換タイプ別）（経年）

※企業に属するIT人材のみの集計
出典：IPA「デジタル時代のスキル変革等に関する調査（2021年度）」2022年4月14日

（2）転職に対するIT人材の意識

転職に対する考え方について尋ねた結果の経年比較を示す（図表4-60）。「積極的に行いたい」と回答した割合の順は、「自発転換」「受動転換」「当初から先端」「転換志向」「固定志向」である。転換経験者の転職ハードルは、他のタイプと比べると少ない。

2020年度調査と比較すると、すべてのタイプにおいて、「より良い条件の仕事を求めて、積極的に行いたい」割合が上昇し、「絶対にしたくない」の割合が低下している。IT人材個人の意識からは、今後人材の流動化がさらに活発化する可能性が高いことがうかがえる。

図表4-58の直近2年におけるIT企業・事業会社からの人材流動を踏まえるとIT企業と事業会社での人材流動の割合も同程度であることから、IT企業、事業会社間の人材獲得競争が激しくなっていくことが予想される。

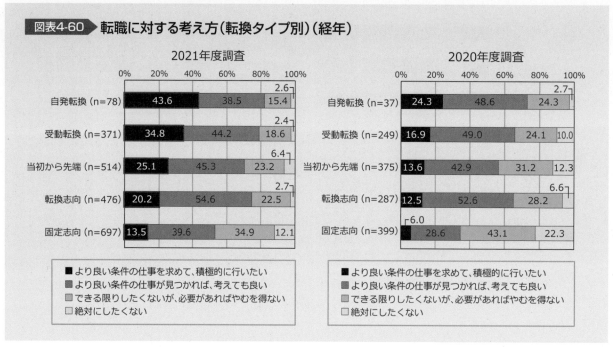

図表4-60 ▶ 転職に対する考え方（転換タイプ別）（経年）

2021年度調査

	より良い条件の仕事を求めて、積極的に行いたい	より良い条件の仕事が見つかれば、考えても良い	できる限りしたくないが、必要があればやむを得ない	絶対にしたくない
自発転換 (n=78)	43.6	38.5	15.4	2.6
受動転換 (n=371)	34.8	44.2	18.6	2.4
当初から先端 (n=514)	25.1	45.3	23.2	6.4
転換志向 (n=476)	20.2	54.6	22.5	2.7
固定志向 (n=697)	13.5	39.6	34.9	12.1

2020年度調査

	より良い条件の仕事を求めて、積極的に行いたい	より良い条件の仕事が見つかれば、考えても良い	できる限りしたくないが、必要があればやむを得ない	絶対にしたくない
自発転換 (n=37)	24.3	48.6	24.3	2.7
受動転換 (n=249)	16.9	49.0	24.1	10.0
当初から先端 (n=375)	13.6	42.9	31.2	12.3
転換志向 (n=287)	12.5	52.6	28.2	6.6
固定志向 (n=399)	6.0	28.6	43.1	22.3

■より良い条件の仕事を求めて、積極的に行いたい
■より良い条件の仕事が見つかれば、考えても良い
■できる限りしたくないが、必要があればやむを得ない
□絶対にしたくない

※企業に属するIT人材のみの集計
出典：IPA「デジタル時代のスキル変革等に関する調査（2021年度）」2022年4月14日

　さらに、実際に転職を行った者に対して転職理由を尋ねた(図表4-61)。転職理由として一般的である「給料を上げたかったから」「上司に不満があったから」以外の理由に注目すると、転換タイプ別にみると、「自発転換」では、他のタイプと比べて「自分のやりたい仕事ができなかったから」「クリエイティブな仕事ができなかったから」を理由に挙げる割合が高い。

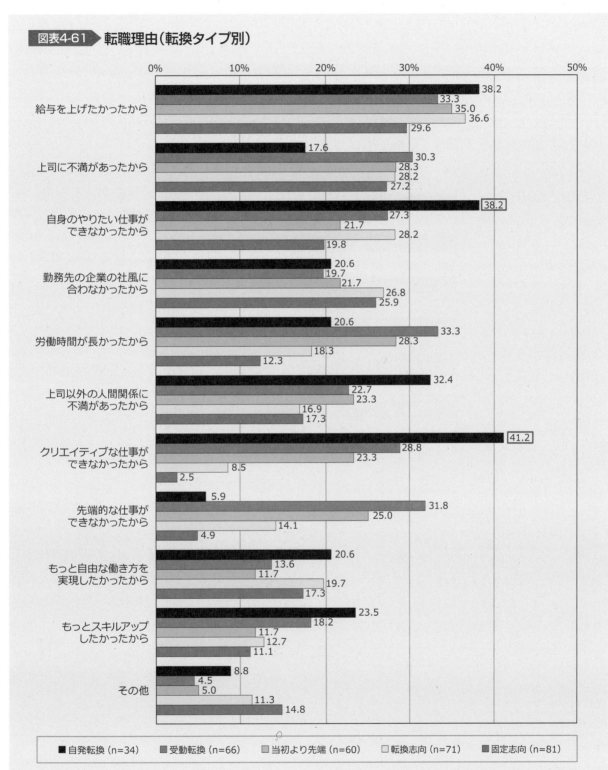

図表4-61 転職理由(転換タイプ別)

※企業に属するIT人材のみの集計、直近2年で転職した回答者の集計
出典：IPA「デジタル時代のスキル変革等に関する調査(2021年度)」2022年4月14日

（3）適職度と企業推奨度

　IT人材の適所化・適材化に向けた施策を検討する前提として、適職に就けている者がどれくらいいるか現状把握を行うため、個人調査において調査を行った。

　適職度について、現業務が適職かどうかの自己認識について、「自身に最も適している」を10点、「自身に全く適していない」を0点として、現在の職務や業務が自身にどの程度合っているかを適職度の点数として尋ねた結果を示す（図表4-62）。先端IT従事者で「適職度6点以上」の割合が高いのは「受動転換」（69.0%）、「自発転換」（66.7%）、「当初から先端」（59.1%）の順番で高い。また、非先端IT従事者では、「適職度6点以上」の割合は「転換志向」（52.1%）のほうが「固定志向」（41.2%）より高い。

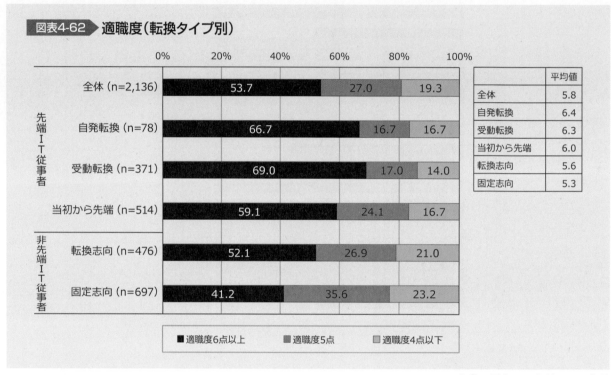

図表4-62　適職度（転換タイプ別）

	平均値
全体	5.8
自発転換	6.4
受動転換	6.3
当初から先端	6.0
転換志向	5.6
固定志向	5.3

※企業に属するIT人材のみの集計
出典：IPA「デジタル時代のスキル変革等に関する調査（2021年度）」2022年4月14日

　適職の評価に当たって重視した要素は何か尋ねた結果を示す（図表4-63）。全体としての適職度の判断基準として多かったものは、「業務を通じてやりがいや面白さを感じているか」「働きぶりが適正に評価されているか」「業務を通じて成長できているか」である。「自発転換」では他の転換タイプと比較して「働きぶりが適正に評価されているか」や「やってみたいIT・デジタル領域の業務やそれに準じるスキルを活かした業務を担えているか」をとくに重視している。

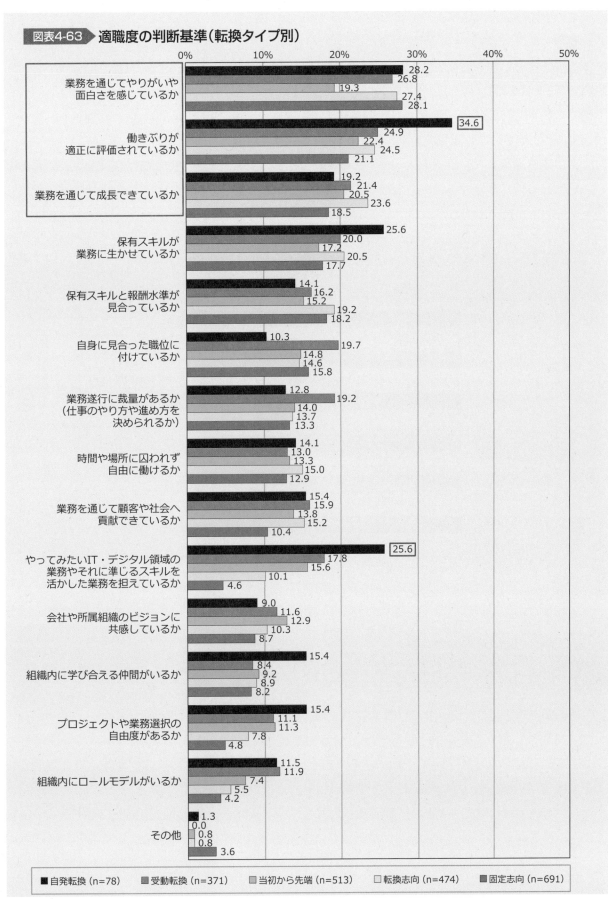

図表4-63 適職度の判断基準（転換タイプ別）

業務を通じてやりがいや面白さを感じているか
28.2 / 26.8 / 19.3 / 27.4 / 28.1

働きぶりが適正に評価されているか
34.6 / 24.9 / 22.4 / 24.5 / 21.1

業務を通じて成長できているか
19.2 / 21.4 / 20.5 / 23.6 / 18.5

保有スキルが業務に生かせているか
25.6 / 20.0 / 17.2 / 20.5 / 17.7

保有スキルと報酬水準が見合っているか
14.1 / 16.2 / 15.2 / 19.2 / 18.2

自身に見合った職位に付けているか
10.3 / 19.7 / 14.8 / 14.6 / 15.8

業務遂行に裁量があるか（仕事のやり方や進め方を決められるか）
12.8 / 19.2 / 14.0 / 13.7 / 13.3

時間や場所に囚われず自由に働けるか
14.1 / 13.0 / 13.3 / 15.0 / 12.9

業務を通じて顧客や社会へ貢献できているか
15.4 / 15.9 / 13.8 / 15.2 / 10.4

やってみたいIT・デジタル領域の業務やそれに準じるスキルを活かした業務を担えているか
25.6 / 17.8 / 15.6 / 10.1 / 4.6

会社や所属組織のビジョンに共感しているか
9.0 / 11.6 / 12.9 / 10.3 / 8.7

組織内に学び合える仲間がいるか
15.4 / 8.4 / 9.2 / 8.9 / 8.2

プロジェクトや業務選択の自由度があるか
15.4 / 11.1 / 11.3 / 7.8 / 4.8

組織内にロールモデルがいるか
11.5 / 11.9 / 7.4 / 5.5 / 4.2

その他
1.3 / 0.0 / 0.8 / 0.8 / 3.6

凡例：■自発転換（n=78） ■受動転換（n=371） ■当初から先端（n=513） □転換志向（n=474） ■固定志向（n=691）

※企業に属するIT人材のみの集計
出典：IPA「デジタル時代のスキル変革等に関する調査（2021年度）」2022年4月14日

企業の財務指標や離職率などと相関関係が示されている従業員エンゲージメント指標の一つとされる企業推奨度[*23]についてIT人材を対象に尋ねた。

　個人調査において企業推奨度として「親しい知人や友人・親戚から、あなたの職場で働きたいと言われたとき、推奨する度合いはどれくらいでしょうか。」と尋ね、10点(非常に勧めたいと思う)から0点(全く勧めない)を選択したものを示す(図表4-64)。「受動転換」は、推奨度6点以上の割合が6割強ありスコアが高い。最もスコアが低い「固定志向」でも、平均値は4.7点である。

　今回の調査対象としたIT人材と、世の中一般の会社員の企業推奨度(平均3.5点)を比べると、どのセグメントにおいても世の中一般の会社員の平均値を上回っており、このことからIT人材は従業員エンゲージメントが高い水準にあることがうかがえる。

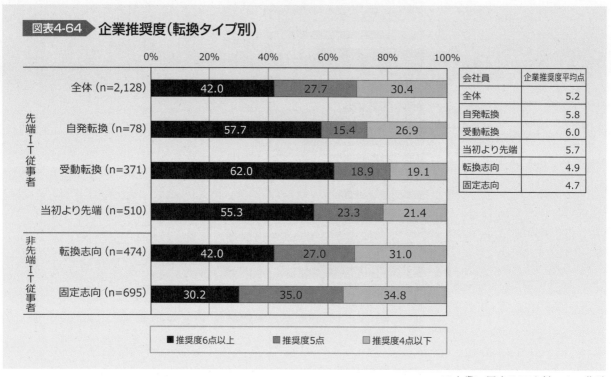

図表4-64　企業推奨度(転換タイプ別)

会社員	企業推奨度平均点
全体	5.2
自発転換	5.8
受動転換	6.0
当初より先端	5.7
転換志向	4.9
固定志向	4.7

※企業に属するIT人材のみの集計
出典：IPA「デジタル時代のスキル変革等に関する調査(2021年度)」2022年4月14日を基に作成

7　今後のIT人材の学びのサイクルについて

　今回の調査結果より、IT人材が学び続けるための各種取組について整理した。

　IT人材個人に対する調査からわかったことは、先端技術・領域への転換経験者はスキルを研鑽し続けているのに対し非先端IT従事者ではスキルが向上していないこと、さらに非先端IT従事者の中でも固定志向は、転換志向につながるような意識が相対的に低いということである。また、IT人材個人のキャリア形成意識の醸成やキャリア形成支援に対してミドルマネージャーは重要な役割を担っていることが示唆されるため、企業側はミドルマネージャーの役割を再定義し、育成していくことが求められ

[*23]　野村総合研究所の調査研究においても、従業員エンゲージメント指標の一つとして企業の売上や離職率などとの相関関係が示されている。「デジタル時代の従業員エンゲージメントの高め方」野村総合研究所(2021.10.14)
　　　<https://www.nri.com/jp/knowledge/report/lst/2021/cc/mediaforum/forum321>

る。しかし、ミドルマネージャーが担う役割については、企業の期待は大きいものの、十分に期待に応えられていない状況であると考えられる。

以上より、IT人材の学びとスキル向上を促進するためには、図表4-65のような好循環（学びのサイクル）を起こすことが有効であると考えられる。

IT人材が学ぶことによる好循環を引き起こすためには、IT人材が働く企業の取組が重要となる。その一つとして、IT人材のキャリア形成や学びに対してミドルマネージャーがIT人材のよき支援者として自らが学びの姿勢を示すなど担う役割の期待は大きい。したがって、IT人材が自律的にキャリアを形成するという意識を持ち、自身のスキルレベルを把握して次のキャリアのために必要なスキルを明確化する。すると学びの行動へとつながり、スキルの向上や新たなスキルを獲得する。獲得したスキルによって今まで以上に価値発揮できる職場を求めて人材の流動化が促進される。スキルを発揮できる場や実績の増加は、人材個人のキャリア形成の意識付けに影響を与えるという好循環を起こすことが考えられる。

企業においてIT人材の自律的なキャリア形成や学びのサイクルを後押しするための仕組みづくりや、ミドルマネージャーが十分に役割を果たすことが、IT人材のスキル変革と向上を後押しし、IT人材がその力を発揮することで、ひいては社会全体のDX推進へとつながっていくことが期待される。

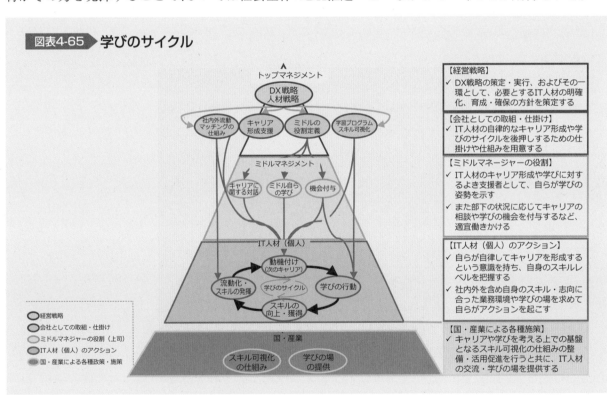

図表4-65 学びのサイクル

出典：IPA「デジタル時代のスキル変革等に関する調査（2021年度）」2022年4月14日

株式会社IHI

1. DX推進が求められる経営環境と人材育成

　IHIは長年、重工業メーカーとして製品を販売し、その保守・メンテナンスで収益を得るという事業を行ってきたが、事業環境の変化とデータ活用の機会が増加したことを受け、ビジネスモデル変革に取組んでいる。2022年度を最終年度とする中期経営計画「プロジェクトChange」において、「ライフサイクルビジネス(LCB)」と称する提案型ソリューションビジネスへの転換を進めている。LCBを支える代表的なソリューションが全社共通のIoTプラットフォーム「ILIPS（アイリップス）」とお客さまに関連する製品・サービス等の情報を一元管理・分析・共有するためのプラットフォーム「CSD（カスタマーサクセスダッシュボード）」である。ILIPSで機械や設備の稼働データを収集・分析するとともに、お客さま情報を起点に各種データを連携・共有するCSDを活用し、営業・サービス・技術/製造が三位一体となった連携を図っている。

　全社的なDXリテラシー向上と意識改革を目的として、3層に分けた人材育成を進める。DXにおいて重要なのは、D＝デジタルよりもX＝変革であると考え、人材においてはこの点を重視している。1層目は全社のリテラシー向上である。全社員に対してDXの啓蒙活動を行い、意識改革を促す。2層目は各部門でのDXリーダーの設置である。DXリーダーは、現場でDXを促進する役割を持ち、ミドル層から変革マインドを持った人を選任する。DXリーダーにDXを推進する上で必要なスキル教育を行うとともに、コミュニティを設置して、複数部門にわたるDX推進や新事業の取組などを支援している。3層目はトップ層におけるDXの必要性の認識とマインドの醸成である。DX推進において、各層に期待する役割を踏まえ、必要な研修を実施することで、具体的な成果創出を目指している。

2. DX推進組織と体制

　全社的なDX推進組織として高度情報マネジメント統括本部を設置し、従来のIT部門も傘下に収めている。同部門は、情報システム部門とデータ利活用を企画・推進する部門が2016年に合併し、主にDX推進を担う要員は約120人である。同部門が事業部門のDX推進支援や人材育成を担うほか、「ILIPS」などのプラットフォームを主管している。実際の開発や運用については、情報システム子会社のIHIエスキューブと協業している。

　IHIの事業領域は、「資源・エネルギー・環境」「社会基盤・海洋」「産業システム・汎用機械」「航空・宇宙・防衛」と幅広い領域にまたがり、四つの事業領域ではビジネスの形態が大きく異なるため、全社一律のやり方で変革を進めることは難しい。そのため、4事業領域の副事業領域長がCDOを務め、事業領域ごとにDX推進組織を設置している。そのほか、高度情報マネジメント統括本部長の小宮常務執行役員が全社CDOの役割を担う。LCB拡大の進め方や投資の意思決定は事業部門が行うが、経営レベルでは5人のCDOの連携、現場レベルでは高度情報マネジメント統括本部と事業領域のDX推進組織が連携し、現場を支援することによってDX推進や人材育成を進めている。

現場のDX推進を担う「DXリーダー」

　事業部門では、「DXリーダー」を置く体制を2021年からスタートしており、中堅基幹職層を中心に2022年9月現在約180名が選任されている。DXリーダーの役割の一つはコミュニティ活動である。事業ユニット内の異なる業務プロセス担当者(営業・設計・調達・生産・建設・アフターサービスなど)の対話で業務プロセス間の連携を強めたり、他の事業ユニットの同じ業務プロセス担当者の横の対話でDXの取組を共有したりすることでコミュニケーションを活性化し、DXを進めるアイディアの共有や

意識改革を促進する。DXリーダーへはデジタル技術とその活用に関する教育も行っており、今後は自分が担当する業務分野に関連する部門を巻込んだ改革を率先して行ってもらいたいと期待している。

3. DXを推進する人材の確保と育成

DXを推進する人材は質・量ともにまだ不足していると考えているが、最も重視しているのは既存の人材の育成である。

たとえばデータ分析スキルについては、データアナリストの育成を2018年度から実施し、2023年度までに1,000人という目標を立てている。ローコードの分析ツールRapidMinerなどを社内に展開し、ツールの利用方法、データ分析の知識、データ分析プロジェクトの進め方などの講座を提供する。受講者にアセスメントを行い、社内のデータアナリストとして認定する。DX推進部門だけではリソースに限りがあるため、現場の担当者が自ら業務データを活用できるようにし、自然発生的に改革が進むようにする狙いである。

ただし、現時点では、必ずしも受講後にスキルを職場で活かせていない社員がいるという課題も認識しており、業務への定着を図る施策も合わせて検討している。そしてデータ分析を実践し交流することでスキルの維持・向上を図る場としてAIコンテストを実施しており、回を追うごとに参加者は増加している。

新卒採用や中途採用のやり方は、DXによって大きく変わってはいないが、昨今はAIやデータ解析の経験・素養がある学生の志望者や中途採用への応募も少しずつ増えてきている。

変革を担う人材の評価の検討

人材の評価については2023年春の次期中期計画に向けて検討を行っている。

DX人材の要件には「デジタル」と「変革」の二つの観点があり、デジタルのスキル育成のためには教育やツールを提供する。変革については、デザインシンキングなどを活用し、顧客課題を探索し、課題解決に資するビジネスモデルを設計するといった能力が相当する。データアナリストなどデジタルのスキルや教育受講結果は職種や資格と直接には結びついてはおらず、人事上の扱いやインセンティブの付与については人事部と検討を行っている。これにくわえて、スキルを習得、評価するだけでは不十分で、失敗を恐れず果敢に変革に挑むマインドも重要である。一方でそのマインドは取組結果を評価する既存の成果主義の下では動機付けが難しい。これについてもDX人材の評価においては欠かせないポイントと考えており、変革を担う人材の評価方法について人事部と検討を進めている。

4. 成果評価

DXリーダーの人数は、ビジネスユニット数18を横軸、縦軸は営業・設計・調達・生産・建設・アフターサービスなどの業務プロセスとして、掛け合わせたマス目に一人以上置くとして目標を設定し、現在約180名が選任されている。DXリーダーを支援するサブのDX推進担当を設けている部署もある。

全社的なITリテラシー向上の施策については、毎年全社員にデジタルに関するEラーニングの受講を義務付けており、受講後のアンケート回答によって実施状況を把握している。

凸版印刷株式会社

1. 外部環境変化とDXへ向けた取組

　凸版印刷株式会社は1900年に活版印刷を祖業とし創業された。外部環境の変化に備えデジタル化へと舵取りする経験は過去にもしており、活版組版の限界を見越し1970年に業界初のコンピュータ組版システムの実用化を実現している。1990年代にはデスクトップパブリッシングの登場、2000年代にはインターネットの普及などにより印刷需要の減少が見込まれるなど、同社を取り巻く環境は変化していった。そしてスマートフォンの登場がその流れを決定付け、電子書籍市場の拡大に伴い、印刷需要はますます減退するようになった。そうした危機感を背景に、2017年に有志によってデジタルを軸にしたビジネスモデルの検討の必要性などが経営層に答申された。そして、同年末には経営トップからDX事業の推進が全社方針として打ち出された。

　同社がDXによるビジネスモデル変革に向けた取組に舵取りできたのは、経営トップが旗を振ったことが大きい。全社方針となれば各事業部も創意工夫をもってDXに向き合わなければならなくなるためだ。そして各営業現場での取組も1年から2年ほどで、徐々に仕事の種につながるとの機運が形成されていった。

2. DX推進組織と体制

　2018年には本社に「デジタルビジネスセンター」が設立された。同センターはDXの戦略立案および旗振り役としての機能を担っており、経営企画系の人財約20人で編成された。その後、全国の各事業部で取組んでいたDX関連の活動について、個々の部署に任すだけではなく、横串しにして大きな取組として臨めるよう、2020年4月に関連部門を統合し「DXデザイン事業部」を立ち上げている。

　DXデザイン事業部は外販による実ビジネスを担い、売上・予算責任も持つライン部門として約1,000人の規模で発足し、現在は1,400人ほどに拡充している。同事業部は、技術系としてIT開発や運用スキルを持つ人財、企画系として商品・サービスのプランニングやプレゼンテーションを得意とする人財で構成されている。営業活動は既存の事業部との連携で行われている。

　なお、社内ITシステムについては、いわゆる情報システム部門に該当する「デジタルイノベーション本部」が担っている。デジタルイノベーション本部は社内ITシステムを、DXデザイン事業部は外販向けシステムを所管する棲み分けとなっているが、社内向けと社外向けのシステムは表裏一体にならざるを得ない面があることから、デジタルイノベーション本部長がDXデザイン事業部の副事業部長を兼任することで、情報と知見の共有化を図っている。

3. DXを推進する人財の確保と育成

社内人材によるDXの推進

　DXを推進する人財の確保においては、ITの開発部隊はそれなりに人財が揃っていた。受託型でITシステムを構築する事業を2000年ごろから取組んでいたためである。しかしDXビジネスを拡大するには受託型だけではなく、自社商品・サービスの開発が不可欠である。そのためDXデザイン事業部では企画系も人財を募集することとなった。またその後、スタッフの人財不足などもあり、DXビジネスに携わりたいと志す人財約100名を社内公募した。その際、ITスキルや情報系での経験、年齢、性別など不問とした。たとえば、印刷における品質保証のノウハウを持っているベテランならば、その知見をITに活用してもらうことで活躍できると考えたためだ。

　なお、事業部の推進にあたって外部から人財を登用するようなことはしていない。同社においては、

既存事業をデジタル変革するのがDXビジネス、まったくの新規事業はフロンティアビジネス開発と位置づけている。前者のDXビジネスとして取組むものは、まったく未開拓なビジネス領域というわけではないからである。当初、DXによる既存領域の変化は、最終的なアウトプットが印刷物なのかデジタルデバイスなのかといった点であり、事業の中間プロセスは大きくは変わらないものが多かったのである。

今後のDX人財育成に向けて

しかしながら、DXビジネスを推進する上では、今後はビジネスマインドを持つエンジニアがさらに必要であることに加え、印刷業務に長く携わっている人財にはリスキリングが必要になると考えている。

とくにDXビジネスに携わるならばITに関する知識は必要と考えており、同社ではリテラシーレベル、ベーシックレベル、プロフェッショナルレベルの三段階にわけ、人財を評価・育成している。リテラシーは全社員、ベーシック・プロフェッショナルは主にITエンジニアを対象としている。

育成方法として、ベーシックレベルではeラーニングなどを活用したりしている。本年度は希望者に対してAWS初級認定の取得を目指す取組を全社で行った結果、1,000人以上が認定取得した。ITインフラの仕組みを理解するよい機会となったと考えている。

一方、企画系の人財育成は知識を身につけるだけではなく、ビジネスへの経験値も必要となるため難しい。教育方法としては、OJTで経験を培ってもらうしかなく、さまざまなビジネスを現場で経験できる機会を極力増やすよう取組んでいる。また、社内で新規事業に取組むメンバーには、プレスリリースを書くように「事実（何をしたか）」「背景」「期日」の3要素を明確にしてビジネスのゴールを描かせつつ、取組そのものは、手が届く目標を設定し成功体験を感じさせるような指導をしている。

4. 成果評価とガバナンス

全社としてDXビジネスの進捗状況を測るようなKPIは設定していない。経営トップがDXビジネスへの取組み方針を出しているので、各事業部がDXビジネスによる利益や新規の取組目標などを自主的に設定しているところである。

人財に対するスキル評価は実施している。人財要件をICTエンジニア、ビジネスデザイナー、データサイエンティストの三つに分け、それぞれどのようなスキルをどの程度もっているかを定期的に把握するようにしている。対象は全社員であり、個人ごとに上長と面談するなどして評価している。全員を対象にするのは、実務ではDXビジネスに携わっていなくても、個人で勉強を進めている社員などもいるためである。教育ツールは、eラーニングや外部講習の受講機会などを会社としては用意しているが、受講は強制ではなく社員の自主性を尊重している。

株式会社日東電機製作所

1. DX推進が求められる経営環境と人材育成

　日東電機製作所は電力会社や大手重電メーカー向けに配電盤などの電力制御装置を開発・製造する企業である。この業界は脱炭素の世界的な潮流による市場変革が進んでいる一方で、労働力不足が課題となっている。そのため、デジタル化を前提として業務を見直す必要があると考えた。

　そこで、2021年に「デジタル化戦略ロードマップ」を策定し、推進している。2021年のフェーズ1では、まずデジタルに「慣れる」ことを目指し、現場へのタブレット配布や業務アプリの作成と利用などを行った。2022年現在はフェーズ2で「活用する」段階にあり、製造の不具合情報を収集するアプリを作成し、データ活用によって不具合の原因を把握し未然予防するなどの取組を進めている。

　フェーズ3では業務の最適化を目指す。取組んでいるのは現場の見える化である。現状、業務の開始や終了は工程管理システムに入力しているが、細かい進捗までは把握できていない。しかし、手作業の入力を増やして管理しようとしても漏れや抜けが起きることが予想される。製品はオーダーメイドのため機械化されていない工程もあり、製品によってプロセスも異なるという難しさはあるが、自動的に進捗を管理できる仕組みを検討している。

　これらの活動とともに人材育成に取組んでいる。当社では、とくに内製化を重視している。業務を熟知した社員自らが課題を認識し、施策を検討し、デジタルを活用して解決に取組むことが重要であり、そういった能力を育成する方針である。

2. DX推進組織と体制

　2016年に「チームIoT」と称する推進組織を立ち上げた。IoTやデジタルで業務を改善することが目的であり、当社では「DX」という言葉はあまり意識されていない。チームIoTは6人ほどの人員数で、青木社長が全体を統括管理し、工場長など人事的な権限を持つマネージャーが2人所属するほか、基幹システム「NT-MOL」の開発も手掛ける情報技術のスペシャリストも加わる。

　チームIoTの役割は、社員の相談先となり取組をフォローアップすることである。相談の敷居は低くする必要があると考え、2週間から3週間に1度、チームIoTが現場に巡回し、業務の困りごとを聞く場を設けている。始めた当初はチームIoTから働きかけて課題を収集していたが、最近では社員の意識も高まり、積極的に問合せが来るようにもなっている。

　実際に部会で取組を進めているのは、品質保証、調達、設計などの部門に所属する社員で、アプリ開発・活用やRPA活用といった具体的なテーマについては、製造の不具合集計アプリ開発などを行う「FA部会」、設計図面の出図や捺印の自動化などにRPAを活用する「RPA部会」といったチームを組んでいる。どのメンバーもプログラミングなどITの専門的な知見を持っているわけではないが、Power Automateなどのツールを使ってアプリ開発を行っている。

　デジタル化の推進にあたって必要なスキルや能力は、ITの専門性ではなく、業務を理解しており、改善に取組む意欲があり、変化に対して柔軟性があることと考えている。

図：チームIoTと社員による推進体制

こだわりは "自分たちで作って使う"

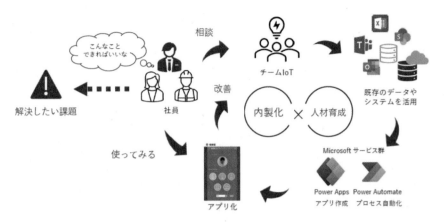

出所：日東電機製作所

3. 人材の確保と育成

　IT専門の人材を雇用するのではなく、現在の社員を巻き込みデジタル化を進める体制である。当社の従業員は全員新卒採用の正社員であるが、採用においてはITスキルより本業（電気機器具製造）との親和性を重視している。しかし、社員全員にPCかタブレットを貸与し、入社時から社内システムを使い慣れているため、デジタルリテラシーが自然に高まっているといえる。

　現在チームIoTを含めデジタル化推進担当は12人ほどだが、各部門に1人以上を目指しているため、さらに3人から4人は増やしたい考えである。部会では1週間に1度ほどの頻度でミーティングを行い、全社では半期に一度、社内で展開するデジタル化について成果を発表する場を設けており、興味を持った社員が先に取組を行ったメンバーからノウハウを習うなどして人材育成や社内展開が進んでいる。強制的に担当させるのではないが、慣れ親しんだ仕事のやり方や、使っている道具などを変えるということは抵抗もあることから、「チャンスを与える」「やらざるを得ない状況を作る」の両輪で取組が拡大することが望ましい。最初から100点を目指さず80点で良いので、まずは使ってみる、というスタンスを意識している。

4. 成果評価とガバナンス

　チームIoTや部会への参画は人材評価としてプラスになるが、人事考課においてKPIを設けてはいない。KPIを設けて目的化することは避けたいためである。デジタル化をするために人材を育成するのではなく、デジタルを活用して業務を改善する人を育成することこそが重要である。

Bayer（ドイツ）

1. DXを成功させるための重要な要素
デジタル戦略の事業戦略への組込み

　DXを成功させるためにはいくつかの重要な要素がある。一つ目の要素は、経営のリーダーシップとコミットメントである。どのような組織であっても、経営トップがDXを話題として取上げるだけでなく、組織にとって本当に優先すべき課題として取組むことが非常に重要である。また、DXの推進は、ビジョンとビジネスコミットメントの両方が鍵で、事業戦略に組込まれた強固なデジタル戦略を持つことで実現する。デジタル戦略は、事業戦略に統合された構成要素であり、それだけを取り出して定義されるべきではない。そのうえで、適切な能力、組織内の適切なスキル、そして明確なガバナンスモデルを確立することが重要であり、とくに大規模な組織の場合、非常に重要な要件となる。

カルチャーとマインドセットのトランスフォーメーション

　二つ目の重要な要素は、カルチャーのトランスフォーメーション、マインドセットのトランスフォーメーションが必要であるという点である。DXの取組は、多くの場合、組織の境界が流動的で曖昧になることを意味するため、権限を変えることで役割間の距離感がなくなり上手く機能する場合もある。また、組織が変化を受け入れる準備ができていることが重要である。新しいやり方を学ぶために試したうえで、採用するメンタリティが必要である。また、カルチャーのトランスフォーメーションが重要な要素であり、権限移譲だけでなく、コラボレーション、自己完結的なチームを持つことが求められる。

デジタルテクノロジーの事業戦略への組込み

　デジタル戦略を構想する際には、デジタルテクノロジーが事業戦略に取込まれているのか、もしくは、戦略から切り離されているのかを確認しておく必要がある。まず理解すべきことは、「伸ばしたいのはトップラインなのかボトムラインなのか」「組織全体として何をやりたいのか、そのために必要な取組とは何か」など、ビジネスが達成しようとしていることを明確にすることが重要である。

　また、テクノロジーを用いてビジネス上、達成すべきことを実現したり、加速させたりする際に、どのように役立つのか、目的に合致しているかを確認する必要がある。テクノロジーの中には、たとえば機械学習を使って新しい価値を生み出すなどのイノベーションもある。このような場合、テクノロジー主体のイノベーションだが、事業戦略の中に組み込まれビジネス目標と完全に統合されることが求められる。

2. DX推進組織と体制
DX推進組織の形態

　DX推進の組織を考えるうえでは、組織全体として明確なガバナンスモデルに基づいて組織が定義されていることが重要である。とくに大きな組織ではグローバルレベルや地域レベル、ローカルマーケットレベル、機能（サプライチェーンなど）レベルごとに何を決定すべきか明確にしておく必要がある。

　PMOの位置づけは組織によって異なり、非常に強力なPMOを持つ組織もある一方で、アジャイルで仕事をするために非常にリーン（Lean）なPMOを持つ場合もある。

　Bayerでは、PMOは存在するがDXのためのPMOではない。当社は三つのビジネス部門があり、グループレベルでPMOが存在し、全体的なコストだけでなく、グループとしての取組が提供する価値を管理している。他方、特定の価値主導型の取組では、PMOは存在せずチームがプログラムを推進し、進

捗を追跡するほか、実現した価値を確認し、取締役会に報告している。

　DXをよりアジャイルに進めようとすると従来型のPMOチームは恐らく不要になる。必要なのは、価値の追求と実現である。そのため、KPIとしてコストが扱われるかもしれないが、一歩先に本当に価値があるのかを確認する必要があり、コストだけを追いかけないという視点が重要である。

デジタルに対応した組織を形成するうえでの課題

　デジタルに対応した組織を作るには、組織の総力を結集する必要がある。スーパースターやデジタルネイティブの人材を雇うことは正しいが、そのような人材は、すぐにこれまでとまったく異なる環境とカルチャーの中で仕事をしなければいけないことに気づくことになる。彼らは自分たちだけではリードできないため、機能や違いを超えて、コラボレーションしなければならない。ヘッドクオーターが、新しい能力やデジタル技術を持った人材を採用し、素晴らしい計画を策定したとしても、特定の国におけるビジネス部門などの現場にスキルや能力がないために、初期の学習でつまずくという事態に陥ってしまう点は課題として認識しておく必要がある。

3. 成果評価とガバナンス

　洗練されたアジャイルスケールフレームワークを目指す場合の取組方法は、まず、結果に基づいた戦略を構築することである。当社では、結果を「ゴール」と呼び、ミッションに関連付ける形でアプローチしている。このゴールは経営陣とリーダーシップによって定義され、組織として共有される。目標は非常に明確で、測定可能なコアとなるゴールとそれに付随するKPIである。ゴールの一例は、Eコマース市場でベストプレーヤーになることである。

　KPIは地域やトピックによって異なるが、一般的には、顧客に提供した価値をなんらかの形で把握できるようなKPIを設定する。外部向けのKPIとして、消費者や顧客関連では、Webサイトやデジタルチャネルでの顧客のNPS（Net Promoter Score）やコンバージョンなど、従来どおりのKPIを設定する。しかし、製造業は顧客に関するデータを完全に可視化できず、販売代理店や顧客に販売したものしか見えないことがある。そのため、コントロールグループとテストグループを作ってテストを実施したうえで双方を比較し、統計的に有意であることを確認する必要がある。Eコマースの場合、消費者向けの間接販売、直接販売、またはAmazonのような他のチャネルでの販売を問わず、測定は簡単となる。

　他方、社内向けのKPIとして、データ分析など、必ずしも顧客に直接価値を提供するのではなく、組織内部に価値を提供するような項目では、状況が少し異なる。たとえば、アナリティクスを改善すれば、よりよい意思決定ができるようになり、自動化すればより時間に余裕が生まれる。しかし、場合によっては、顧客や消費者にまったく影響を与えないプロジェクトもある。こうしたアナリティクスの改善の場合におけるKPIは、意思決定の高度化と自動化による効率化を設定している。

大手金融機関（米国）

1. DX戦略構築・推進における課題

　DXの取組では、テクノロジーからビジネス、マーケティングやセールス、オペレーションやサービスに至るまで、組織の多様な活動を戦略に一致させることが重要であり、各組織が賛同することが最大の課題である。通常、戦略的テーマはトップが推進するが、その下のレベルの人々もアイデアを提供することで、組織の目標やロードマップを再定義するケースもある。さらに、DX戦略の実行においては、営業やオペレーションなどの若手スタッフの心を掴むことも必要である。トランスフォーメーションが十分に理解されていない場合や、社内のチームにメリットが示されない場合には、抵抗が生じることがある。

　もう一つの重要な課題は、ビジネスとテクノロジーを横断して戦略を実行する際の適切な連携である。たとえば、プロダクトの役割は組織によって異なるが、ビジネスとテクノロジーの連携が取れないと、優先付けが一致せず、実行に支障をきたすことになる。

　さらに、ガバナンスも大きな役割を果たす。予算とリソースが増え、イニシアチブが拡大した場合、組織のあらゆる部分でDX関連の連携が複雑化する。そして、どの組織も、変化を促進するための方法論として、「アジャイル」をなんらかの形で適応させることが求められる。

2. DX推進体制のポイント

　DXの推進にあたって体制面で決めておくべきことの一つは、どのように人材を集め、どのような体制にするかということである。採用にあたっては、イノベーション指数が高く、新しいアイデアや実験、挑戦に前向きで、かつ実行力のある人材をバランスよく採用することが理想的である。

　また、体制構築においては、多様なバックグラウンドを持つチームを作ることが効果的である。イノベーションの経験やドメインの専門性を持つ人材だけでなく、プロジェクトマネジメントや、デリバリーに長けた人材を組み合わせることが重要である。当社の場合、CEO以下、二つの階層しかないフラットな組織構造が取られ、金融業務の経験者、セールス経験者、技術者、業務担当者、プロジェクトマネージャーなど、さまざまな人材から構成されている。

　また、トランスフォーメーションでは、多くの実験を行うことが前提であり、小規模なさまざまな試行が効果を発揮する。そのため、多様な企業とパートナーシップを結び、外部のベンダーやフィンテック企業と提携しアイデアがテストされる。

3. DXを推進する人材の育成と確保
人材獲得のための取組

　欧米ではテック人材の採用が厳しい状況である。ここ数年で給与の期待値が高まる一方、当社では、人事的階層があまりないため、処遇を満足するための役職や肩書が枯渇するという課題を抱えている。米国では多くの企業では、人材を獲得する方法として、処遇のみならず、勤務の柔軟性確保や福利厚生向上、ツールを利用したフルタイムの在宅勤務や長期休暇取得等を導入している。また、テック人材の新卒採用のため特定の大学から学生を受け入れるデジタルアナリストプログラムも実施している。

　また、業界ならではの課題もある。デジタルによるイノベーションのUXデザインに携わる人たちは、金融機関には興味がなく、むしろ、テクノロジー企業や旅行業、小売業など、多くのイノベーションが起こる環境で働きたいと考えている。そのため、若い技術者に対し、金融業界には大きな予算と比較的短期間で成果が出やすい未開拓領域が存在する点をアピールしている。

スキルギャップへの対処

　必要なスキル把握という点では、チームメンバーの構成とスキルのギャップを見て望ましい組織構造を検討している。ウォーターフォールからスクラムやスクワッドに移行する中で、不足しているスキルセットを特定している。大企業や伝統的な企業に欠如しているのは、間違いなく人材のスキルセットである。とくに、社外から人材を大量雇用すると、急に人材構成が変わるので扱いが難しい。また、急拡大のために派遣社員などを活用する場合も、新しいカルチャーを築くことが難しくなる。DXでは、カルチャーの変革が重要な要素であることから、組織に適したモデルを見つけることが必要である。どの程度中央集権化しているのか、あるいは権限の分散化が進んでいるのかにより、最適な組織構造や必要となるスキルセットが違ってくると考えている。

　IT人材増強のために再教育（リスキリング）も行っており、開発者、コーダー、エンジニアに関しては、要求されるスキルセットを獲得するために社内で多くのトレーニングを実施している。個別に社員のスキルアップを行うよりも、社内で大きなスコープのトレーニングを行う等、全員にトレーニングを提供することが効果的である。

4. デジタル技術の活用

　テクノロジーはDXの取組の一部としてきわめて重要である。たとえば、デジタルによる同意の手続やデジタル署名は、COVID-19を機に加速した。OCR（Optical Character Recognition/Reader、光学式文字認識）の活用もその一つである。また、機械学習の活用は意思決定のスピードを上げるだけでなく、リスクマネジメントの観点から、よりよい意思決定や傾向の発見、リスクの分類に役立つ。

　システム面では、APIドリブン（駆動型）で、マイクロサービスアーキテクチャーを採用している。小さなコンポーネントを構築し、変更を迅速にリリースすることが可能であり、多くの金融機関が採用しているモノリシックなアーキテクチャーから脱却することができる。

　デジタルテクノロジーに関し、多くの企業がテクノロジー要素だけに焦点を当てているが、テクノロジーは、トランスフォーメーションの実行項目の要素に過ぎない。テクノロジーを重視するあまりに、戦略なくそれらを導入しても、顧客のエクスペリエンスを変える等の成果を上げることはできないことに留意すべきである。

5. 個人の成果評価

　パフォーマンスマネジメントでは、社員が個人として目指す目標と、組織が設定した戦略的優先項目との間に、客観的で明確なリンクが求められる。それらをリンクさせるために、経営陣と従業員が対話するタウンホールミーティングや組織内でのフォーラムなどを繰り返し行うことで、優先項目を浸透させている。組織によっては、OKR（Objectives and Key Results）があり、組織の目標設定や重要な成果達成に結び付けている場合もある。

Henkel AG & Co. KGaA (ドイツ)

1. DX推進の取組

　Henkelは、シャンプーなどを製造するビューティケア、家庭用洗剤を製造するランドリー＆ホームケア、接着剤関連製品を製造するアドヒーシブテクノロジーズなどの分野でグローバル展開する企業である。当社では、イノベーションとテクノロジーを通じた新たな価値を創造するため、デジタルの専門知識、ビジネスプロセス管理、ITを統合したヘンケルデジタルビジネス部門（DXユニット）を設け、DXを推進している。2020年にはデジタルおよびデータ主導のビジネスモデルの構築、最適化、市場変革に取組むHenkel DXを開始し、関連事業分野とテクノロジーの専門家の連携・結集によるデジタルソリューションおよびビジネスモデルの開発を進めている。その例として、食器洗浄乾燥機に自動で洗剤を投入する「Somat Smart」とよぶプロダクトを開発し、稼働状況や洗剤残量等の可視化とともに、洗剤液の詰め替えのサブスクリプションモデル等、従来型のモノ売りとは異なるビジネスモデル開発にも取組んでいる。

Henkelが重視するDXの観点

　DX戦略の重要な観点の一つは、企業内における効率向上であり、ビジネスプロセスを効率化させ企業自体がベネフィットを獲得することである。もう一つはHenkelにとって最も重要な観点である外部へのベネフィット、消費者にとっての影響である。何をデジタル化するのか、どのようなデジタルツールを作るのかは、消費者を喜ばす、あるいはHenkelブランドを従来と異なる方法で定義することに結びついている。これらの観点がデジタルトランスフォーメーションの起点となっている。現在の消費者の考え方は、従来の考え方とは大きく異なるため、新しいテクノロジーの活用による消費者のベネフィットを理解し、戦略を構築していくことが求められる。

2. 組織作りや企業文化の変革

DXを推進する組織作り

　DXを推進する組織として、当初従来からのITグループの人材が参画する形で、DXユニットというビジネスユニットが形成された。しかしながら、その組織を変革するには時間を要することから、マーケティングやR&D部門が連携するとともにDXに欠けているナレッジを外部リソースにより補うなど、ハイブリッドな組織が構成された。

　現在、DXユニットは、三つのグループから構成されている。第1のグループがERPやDBの管理、IT調達など、従来のIT業務を行うITグループである。第2のグループが、DXをサポートするための新しい組織である。その一つがCRM、マーケティング、オプティマイゼーションに関するさまざまなツールを扱い、コンシューマーリレーションシップの専門知識を持っているグループである。もう一つのグループがUXグループで、特定ブランドのためのUX構築を行っている。また、それとは別のグループとしてビューティケア、あるいはヘルスケアに関する新しいアイデアを実験しているインキュベーター組織が存在する。さらに、前出のとおりDXは基本的に効率化と消費者ベネフィットの二つの観点が重要であることから、R&D部門、マーケティング部門がそれぞれに関与している。

　DXに関しては、内部の連携のみならず、外部との連携・協力が必要と考えている。外部との連携・協力により、優れた最新の人材、最新のテクノロジーを獲得できるだけでなく、柔軟性を持つことができる。DXでは、さまざまな活動を調整するための構造を持つよりも、異種混合の分散的な構造を作った方がよいと考えている。

企業文化/カルチャーの変革

　HenkelにおけるDXの課題は三つあり、一つめは化学および消費財の伝統に根差したカルチャーからの脱却である。二つめは、テクノロジーに関する専門的な理解、三つめは意思決定プロセスの構築である。

　これらの課題に対して、デジタルを活用し、ブランド力を高めるためには、マインドセットの転換が必要であった。また、デジタル技術に詳しくない人々に対しては、テクノロジーを利用するためのトレーニングを行うと同時に、デジタル人材の採用を積極的に行った。また、DXの過程でラボローンチ（Lab Launches）とよぶ実験的な活動の場を作った。ラボローンチでは、新しいテクノロジーを使った新たな価値の創出を特定の国などで実験している。それらのプロジェクトは、学習やトレーニングの場にもなっている。

　意思決定プロセスの観点からは、かつてHenkelではリニア思考の管理をしており、ある決定をしたのち、次のことを決めていた。しかしDXでは常に変化が起きており、リニア思考では早い変化に対応できない。そのため、意思決定プロセスを下位組織に委ねチームベースで行うようにした。またプロジェクト管理はアジャイル方式に変更し、積極的なプロトタイピングを行っている。

3. デジタル技術の活用

　DX推進において重要となるデジタル技術には二つの柱がある。第1の柱はカスタマータッチポイントに関連したテクノロジーであり、たとえばアプリなどが含まれる。App Coding（アプリソフトウェア開発）、デバイス、IoTデバイスなど、いわゆるフロントエンドで人々がインタラクトするためのテクノロジーである。それ以外にも、CRMテクノロジー、パフォーマンスマーケティングツール、アプリデザイン、アプリUXなど、消費者がプロダクトとインタラクトすることを支援するテクノロジーがある。

　第2の柱は、AIあるいは予測アルゴリズムである。たとえば、センサーやAIがクリーニングプロセスで使われる化学薬品にどのような影響をもたらすかである。そして、これら二つの柱のテクノロジーを密接に組み合わせることがもう一つの柱である。

　デジタル技術そのものは、Henkelの本来の価値の範疇ではないが、たとえば、デジタル技術を持つ家電業界の企業とともに破壊的な価値を生み出すことができる。そのために家電業界との連携が実施され、DXをともに推進するパートナーとなっている。Henkelでは自社の強みである化学に関するナレッジを生かし家電製品に実装する独自のデバイスも開発している。

4. 成果評価とガバナンス

　主要なKPIは経済・財務的な観点であるが、IoTソリューションを提供する部門の観点のKPIとして、市場導入のアクティビティなどがある。後者は、小さなものでも重要なKPIとなる。また、Henkel製品の市場での成果を知るため、消費者の動向もKPIの対象としている。たとえば、AB Analysis、Net Promoter Scoreなどが根本的なKPIであり、Henkelの製品が消費者にどの程度受入れられているかを測る指標としている。

Robbie Lensen（Berlin Consulting and Technology, Co-founder, digital HR consultant）

1. 人材戦略から見たDX推進のポイント

　企業における人材戦略から見たDX推進のポイントとして2点が挙げられる。1点目は優れた従業員EX（従業員体験）を提供することである。人材の獲得競争が厳しい中、優秀な人材を獲得するためには、競争相手の企業よりも優れた従業員体験を提供する必要がある。DXの推進の目的は、顧客、消費者にくわえ、従業員に対する優れたサービスを提供することが目的であり、人材戦略上の観点からは、DXにより従業員のエンパワーメント向上を図るという視点が重要である。

　2点目は、HRアナリティクス（人事データを活用した分析など）の活用である。多くの企業では、社内に人事データは存在するが、紙、Excel、データベースなどにデータが散在している。これを一元的に管理し、データに基づいた判断、AIを使った予測分析を行い、企業・人材戦略に活かすことができる。

　優れた従業員EXの提供に関し、特に大手企業やグローバル企業は、一貫性のある従業員EXを持ちたいと考えている。すなわち、従業員が米国、スウェーデン、日本、どこで働いているかに関わらず、共通で一貫したデジタル・エクスペリエンスを提供することを検討している。また、現在の従業員は新しいテクノロジーに慣れており、プライベートではSNS、Uberなど、あらゆることを3〜4回のクリックで行えるアプリを使っている。そのため従業員に対し、職場での体験が非効率なことを説明できなくなっている。従業員に対しユーザフレンドリで手間がかからない従業員EXを実現できなければ、従業員がデジタル技術を使うことに対する抵抗にもつながる。

2. DX推進における人材施策の成功・失敗例

　多くの企業はDX推進において人材の扱い方が重要であると認識していても、具体的な行動に移す際に、どこから始めるかが課題となる。

　成功した企業の例では、人材やチーム・部門を「動きが早い人（fast mover）」と「動きが遅い人（slow mover）」の二つのタイプに区分することから人材施策に取組んだ。「動きが早い人」は、挑戦を好み能動的なタイプであるため、DXに素直に溶け込み、戦略に従い、新技術の採用率も非常に高い。これに対し、「動きが遅い人」は、変化を恐れている。そこで、多くの情報と教育を提供し、何が起きているのかを理解させるとともに、結果がどのようになるのかを説明し、恐怖感を取り除いた。これにより、DXの推進や技術の実装の際に、抵抗を少なくすることができる。次に、DXに積極的に関与する人をどのように昇進・昇格させるかを検討した。特定の人、チーム、部門に意思決定の権限を与えることで、DXへの積極的な関与を促した。主要なポジションにDXに懐疑心を持つ人、協力に抵抗を感じる人を据えることは絶対に避けなくてはならない。

　失敗した企業の例では、通常の事業組織とDX組織が別々に働いており、社内でその取組が可視化されず、その存在感がないケースが挙げられる。社員が存在を知らなかったDXプロジェクトが突然、本番稼働になり、変革を迫られる例である。こうした状況を避けるためには、ある種のPMOやチェンジマネジメントを行うチームを設置し、全員に自分が関与していると感じさせ、誰もが何が起き、どのような成果が得られるのかを知っている状況にしなくてはならない。たとえば、DXプログラムのロゴを作る、マスコットを作る、カフェテリアでパンフレットを配るなど、取組を可視化することも重要である。

　また、社内でDXの取組を浸透させるためには、トップダウン・ボトムアップ双方のアプローチが必要となることもある。ボトムアップを進める場合、現場で人脈が豊富でDXに前向きな人材をインフルエンサーとして、「DXでは何をするのか、どういうインパクトがあるのか」の理解を広めてもらうことが有効である。変革に対する現場の社員からの抵抗は企業のダメージとなるため、DXはトップダウン

とボトムアップの双方向で推進することが望ましい。

3. DXを推進する人材の育成と確保

　企業全体でDXを推進する際の人的資源の典型的な課題は、DXプロジェクトを効果的に実行するための人的資源と、社内の人的資源の間に大きなスキルギャップの存在である。業務に深い専門知識を持っている人材がテクノロジーを全くわからない場合もある。ビジネスを推進する人と技術を推進する人の間に分断があることも多い。その解決策として、ビジネスと技術のギャップを埋める人材を育成することが必要となる。また、日々の業務に従事している人材を現業に追加してDXプロジェクトに参加させる方法は絶対に上手くいかない。DXプロジェクトに特化して活動できるよう、日々の業務から解放しなくてはいけない。くわえて、システム実装などに参画することでアップスキルを図ることや、他社での実装例を学ぶなど事前の教育も育成施策として有効である。教育によって自信を持つことができ、恐怖感を取り除き、技術やソリューションの影響を知ることができる。

　キャリア形成の観点では、DXプロジェクト担当者のスキルアップやキャリア形成のため、リーダーシッププログラムを受講させることなどが考えられる。DXへの参画が社員のキャリアにプラスになり、昇格のチャンスを得られる、といった説明を行うことも必要である。実際に、DXプロジェクトに配属されることは有望なキャリアパスであり、社内でのバリューが増すことで、DXの成功プロジェクトを率いた人の多くが、重要な役職に就いている。

　DXを推進する人材の確保の方法として、人材市場から企業が望む特定のスキル、ナレッジを持っている人を採用することも一つの方法である。その際には、採用したい人材のプロジェクト終了後の仕事やキャリアを示すことが人材確保のポイントの一つである。

4. DXの成果評価例

　DXの成果を評価するKPIに関しては、ハードなものとソフトなものの2種類がある。ハードなKPIとして最も基本的なものは、新たなテクノロジー実装のケースで、ユーザーの利用度を図るものである。新しいテクノロジーを実装した場合、ユーザーの何%が利用しているか、何人がログインをしたか、利用度に関する基本的な情報をもとにしたKPIである。また、新しいテクノロジーの導入に関するNPS（Net Promoter Score）を使っているケースもある。ソフトなKPIの例には、従業員に質問表を送り、従業員EXを評価してもらう形式がある。これはミニポール（mini-polls（小投票））と呼ばれる短い調査で、市販で簡単な優れたツールも提供されている。

　また、プロジェクト全体の成果とは関係なく、プロジェクトスタッフを評価するためのKPIも存在する。「非常に生産性の高いプロジェクトメンバーで、優れたソリューションを提供し、ドキュメンテーションの品質も良く、ビジネスサイドなど他のステークホルダーともよく協力する」といった内容の評価が行われるケースもある。

第5部
DX実現に向けた
ITシステム開発手法と技術

DXを推進するためにはビジネス環境の変化に迅速に対応できるITシステムが必要となる。また、データを分析し、顧客の真のニーズを捉えて早期にサービスを立上げ、改善を繰り返すことで顧客価値を高めていくことも重要である。

第1章では、DXを推進するために必要なITシステムのあるべき姿について紹介する。第2章では、変化に応じた迅速かつ安全なITシステムの更新や外部サービスとの連携を実現するためのITシステム開発手法・技術を紹介する。第3章では、データ利活用技術として、データ活用基盤技術、高度なデータ分析や自動化を推進するために必要となるAI技術、新たなデータ獲得手段であるIoT技術・デジタルツインを紹介する。さらに日米の企業におけるITシステム開発手法・技術およびデータ利活用技術に関するアンケート調査結果を掲載し、関連技術の活用状況や課題について論じている。

第1章
あるべきITシステムの要件

第2章
ITシステム開発手法・技術

第3章
データ利活用技術

あるべきITシステムの要件

　DXを実現するためのITシステムの共通要素には、ITシステムとその開発運用の体制が変化に対して俊敏かつ柔軟に対応できる「スピード・アジリティ」、社内外の円滑かつ効率的なシステム間連携を目指す「社会最適」、データ活用を中心に据えて社内外へ新たな価値を生み出してゆく「データ活用」の三つが挙げられる（IPA「DX実践手引書 ITシステム構築編」[*1]より）。

① スピード・アジリティ

　「スピード」は一定の機能や品質を保ったシステムをどれだけ俊敏に構想・設計・開発・運用することができるか、「アジリティ」はシステムを構想・設計・開発・運用する際に、市場や環境の変化に応じて臨機応変に軌道修正できる柔軟性を指す。「スピード・アジリティ」を実現するためのITシステム要件は、以下のとおりである。

- ・アプリケーション（≒プログラム）同士が密結合せず、機能単位で分離・独立、疎結合しており、APIなどの連携するための技術を活用して、接続/切断が容易に行えるようになっている
- ・クラウドのような「拡張（容易）性」、システム環境の立上げ/停止を俊敏に行える弾力的な基盤を備えている

② 社会最適

　社会最適とは、競争領域、非競争領域を明確化し、非競争領域においてすでに社会に存在するリソース（外部サービス）を活用してビジネスを支えるシステムを構成し、そこで生まれる割り勘効果[*2]によって、自社のIT投資額、開発・保守体制、リスク対策費用・人員を最適化することで、リソースを競争領域へ投下してビジネスを強化することを指す。「社会最適」を実現するためのITシステム要件は、以下のとおりである。

- ・非競争領域には外部の有用なサービスを、競争領域には最先端技術を取り入れる柔軟性があり、その分野で実績のあるベンダーやサービス提供事業者と価値を生み出すためのパートナーシップを提携できる

③ データ活用

　多様なデータを組み合わせた分析、また高精度な予測によってビジネスを発達させてきた事例が世界中で増えており、収集したデータに基づいた分析・予測の結果を踏まえてビジネスの意思決定や課題の解決を迅速に行っていくことが重要となる。そのためデータ活用には企業の内外のシステムからさまざまなデータを収集・加工する機能を有し、利用しやすい形でデータを蓄積・保存する機能を有する「データ活用基盤」が必要となる。「データ活用」を実現するためのITシステム要件は、以下のとおりである。

- ・データ活用基盤は社内外のさまざまなソースからの柔軟なデータ収集・蓄積が可能である
- ・収集・蓄積されるデータの品質が担保され、かつ活用しやすい状態に整理されている

---

*1　DX 実践手引書 IT システム構築編 完成 第 1.0 版　<https://www.ipa.go.jp/files/000094497.pdf>
*2　同じソフトウェアを複数の企業が共通で使ったり、汎用的な外部サービスを利用したりすることで、個々の企業が負担すべき開発コスト、人員、リスク対策コストが低減する効果。

・堅守すべきデータセキュリティの確保と、積極的なデータのユーザーへの開放が両立できている

・データ量の増加に対応しうるキャパシティーや機能追加に耐えうる拡張性・柔軟性を持っている

・データ活用基盤は疎結合で拡張性が高く、周辺システムとの連携が可能である

上記の三つの要素で示した各要件を備えるようなシステムのあり方を図表5-1に示す。

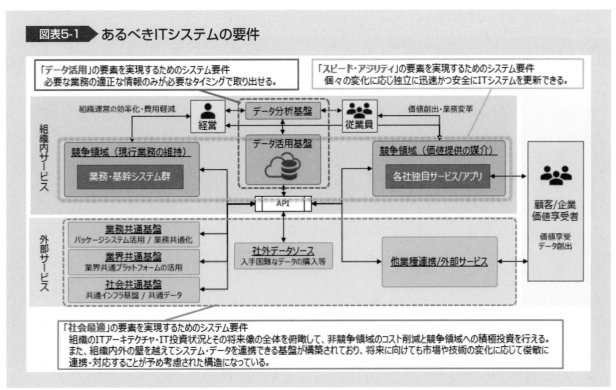

図表5-1　あるべきITシステムの要件

出典：DX実践手引書 ITシステム構築編 完成 第1.0版

　本図表においては、社内のITシステムは組織内で独自に構成したシステムと外部のプラットフォームを活用したシステムの双方の組合わせとして構成、組織内サービスは各企業の競争領域として、独自の価値を生み出すためのITシステム群のみとしている。それに対して、各企業の社内リソースを競争領域に注力することを目的として、非競争領域の低コスト化・効率化や、競争領域をさらに強化する目的において他社が提供するサービス等を有効活用するためのITシステム群を外部サービスとして調達する。

　なお、DX実践手引書では、あるべきITシステムを実現するデータ活用、IoT、アジャイル開発、マイクロサービス、APIなどの技術要素群を整理した「スサノオ・フレームワーク」を紹介している。個別の技術については、本第5部の第2章ではスピード・アジリティを高める技術、第3章ではデータ活用に関する技術を紹介している。

第2章

ITシステム開発手法・技術

1 企画開発手法

(1) 背景

　変化が激しく不確実な市場環境に俊敏に対応するために、求められるデリバリースピードに対応できるITシステムとなっているかが問われる。「スピード・アジリティ」とは、一言でいえば「変化対応力」そのものである。デジタルが浸透した現在、顧客や市場へのアウトプットとして、デジタルを活用したよいビジネスアイデアを思いついても、抱えているITシステムの柔軟性がなければ、その対応へのコストは嵩み、リリースまでのスピードも落ちてゆく。サービスをリリースしたときには、すでに他社の後塵を拝すような事例も見受けられ、今後もデジタルビジネスの先進性や提供価値の格差は広がってゆくと推察される。システム単体が大きくなればなるほど、言い換えれば、一つのシステムが抱えている機能が多くなればなるほど、この要素を実現することは難しくなる傾向にある。「変化対応力」のあるITシステム構築が必要となる。

(2) DX実現に必要な開発手法概要

　本項では、このような変化が激しく不断に調整が求められる市場環境の中で、「変化対応力」のあるITシステムを構築し、迅速に消費者や顧客企業へのサービスを提供できるようになるための、ITシステム開発のプロセスおよび手法を紹介する。

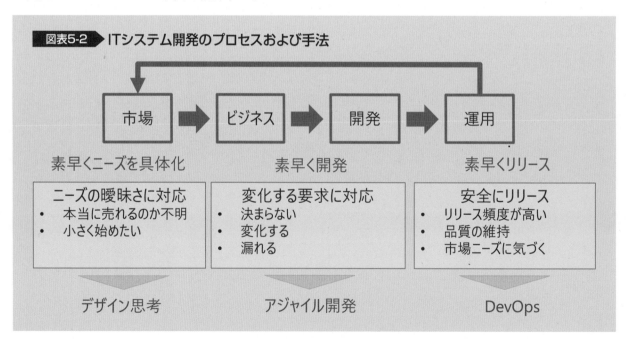

図表5-2　ITシステム開発のプロセスおよび手法

市場 ➡ ビジネス ➡ 開発 ➡ 運用

素早くニーズを具体化　　素早く開発　　素早くリリース

- ニーズの曖昧さに対応
  - 本当に売れるのか不明
  - 小さく始めたい

- 変化する要求に対応
  - 決まらない
  - 変化する
  - 漏れる

- 安全にリリース
  - リリース頻度が高い
  - 品質の維持
  - 市場ニーズに気づく

デザイン思考　　アジャイル開発　　DevOps

① デザイン思考

　変化が激しい市場環境の中で迅速にサービスを開発する上で、顧客ニーズを具体化し、そのニーズに応えるためのサービスを構想・実現するための方法論の一つとしてデザイン思考の適用が注目されている。

　デザイン思考という言葉に単一の定義はないが、デザイン思考のビジネスへの適用を推進するために1991年にIDEO（米国）を創立したDavid Kelleyはデザイン思考を「デザイナーのツールキットを利用して、人々のニーズ、テクノロジーの可能性、ビジネスの成功要件を統合するイノベーションへの人間中心のアプローチである」としている。

（ア）デザイン思考のプロセス

　デザイン思考を用いたアイデア創出の具体的なプロセスの例をSAP（ドイツ）の共同創業者であるHasso Plattnerが創設した、スタンフォード大学（Stanford University、米国）のd.schoolが提唱する5ステージのプロセスを用いて説明する。[3] 本プロセスは、共感（Empathize）、問題定義（Define）、創造（Ideate）、プロトタイプ（Prototype）、テスト（Test）として定義されている。重要な点は、これらのステージは基準となる進め方の順番はあるものの、後ろのステージで新しい気付きやフィードバックを得た場合に、前のステージに戻ることが推奨されていることである。5ステージのプロセスイメージを図表5-3に示す。

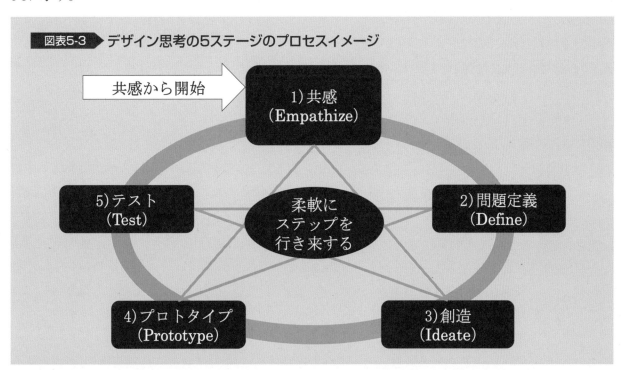

図表5-3　デザイン思考の5ステージのプロセスイメージ

共感から開始
1）共感（Empathize）
2）問題定義（Define）
3）創造（Ideate）
4）プロトタイプ（Prototype）
5）テスト（Test）
柔軟にステップを行き来する

　ここからは、5ステージのプロセスについてそれぞれ具体的な内容を簡単に説明する。

1）共感（Empathize）

　このステージではユーザーを理解するために、行動をみる、インタビューを行い会話から知る、またそれらの組合せを行うことになる。具体的な事物やユーザー自身の意識に上っている事柄だけでなく、

＊3　"5 Stage in the Design Thinking Process" Interaction Design Foundation Website
　　<https://www.interactiondesign.org/literature/article/5-stages-in-the-design-thinking-process>

行動やインタビューの理由や背景、社会や環境に対する考え方について、そのときのユーザーの感情も含めて理解する。

2）問題定義（Define）

ユーザーが持つ真の問題の特定を行うステージであり、意味のある具体的な文章で問題を表現することがゴールである。共感のステージを通じて収集したユーザーに関するさまざまな情報を踏まえて、特徴的な気付きをチームで共有したうえで問題の統合と選択を行う。このステージを通じてさらなる気付きを得て問題を深掘りしていき、最終的には特定した問題を具体的な問題定義文にまとめて次のステージへつなげることになる。

3）創造（Ideate）

前のステージで定義した問題を解決するアイデアを決めるステージである。十分な時間を取り、多数のアイデアを出すとともに、数個のアイデアに絞っていく。このステージでは、ブレインストーミングやマインドマップといったツールを活用しながらアイデア出しに注力し、アイデア評価は後段のステージで実施していくことになる。

4）プロトタイプ（Prototype）

創造のステージで数個に絞ったサービスのアイデアについて、チームメンバーやユーザーと具体的な会話を行うために、目に見える、体験できるプロトタイプと呼ばれるものを作り、テストに向けた準備を行う。プロトタイプは、付箋紙によるペーパープロトタイプ、画面表示だけのモック、ロールプレイの設定や台本でもよい。

5）テスト（Test）

作成したプロトタイプを活用してユーザーからフィードバックを得て、さらにユーザー理解を深めていくステージである。単純に機能の利用可否を確認するのではなく、ユーザーがどのように動くか、どのように感じるかのフィードバックを得て、新しい気付きを得ることが目的となる。

上記の5ステージを繰り返すことによりユーザーの持つ真の問題とその解決方法に近づくことが可能となる。

② アジャイル開発

アジャイル開発は、大きなゴール感をチームで共有しながら、単位プロセスを短期化し、小さな開発を繰り返す手法である。本項では、ウォーターフォール型の開発をしてきた企業がアジャイル開発を進めるにあたって、とくに注意すべき点を紹介する。なおアジャイル開発にはさまざまな枠組みや手法があるが、ここでは代表的な「スクラム」を例に取り上げて説明する。

（ア）経営層の理解と報告

スクラムによるアジャイル開発では開発のアジリティやスピードを上げるため、ソフトウェアの実

装からテストまでを「スプリント」と呼ばれる短期間で実施する。そしてスプリントを繰り返すことで、システムを作り上げていく。問題になるのは、ウォーターフォールの考え方が抜けきらない組織長が「いつ完成するのか？」「どんな機能にいくらかかるのか？」「設計書を確認したい」などの要求をしてくるケースである。この要因として、組織長とシステム開発チームとの間に、アジャイルの理解に関する距離があることが挙げられる。

そこで、開発プロジェクトが始動する前に、役員・プロジェクト責任者・各部門長などに対して「アジャイルとはそもそも何か、その基本概念と価値観および従来手法との違い」を説明し、その有効性を理解させたり、協力者を生み出したりすることで、アジャイル開発のチームが円滑に活動できるような環境づくりを行うことを推奨する。

（イ）アジャイル領域の見極め

一般にアジャイル開発は、「ビジネスIT（収益の源泉となる中核ビジネスや対顧客価値を提供するIT）」のような俊敏性・柔軟性を重要視するシステムに向いた開発手法といわれる。しかし、「コーポレートIT（全社共通で利用する業務サービスなど）」でも、頻度の高いリリースが必要であったり、開発途中で要件変更が発生するシステムなら、アジャイル開発を導入する価値はある。

「要件が明確」「改修などの頻度が少ない」システムの場合は、ウォーターフォールで開発したほうがコスト的にも初期品質的にもよい結果が得られる可能性がある。しかし、要件が固定であっても開発技術や実装プラットフォームへの適合性の検証、導入組織の事情の変化などの発生はありうるため、反復型で段階的に検証しながらリリースすることによる優位性を考慮すべきである。

また、開発規模にも注意が必要である。一般に、適切な開発チーム（スクラムチーム）の人数は3名から9名であるが、大規模な企業情報システムの開発現場では、もっと多人数となることが多い。この場合、「大規模システムを3名から9名で対応可能な細かいシステムに分割したうえでアジャイル開発を導入する。その際、各アジャイルチームをとりまとめてマネージする大規模アジャイル手法（SAFeやLeSSなどの手法がある）を採用することも検討する」*4、といった対応が考えられる。とくに近年では大規模アジャイル手法の選択肢も増えている。スクラムの提唱者であるKen Schwaberが2015年に「Nexus」を、もう1人の提唱者であるJeff Sutherlandが2018年に「Scrum@Scale」を発表している。2019年にはプロジェクト管理の世界標準であるPMBOKを策定するPMI（米国プロジェクトマネジメント協会）が「Disciplined Agile」として、スクラムやSAFeなどの複数のフレームワークを組合せて適用する考え方を示している。

開発する大規模システムが分割可能な場合、システムの一部だけにアジャイル開発を導入する手もある。まず、システム全体をサブシステム単位または機能単位に分割し、「改修などの変化が多いと想定されるもの」と「そうでないもの」に分類する。前者はアジャイル開発とDevOps、後者はウォーターフォールと、特性に合わせて開発手法を選択するのが理想的である。

分割することが難しい場合も反復型のプロジェクト管理を取り入れてリスクを減少させ、分割リリースをしながら検証のタイミングを前倒しにした開発が望ましい。

---

*4　スクラムのチームのリーダーを集めた上位のチームを構成し、その上位の懸案管理（バックログ）や振り返り（レトロスペクティブ）の結果を各チームに割り振って持ち帰って反映させるという階層構造を形成することによって大規模化を実現する Scrum of Scrums という考え方が提案されている。その派生である LeSS（Large-Scale Scrum）や SAFe Scaled Agile Framework）とともに、大規模システムで適用され始めている。

なお、大規模システムのアジャイル開発は、まず小規模なアジャイル開発チームでの成功体験を得てから進めるべきである。アジャイル経験とチームの成熟度合いに合わせて、適切な形で大規模アジャイルへ展開していくことが必要である。

（ウ）プロジェクト体制
　アジャイル開発に関する先進企業の経験や研究によれば、その中の役割分担の構成上も、定式化されたパターンが認められる。
　まず、組織の中核を占めるのが、プロダクトオーナー（PO）とスクラムマスター（SM）である。プロダクトオーナーは、チームにビジョンを示す最も重要な役割であり、ユーザーとの要求事項の合意や、必要機能の優先順位付け、成果物の受入れ確認など業務は多岐にわたる。その負荷を分散するため、「PO補佐（ビジネス）」、「PO補佐（システム）」を加えたPOチームを組成して業務を分担することもある。SMは、スプリントが気持ちよく自然に「回る」ように、チーム内の障害を取り除き、開発チームメンバーやプロダクトオーナーが力を出し続けられるようチーム環境の維持に努めることが大事である。
　図表5-4に日本でよくみられるシステムインテグレーションの現場をイメージした構造図を示す。本図表では「開発をITベンダーが準委任契約で受託する」ケースを想定している。
　ベンダーとの契約は請負ではないので、ベンダーではなく、発注者であるユーザー企業にシステム開発の責任がある。ユーザー企業は、実際の開発作業に入る前の価値探索フェーズにおいて、自らがどのような価値を求めているのか、その価値を実現するためにどのようなプロダクトを開発するのかといったビジョンを明確にする必要がある。そのうえで、開発開始後もそのビジョンを維持・改善しつつ、ビジョンに基づく迅速な意思決定を行い、開発されるプロダクトとビジョンとの間のギャップをなくすことに力を注ぐ責任がある。
　アジャイル開発では、ウォーターフォール型開発に比べて、ユーザー企業には開発に対するより深いレベルでの関与が求められる。また、実際に開発を行うためには、ベンダーとユーザー企業の緊密な協働が必須となる。相互にリスペクトし、密にコミュニケーションしながらプロダクトのビジョンを共有して開発を進めることが求められる。

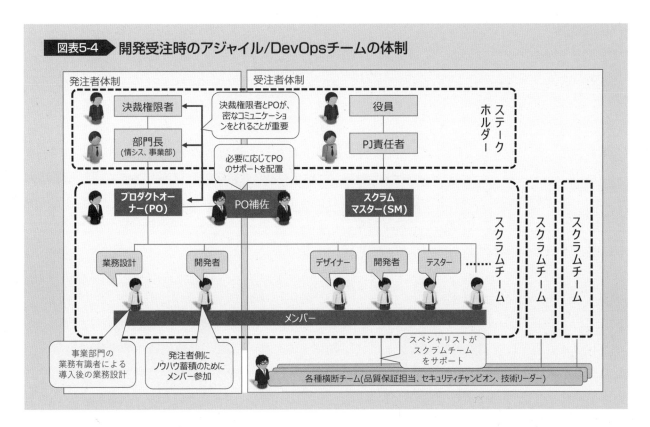

図表5-4 開発受注時のアジャイル/DevOpsチームの体制

発注者体制 ／ 受注者体制

決裁権限者 — 決裁権限者とPOが、密なコミュニケーションをとれることが重要
部門長（情シス、事業部）— 必要に応じてPOのサポートを配置

役員
PJ責任者
ステークホルダー

プロダクトオーナー(PO) ← PO補佐
スクラムマスター(SM)

業務設計　開発者
デザイナー　開発者　テスター ……
スクラムチーム
スクラムチーム
スクラムチーム

メンバー

事業部門の業務有識者による導入後の業務設計
発注者側にノウハウ蓄積のためにメンバー参加

スペシャリストがスクラムチームをサポート

各種横断チーム(品質保証担当、セキュリティチャンピオン、技術リーダー)

（エ）非機能要件への対応

　各スクラムチームを横断的にサポートするスペシャリストの存在も重要である。とくに非機能要件に関しては、スクラムチームに十分な専門性を有した人材がいない場合もあるため、チームを外から支える体制作りが大切となる。

　品質保証担当とは、チームの中で、品質に関する検討をリードする役割である。アジャイル開発ではテスト駆動開発や継続的インテグレーション/継続的デリバリー（Continuous Integration; CI/ Continuous Delivery; CD）に基づくテストの自動化といった手法も含めてテスト戦略も重要となり、それをリードする存在である。セキュリティチャンピオンとはチームの中で、セキュリティに関する検討をリードする役割である。最新のセキュリティ情報を収集し、企画・設計段階から脆弱性を組込んでしまうリスクを低減するため、各段階に応じたセキュリティ対策を組込むための検討やレビューを牽引する。また、技術リーダーは自社の開発に関する技術動向を把握し、利用可能なツールやサービスを的確に見極め、チームメンバーを巻き込みながらツールの使い方を紹介し、導入や自動化を推進していく。

　また、性能や拡張性などの非機能要件を検討するには、将来のビジネスの規模や環境の変化などを考慮することになるが、機能要件が固まっていくに従って明確化される部分もある。

　しかし非機能要件は、後から大きな変更をすることは難しいアーキテクチャーに大きな影響を与える。そのため、アジャイル開発であってもプロジェクト初期段階で優先順位の高い非機能要件を定義し、アプリケーションの開発は非機能要件による制約を意識しながら開発することが必要である。また、非機能要件の更新が必要となった場合に対応できるように、採用するアーキテクチャーは、拡張性や柔軟性があるものを使うことが好ましい。

③ DevOps

（ア）アジャイル開発とDevOps

　従来の情報システム部門がDXの求めるスピードやアジリティに対応できない原因には、開発プロセスにおける「ビジネス変化と開発スピードのギャップ」「スピードを上げたい開発部門と安全性・安定性を重視する運用部門とのギャップ」という二つのギャップがあった。前者の解決手段として提案されてきたのがアジャイル開発であり、後者の解消手段として注目されているのがDevOpsである。DevOpsは、従来、分業・分断されていた開発（Dev）と運用（Ops）の担当者がそのシステムやサービスのビジネスゴールを共有し、テスト・構成管理・デプロイなどをできる限り自動化することで、スピードと品質を担保したうえで、柔軟かつ迅速な開発を目指す。

　以下にDevOpsを実現するためのポイントを解説する。

（イ）コードデプロイプロセス

　アジャイル開発/DevOpsにおいて自動化は、スピードとアジリティを実現する重要な要素であるが、ソフトウェア開発の各工程の担当者が個別に自動化を進め始めると、「自動化範囲の重複や欠落」「セキュリティ試験など必要なテストが不十分」「リリースの受入れ基準が不明確」といった問題が起こりかねない。こうした事態を避けるためには、ソフトウェア開発の全体プロセス設計と自動化を一貫して整備する必要があり、アジャイル開発/DevOpsで一般的に使われている「コードデプロイプロセス」を描いたうえで、それに沿って進めることが重要となる（図表5-5）。

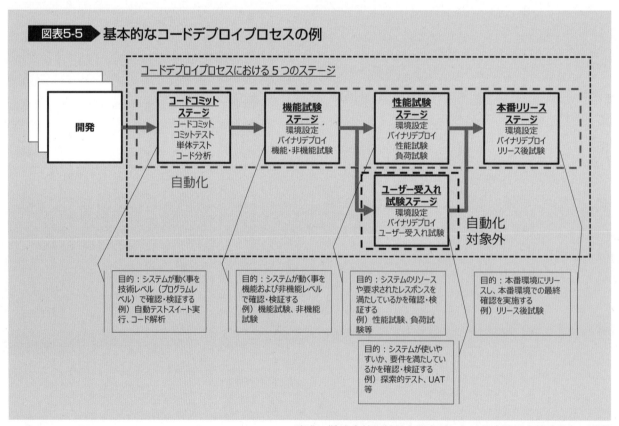

図表5-5　基本的なコードデプロイプロセスの例

出典：株式会社野村総合研究所における実装例を簡略化して記載

　一般的に、ソフトウェアをコーディングし始めてからユーザーに提供するまでには一連の段階（プロセスステージ）に分けてソフトウェアの検証を行っていくことになる。

・コードコミットステージ：単体テストとコード解析を自動化し、技術レベルでの検証を行う。

・機能試験ステージ：機能および非機能レベルの検証を行う。

・ユーザー受入れ試験ステージ：実業務の確認に加え、魅力品質（使いやすさ）などのユーザー価値の検証を行う。

・性能試験ステージ：性能面での検証を行う。

・本番リリースステージ：ユーザー環境へのリリースを実施し、最終確認を行う。

コードデプロイプロセスでは、各ステージ単位での部分的なテスト作業にとどめず、可能な限り全体プロセスまで自動化するという工夫である。これにより、作業者ごとのばらつきがなく、高速に必要な検証を確実に行うことが可能になり、より高速かつ高品質な開発が可能になる。

（ウ）コードデプロイプロセスを支える二つの要素

コードデプロイプロセスのこの自動化の実現には、構成管理（Configuration Management：CM）、継続的インテグレーション/継続的デリバリー（CI/CD）という二つの要素が重要となる。これらとコードデプロイプロセスの関係を図表5-6に示す。

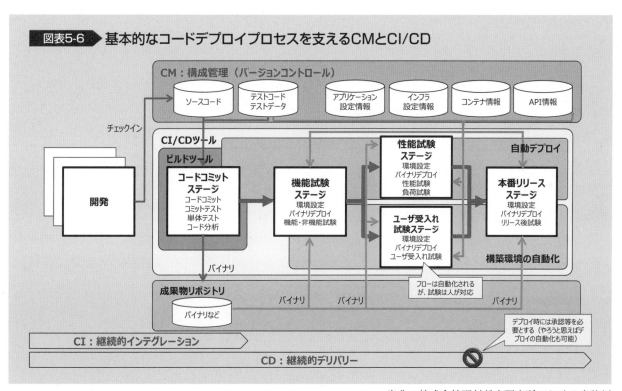

図表5-6 基本的なコードデプロイプロセスを支えるCMとCI/CD

出典：株式会社野村総合研究所における実装例

（a）構成管理（CM）

構成管理とは、各種の設定情報やプロジェクトの内外を含めた環境などを管理することである。ソフトウェアの検証においては想定された実行環境を設定する必要があるが、コンピューター上で数多くのソフトウェアが連携作動する場合には、適切な環境の設定がきわめて煩雑な作業になる。そのため、各ステージで求められる適切な環境を準備できるようにしておくことで、検証やデプロイが容易になる。

(b) 継続的インテグレーション/継続的デリバリー（CI/CD）

　継続的インテグレーション(CI)とは、コードコミットステージにおけるプログラムの開発と単体テストまでの検証を自動化することである。これに対して、継続的デリバリー（CD)は、CIの自動化範囲をコードコミットのステージからさらに拡大したもので、コード変更が行われた段階で、変更されたコードが実行可能なソフトウェアに自動的に組み込まれ、テストや運用環境へのリリースに向けた準備も自動的に完了することを目指す。すなわち、CI/CDとは、システム開発におけるコードコミットから各種検証、調整を経て本番環境へのデプロイまでの各工程を一つの大きなプロセスとしてつないでいくことを意味する。これにより、デプロイまでの業務負荷を大幅に下げられる。

　また、CI/CDは、単に自動化による高速化を図るだけではなく、作業者ごとの解釈や誤解に基づく検証作業におけるばらつきやミスをなくし、品質を向上させるという意図がある。

　この点については三つの重要な視点がある。一つ目は可能な範囲で各種セキュリティ検証を自動化範囲内に括り込むこと、二つ目は「ユーザー受入れ試験」「機能試験」「性能試験」など人間が行うステージは自動化の対象外になるため、テスターや利用ユーザーと密接に協力し合って実態に合ったテストシナリオを作ること、三つ目は開発者が設計やコーディングの段階からテストを意識する文化を徹底することである。

④ ノーコードツール / ローコードツール

　近年はアプリケーションの開発ツールとして、プログラミング言語なしで実装可能なノーコードツールや、簡単なプログラミングで実装が可能なローコードツールが注目を集めている。以前は、こうしたツールは一部のツール専業ベンダーのみが提供していたが、近年では大手ITベンダーからもツールが提供されるようになり利用が拡大している。また、開発速度を上げるための手段としての認知も高まっており、スピードとアジリティが必要とされるアジャイル/DevOpsとの相性もよい。

（ア）メリットとデメリット

　一般的なノーコードツール/ローコードツールのメリットとデメリットは図表5-7のとおりである。

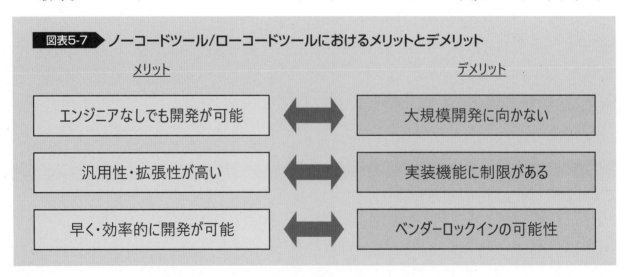

図表5-7　ノーコードツール/ローコードツールにおけるメリットとデメリット

メリット		デメリット
エンジニアなしでも開発が可能	⟷	大規模開発に向かない
汎用性・拡張性が高い	⟷	実装機能に制限がある
早く・効率的に開発が可能	⟷	ベンダーロックインの可能性

　非エンジニアでも開発が可能になることが最大のメリットであり、業務ロジックや業務フローを熟知した業務部門主導による現場のニーズにマッチしたサービス開発も期待できる。ツールによっては、

さまざまな業務を実装するためのテンプレートも準備されており、標準的な機能に関しては汎用性・拡張性も高い。既存のシステムの維持保守に手一杯でIT人材が不足する企業においては、有益なツールである。

　ただし、開発をサポートするツールであるため、他のさまざまな機能と接続する大規模な業務システム開発には向かない場合がある。たとえば、目的とするシステム実現に必要な機能が提供されていなければ、利用価値は低い。また、ライセンス費用が高額であったり、ツール間の互換性がなく、他サービスへ移行のハードルが高い製品もある。ツールの選定に際しては、これらの課題を考慮して意思決定する必要がある。

（イ）どのようなシステム開発から始めるべきか
　適用対象とするシステムを検討する際には、上記のメリット・デメリットに加え利用者数やビジネスプロセスへの影響を勘案し、比較的小さいシステム開発から始めることが望ましい。国内では短期間での開発が可能でありユーザー要望への頻繁なアップデートへの対応が可能となるように、ローコード開発をアジャイル開発と組合せて部門システムを開発するケースが多くみられる。また、欧米では市民データサイエンティストの増加もあり、分析のためのデータのクレンジングや準備のためにノーコードツールやローコードツールを利用する割合が多くなっている。

（ウ）社内の体制
　利用者数の少ないチーム向けのアプリケーションをビジネス部門主導で開発する場合は、ビジネス部門における開発者の教育体制の整備やコミュニティ構築が有効である。
　さらに利用者数やビジネスへの影響度合いが大きい部門のシステムなどをビジネス部門が主導して開発する場合には、個別事業部門に情報システム部門が把握していないシステムが増えていくことのないように、最高情報責任者（Chief Information Officer; CIO）や最高デジタル責任者（Chief Digital Officer; CDO）や情報システム部門が連携して、一定の方針の下で進めていく必要がある。具体的には、ガイドラインの提示や、セキュリティホールが生まれないように、システム部門によるツールの評価、セキュリティ面でのサポートが望ましい。
　また、システム運用に関しては、ビジネス部門に任せるよりもIT部門が担当するほうが人員やコストの面でメリットが多い。

（3）導入プロセス

　多くの企業では旧来の開発手法を活用してITシステムを構築・運用しているため、前項までに紹介した新たな開発手法の導入を行う場合には、既存システムとの接続や既存の手法との使い分けについて留意する必要がある。導入の際のポイントを3点紹介する。

（ア）業務への影響・リスクを考慮して導入する
　新たな開発手法は一度にすべてのITシステムに対して導入するのではなく、まず、既存の業務へ影響が少ない一部のITシステムを対象とすることが考えられる。また、各手法の特性を考慮すれば、エンド

ユーザーのニーズに合わせた機能追加や改修の頻度が高いシステムや「小さく立ち上げて育てていく」ことを目指す業務のITシステムとの親和性が高い。

　新たな開発手法の導入が業務に与える効果とリスクを勘案した適切な対象の選定と適用範囲の設定が大切である。

（イ）小さい組織で立ち上げる

　新たな開発手法に関するノウハウやスキルを持った要員が少ない場合、まずは、小さな組織を立ち上げ、小規模なプロジェクトを対象としてシステム運用や業務へのインパクトを計測し、業務部門や経営幹部に示していく。これにより、関係部門へのアピール、ノウハウと実績の蓄積、要員のスキルアップを図る。また、ノウハウやスキルを有する人材を雇用したり、外部企業を活用したりする方法もある。これらにより、経営層や関連部署との連携を図りつつ、徐々に関係組織の拡大を図るべきである。

（ウ）ビジネス部門を巻き込んで体制を作る

　ビジネス部門を巻き込んだ体制作りを行うことも重要なポイントである。前述の開発手法の導入メリットは、ユーザー部門にビジネス価値をすばやく提供し、競合他社に対する優位性を確保することである。IT部門とビジネス部門が連携しエンドユーザーに近い要員を巻き込むことで、開発手法のコンセプトや有効活用のノウハウを共有したり、活用効果を共感することができれば、よりスムーズにDXを推進することができる。

　そのためには、IT部門がビジネス部門の業務を理解し、課題を発見したり、ビジネス部門が自分たちの課題がデジタル技術によって解決できるかを判断し、提案しやすくすることも重要である。両部門の間で人材ローテーションを行うなどの工夫をしている組織も存在する。

2 システム開発技術

(1) 背景

① あるべき IT システムを実現するためのシステム開発技術

　従来、エンタープライズにおけるITシステムは、強力な一台のコンピューターに一つのプログラムを実行させるという考え方で作られていた。そのため、プログラムは業務単位でモノリシックな構造をとることが多かった。モノリシックとは「一枚岩」という意味で、各サブシステムが適切に分割されず密結合な状態となっている。そのため一部のサブシステムに変更を加えた場合のシステム全体に対する影響範囲を見極めることが難しく、システム改修時に影響調査やテストに時間がかかる、開発規模が大きくなり費用がかさむ、結果として頻繁なシステム改修が困難になる、などのさまざまな問題が発生しやすいものとなっていた。

　こうした課題を解決するために、独立したプログラム＝機能サービスが連携して一つのソフトウェアの全体を形作るというSOA（Service Oriented Architecture）などのコンセプトをより発展させたものとして、最近注目されているのが、後述のマイクロサービスアーキテクチャーである（後述の（2）③「マイクロサービスアーキテクチャー /API」参照）。

　また、技術の進化もシステム開発のスピードを高めることに貢献している。とくにクラウドは利用したい時に必要な分のリソースを確保できるため、調達や構築に多くの時間を必要とするオンプレミスのシステムと比べ、アジャイルな環境構築が可能となる。

② あるべきITシステムを実現するための構成要素の位置付け

　あるべきITシステムを実現するための構成要素の位置付けは、EA（Enterprise Architecture）の構造を把握すると理解しやすい。EAは2000年頃に流行ったフレームワークで、上からビジネス、データ、アプリケーション、テクノロジーの四つのアーキテクチャー階層から成る。経営戦略とITシステムの一貫性を維持し、全体最適化を実現するのに有効な手段である。

　DX実現に求められるあるべきITシステムを実現するためには、ビジネスアーキテクチャーの変化に即応できるアプリケーションアーキテクチャーやテクノロジーアーキテクチャーが必要となっている。本項では、テクノロジーアーキテクチャーの構成要素としての「クラウド」と「コンテナ」、アプリケーションアーキテクチャーの構成要素としての「マイクロサービスアーキテクチャー /API（Application Programming Interface）」について説明する。

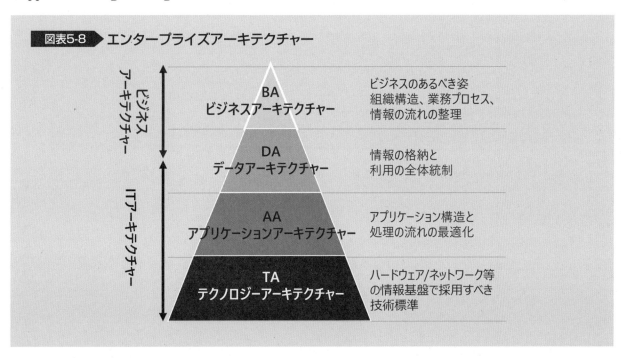

図表5-8　エンタープライズアーキテクチャー

	ビジネスアーキテクチャー	
	BA ビジネスアーキテクチャー	ビジネスのあるべき姿 組織構造、業務プロセス、情報の流れの整理
ITアーキテクチャー	**DA** データアーキテクチャー	情報の格納と利用の全体統制
	AA アプリケーションアーキテクチャー	アプリケーション構造と処理の流れの最適化
	TA テクノロジーアーキテクチャー	ハードウェア/ネットワーク等の情報基盤で採用すべき技術標準

(2) 技術概要

① クラウド（クラウドコンピューティング）

（ア）クラウドの概要

　クラウドコンピューティングという言葉は2006年に当時Google（米国）のCEOであったEric Schmidtが提唱したものである。変化対応力のあるシステム基盤に必要な要素として、拡張が容易であることと、環境構築やその停止が容易かつ俊敏であることが挙げられる。現在のところ、クラウドの活用はこれらの要素を満たす有効な手段であると考えられる。

　クラウドコンピューティングは、共用のコンピューティングリソース（ネットワーク、サーバー、ストレージ、アプリケーション、サービス）の集積に、どこからでも、簡便に、必要に応じて、ネットワーク経

由でアクセスすることを可能とするモデルであり、最小限の利用手続またはサービスプロバイダーとのやりとりで速やかに割当てられ、提供されるものである。このクラウドモデルは五つの基本的な特徴(「オンデマンド・セルフサービス」「幅広いネットワークアクセス」「リソースの共用」「スピーディな拡張性」「サービスが計測可能であること」)、三つのサービスモデル(「SaaS」「PaaS」「IaaS」)、および四つの実装モデル(「プライベートクラウド」「コミュニティクラウド」「パブリッククラウド」「ハイブリッドクラウド」)によって構成される[5]。

(イ) クラウドの形態

　クラウドには、特定の組織専用に提供される「プライベートクラウド」、広く一般向けに提供されるクラウドを他の組織と共有利用する「パブリッククラウド」がある。また、オンプレミスあるいはプライベートクラウドとパブリッククラウドを組合せた「ハイブリッドクラウド」、複数のパブリッククラウドを組合せた「マルチクラウド」などの利用形態が存在する。

　またクラウドは、どのレイヤーをクラウド事業者が提供するかによって、複数のサービスの提供形態に分類できる。主なクラウドサービスの提供形態を図表5-9、図表5-10に示す。

図表5-9　主なクラウドのサービス提供形態

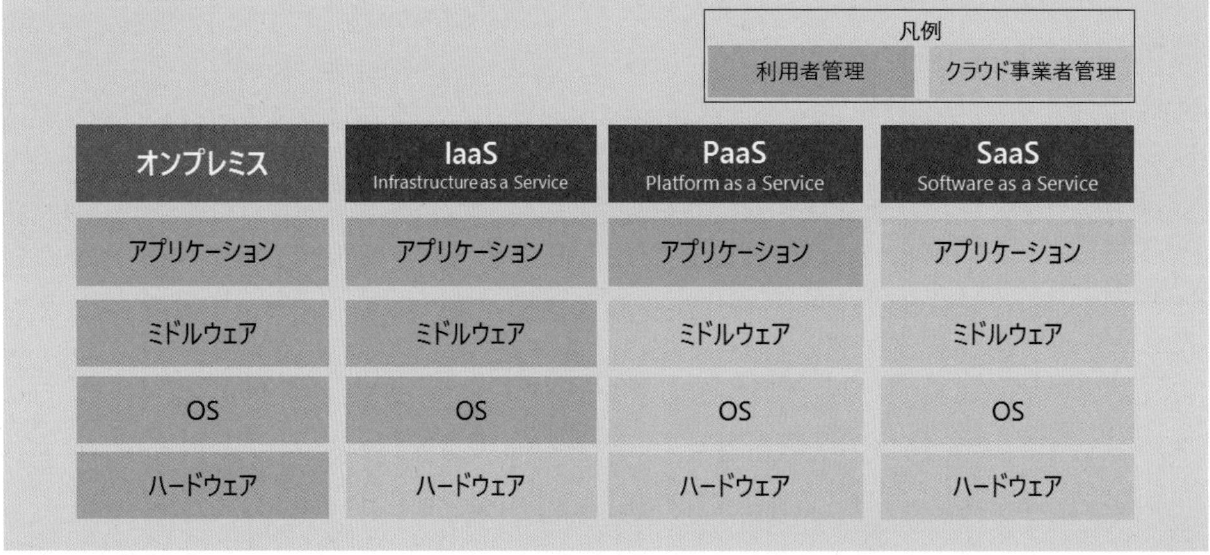

凡例

| 利用者管理 | クラウド事業者管理 |

オンプレミス	IaaS Infrastructure as a Service	PaaS Platform as a Service	SaaS Software as a Service
アプリケーション	アプリケーション	アプリケーション	アプリケーション
ミドルウェア	ミドルウェア	ミドルウェア	ミドルウェア
OS	OS	OS	OS
ハードウェア	ハードウェア	ハードウェア	ハードウェア

＊5　The NIST Definition of Cloud Computing
<https://nvlpubs.nist.gov/nistpubs/Legacy/SP/nistspecialpublication800-145.pdf>

図表5-10 ▶ 各クラウドサービスパターンの概要*6

クラウドサービスパターン	概要
IaaS (Infrastructure as a Service)	利用者に、CPU機能、ストレージ、ネットワークその他の基礎的な情報システムの構築に係るリソースが提供されるもの。利用者は、そのリソース上にOSや任意機能(情報セキュリティ機能を含む。)を構築することが可能である。
PaaS (Platform as a Service)	IaaSのサービスに加えて、OS、基本的機能、開発環境や運用管理環境などもサービスとして提供されるもの。利用者は、基本機能などを組合せることにより情報システムを構築する。
SaaS (Software as a Service)	利用者に、特定の業務系のアプリケーション、コミュニケーションなどの機能、運用管理系の機能、開発系の機能、セキュリティ系の機能などがサービスとして提供される。利用者は、アプリケーションの機能の利用者として設定、利用はするが、アプリケーションのカスタマイズはできない場合が多い。一般的に、利用量に応じた料金設定となっていることが多い。

（ウ）クラウドの利用のメリット

「政府情報システムにおけるクラウドサービスの適切な利用に係る基本方針」*7の内容をもとに主にパブリッククラウド利用のメリットを整理したものを図表5-11に示す。

図表5-11 ▶ クラウドの利用のメリット

	概要
効率性の向上	クラウドサービスでは、多くの利用者が使用するリソースを共有するため、一利用者当たりの費用負担は軽減される。また、クラウドサービスは、多くの場合、多様な基本機能があらかじめ提供されているため、導入時間を短縮することが可能となる。
セキュリティ水準の向上	多くのクラウドサービスは、一定水準の情報セキュリティ機能を基本機能として提供しつつ、より高度な情報セキュリティ機能の追加も可能となっている。また、世界的に認知されたクラウドセキュリティ認証などを有するクラウドサービスについては、強固な情報セキュリティ機能を基本機能として提供している。多くの情報システムにおいては、オンプレミス環境で情報セキュリティ機能を個々に構築するよりも、クラウドサービスを利用する方が、その激しい競争環境下での新しい技術の積極的な採用と規模の経済から、効率的に情報セキュリティレベルを向上させることが期待される。
技術革新対応力の向上	クラウドサービスにおいては、技術革新による新しい機能(たとえば、ソーシャルメディア、モバイルデバイス、分析ツールなどへの対応)が随時追加される。そのため、クラウドサービスを利用することで、最新技術を活用し、試行することが容易となる。
可用性の向上	クラウドサービスにおいては、仮想化などの技術利活用により、複数の物理／仮想サーバーなどのリソースを統合されたリソースとして利用でき、さらに、個別のシステムに必要なリソースは、統合されたリソースの中で柔軟に構成を変更することができる。その結果、24時間365日の稼働を目的とした場合でも過剰な投資を行うことなく、個々の物理的なリソースの障害などがもたらす情報システム全体への悪影響を極小化しつつ、大規模災害の発生時にも継続運用が可能となるなど、情報システム全体の可用性を向上させることができる。
柔軟性の向上	クラウドサービスは、リソースの追加、変更などが容易となっており、数ヶ月の試行運用といった短期間のサービス利用にも適している。また、一般に汎用サービス化した機能の組合せを変更するなどの対応によって、新たな機能の追加のみならず、業務の見直しなどの対応が比較的簡易に可能となるほか、従量制に基づく価格設定や価格体系が公表されていることも一般的である。

---

* 6 「政府情報システムにおけるクラウドサービスの利用に係る基本方針」各府省情報化統括責任者（CIO）連絡会議 <https://cio.go.jp/sites/default/files/uploads/documents/cloud_policy_20210330.pdf>
* 7 「政府情報システムにおけるクラウドサービスの利用に係る基本方針」各府省情報化統括責任者（CIO）連絡会議 <https://cio.go.jp/sites/default/files/uploads/documents/cloud_policy_20210330.pdf>

以上のように、クラウドには多くのケースでメリットがあり、近年では、システム構築を行う際にクラウドの利用を優先する「クラウドファースト」やシステム構築を行う際には、クラウドの利用を第1候補（デフォルト）とする「クラウド・バイ・デフォルト」という考え方も広がっている。

　さらにクラウドの価値を最大限活用したシステムという意味あいで「クラウドネイティブ」という言葉も使われ始めている。クラウドネイティブを推進する「Cloud Native Computing Foundation (CNCF)」では、クラウドネイティブ技術は、パブリッククラウド、プライベートクラウドやそれらを組合せたハイブリッドクラウドなどの近代的でダイナミックな環境において、スケーラブルなアプリケーションを構築および実行するための能力を組織にもたらすとしており、そのアプローチの代表例に、コンテナ、サービスメッシュ、マイクロサービス、イミューダブルインフラストラクチャ、および宣言型APIを挙げている。また、クラウドネイティブの実現のためには、技術だけではなく文化や組織の変革も必要であるとしており、イベントを通じた啓発、トレーニングコースの開発など、多方面に活動を拡げている。

② コンテナ

（ア）コンテナの概要

　コンテナは、OSを含まない形でアプリケーションの実行環境をパッケージ化したものである（図表5-12）。「コンテナ」のフォーマットやランタイムの業界標準策定を目的として設立されたイニシアチブであるOpen Container Initiative（OCI）は、コンテナを「『隔離とリソース制限を設定可能なプロセス実行』を提供する一つの環境」であるとしている。コンテナは他のコンテナからファイルシステムやプロセスが隔離され、利用可能なCPUリソースなどに制限がかけられる。そのため、コンテナ内で実行されるプロセスは他のコンテナ内で実行されるプロセスとは独立した実行環境を有することができる。

　コンテナは、サーバー仮想化よりも高速に実行環境を構築したり、移行・起動・削除することが可能であり、より早くシステムを開発し顧客に届けるというビジネスニーズに応えるための技術として注目が集まっている。

図表5-12　コンテナ概要

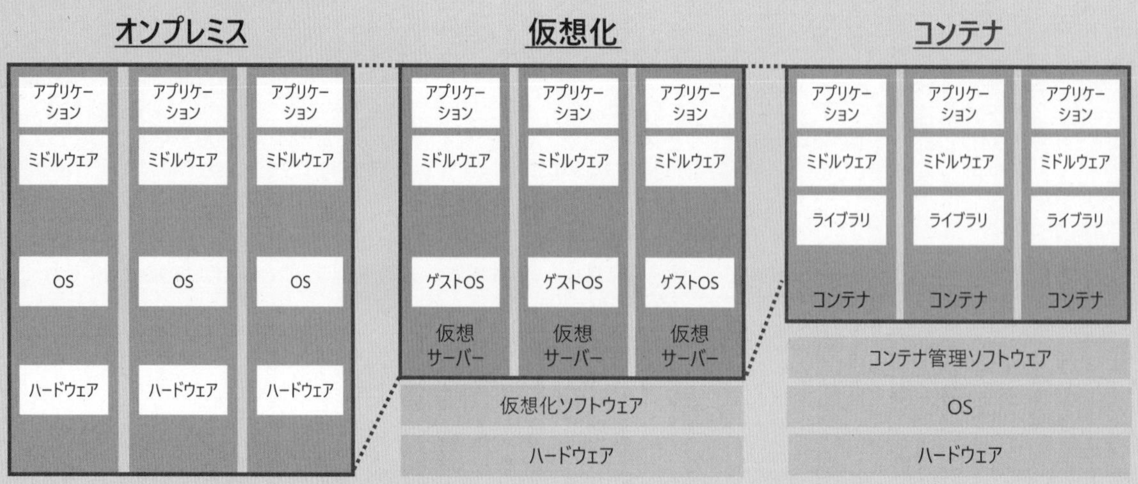

（イ）コンテナの特徴

　コンテナイメージ内にはOSが含まれず、アプリケーションやミドルウェアを稼働させる最低限のライブラリのみでよいため、仮想化環境よりも軽量となり、管理も容易で、構築や廃棄も迅速に行うことができる。また、コンテナは、オンプレミスやクラウドを問わずさまざまな環境で稼働できるうえ、稼働環境の可搬性が高いという特徴を持つため、開発環境で開発したアプリケーションが本番環境で動かないリスクを軽減できる。

　また、実運用で多数のコンテナを稼働させる場合、管理のツール（コンテナオーケストレーションツール）を用いることで、実行処理の負荷を複数のホストを跨いで管理するなどの高度な調整を行うことができる。

③ マイクロサービスアーキテクチャー /API

（ア）マイクロサービスアーキテクチャーの概要

　アジャイル開発やDevOpsによる高速開発を支えるためアプリケーションアーキテクチャーとして注目されているものがマイクロサービスアーキテクチャーである。マイクロサービスアーキテクチャーは「あるサブシステムでの変更が、他のサブシステムにおよびにくくする」ことを目的に、APIによる疎結合化を強く推し進めたアーキテクチャーである。マイクロサービスアーキテクチャーは2014年にJames LewisとMartin Fowlerによって提唱され[8]、図表5-13に示す九つの特徴を持つとされる。

図表5-13　マイクロサービスアーキテクチャーの九つの特徴	
1. サービスによるコンポーネント化 Componentization via Services	6. 非中央集権的なデータ管理 Decentralized Data Management
2. ビジネス機能に基づいたチーム編成 Organized around Business Capabilities	7. インフラの自動化 Infrastructure Automation
3. プロジェクトではなく製品と捉えた開発・運用 Products not Projects	8. 障害発生を前提とした設計 Design for failure
4. スマートエンドポイントとシングルパイプ Smart endpoints and dumb pipes	9. 進化的な設計 Evolutionary Design
5. 非中央集権的な言語やツールの選択 Decentralized Governance	

（イ）マイクロサービスアーキテクチャー活用のポイントと留意点

　マイクロサービスアーキテクチャー活用におけるポイントと留意点を下記に示す。

（a）APIによる疎結合化

　マイクロサービスアーキテクチャーは、小規模かつ軽量で互いに独立した複数のサービスを組合せて、システムを実現するという開発コンセプトである。各サービスはAPIを通じて連携し、全体として

＊8　"Microservices" <https://martinfowler.com/articles/microservices.html>

一つのシステムとして動作する。APIで規定されたとおりの挙動を保証する限りにおいて、呼び出される側のサービスの改修は自由に実施可能となるため、システムの改修頻度も高められる。また、新旧のAPIを併用することによって、サービスに対する仕様変更の影響を最小限に抑えることもできる。

(b) 個々のサービスに閉じたデータ格納

　マイクロサービスアーキテクチャーは分散システムであり、各サービスが独自にデータベースを管理する。あるサービスが他のサービスのデータベースにアクセスする場合は、そのサービスが提供するAPIを経由してデータを操作する。

　モノリシックなシステムではしばしば複数のサービス間でデータベースを共有するように実装されるが、この場合、データベースへ修正を加える際に他サービスに与える影響を見極めることが難しくなる。しかし、データベースを共有せず、その操作をAPI経由に限定することで、スキーマやデータベースの実装を他サービスから分離でき、サービス間の疎結合な状態を保つことができる。

(c) データ内容の一貫性に対する注意点

　通信障害によりシステム全体が機能不全になることを避けるように考えられているマイクロサービスアーキテクチャーでは、分散型システムの原理上、システム内において各サービスが矛盾したデータベース状態を保持してしまう可能性がある。システム内での矛盾状態を解消するために、各サービスの状態を確認できなかった段階で更新のキャンセルを行う方法や、問題があれば更新を打ち消す方法などにより、問題を緩和できる。しかし、一定時間経過後に最終的な一貫性が担保される結果整合性は担保されるものの即時整合性は担保されない。厳密なデータベースの整合性の確保は容易ではない。トランザクションレベルにおいても、障害発生時に各サービス間の処理を正しく実行するために補償トランザクションが必要になり、複雑な制御が必要になるという課題がある。

(ウ) マイクロサービスアーキテクチャーの構成要素

　マイクロサービスアーキテクチャーの実現に必要な構成要素として重要なものは、コンテナとサービスメッシュである。各サービスを実装するためにコンテナを用いることにより、アプリケーションの可搬性と自由度が上がり、デプロイの容易性を高めることができる。サービスメッシュは各サービス間で行われる通信を支えるネットワークサービスである。主に、サービスの発見（サービスがデプロイされる度に依存関係にあるサービスを調査し、システム側で適切な接続先を決定する）、障害の分離（通信障害が起きた時に他のAPIを遮断し、波及を防止する）、分散トレーシング（サービス間の通信内容を監視、追跡して問題発生時に発生個所の特定等を支援する）、認証・認可（セッション情報やアクセス権限などを一元管理する）といった役割を担う。

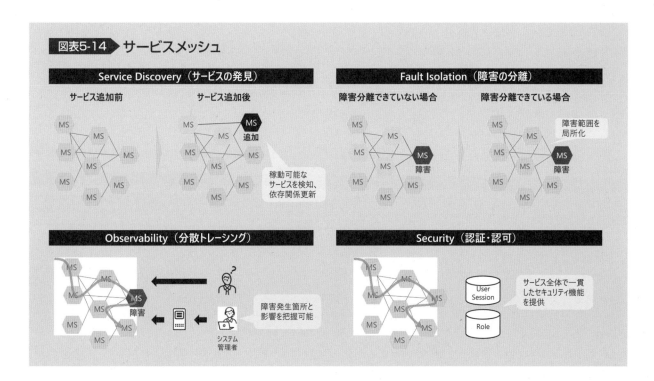

図表5-14 ▶ サービスメッシュ

④ レガシーシステム刷新

ITシステムを長期間運用している場合、機能の追加・改修の繰り返しにより以下のような課題を抱える場合がある。

・技術面で著しく老朽化している

・ブラックボックス化している

・肥大化・複雑化している

上記のような「レガシーシステム」は、古い技術を扱える人材の補充が困難、構造が不明で改修や機能追加が困難、運用保守コストが増大するなどの問題が生じる。DXの足かせになることも懸念されるため、移行の対応を検討していくことが望ましい。

なお、レガシーシステム刷新の進め方については(3)④「レガシーシステム刷新の進め方」で後述する。

（3）導入プロセス、事例

ここでは、(2)で説明したクラウド、コンテナ、マイクロサービスアーキテクチャー /APIおよびレガシーシステム刷新の導入プロセスの説明および事例紹介を行う。

① クラウド導入の進め方

（ア）クラウド活用方針策定

クラウド導入を進める際には、まずは、企業のクラウド活用に関する方針をまとめ、社内で合意する必要がある。具体的には、クラウド活用対象とするシステム種別や取り扱うデータ、セキュリティ、ガバナンスなどの活用方針、利用規定を定める。クラウド活用方針の策定においては、現在の予算計画や企業ルールとの適合性が問題になりやすい。たとえば、クラウドが従量課金であるために従来の調達プロセスと合致しない場合や、自社のルールでデータ管理場所の現地監査を定めているのにクラウド運営

企業が現地監査を受け入れていない場合などである。基本的にはクラウドを考慮したものに社内ルールを改訂することになるが、定額サービスの利用や現地調査を証明書で代替するなどの運用でカバーするといった対策も考えられる。

（イ）クラウドへの移行

　サービスメニューやサービスレベル、移行のしやすさ、セキュリティレベル、コスト見込みなどから利用するクラウドプラットフォームを選定する。次に、クラウド移行の進め方を検討する。まずは、クラウド活用方針に従い、クラウドに移行するシステムを選定し、その後、移行形態（プライベートクラウドかパブリッククラウドか、IaaS、PaaS、SaaSのどれを選ぶか）を決定する。次は移行作業であるが、その前に概念検証（Proof of Concept; PoC）の実施を推奨する。少数の個別システムについて先行してクラウド移行を進め、クラウド活用方針の妥当性や、選定したクラウドプラットフォームの性能や信頼性を検証することが望ましい。

（ウ）クラウド移行後の運用に関する検討

　クラウドは日々進化を続けるため、クラウド移行後も活用方針の見直しが必要である。またクラウドは、利用する側にも特定のスキルが必要であり、進化するクラウドに追従可能な人材の育成も必要となる。そのような状況に対応するため、クラウド関連の状況と情報を把握し、対応を進めるための専門部署（Cloud Center of Excellence; CCoE）（図表5-15）を導入する企業も出てきている。

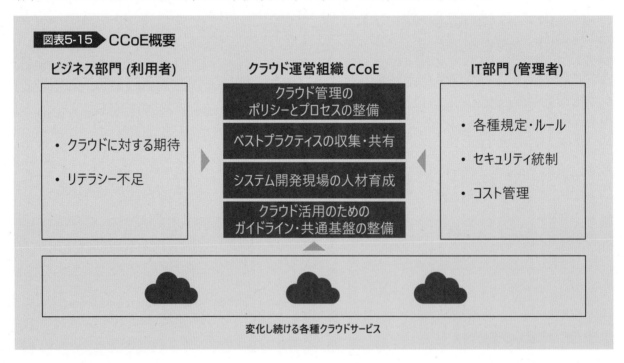

図表5-15　CCoE概要

② コンテナ導入の進め方

（ア）コンテナ活用方針策定

　コンテナ導入においても、クラウド同様、コンテナ活用方針をまとめることが望ましい。コンテナ化の対象システムの検討、オンプレミス継続／クラウド活用、コンテナオーケストレーションツールの選定などをとりまとめる。コンテナ導入は、単体で検討を進めるよりも、前述のクラウド導入も含めた、企業全体のITインフラ検討の一環として進める必要がある。

（イ）コンテナ実行環境、移行方式の決定

　コンテナについては、ツールが数多く提供されているため、コンテナ活用方針に基づいて最適なものを選ぶという作業が中心となる。コンテナ技術はまだ比較的新しい技術であり、実行環境・ツールも日々変化していくと見込まれるため、業界動向や採用事例をもとに選定する。なお、実際のコンテナ導入にあたっては、コンテナ導入のベストプラクティスを参考にすることが望ましい。また、米国国立標準技術研究所（National Institute of Standards and Technology; NIST、米国）は2017年にコンテナセキュリティガイド[*9]を発行しており、コンテナに関連する潜在的なセキュリティリスクと、リスクに対処するための推奨事項を提供している。

（ウ）概念検証

　コンテナについても、導入前に概念検証の実施を推奨する。コンテナ環境上で業務サービスを提供しているケースを想定し、構築・テスト・リリースに関してコンテナ環境特有の要素を洗い出す。とくに、コンテナは構成管理の機能を包含しているためIaC（Infrastructure as Code）やCI/CDといった自動化と相性がよい技術なので、これら自動化関連技術を組合せて想定どおりの効果を得ることができるか、検証を行うことが望ましい。また、性能や耐障害性といった非機能要件の観点での検証を行い、業務サービスが実用に耐えうるかの検証も合わせて行う。

③ マイクロサービスアーキテクチャー / API 導入の進め方

（ア）マイクロサービス化の始め方

　マイクロサービスアーキテクチャーの導入の例として、Netflix（米国）を取り上げる。モノリシックなシステムに対して100人以上の開発者が書いたプログラムを集めて2週間に一度本番リリースする状況に限界を覚え、マイクロサービスアーキテクチャーに辿り着いたとされる。導入は一部の対象から徐々に適用範囲を広げるアプローチをとり、小さなプロジェクトを重ねて取組を洗練させていった結果、今では同社のサービスは多数のマイクロサービスで構成されている。Netflixの取組は絶対的なものではないが、開発の不確実性を下げるためのPoCの実施や、小さく始めて徐々に適用範囲を拡大するスモールスタートのアプローチの好例と考えられる。

（イ）システムと体制の段階的移行

　マイクロサービスアーキテクチャーの導入によって、開発スピードが高速化されるが、それに合わせて、それぞれの業務を最高速でこなせるようなシステム開発・運用体制の変更も要請される。

　マイクロサービスアーキテクチャーの導入はそもそも漸進的なシステム開発であり、したがって、システム再構築も、従来の一括でのシステム切替えではなく、段階的に切替えていくことが有力な選択肢となる。段階的な切替え方式としては、まずシステム間連携を担うゲートウェイ（ストラングラーファサード）を通じて内部システム間で連携を行う方式にシステム全体を切替えてから、徐々にシステムを切替えていくやり方（ストラングラーフィグパターン、またはストラングラーアプリケーションパター

---

*9　"Application Container Security Guide（SP 800-190）"、NIST Website
　　<https://csrc.nist.gov/publications/detail/sp/800-190/final>

ン）がよく知られている。[10]

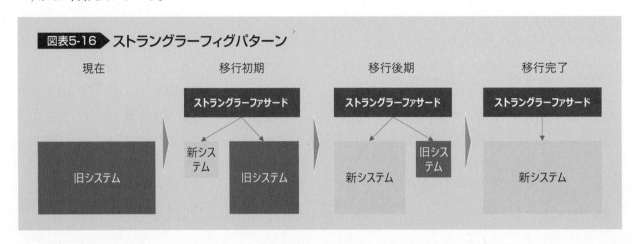

図表5-16 ストラングラーフィグパターン

（ウ）複合的な推進

　マイクロサービスアーキテクチャーをITアーキテクチャーの観点だけで取組むことは推奨されない。アジャイル開発やDevOpsの採用、CI/CD環境の導入などと合わせて開発スピードを高めていくための手段であることは強く意識するべきである。また、市場や利用者の変化に追随するために設計時にすべてを確定させることは困難であるため、システム開発の内製化や、システム開発会社との契約体系の見直しが必要になる可能性もある。社内の組織運用も、小規模化、自律化が望ましい。このように、マイクロサービスアーキテクチャーは会社組織の機能や運用を改革するさまざまな取組と組み合わさり、複合的に推進されていくことで効果をより発揮するのである。

④ レガシーシステム刷新の進め方

　レガシーシステムの刷新においては、まず、現状のITシステムを分析し、機能ごとに以下の四つの観点で評価することが、出発点となる。

　(a)：頻繁に変更が発生する機能は再構築

　(b)：変更されたり、新たに必要な機能は適宜追加

　(c)：肥大化したシステムの中に不要な機能があれば廃棄

　(d)：あまり更新が発生しない機能は現状維持

　「頻繁に変更が発生する機能」については、変更に対して迅速・柔軟な対応を可能とするため、アプリケーションの構造を見直し、新たなITシステムへ再構築を行う。また、「新たに必要となる機能」は、保守性を考慮し、再構築したITシステムへ、適宜追加する。さらに、「不要な機能」は廃棄、「あまり更新が発生しない機能」は現状維持を行いながら、「ITシステムのあるべき姿」へ移行する。

　レガシーシステムの刷新には、現行システムを一度に移行する場合と段階的に移行する場合がある。移行に要する期間や体制、ビジネス上の方針などから段階的に移行する方針をとった場合、移行手法の一つとして「ストラングラーフィグパターン（前項参照）」が挙げられる。これにより、各機能のユーザーへの影響を緩和しながら、段階的な移行が可能となる。

　詳しくは、IPA「DX実践手引書 ITシステム構築編 完成 第1.0版」および「DX実践手引書 ITシステ

＊10　ストラングラーフィグ（Strangler Fig: 絞め殺しの木）は他の植物などに巻きつき、絞め殺すように成長する植物。徐々に機能を置き換えていくパターンであることからこの名称で呼ばれる。

ム構築編 レガシーシステム刷新ハンドブック」[11]を参照願いたい。

3 開発手法・技術の活用状況と課題

　本節では、前節までに紹介した手法・技術についてのアンケート調査を日米企業に対して実施し、それらの活用状況や導入課題を把握するとともに、活用の方向性を検討した結果を説明する。

（1）ビジネスニーズに対応するために重要なITシステムの機能

　企業の環境変化への対応や新サービスの短期間での立ち上げ、といったビジネスニーズに対応するためには、企業のITシステムにはスピード・アジリティや社会最適、データ活用を実現する機能が求められる。図表5-17は、このITシステムに求められる機能について、各社の「重要度」を尋ねたものである。日米で「重要である」と回答した割合で差が大きい項目は「場所に依存せず業務を遂行できるリモートワーク」「変化に応じ迅速かつ安全にITシステムを更新できる」「小さなサービスから始め、価値を確かめながら拡張していくことができる」となっている。

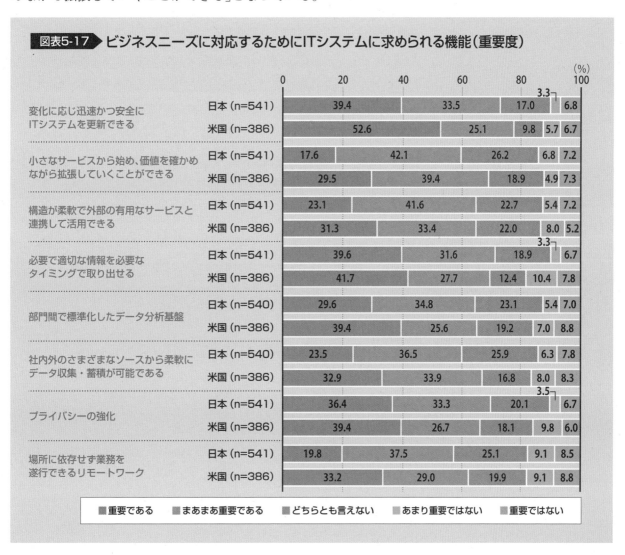

図表5-17　ビジネスニーズに対応するためにITシステムに求められる機能（重要度）

凡例：■重要である　■まあまあ重要である　■どちらとも言えない　■あまり重要ではない　■重要ではない

項目		重要である	まあまあ重要である	どちらとも言えない	あまり重要ではない	重要ではない
変化に応じ迅速かつ安全にITシステムを更新できる	日本 (n=541)	39.4	33.5	17.0	3.3	6.8
	米国 (n=386)	52.6	25.1	9.8	5.7	6.7
小さなサービスから始め、価値を確かめながら拡張していくことができる	日本 (n=541)	17.6	42.1	26.2	6.8	7.2
	米国 (n=386)	29.5	39.4	18.9	4.9	7.3
構造が柔軟で外部の有用なサービスと連携して活用できる	日本 (n=541)	23.1	41.6	22.7	5.4	7.2
	米国 (n=386)	31.3	33.4	22.0	8.0	5.2
必要で適切な情報を必要なタイミングで取り出せる	日本 (n=541)	39.6	31.6	18.9	3.3	6.7
	米国 (n=386)	41.7	27.7	12.4	10.4	7.8
部門間で標準化したデータ分析基盤	日本 (n=540)	29.6	34.8	23.1	5.4	7.0
	米国 (n=386)	39.4	25.6	19.2	7.0	8.8
社内外のさまざまなソースから柔軟にデータ収集・蓄積が可能である	日本 (n=540)	23.5	36.5	25.9	6.3	7.8
	米国 (n=386)	32.9	33.9	16.8	8.0	8.3
プライバシーの強化	日本 (n=541)	36.4	33.3	20.1	3.5	6.7
	米国 (n=386)	39.4	26.7	18.1	9.8	6.0
場所に依存せず業務を遂行できるリモートワーク	日本 (n=541)	19.8	37.5	25.1	9.1	8.5
	米国 (n=386)	33.2	29.0	19.9	9.1	8.8

＊11　https://www.ipa.go.jp/files/000089583.pdf

図表5-18は、前述のビジネスニーズに対応するためにITシステムに求められる機能について、各社の「達成度」を尋ねたものである。「達成している」「まあまあ達成している」の合計は、米国では6割から7割半ばに対して日本では多くの項目で2割弱から4割程度である。前述のDXを実現するためのITシステムに求められる重要な要素である「スピード・アジリティ」「社会最適」「データ活用」の観点からみても、今後の改善が必要となる。

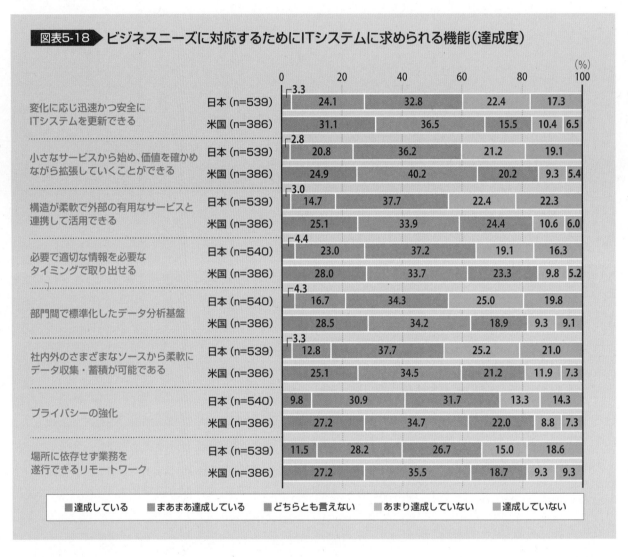

図表5-18　ビジネスニーズに対応するためにITシステムに求められる機能（達成度）

　図表5-19は、前述の「重要度」と「達成度」の二つの観点でビジネスニーズに対応するためにITシステムに求められる各機能の状況を合わせてみたものである。日米とも総じて重要度が高いにも関わらず、日本は「プライバシーの強化」「場所に依存せず業務を遂行できるリモートワーク」を除き、米国より達成度が低いことは課題である。米国で重要度・達成度が最も高い「変化に応じ、迅速かつ安全にITシステムを更新できる」は日本でも重要度は最も高いが達成度は低く、DXに必要なスピード・アジリティの観点ではとくに改善が求められる。なお、重要度は「重要である」「まあまあ重要である」の合計、達成度は「達成している」「まあまあ達成している」の合計であらわしている。

図表5-19　ビジネスニーズに対応するためにITシステムに求められる機能（重要度・達成度）

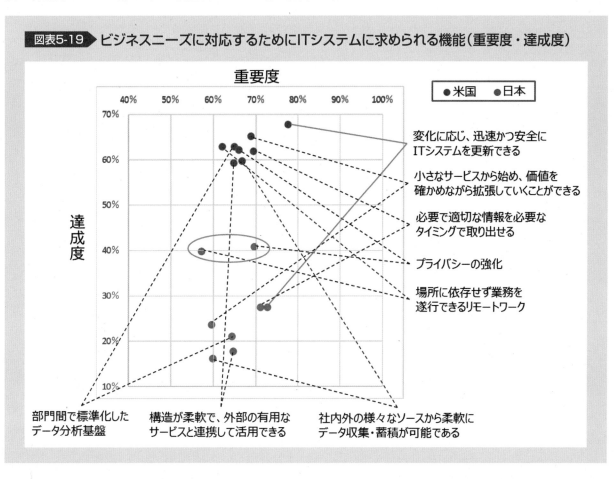

図表5-20にビジネスニーズに対応するためにITシステムに求められる機能（重要度）、図表5-21に同（達成度）の日本の経年比較を示す。図表5-20をみると重要度が増加している項目が多いが、図表5-21をみるとプライバシーとリモートワーク以外は達成度が低いままである。他の項目は、アジャイルやデータ利活用に関するものであり、達成度の向上が望まれる。

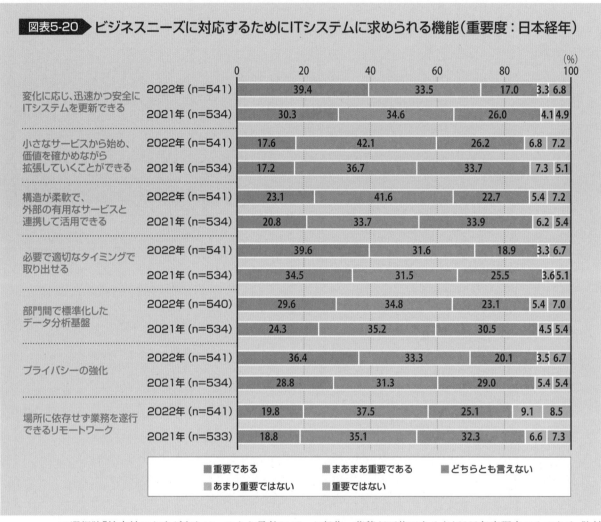

図表5-20 ビジネスニーズに対応するためにITシステムに求められる機能（重要度：日本経年）

項目	年	重要である	まあまあ重要である	どちらとも言えない	あまり重要ではない	重要ではない
変化に応じ、迅速かつ安全にITシステムを更新できる	2022年 (n=541)	39.4	33.5	17.0	3.3	6.8
	2021年 (n=534)	30.3	34.6	26.0	4.1	4.9
小さなサービスから始め、価値を確かめながら拡張していくことができる	2022年 (n=541)	17.6	42.1	26.2	6.8	7.2
	2021年 (n=534)	17.2	36.7	33.7	7.3	5.1
構造が柔軟で、外部の有用なサービスと連携して活用できる	2022年 (n=541)	23.1	41.6	22.7	5.4	7.2
	2021年 (n=534)	20.8	33.7	33.9	6.2	5.4
必要で適切なタイミングで取り出せる	2022年 (n=541)	39.6	31.6	18.9	3.3	6.7
	2021年 (n=534)	34.5	31.5	25.5	3.6	5.1
部門間で標準化したデータ分析基盤	2022年 (n=540)	29.6	34.8	23.1	5.4	7.0
	2021年 (n=534)	24.3	35.2	30.5	4.5	5.4
プライバシーの強化	2022年 (n=541)	36.4	33.3	20.1	3.5	6.7
	2021年 (n=534)	28.8	31.3	29.0	5.4	5.4
場所に依存せず業務を遂行できるリモートワーク	2022年 (n=541)	19.8	37.5	25.1	9.1	8.5
	2021年 (n=533)	18.8	35.1	32.3	6.6	7.3

■重要である　■まあまあ重要である　■どちらとも言えない
■あまり重要ではない　■重要ではない

※選択肢「社内外のさまざまなソースから柔軟にデータ収集・蓄積が可能である」は2022年度調査のみのため、除外

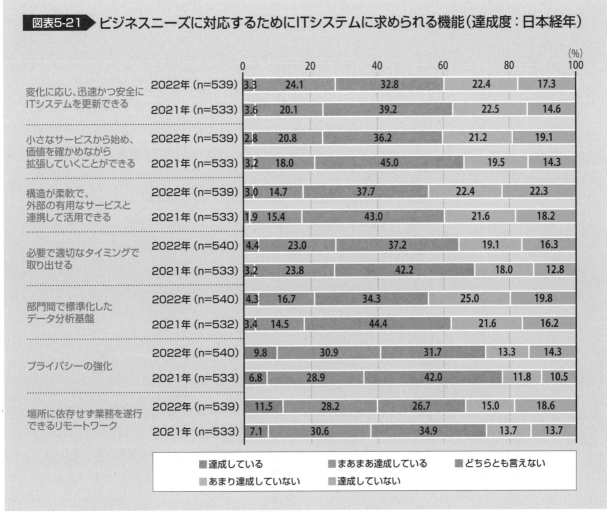

図表5-21 ビジネスニーズに対応するためにITシステムに求められる機能（達成度：日本経年）

		達成している	まあまあ達成している	どちらとも言えない	あまり達成していない	達成していない
変化に応じ、迅速かつ安全にITシステムを更新できる	2022年 (n=539)	3.3	24.1	32.8	22.4	17.3
	2021年 (n=533)	3.6	20.1	39.2	22.5	14.6
小さなサービスから始め、価値を確かめながら拡張していくことができる	2022年 (n=539)	2.8	20.8	36.2	21.2	19.1
	2021年 (n=533)	3.2	18.0	45.0	19.5	14.3
構造が柔軟で、外部の有用なサービスと連携して活用できる	2022年 (n=539)	3.0	14.7	37.7	22.4	22.3
	2021年 (n=533)	1.9	15.4	43.0	21.6	18.2
必要で適切なタイミングで取り出せる	2022年 (n=540)	4.4	23.0	37.2	19.1	16.3
	2021年 (n=533)	3.2	23.8	42.2	18.0	12.8
部門間で標準化したデータ分析基盤	2022年 (n=540)	4.3	16.7	34.3	25.0	19.8
	2021年 (n=532)	3.4	14.5	44.4	21.6	16.2
プライバシーの強化	2022年 (n=540)	9.8	30.9	31.7	13.3	14.3
	2021年 (n=533)	6.8	28.9	42.0	11.8	10.5
場所に依存せず業務を遂行できるリモートワーク	2022年 (n=539)	11.5	28.2	26.7	15.0	18.6
	2021年 (n=533)	7.1	30.6	34.9	13.7	13.7

※選択肢「社内外のさまざまなソースから柔軟にデータ収集・蓄積が可能である」は2022年度調査のみのため、除外

（2）開発手法・技術の活用状況

　図表5-22は、ITシステムの開発手法・技術の活用状況である。開発手法の活用状況（「全社的に活用している」「事業部で活用している」の合計値）をみると、米国が5割から8割に対して、日本はおおむね1割から2割とどの項目においても日米差が大きい。開発技術の活用状況としては米国が5割から6割に対して日本は2割から4割である。開発技術の中で日本の活用状況の割合が高いのは「SaaS」「パブリッククラウド」であり、自らがIT資産を構築・所有しないでサービスを利用する、という形態は拡大していることがみてとれる。その一方、マイクロサービス、コンテナなどを活用する割合は、1割から2割にとどまり、新たな開発技術の活用度合が低いことがわかる。日本企業において新たな開発手法・技術の活用が進まない背景として、人材の「量」「質」の不足などの課題やユーザー企業・ベンダー企業双方が相互依存関係に慣れて新たな開発手法や技術の採用や変革に消極的、などの理由により従来型の手法・技術から脱却できないことが考えられる。

		全社的に活用している	事業部で活用している	活用を検討している	活用していない	この手法・技術を知らない
開発手法	人間中心デザイン 日本 (n=542)	4.8	9.2	13.7	42.8	29.5
	人間中心デザイン 米国 (n=386)	43.5		25.9	13.7	6.2 / 10.6
	UI/UX 日本 (n=542)	4.4 / 15.7	14.0	40.6	25.3	
	UI/UX 米国 (n=386)	22.3	36.0	16.8	10.6	14.2
	リーンスタートアップ 日本 (n=542)	2.2 / 8.7	14.6	43.4	31.2	
	リーンスタートアップ 米国 (n=386)	21.5	32.6	19.9	13.2	12.7
	デザイン思考 日本 (n=542)	2.8 / 12.4	17.3	42.3	25.3	
	デザイン思考 米国 (n=386)	24.4	32.1	17.4	14.0	12.2
	アジャイル開発 日本 (n=542)	4.8	18.1	18.6	36.3	22.1
	アジャイル開発 米国 (n=386)	25.9	28.0	19.4	14.0	12.7
	ノーコード/ローコード 日本 (n=542)	5.9	15.7	18.6	33.8	26.0
	ノーコード/ローコード 米国 (n=386)	20.7	26.2	20.2	18.4	14.5
	DevOps 日本 (n=542)	2.0 / 9.2	14.0	38.2	36.5	
	DevOps 米国 (n=386)	22.0	29.8	19.9	14.2	14.0
	DevSecOps 日本 (n=542)	1.7 / 7.4	13.1	38.9	38.9	
	DevSecOps 米国 (n=386)	25.4	27.5	19.9	12.7	14.5
	CI/CD 日本 (n=542)	2.0 / 7.0	11.3	41.9	37.8	
	CI/CD 米国 (n=386)	26.2	32.1	16.6	11.7	13.5
開発技術	マイクロサービス/API 日本 (n=542)	5.0	16.1	16.1	34.5	28.4
	マイクロサービス/API 米国 (n=386)	23.6	33.9	17.4	12.4	12.7
	プライベートクラウド 日本 (n=542)	12.5	11.8	17.5	36.7	21.4
	プライベートクラウド 米国 (n=386)	28.2	33.4	18.1	9.8	10.4
	パブリッククラウド (IaaS、PaaS) 日本 (n=542)	15.5	17.0	19.0	29.9	18.6
	パブリッククラウド (IaaS、PaaS) 米国 (n=386)	27.2	30.3	14.8	14.0	13.7
	ハイブリッドクラウド 日本 (n=542)	11.3	10.0	19.6	38.4	20.8
	ハイブリッドクラウド 米国 (n=386)	27.5	27.7	17.4	13.5	14.0
	SaaS 日本 (n=542)	21.2	19.2	16.1	26.0	17.5
	SaaS 米国 (n=386)	23.6	29.8	18.9	14.2	13.5
	クラウドセキュリティ 日本 (n=542)	12.2	7.7	26.8	34.5	18.8
	クラウドセキュリティ 米国 (n=386)	23.8	32.9	19.7	10.1	13.5
	クラウド認証 日本 (n=542)	10.7	10.7	22.9	36.3	19.4
	クラウド認証 米国 (n=386)	26.4	31.6	14.8	13.2	14.0
	コンテナ/コンテナ運用自動化 日本 (n=542)	2.8 / 7.7	14.8	44.3	30.4	
	コンテナ/コンテナ運用自動化 米国 (n=386)	24.1	28.0	21.2	12.2	14.5

「全社的に活用している」「事業部で活用している」の合計値でみると、日本の上位3項目は「SaaS」（40.4％）、「パブリッククラウド（IaaS、PaaS）」（32.5％）、「プライベートクラウド」（24.4％）であり日本でもクラウドの活用が浸透しつつあるとみられる。米国の上位3項目は「人間中心デザイン」（69.4％）、「プライベートクラウド」（61.6％）、「UI/UX」（58.3％）、「CI/CD」（58.3％）であった。

日本では「この手法・技術を知らない」の割合が17.5％から38.9％であり、米国の10.4％から14.5％と比較して高い。しかし、2021年度調査は25.7％から44.9％であり、「この手法・技術を知らない」と回答した企業の割合は減少している。

図表5-23は、前掲の「ITシステムの開発手法・技術の活用状況」の「アジャイル開発」「マイクロサービス/API」について、日本の企業がDXに取組んでいるか（DX取組あり）、取組んでいないか（DX取組なし）の回答結果で比較をしたものである。どちらの活用状況も、「取組なし」の企業が10％未満であるのに対して「取組あり」の企業は約30％となっており、DXの取組状況によって手法・技術の活用度合いも進んでいくことがみて取れる。なお、企業がDXに取組んでいるとは2022年度調査で「全社戦略に基づき、全社的にDXに取組んでいる」「全社戦略に基づき、一部の部門においてDXに取組んでいる」「部署ごとに個別でDXに取組んでいる」のいずれかと回答した結果に基づく。同様に取組んでいないとは「取組んでいない」と回答した結果に基づく。

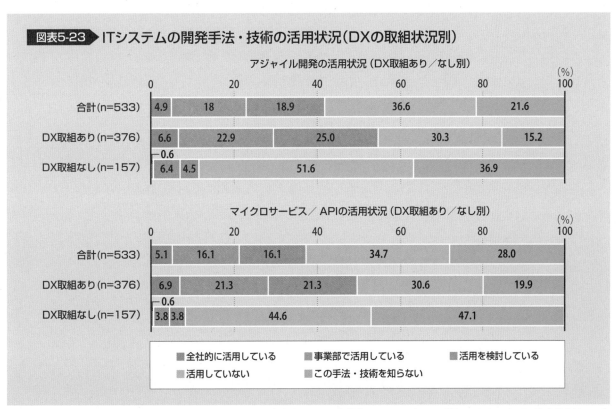

図表5-23 ITシステムの開発手法・技術の活用状況（DXの取組状況別）

※DXの取組の設問における選択肢「創業よりデジタル事業をメイン事業としている」および「わからない」の回答を除外して集計しているため、合計は図表5-22と一致しない。

図表5-24は、前掲の「ITシステムの開発手法・技術の活用状況」に示した手法・技術の導入目的を尋ねたものである。日米の差で比較してみた場合、日本は「レガシーインフラの刷新」「開発コストの削減」「インフラ運用コストの削減」などコスト削減が目的とする項目の割合が高い。それに対して米国は「ソフトウェアの生産性の向上」「ソフトウェアの品質向上」「ソフトウェアの保守性向上」などソフトウェアの改善を目的とする項目の割合が高い。

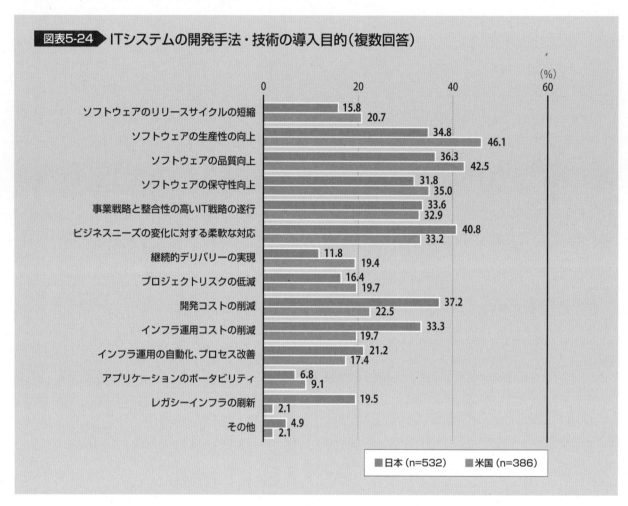

図表5-24　ITシステムの開発手法・技術の導入目的（複数回答）

(3) 共通プラットフォームの利用意向

経済産業省「DXレポート2.1」では、目指すべきデジタル産業の業界構造形態の一つとして、個別業界の共通プラットフォームや、業界横断の共通プラットフォームを挙げている。今回の調査では、「共通プラットフォーム」を「企業が経営資源を競争領域に集中するため、自社の強みとは関係の薄い協調領域を業界内の他社と合意形成してプラットフォーム化することで、IT投資の効果を高めることが期待される」ものと定義し、その利用意向について聞いている(図表5-25)。利用企業の割合(「すでに利用している」「すでに利用しており、さらに対象領域を拡大したい」の合計)は、米国の42.0%に対し、日本は7.8%であり、米国の2割にも満たない状況である。

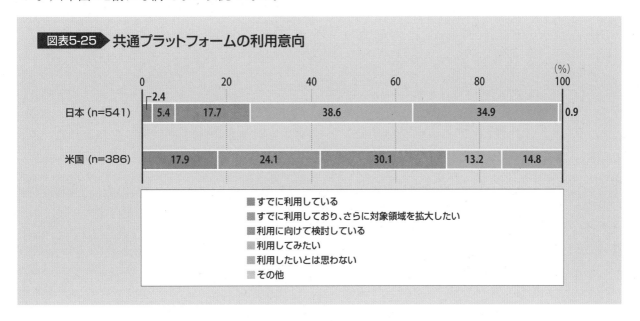

図表5-25　共通プラットフォームの利用意向

日本 (n=541): 2.4 / 5.4 / 17.7 / 38.6 / 34.9 / 0.9
米国 (n=386): 17.9 / 24.1 / 30.1 / 13.2 / 14.8

■すでに利用している
■すでに利用しており、さらに対象領域を拡大したい
■利用に向けて検討している
■利用してみたい
■利用したいとは思わない
■その他

こうした共通プラットフォームの導入は、一般的に、コストセンターを共通化して個社の負担を抑えるだけではない。共通の接続方法やデータの扱いが確立していくと、その部分を共通に担うITシステムは十分な競争環境の下で合理的な費用を実現できると考えられることから、二重の合理化効果が見込まれる。しかしながら、実際にこれを実装するには、業界内の各社間で、個社の事情によりどこが共通化すべきかの理解が異なったり、共通プラットフォームのビジネスモデルや負担水準の設定がしにくかったり、また、短期的には自社のITシステムの改修コストがメリットを上回ってしまうことがあるなど、課題はいくつもある。

現在日本においても経済産業省の主導のもと、水道事業における共通プラットフォーム構築が推進されているが(図表5-26)、これは公開された共通の接続方法などに沿った共通プラットフォームの実装を目指す事業であり、上記の考え方を実現していく先駆的プロジェクトである。もちろん、共通プラットフォームの構築のあり方はこれに限らないが、こうした考え方に鑑みても、また米国の調査結果を踏まえても、今後、日本においても、さまざまな形で共通プラットフォームの活用が重要になるのではないか。

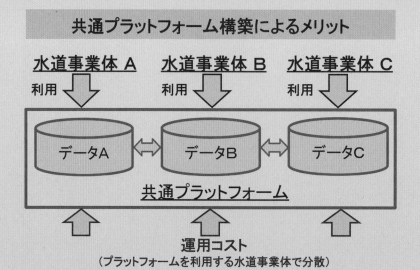

図表5-26 ▶ 共通プラットフォーム構築によるメリット例（社会インフラ部門：水道）*12

共通プラットフォーム構築によるメリット

水道事業体 A　　**水道事業体 B**　　**水道事業体 C**

利用　　　　　　利用　　　　　　利用

データA　⟷　データB　⟷　データC

共通プラットフォーム

運用コスト
（プラットフォームを利用する水道事業体で分散）

● データ流通の共通ルールを定め、異なる水道事業体間
　のデータ連係・利活用を促進
● 共同利用によりITコストを割り勘、低コスト化を、
　セキュリティの確保も含め実現

（4）老朽化した既存ITシステム（レガシーシステム）の状況と課題

　老朽化した既存ITシステム（レガシーシステム）は、DX推進の足かせになる場合があり、2022年度調査では、新たにレガシーシステムの状況と課題に関する設問を追加している。

　図表5-27は、回答企業におけるレガシーシステムの状況を尋ねたものである。半分以上レガシーシステムが残っている割合（「半分程度がレガシーシステムである」「ほとんどがレガシーシステムである」の合計）でみると、米国の22.8%に対して日本は41.2%であり、日本企業におけるレガシー刷新の遅れがうかがえる。日本で「DX取組なし」の企業は「わからない」が40.8%に対して「DX取組あり」の企業は「わからない」が8.2%でありDXの取組がレガシーシステムの把握と刷新のきっかけの一つになっていると推察される。

---

*12 「デジタル時代の新たなIT政策大綱（案）」の概要　内閣官房情報通信技術（IT）総合戦略室　令和元年6月

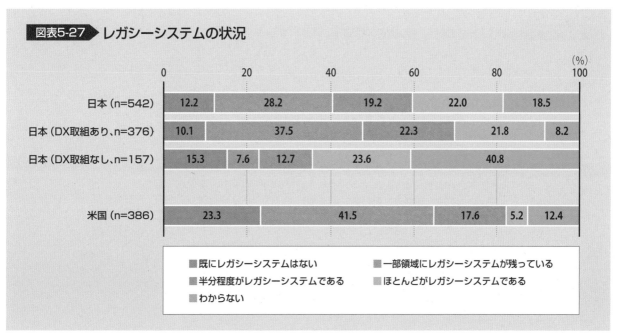

図表5-27　レガシーシステムの状況

凡例:
- 既にレガシーシステムはない
- 一部領域にレガシーシステムが残っている
- 半分程度がレガシーシステムである
- ほとんどがレガシーシステムである
- わからない

	既にレガシーシステムはない	一部領域にレガシーシステムが残っている	半分程度がレガシーシステムである	ほとんどがレガシーシステムである	わからない
日本 (n=542)	12.2	28.2	19.2	22.0	18.5
日本 (DX取組あり、n=376)	10.1	37.5	22.3	21.8	8.2
日本 (DX取組なし、n=157)	15.3	7.6	12.7	23.6	40.8
米国 (n=386)	23.3	41.5	17.6	5.2	12.4

※DXの取組の設問における選択肢「創業よりデジタル事業をメイン事業としている」「わからない」の回答を除外して集計しているため、ＤＸ取組あり／なしのｎ値の合計が日本のｎ値と一致しない。

　図表5-28はレガシーシステムの課題を尋ねたものである。日本では「レガシーシステム刷新・移行に長けたプロジェクトリーダーがいない」の割合が33.5%と最も高く米国の2倍以上となっている。これに「ユーザーの既存業務フローやシステムの操作性へのこだわりが解消できない」「ブラックボックス化によりレガシーシステムの解析が困難」が続く。

　米国では「経営者に刷新・移行の困難さが理解されず十分な予算や納期を確保できない」が36.8%と最も高く、日本の25.7%よりも10ポイント以上高い。しかし、同じ「経営者」に関する選択肢である「経営者に刷新・移行の必要性が理解されない」は22.5%と相対的に低い。「ユーザーの既存業務フローやシステムの操作性へのこだわりが解消できない」が29.0%、「レガシーシステムが肥大化し、移行の影響度を想定できない」が25.1%で続く。

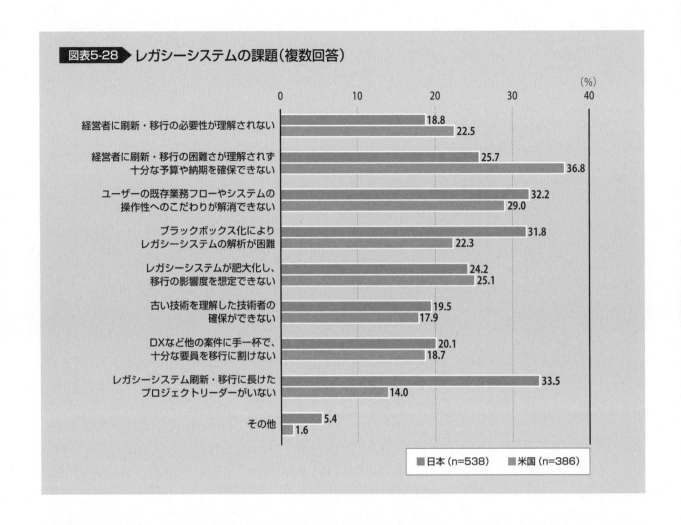

図表5-28 ▶ レガシーシステムの課題（複数回答）

経営者に刷新・移行の必要性が理解されない — 18.8 / 22.5

経営者に刷新・移行の困難さが理解されず十分な予算や納期を確保できない — 25.7 / 36.8

ユーザーの既存業務フローやシステムの操作性へのこだわりが解消できない — 32.2 / 29.0

ブラックボックス化によりレガシーシステムの解析が困難 — 31.8 / 22.3

レガシーシステムが肥大化し、移行の影響度を想定できない — 24.2 / 25.1

古い技術を理解した技術者の確保ができない — 19.5 / 17.9

DXなど他の案件に手一杯で、十分な要員を移行に割けない — 20.1 / 18.7

レガシーシステム刷新・移行に長けたプロジェクトリーダーがいない — 33.5 / 14.0

その他 — 5.4 / 1.6

■日本（n=538）　■米国（n=386）

（5）まとめ

　DXに関連する開発手法・技術に関し、日本企業は米国企業に比べ活用が遅れている。開発手法に関しては、とくにスピード・アジリティ向上に必要となる開発手法の活用が遅れている。新たな開発技術に関しては、SaaS、クラウドといった外部サービスの活用が進んできている状況がみられるが、DXに適した開発技術は米国企業に比べ活用が遅れている。

　また、DX推進の足かせになるレガシーシステムについて米国企業と比べて日本企業は残存する割合が高くレガシーシステム刷新の遅れがうかがえる。

　これらの状況を踏まえると、自社や組織における競争・非競争領域の見極めを行い、競争領域の強化と非競争領域のコスト削減、それを迅速にITシステムに実装するために必要となる開発手法・技術の積極的な活用が望まれる。

第3章

データ利活用技術

　本章では、サービスの高度化や新たな価値創造の実現に向けて、社内外のさまざまなデータを収集し、分析しやすい形に整形・蓄積し、活用を行うためのシステム基盤の構築に必要となる「データ活用基盤技術」にAIやIoTなどの技術を加えたデータ利活用技術全般について紹介する。

1 データ活用基盤技術

(1) 背景

（ア）ビジネスニーズ

　ITの技術革新により、従来のビジネスモデルを変革する新規参入者が続々と登場している。そういった激しい環境変化の中、既存業務の効率化だけでは企業の競争力を維持するのは難しく、新たな価値創造に企業の競争力の源泉は移りつつある。市場や消費者の変化についていき競争力を維持するため、企業のデータの活用範囲も、自社の経営・リスク管理や業務改善から、業務・商品・サービスの高度化やデータから新しい価値を創造することへ拡大してきている。

図表5-29　データ活用範囲の拡大

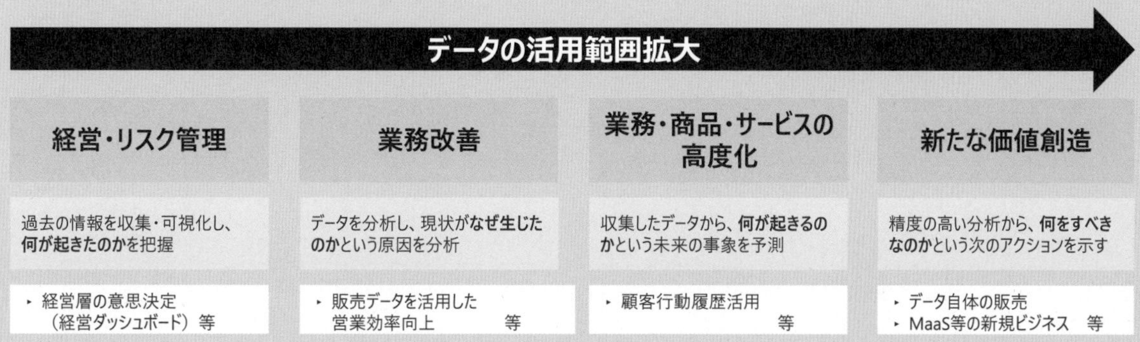

　データを分析してビジネスに活用することは以前から行われてきたが、昨今のデータの活用範囲拡大の背景には、ビジネスニーズはもとより、活用できるデータの種類が増えたことも大きい（図表5-30）。社内システムに格納されたデータだけでなく、設備や機器などからのIoT（Internet of Things、センサーを活用しさまざまな場所にあるモノからデータを取得するコンセプト）データや社外データといったさまざまな情報を収集・活用することができるようになった。

　その結果、社内システムのデータだけでは実現できなかったような、サービスの高度化や新たな価値創造が期待されている。

図表5-30 活用できるデータ種類の拡大

活用できるデータ種類の拡大 →

社内システム		IoT		社外データソース	
基幹システム	Webログ	デバイスデータ	センサーデータ	統計データ	ソーシャルデータ
アプリログ	POSデータ	カメラ映像データ	マイク音声データ	購買データ	天候データ

経営・リスク管理、業務改善　　業務・商品・サービスの高度化、新たな価値創造

　このようなデータ活用を実現するプラットフォームとして、必要性が高まりつつあるのが「データ活用基盤」である。データ活用基盤は、サービスの高度化や新たな価値創造の実現に向けて、社内外のさまざまなデータを収集し、分析しやすい形に整形・蓄積し、活用を行うシステム群を指す。

（イ）課題

　近年のデータ活用において特徴的なのは、ビジネス環境変化に応じて、必要なデータや分析手法が頻繁に変わることである。用途や優先順位に応じて必要な機能を実装し、機能を順次拡張する方針やそれが可能な構造とすることが重要である。また、データ活用基盤の全体像（（2）技術概要参照）をおさえたうえで、どのようなデータを活用したいのかというデータ構造（図表5-31）や、どのようにそのデータを取り扱いたいのかという処理方式（図表5-32）の観点を踏まえ、自社のデータ活用基盤に必要な機能や技術を取捨選択することが重要となる。

図表5-31 データ構造の種類

種類	概要	例
構造化データ	データ構造を定義してリレーショナルモデルを基にしたデータベースに格納できるデータ	顧客・品目等のマスタデータ など
非構造化データ	文書や画像の様にデータ構造の定義が困難なデータ	画像、動画、ドキュメント など

図表5-32 処理方式の種類

種類	概要	例
バッチ	一定期間データを蓄積してからまとめて処理する方式	財務会計データの支払処理 など
リアルタイム	時系列に発生するデータを連続的に処理する方式	IoTセンサーのリアルタイム分析など

　また、企業全体の最適なデータ活用に向けては、データ活用基盤の提供だけでは不十分であり、データ活用を組織に浸透させ、統制をかけることも必要である。したがって、企業のデータ活用をサポート・推進する体制（図表5-33）や、ルールやプロセスもあわせて整備しなくてはならない。とくにデータの利活用を適切に遂行するためには、データアーキテクチャーを定めてそれに則ってデータモデルなどを作成する役割を担うデータアーキテクトが必要不可欠となる。

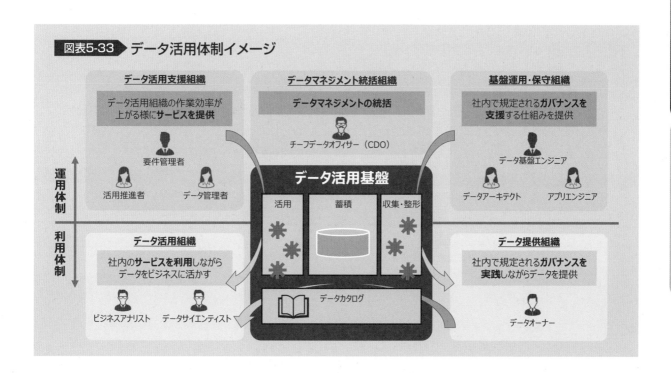

図表5-33 ▶ データ活用体制イメージ

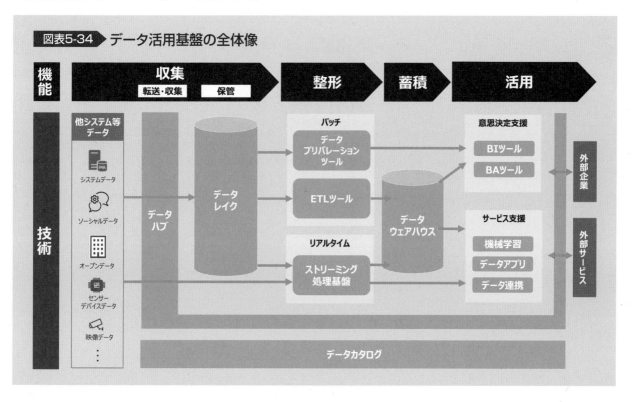

（2）技術概要

　本項では、まずデータ活用基盤の全体像として、データ活用基盤に必要な機能とその機能を実現するための技術について、技術間の流れがわかるような形で示す（図表5-34）。次に、その全体像に含まれる各機能の概要（図表5-35）、および各技術の概要（図表5-36）を示す。そのうえで、個々の技術ごとに、それぞれ概要、特徴、ポイントに分けて紹介する。

図表5-34 ▶ データ活用基盤の全体像

図表5-35 ▶ データ活用基盤の機能概要

機能		説明
収集	転送・収集	データ元のシステムやIoT機器などのデバイスを管理・監視し、各種データ元が生成・蓄積するデータを収集する機能。
	保管	データ元から収集したデータ(ローデータや生データと一般的に呼ばれる)を保管する機能。
整形		収集したデータに対して、扱いやすい、扱って問題ない形に整形する機能。具体的には、データ形式変換、表記のばらつきの整形、データ重複排除やセキュリティ対策としての匿名加工処理などを実施する。
蓄積		整形の済んだ加工データを保持・保管する機能。
活用		データを活用するための機能。単なる可視化から分析、機械学習、データ連携など、目的により必要な機能は異なる。また、データのメタデータ管理など、データを正しく、効率的に活用するための支援機能などもある。

図表5-36 ▶ データ活用基盤の技術概要

機能		技術	説明
収集	転送・収集	データハブ (ア)	社内外のさまざまなシステムとデータ活用基盤を接続し、データソースやデータレイク、データウェアハウス間でのデータ送信を行うための仕組み。
	保管	データレイク (イ)	多様なデータソースからデータの加工や変換をせずに、元の形式のままデータを保存する領域。
整形		データプリパレーションツール(ウ)	技術的なスキルを持っていない分析者やビジネスユーザーが、簡単で迅速にデータの確認や整形を行うためのツール。
		ETLツール (エ)	さまざまなデータソースから分析を開始するために必要となるさまざまなデータの整形をバッチで自動処理するツール。
		ストリーム処理基盤 (オ)	IoT機器などから発生する大量のデータを溜めずにリアルタイムで処理、活用するための仕組み。
蓄積		データウェアハウス (カ)	加工済みの構造化データを目的別に蓄積するための領域。複数のデータソースから集めたデータを活用して分析を行うための保存場所となる。
活用		データカタログ (キ)	データの意味や構造、作られ方のようなデータに付随する情報をメタデータといい、メタデータを管理する仕組み。
		BIツール	Business Intelligenceツールの略。データプリパレーションツールやETLツールで整形されたデータを可視化し、意思決定に活用するツール。
		BAツール	Business Analyticsツールの略。データプリパレーションツールやETLツールで整形されたデータをインプットに分析処理を行い、統計分析や予測、最適化を行うツール。
		機械学習	システムが大量の学習データをインプットに学習を繰り返すことによって、ルールやパターンを導き出し、判別や予測などを行う技術。
		データ連携	集計や分析、機械学習した結果などに関する、外部企業や外部サービスなどへの連携。

（ア）データハブ

（a）概要

　データハブとは、社内外のさまざまなシステムとデータ活用基盤を接続し、データソースやデータレイク（後述）、データウェアハウス（後述）間でのデータ連携を行うための仕組みである。

　データ活用を進めるうえで、データ活用基盤はさまざまなシステムと連携してデータを収集・提供する必要がある。そこで、データ活用基盤内外のデータの受渡しを一元管理し、インターフェースを削減・統一するためにデータハブが必要とされている。

（b）特徴

　さまざまなシステムからデータを収集するにあたり、IoT機器や、クラウド上のシステム、パッケージソフト、ホストシステムなど、さまざまなシステムと接続できなければならない。接続するシステムに応じて取りうるデータ連携方式は異なるため、データハブは、必要なデータ連携方式を備える必要がある。主なデータ連携方式を図表5-37に示す。

図表5-37　主なデータ連携方式概要

データ連携方式	概要説明
API連携	外部とデータを連携するアプリケーションにより、データを連携する方式。ゲートウェイ機能により、アクセス制御等のセキュリティが確保される。
ファイル連携	ファイルの受け渡しによってデータを連携する方式。データを一括して転送するバッチ処理によって転送される。FTPやSCP等のプロトコルが利用される。
メッセージ連携	メッセージ単位でデータを連携する方式。送信データは受信者が取りだすまでキューと呼ばれる領域に保存される。メッセージ指向ミドルウェア等で管理される。
DB連携	データベースに直接接続し、データを連携する方式。テーブル構造の変更により、既存の参照元の設定変更が必要になるなど、データ連携に影響が出る可能性がある。

　データハブは、データの連携のみでなく、接続する機器の管理機能も備えている。IoT機器を監視して故障を検知する機能や、接続する機器やシステムの認証を行う機能、各システムからのアクセスログなどの監査証跡を取得する機能など、データ連携を効率的・安全に行うための機能も備える。

（イ）データレイク

（a）概要

　データレイクとは、多様なデータソースからデータの加工や変換をせずに、元の形式のままデータを保存するデータストアである。データ活用基盤で扱うデータは、一度データレイクに集約され、目的に応じて各システムが必要なデータを取り出して加工・変換して活用する流れ（図表5-38）となる。

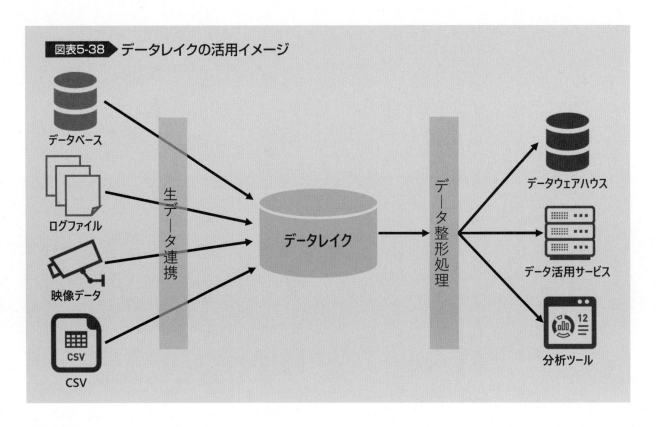

図表5-38 データレイクの活用イメージ

データベース ／ ログファイル ／ 映像データ ／ CSV ／ 生データ連携 ／ データレイク ／ データ整形処理 ／ データウェアハウス ／ データ活用サービス ／ 分析ツール

(b) 特徴

データレイクでは、行と列で構成された構造化データに加え、画像や動画、音声などの非構造化データも取り扱うことが大きな特徴である。すべてのデータをそのままの形式で保存できるため、データを事前に構造化する必要がない。膨大なデータを扱う場合、必要なデータを事前に選別することは難しい。将来的に必要となる可能性があるデータを保管するためにも、データレイクの必要性が高まっている。

また、年々扱うデータ種別やデータボリュームが増え続けるため、データレイクは膨大なデータを蓄積することが求められる。一般的に、オンプレミスで同様の仕組みを実現する場合、実現のコストが高額となることが多い。そのため、クラウドベンダーが提供するオブジェクトストレージサービスを活用して、データレイクを構成することが多い。データソース側で適切にデータが管理されている場合や、リアルタイムでデータを分析したい場合は、データレイクに保管せずに各システムに直接連携する構成を取るなど、データレイクに保管するデータ量を減らす考慮も重要となる。

(ウ) データプリパレーションツール

(a) 概要

データプリパレーションは、直訳するとデータの準備であり、分析に必要な形にデータを整形することを指す。データプリパレーションツールとは、プログラミングやデータベース操作といった技術的なスキルを持っていない分析者やビジネスユーザーが、簡単で迅速にデータの確認や整形を行うためのツールとなる。

データ分析・活用の民主化(一部の技術者だけがデータ分析・活用するのではなく、非技術者などもデータ分析・活用を行う状況が望ましいとする原則)を目指す企業が増える中、データプリパレーションツールはビジネス部門におけるデータ活用を促進できる技術として注目を集めている。

(b) 特徴

　データプリパレーションツールは、分析者やビジネスユーザーが、データの分布を把握し、試行錯誤を繰り返しながらデータの整形仕様を決めていくという使い方を想定している。そのため、データの中身を確認するための機能があり、またスクリプトを書くことなく、整形処理をUIで簡易に作りこむことができる。

図表5-39　データプリパレーションツールの主な機能

機能名	説明
データ接続	データベースやファイルに接続し、目的のデータを取得する機能。
データ確認	取得したデータの分布や、整形処理前後のデータを確認する機能。
データ整形	欠損データの補完や、表記ゆれの修正、データの分割、重複データや外れ値データの削除などといったデータを整形する機能。ツールにより整形パターンは限られる。
データ結合	指定する条件のもと、複数のデータを結合する機能。

　なお、バッチでの整形処理を担うツールとしては、ETLツールも存在する。ETLツールとは、利用者や用途が図表5-40のように異なる（ETLツールについては、次項を参照）。

図表5-40　データプリパレーションツールとETLツールの比較

観点	データプリパレーションツール	ETLツール
利用者	分析者、ビジネスユーザー（プログラミングやデータベース操作といった技術的なスキルは必要でない）	ITエンジニア（プログラミングやデータベース操作といった技術的なスキルが必要）
用途	データの分布を把握し、試行錯誤を繰り返しながらデータ加工の仕様を決めていく。決めた仕様に沿ってデータを整形する。	定義されたシステム処理のワークフローやスクリプトに沿って定期的に自動でデータを整形し、データウェアハウスへ格納する。

(エ) ETLツール

(a) 概要

　ETLは、Extract（抽出）、Transform（変換）、Load（格納）の略である。ETLツールはさまざまなデータソースからデータを抽出したうえで、分析や活用しやすい形へ整形し、データウェアハウスなどへ格納するという一連の処理を、人手を介さずバッチで定期的に自動処理させるためのツールとなる。

(b) 特徴

　ETLツールは、ITエンジニアが、データ分析者やビジネスユーザーなどからのデータ整形要件に沿って、ETL開発画面上で処理の流れや整形内容などに関するワークフローやスクリプトを作成し、その内容に沿ってデータを整形することを想定している。そのため、データ整形要件や仕様自体を定めるためのデータの確認機能はとくにない。一方、整形処理については、スクリプトを作成するなどにより、きめ細かなデータ整形要件への対応が可能となっている。

図表5-41 ETLツールの主な機能

機能名	説明
データ接続	データベースやファイルに接続し、目的のデータを取得する機能。
データ整形	欠損データの補完や、表記ゆれの修正、データの分割、重複データや外れ値データの削除などといったデータを整形する機能。 スクリプトの記述などにより、きめ細かな整形処理を行うことが可能。
データ結合	指定する条件のもと、複数のデータを結合する機能。
データ格納	整形、結合したデータをデータウェアハウスへ格納する機能。

　ETLツールでは、ワークフローを可視化しながら処理を作りこめる開発画面などが用意されていることから、自前で整形処理を開発することと比較して、開発工数・期間の削減が期待できる。また、開発した処理は自動で定期実行されることから、人為的なミスによるデータ品質の低下を防ぐことができる。

　ただし、ETLツールを使用するためには、プログラミングやデータベース操作といった技術的なスキルが要求されるため、基本的にはITエンジニアが開発することになる。そのため、データプリパレーションツールと比較すると、データ分析者やビジネスユーザーが整形データを利用できるまでには時間がかかる。

（オ）ストリーム処理基盤
（a）概要
　ストリーム処理基盤とは、WebサイトやIoT機器などから絶えず発生するデータをリアルタイムで処理するための仕組みとなる。リアルタイムで処理した結果は、データウェアハウスへ格納して活用したり、そのまま機械学習やデータアプリで活用したりする。

　従来は大量のまとまったデータをバッチで定期的に処理することが多かったが、よりリアルタイムでのデータ活用ニーズが増えてきていることや、大容量のデータをすべて蓄積していてはコストと効果が見合わないなどの理由からストリーム処理基盤のニーズが高まっている。

　前者は、たとえばWebサイト上のユーザー行動をリアルタイムで捉えてのレコメンデーションや、IoTデータからのリアルタイムでのダッシュボード表示や異常検知などがあげられる。後者は、たとえば映像データそのものではなく特定の物体検出の結果のみ保存することや、特定のイベントが発生した時刻の映像データのみ保存するなどがあげられる。

（b）特徴
　大量の保管データを溜め込み定期的に処理するバッチ処理と比較して、データを溜めずに発生するデータを随時、短時間で処理するのがストリーム処理の特徴である。バッチで処理を行うデータプリパレーションツールやETLツールに対し、ストリーム処理基盤では、リアルタイムでの集計や判定を行い、集計や判定結果をそのままデータアプリなどで活用し、不要なデータは破棄する。

　ストリーム処理には、画像データの物体検出などといった一つのデータごとに処理するだけでよい場合もあれば、IoT機器からのデータが一定時間内でしきい値を超えるなど複数のデータをまとめて

集計・判定が必要となる場合もある。後者は時系列を意識した処理を行う必要があり、ウィンドウ集計と呼ばれる。

図表5-42　ストリーム処理とバッチ処理の比較

観点	ストリーム処理	バッチ処理
処理対象	随時発生するデータ（フローデータ）	大量の保管データ（ストックデータ）
処理タイミング	随時	定期（日次、月次など）
処理時間	数ミリ秒〜数秒	数分〜数時間

（カ）データウェアハウス（DWH）

（a）概要

データウェアハウスも、データレイクと同様に、さまざまなデータを統合し蓄積するための技術であるが、その位置づけは異なる。「データの倉庫」という名前のとおり、複数のデータソースから集めたデータを整理、加工して保管し、活用・分析を行うための領域となる。蓄積されているデータを、意思決定のためのレポーティングや機械学習等を利用した分析にそのまま活用することができる。データレイクには生データを、データウェアハウスには目的別の加工データを保存するという共存関係になる。

（b）特徴

データウェアハウスは、汎用的なデータベースとは異なり、膨大なデータの分析に特化した仕組みになっているところが大きな特徴である。主なデータストアの特徴を図表5-43に示す。

ストレージ容量の大きいデータウェアハウスでは、長期間の明細データを時系列に保管することが可能であり、過去の履歴を含めた詳細な情報を分析・活用することが可能となる。また、データベースはテーブルの列全体を読み込んで処理を行うが、データウェアハウスは必要な列のみを選択して処理を行うため、大量のデータでも高速に分析を行える。データウェアハウスは、オンプレミスの分散処理基盤を利用した構築のほか、近年ではクラウドベンダーが提供するマネージドサービスを利用し、容易に構築・運用することが可能となっている。

図表5-43　データストアの特徴比較

	データレイク	データウェアハウス	汎用的なデータベース
データ形式	構造化・非構造化データ	構造化データ	
保管するデータ	用途未確定含む生データ	用途が明確な加工済みデータ	
扱えるデータ量	極大	大	小

（キ）データカタログ

（a）概要

　データの値そのものではなく、そのデータの意味や構造、特性などといった、データに関する付随情報をメタデータという。そのメタデータを登録・管理し、データ利用者に公開する仕組みを、データカタログという。データ分析・活用の民主化を目指す企業が増える中、データカタログはビジネス部門も含めた企業全体のデータ活用を促進し、その品質を確保する技術として注目を集めている。

（b）特徴

　データカタログでは、大きくメタデータを登録・管理する機能と検索・参照する機能がある。

　データカタログの導入により、メタデータの自動収集や一元管理といったメタデータ登録・管理負荷の軽減や、さまざまな切り口でメタデータの検索・参照が可能となる。

図表5-44　データカタログの主な機能

機能名	説明
メタデータ登録・管理	メタデータを登録・管理する機能。ツールによって、データ構造やデータリネージなど一部のメタデータを自動的に登録・最新化してくれるものや、項目名などからAI技術などにより自動的にメタデータ候補を提示してくれるものもある。
メタデータ検索・参照	データ活用・分析に必要なデータが存在するかどうかや、そのデータを活用するにあたって把握しておくべきメタデータを検索・参照する機能。

（3）導入プロセス

（ア）導入プロセス概要

　データ活用基盤の導入を検討する際、まずはデータアーキテクチャーを定義することが重要である。データアーキテクチャーは、ビジネスの中心となるコアデータと、コアデータを中心に構成されるデータモデル、そして、データモデルで表現されるデータを活用するためのデータ活用基盤の3要素からなる（図表5-45）。

　コアデータとは、ビジネスで活用するさまざまなデータの中心に位置付けられるデータであり、コアデータを中心に各データがつながる。ビジネス目標の達成に向け、データから価値創造を行うために必要不可欠なデータとして定義される。データモデルとは、データの構造や関係性を整理した概念図である。コアデータを中心に、ビジネスで活用するデータ間の関係が表現される。データモデルを整理・共有することで、データの関係性の共通理解を持つことが可能となる。データ活用基盤とは、ビジネスに必要なデータを収集、蓄積して活用するためのプラットフォームである。

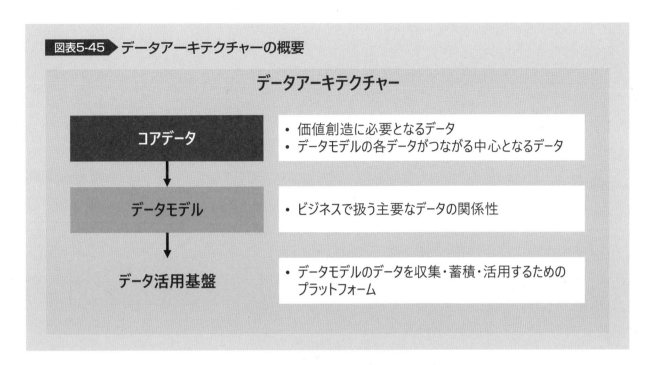

図表5-45 ▶ データアーキテクチャーの概要

データアーキテクチャー

| コアデータ | ・価値創造に必要となるデータ
・データモデルの各データがつながる中心となるデータ |

↓

| データモデル | ・ビジネスで扱う主要なデータの関係性 |

↓

データ活用基盤 | ・データモデルのデータを収集・蓄積・活用するための
プラットフォーム |

　データアーキテクチャーはデータ活用を進める中で、ビジネスの変化に合わせて、柔軟に対応させていくことが重要である。コアデータとデータモデルをベースとして、データ活用基盤が整理されなければならない。

　コアデータは、自社のビジネスやサービスに必要なデータを整理したうえで、価値創造に必要なデータを見極め定義する。たとえば、さまざまな商品を扱う小売業の場合、ビジネスで扱うデータは、商品や店舗、顧客、購買履歴などが考えられる。その際、顧客視点に立って価値創造を進める場合、コアデータは顧客となる。定義したコアデータを中心に、それぞれのデータの関係性を整理することで、データモデルが構成される（図表5-46）。このデータモデルに則したデータを扱う基盤を構築することで、顧客の行動を捉え、顧客理解を深めることが可能となる。

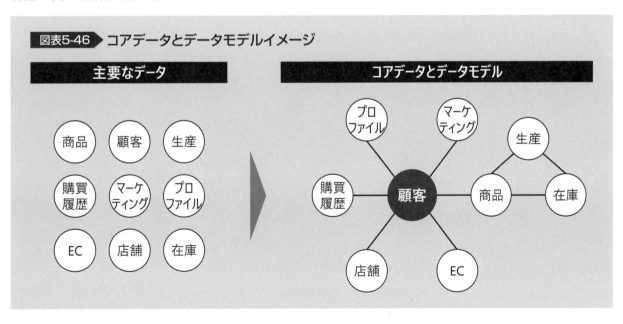

図表5-46 ▶ コアデータとデータモデルイメージ

主要なデータ

商品　顧客　生産

購買履歴　マーケティング　プロファイル

EC　店舗　在庫

コアデータとデータモデル

プロファイル　マーケティング　生産

購買履歴　顧客　商品　在庫

店舗　EC

データ活用基盤の構築は、スモールスタートのアプローチが望ましい。とくにこれからデータ活用に取組む企業においては、最初から完璧なデータ活用基盤を構築するのではなく、必要な機能に絞って素早く構築し、徐々に拡張していくアプローチが適している。

たとえば、まずは社内の既存システムのデータを収集・蓄積し、構造化データの活用が行える基本的な環境を整える。次に、データ分析が社内に浸透してきたタイミングで、社内ユーザーが独自で分析するための機能を強化する。さらに、IoT機器の導入が進んできたタイミングで、ストリーミング処理や非構造化データを活用する機能を強化するなど、必要に応じて順次拡張していく進め方となる（図表5-47）。

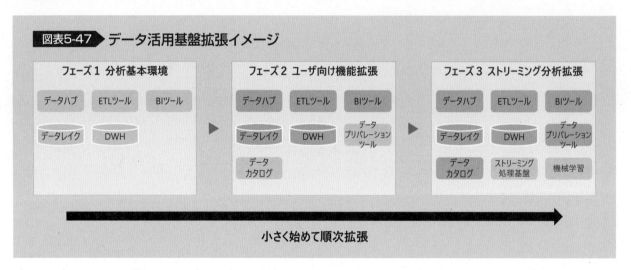

図表5-47 データ活用基盤拡張イメージ

フェーズ1 分析基本環境	フェーズ2 ユーザ向け機能拡張	フェーズ3 ストリーミング分析拡張

小さく始めて順次拡張

（イ）データ活用基盤の検討プロセス

データ活用基盤の構築は、データ活用要件を定め、システム全体像を整理し、システム構築の全体プランを整理して進めていく。このとき、現行システムの状況や、技術動向・事例を踏まえて、検討を進めることが望ましい。検討の進め方を、以下の五つのタスクで整理する（図表5-48）。

図表5-48 データ活用基盤の検討プロセス

コアデータ・データモデル定義

① データ活用要件の整理
- データ活用方針
- データ棚卸
- データ活用施策
- 管理データ選定

② 現行システム整理
- データソース
- 活用リソース
- 現行システム課題
- システム改修計画

③ 技術動向調査
- 先進事例
- アーキテクチャ
- 製品・要素技術
- 外部データソース

④ システム全体像整理
- システム化方針
- システム全体イメージ
- 処理パターン
- パターン別機能概要
- 非機能概要

⑤ 全体プラン策定
- 優先度
- スコープ
- 概算コスト
- マイルストーン
- ロードマップ
- リスク・課題

構築・運用・拡張

(a) データ活用要件の整理

自社におけるデータ活用の目的や方針を整理し、具体的な活用用途から必要となるデータを整理する。既存システムが保有するデータ資産の棚卸を行い、データ分析に活用するデータの選定やデータの特性を整理する。また、データ分析施策やデータを活用した新サービスを検討し、データ活用の要件を具体化する。それらの整理・検討結果を踏まえ、データ活用基盤で扱うデータの範囲やデータのライフサイクル、セキュリティ要件などの満たすべき要件を整理する。また、今後必要となるデータボリュームについても整理を行い、費用試算のインプットとする。

(b) 現行システム整理

自社の現行システムや現状の課題、活用できるリソース、データソースとなりうるシステムを整理し、データ活用基盤と連携またはデータ活用基盤の一部として活用する既存システムの範囲を整理する。これらの整理結果は、データ活用基盤の全体像やロードマップ策定のインプットとなる。データソースとなるシステムを踏まえ、データ活用基盤として備えるべきインターフェースを検討し、既存システムの改修計画を踏まえ、データ活用基盤構築スケジュールの検討を行う。

(c) 技術動向調査

必要に応じて、直近の技術トレンドやデータ活用事例を調査し、データ活用基盤検討に取り込むべき示唆を抽出していく。トレンドに沿った技術を活用することで、コストを抑えて長期にわたって活用できるプラットフォームを構成していくことが重要となる。技術領域の変化のスピードは速いため、随時トレンドを調査し、情報をアップデートすることが望ましい。また、近年、オープンデータや購入可能なデータなど、外部のデータを取入れて活用できるサービスが出てきている。社外のデータソースの活用も視野に入れ、外部環境の調査を行うことが重要となる。

(d) システム全体像整理

ここまでの検討結果を踏まえ、システム化の方針やシステム全体構成を検討する。処理パターン別の機能要素や非機能の方針を定め、データ活用基盤に求める要件を具体化していく。管理するデータの種別や処理方式に基づき、データフローの定義や必要なデータストアの選定を行う。また、自社の組織構造を考慮して、データ活用基盤の運用方針を定める。それらの各種要件を踏まえて、データ活用基盤の全体構成イメージを描いていく。

(e) 全体プラン策定

データ活用要件に基づき、各機能要素構築の優先順位を整理する。機能構築・データ活用のロードマップを定め、各スコープの概算コスト算出やリスク・課題の整理を行う。スモールスタートで迅速に構築を進めるために、優先順位に基づいて、構築の計画を検討することが重要となる。

これら五つのタスクにより、データ活用基盤の構築計画を定め、計画に沿って順次構築を進めていく。ただし、前述のとおり、ビジネスの状況やデータ活用ニーズに合わせて、データ活用基盤の機能の見直しを図っていく必要がある。整理した計画をベースに、要件や全体像をアップデートし、柔軟に拡張していくことが求められる。

データの仮想統合による意思決定の迅速化

独立行政法人情報処理推進機構　社会基盤センター　イノベーション推進部
主任　安田　央奈

1. 部門の隔たりによるデータ利活用推進上の課題

　データ利活用において、データに基づいた意思決定をビジネスに活用するデータ利用者側と、データ活用基盤を構築・運用するデータ供給者側は、多くの企業ではビジネス部門とIT部門で業務が分担されている。利用者側にとってこの部門の隔たりはデータ利活用促進の制約となっている。利用者がデータを直接的に利用することが難しく分析対象が供給者からのデータに限定されるため、利用者は組織内に存在する他の有益なデータを見逃す可能性がある。また、要求の伝達やデータの受渡に日数がかかり必要なタイミングでのデータ供給を逃し、新たに活用したいデータの機動的な利用が難しい。

　データ利活用を促進するうえでのこのような課題に対し、分析の質を向上させる有益なデータの迅速な入手をビジネス部門内のセルフサービスによる処理で完結できるデータ管理手法の需要が高まっている。

2. 長いプロセスを経る従来型のデータ統合

　しかし、IT部門の関与なしにビジネス部門のみで有益なデータを迅速に入手することは容易ではない。深い洞察を得るにはデータ統合が必要だからである。データ統合とは、異なるソースからデータを収集し、用途に合わせて組合せ一貫した形式に統一するデータの管理手法である。限られた単一データの分析では得られない新しい洞察やより深い洞察が得られ、収益向上などのさらなる価値創出につながる可能性がある。たとえば、Bosch Group（ドイツ）の電動工具販売部門は主な販路が直売ではないため顧客データが限られていたが、社内からCRMシステムやウェブサイトに関するデータ、社外の広告会社のデータなど、多数のソースから関連するデータを統合させ、得られた分析結果から顧客へのより適切なレコメンドを行い、ニュースレターの開封率を70%に向上させた[*1]。

　データ統合の管理プロセスでは、それぞれのソースからのデータの収集、保管、整形・統合、蓄積といったデータ処理を行う各種データマネジメントツールと、それらを運用管理できる技術的スキルが必要とされる。具体的には、各種システムから収集したデータを保管するデータレイクや、必要なデータの抽出・変換・ロードを行い、統合データを作成するETLツールやデータプリパレーションツール、作成した各統合データを蓄積するデータウェアハウスなどを活用してデータパイプラインの構築と管理を行えるデータベース言語やプログラミング言語のスキルが必要となる。このようなスキルを持つ人材やソリューションといった技術リソースはIT部門に集約されるのが一般的である。

　近年は、ハイブリッドクラウドやマルチクラウドによるデータソースとなるシステムの分散化やデータ利活用の活発化による分析用途

＊1　https://tealium.com/resource/case-study/bosch-power-tools-personalise-user-journey-and-improve-marketing-efficiency/

の多様化によってパイプラインの構築や改修の数が増加する傾向にあることから、従来のようにデータ自体の収集、保管、整形・統合、蓄積のパイプライン構築を行うデータ統合を行っていると手間やコストが嵩み、データ利活用を促進するほどビジネス部門側のデータに対する要求とその変化に機動的に応えることができない状態となってしまう。

3. メタデータを活用した仮想統合

　従来型のデータ統合では統合対象とするデータの追加要求に対して迅速に対応できないため、メタデータの活用によるデータ統合のセルフサービスが新たに活用されはじめている。メタデータとは、データ自体の意味・構造などといったデータに関する付随情報である。データにどのような内容が含まれるのかを示す意味的なメタデータや、データの生成から現在までの更新履歴やデータへのアクセス権限

などに関するメタデータは、どのデータが利用許可されている最新版であるかの判断材料にもなる。このようなメタデータを活用することで、データ自体の構造や状況を仮想的に捉えて可視化したビューを作成したり、ビュー上で統合データを作成したり、いわゆる仮想統合が可能となる。仮想統合を実現するためのデータ活用基盤の全体像を図表に示す。仮想統合ではデータ仮想統合ツールに搭載されているコネクタなどを通じて、オンプレミス環境や各種クラウドサービス上のデータからメタデータを収集する。収集したメタデータの情報からデータの概要を再現し、ローコード・ノーコードによる操作で整形処理のシミュレーションを行う。データの仮想統合ツールには、整形処理のシミュレーションをもとに物理的な統合データを作成する機能を有するものもある。そのため、データソースの追加や新たな統合データの作成にも機動的に対応し、数分から数時間で必要なデータが入手できる。

仮想統合のデータ活用基盤の全体像

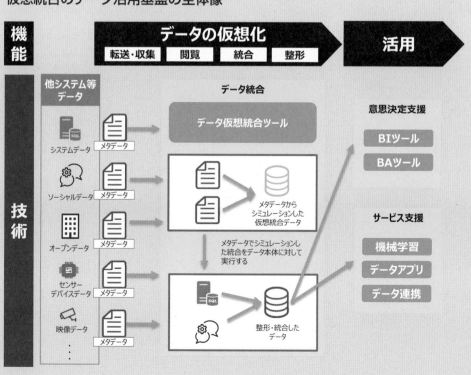

つまり、メタデータの活用による仮想統合では、事前のパイプラインの構築なしに各種データソースに対するビューを獲得し、ビュー上で統合シミュレーションの再現を経て比較的容易に整形・統合したデータを作成するため、分析の質を向上させるデータの迅速な入手をビジネス部門内のセルフサービスによる処理で実現することが可能となる。ただし、データの仮想統合は手軽さや機動性の高さといったメリットがある反面、その手軽さは仮想統合ツールにあらかじめ搭載されたコネクタやデータ処理機能に依存し、マイナーなアプリや複雑な処理はサポートされていない場合がある。そのため、導入時には自社のデータ基盤と相互運用が可能なサポート状況か現状や今後のアップデートを確認したり、従来のデータパイプラインと併用するなど、既存のデータ活用基盤と上手く連携させることが重要となってくる。

2 AI技術

(1) 背景

① AIの現状

深層学習を中心としたAI技術の進展により、これまで技術的に困難であった課題が解決されビジネスの領域においてAI技術の利用が拡大している。さらに最近では、自然言語処理分野の研究開発が著しく進展し、その成果が自然言語の枠組みを超えてモダリティ[*13]へと広がり、汎用的なAIの登場の期待を高めている。また、最先端で研究開発が進められている大規模自然言語モデルも、さまざまな分野への横展開において必要となる再学習の負担が大幅に軽減されるなど、その応用と実用性に大きな可能性を秘めていることが明らかになっている。

実環境とのインタラクションを含むAIの応用分野では、ロボットへの応用が注目されている。Czinger（米国）は、AIによる部品設計とエージェント化したロボットにより自動車の製造を行うことで自動車製造を変革しようとしているほか、Amazon（米国）は、在庫管理と効率的な梱包作業に効果的なAIとロボティクスを活用している。Googleは、"Shortening the Sim to Real Gap"と題してロボットの進化を示し、その中で、RetinaGAN[*14]によってSim2RealとReal2Simを繰り返し、現実とシミュレーションをつなぐことでロボットが環境を理解、行動する姿を示した。今後、コンピュータビジョン、自然言語処理、ロボティクスをAIが融合させ、ロボットが次のステップへ進化すると期待されている。

本節では、現在注目すべきAI技術の紹介を行うとともにAI導入により大きな変革が認められる事例を紹介する。なお、AIの歴史やこれまでのAI技術に関しては「DX白書2021」付録第1部や「AI白書2020」の解説などを参照されたい。

(2) 技術概要・技術動向

本項では、まず深層学習の技術的な特徴について説明する。つぎに先進技術として大規模自然言語モデルと関連技術、MI（Materials Informatics）、物理学などへの応用事例を紹介する。

① 技術概要

（ア）深層学習の特性

深層学習においては、単純化した神経細胞を元にしたネットワーク構造であるニューラルネットワークが基になっている。深層と呼ばれる所以は、入力層と出力層のあいだの中間層（いわゆる隠れ層）が複数（現在では数百から数万層になることも一般的）であるため、Geoffrey Hinton、Yoshua Bengio、Yann LeCunがディープラーニングと呼んだことにある[*15]。

[*13] モダリティとは情報を表すが、AIではとくに情報の種類、テキスト、画像、音声などを示す。

[*14] RetinaGANは、物体検出後に物体の情報、構造や位置が変わらないように画像生成を行うことでシミュレーションから現実へ（Sim2Real）の変換を行う。<https://arxiv.org/abs/2011.03148>

[*15] Geoffrey Hinton、Yoshua Bengio、Yann LeCunは初期のころからニューラルネットワークの高い能力を見通していた。GPUの進化により多層ネットワークの駆動に必要なコンピューター能力が実現した2010年以降、次々に高ベンチマークの研究結果を発表して世界を驚かせた。

深層学習の数理解析面の重要な特徴の一つにオーバーパラメトリゼーションがある。これは学習器である深層ネットワークのパラメーター数がデータ数を大幅に上回っており、原理的にすべてのパラメーターを学習することはできないということを意味する。この特徴も大きな成功をもたらすための一つの要因になっている。

(a) スケーリング効果
　深層学習ではパラメーター数、データ数、計算パワーの増大が高性能化に結び付いていることからスケーリング効果（物体の代表寸法が変わると、これに作用する各種影響や物体そのものの特性が変わること）成立の可能性が議論されている。
　深層学習の性能を見定めるポイントの一つとして性能限界が挙げられる。最近の解析によれば、その性能の伸びはほぼ指数関数的であり、現在のところ上限はないといってよい。とくにNTK[16]をはじめとする統計神経モデルから解析、考察されたネットワーク上のパラメーターは、ランダムに選択された初期値近辺で最適化が進むことを示しており、暗黙的な正則化[17]はかなり強く働くといえる。少なくともパラメーター数、データ数、それを処理する計算パワーの3要素に関しては今後も桁レベルで増大することが予想される。
　機械学習にはモデルとの誤差を考えるうえで重要なバリアンスとバイアスという要素が存在する。バリアンスとはばらつき誤差のことであり、ノイズ成分を含んでいるデータを学習することでノイズまで学習することで生じる。バイアスはモデルから得られる予測値が真値とどのくらいずれているかの偏り誤差のことである。一般には、学習不足ではバイアスが大きく、学習のし過ぎ（過学習）ではバリアンスが大きくなる。ところが深層学習では、両者は学習すればするほど小さくなることが見出されており、深層学習のスケール則の根幹を支える解析結果の一つである。

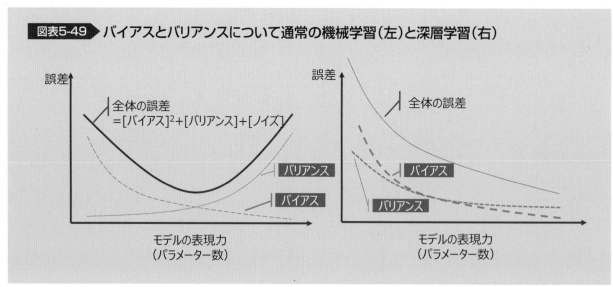

図表5-49　バイアスとバリアンスについて通常の機械学習（左）と深層学習（右）

（左図）
誤差
全体の誤差
＝[バイアス]²＋[バリアンス]＋[ノイズ]
バリアンス
バイアス
モデルの表現力
（パラメーター数）

（右図）
誤差
全体の誤差
バイアス
バリアンス
モデルの表現力
（パラメーター数）

出典：各種の文献情報を基にIPA作成

＊16　Neural Tangent Kernel の略、簡単には関数空間で深層学習を解析する方法。
＊17　正則化は機械学習での学習時にパラメーターが過学習するのを防ぐための手法。一般的にはある種の罰則項を加えることで学習誤差が最小値近辺から外れないようにする。暗黙的な正則化とは、明示的に罰則項を設けているわけではないが、自動的に学習誤差が最小値付近にとどまることを示す。

（b）プロンプト学習

　大規模自然言語モデルへの質問時に簡単な例示を与えるなどの工夫をすることで、より的確な推論を得る手法をプロンプトエンジニアリングとよぶ。これまでの機械学習では、課題ごとにタスクを決定したうえで、設計・製作することが一般的であった。ところが、プロンプトエンジニアリングを用いることにより、大規模自然言語モデルを作成することで各タスクに展開することが可能となった。しかも、各タスクに展開するための手順は、モデル内にある変数の簡単な調整を行うのみである。そのため、その方法は非常に簡単で、数例の入出力の組合せを教示するだけでよく、しかもその教示を自然言語で行うことができる。このプロンプトエンジニアリングの手法を適用した学習はプロンプト学習と呼ばれ、AIの利用方法を変える可能性を秘めている。

（イ）データセットの拡充によるコンピュータビジョンの利用拡大

　大規模言語モデルは汎用AIへの道を開きつつあるが、その学習には膨大なデータ、計算パワー、学習時間が必要となる。一方で、実際の業務においては目的のタスクに限定した課題解決が行われるだけでよく、特定のタスクに限定したデータによるAI利用が主流である。

　しかし、コンピュータビジョンの領域においては、幅広い利用シーンを考慮した学習データの拡充が進んでおり、実務にも活用され始めている。たとえばAmazonのロジスティクスでは、従来センサー群で認識していた処理をカメラによる認識のみで行っている。また、手書きの書類をデジタル化する際には、これまでは文字認識が主流であったが、注目領域推定技術の進化に伴い、現在は図を含めて多様なデジタル化とそれに伴う処理が可能となってきた。たとえば請求管理業務では、クレーム対応や請求の振り分けのみではなく、手書き情報のデジタル化により請求管理監査へのシームレスな接続や不正請求のリアルタイム検出にまで適用が広がっている。

② 技術動向
（ア）大規模自然言語モデルと関連技術
（a）大規模自然言語モデル（LLM：Large Language Model）

　OpenAIによるGPT-3[18]の発表とともに注目を集めたのが、大規模自然言語モデルである。GPT-3は570GBのデータで学習した1,750億パラメーターを有するモデルである。通常、自然言語モデルはテキストを中心とした自然言語処理のために構築されている。しかし、本モデルは、明示的に学習させていない四則演算能力や画像の追加学習と組み合わせることによって、テキストキャプションの生成、テキストからイメージの生成などにも機能することが示された。つまり、これまで専用のモデルが必要であった領域において、一つのモデルで、しかも高品質な結果を出力できる高性能なモデルが実現したといえる。モデルの中核には、Transformerと呼ばれる技術を使用しており、GPUによる効率的かつ大規模なパラメーターシステムの実現方法も世の中に示したことになる。Transformerの基本的構成について、以下の図表5-50に示す。オンメモリのすべてのデータをベクトルとして扱い、あるベクトルとその他のすべてのベクトルとの関係の計算、ベクトル自身の更新の二つを行っていることになり、深層学習時代の「全結合」的な計算と考えることもできる。

＊18　GPT-3 <https://openai.com/blog/gpt-3-apps/>

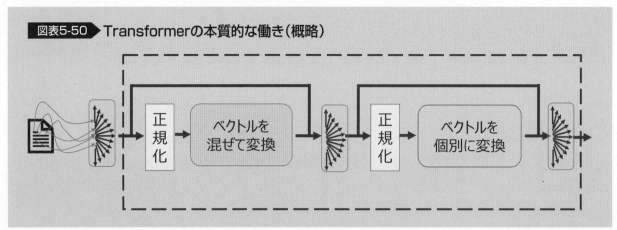

図表5-50 ▶ Transformerの本質的な働き（概略）

正
規
化

ベクトルを
混ぜて変換

正
規
化

ベクトルを
個別に変換

出典：Transformerの最前線[19]を基にIPA作成

（b）マルチモーダル対応していく自然言語アプリケーション

　LaMDA[20]（Language Model for Dialogue Applications：対話（会話）アプリケーション用の言語モデル）は、大規模自然言語モデルを対話に応用したものである。注目すべき点は、会話の中で頻繁に変化するトピックへの柔軟な追従と、場面に応じて妥当な応答を生成して返答することである。さらにMUM（Multitask Unified Model）によりテキストに限らず画像、音声などのほか、マルチモーダルでの学習を利用することで、「夕日が綺麗な海岸沿いのルート」や「富士山が目に入るルート」と指示をすることも可能になる。

　これを動画に適用すると、動画内のシーン検索をテキストで行うことが可能となる。たとえば「夕暮れのサバンナでライオンの雄叫び」をみたいというリクエストができる。

　同等の技術を具体的なアプリケーション搭載という形で目指した例がAdobe MAX 2022[21]の中で次期Sneaks（新機能の実験的搭載）の機能として紹介された。同社の動画編集ソフトPremiere上での画像の切り貼り、背景の変更、対象人物の行動生成は、すべて自動による直感的な操作のみで行われ、編集後は痕跡がまったく残らない。

　また、この中で紹介されたProject Blink[22]は、テキストエディターでテキストを扱うように動画のカット編集を可能にする。動画編集は、時間軸という動画特有の特性があり、編集に経験と慣れを必要とするのと同時に手間が生じる。そこで動画内での発言内容と話者などを解析することで、テキストデータと紐付け、編集作業を容易にする。いわば動画をマルチモーダルなデータとして扱うことで、テキストインターフェースによって簡単にシーンカット・編集が可能となる。動画の文字起こしツールによるテキストを確認しながら、そのテキストを利用して編集する、テキストインターフェースで動画を編集するという次世代のデモとなっている。

（c）Foundation Models

　スタンフォード大学（Stanford University、米国）は大規模言語モデルの発表後、同モデルの持つ汎用的な可能性に気づき、Foundation Modelsと名付けて、汎用AIの実現方法の有力な選択肢の一つとして

＊19　https://speakerdeck.com/yushiku/20220608_ssii_transformer

＊20　LaMDA: Language Models for Dialog Applications <https://arxiv.org/abs/2201.08239>

＊21　<https://www.adobe.com/max.html><https://maxjapan.adobe.com/>

＊22　Project Blink <https://labs.adobe.com/projects/blink/>

取組んでいる。Foundation Modelsで特筆すべき点は、入出力のマルチモーダル特性である。

コアとなる自然言語モデルは今のところテキスト学習を主として形成されるが、その後の入出力対象としては画像、音声だけではなくあらゆる入力信号、多種多様なセンサー信号が含まれる。ロボティクスの分野では、ロボットが実環境で動作する際にも、自然言語モデルを介することで環境を自ら認識、モデル化することが期待されており、人に指示するような曖昧さを含んでも問題なく指示に従い動作するような実世界インタラクションとして提案されている。

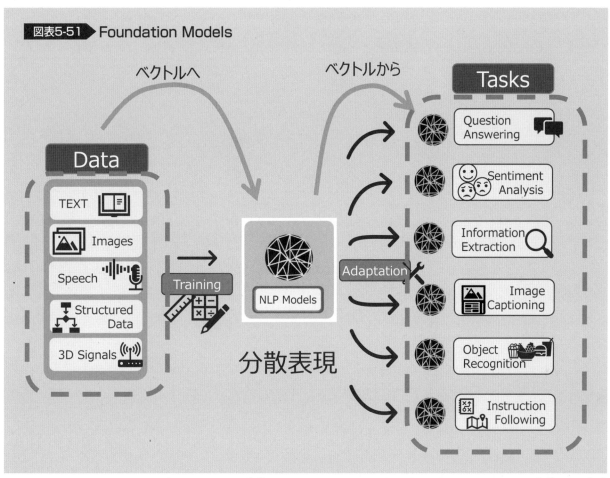

図表5-51 Foundation Models

出典：On the Opportunities and Risks of Foundation Modelsを基にIPA作成

Gartner（米国）のHype Cycle for Emerging Technologies[23]によれば、2022年8月時点で、すでにFoundation Modelsは最初の頂点に達しようとしており、産業応用に対する期待の高まりを示唆している。

スタンフォード大学は、Foundation Modelsがプログラミングパラダイムの変化を促すとしており、Software3.0という位置付けでプロンプト学習を重要視している。大規模モデルとペアになるのはプロンプト学習によるFew-Shot Learning[24]であり、質問と回答のペアを例示することにより、大規模モデ

---

* 23 https://www.gartner.com/en/articles/what-s-new-in-the-2022-gartner-hype-cycle-for-emerging-technologies#:~:text=What's%20New%20in%20the%202022%20Gartner%20Hype%20Cycle%20for%20Emerging%20Technologies&text=Emerging%20technologies%20for%202022%20fit,automation%2C%20and%20optimized%20technologist%20delivery.
* 24 対話型のインターフェースを使用し数例の例示による追加学習する方法。一般的にはこのような学習方法をプロンプト学習という。

ルに対象タスクにおける入出力関係を教示することでタスクオリエンテッドな入出力動作を決定させる。教示により大規模モデル内にある膨大な関係性から入出力に関係する部分のみを抜き出すことになる。基本的にはプロンプト学習では自然言語で入出力を教示すればよいが、実際にはコツが必要であり、そのコツを身につけることで非常に詳細な動作を指定することが可能となる。そのため、今後従来のプログラマーに加えて、プロンプトエンジニア（プロンプター）が必要になるという考え方もある。

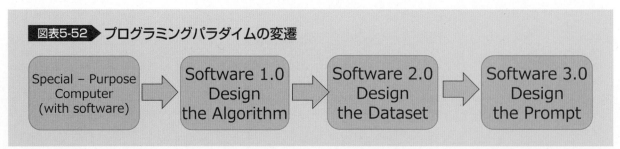

図表5-52 ▶ プログラミングパラダイムの変遷

Special – Purpose Computer (with software) → Software 1.0 Design the Algorithm → Software 2.0 Design the Dataset → Software 3.0 Design the Prompt

出典：スタンフォード大学の各種の報告を基にIPA作成

(d) Text2Image、Image2Text（ベクトルを介したモダリティの変換）[25]

Foundation Modelsでは、大規模自然言語モデルを「中核」としており、潜在空間でのモノ、コトを分散表現として扱っている。そのため、他のモダリティデータをテキストに変換することにより、分散表現として同様に扱う処理が増えている。テキストの画像変換に関しては、当初GANを利用した方法の報告が相次いだが、GANの不安定さに起因する生成画像の歪みが消せないことからdiffusion法に切り替わり、画像の質が大きく向上した。

とくにStable Diffusion[26]は、2022年8月に無償公開されたText2Imageの実装であるが、その画像生成能力の高さから大きな話題となった。Text2Imageでは一般的にテキストのキーワードをプロンプトで入力する。自分の思いどおりの画像を生成するためには細かな記述法が必要となっており、新しいプログラム記述におけるプロンプト記述の重要性がうかがえる。

Latent Diffusion[27]をベースとした本モデルは、非常に大規模なデータセットであるLAION-5Bを用いてトレーニングされている。最近の傾向としてたとえばGoogleのImagenやOpenAI[28]のGLIDE、DALL・E-2など最新の画像生成モデルは、発表および論文による発表はあるものの、DALL・E発表時のようなデモの公開は行っていない。これはその表現力があまりにも高機能であり、その生成画像が与える社会的な影響が大きすぎ、十分な検討ができていないためである。

Stable Diffusionを開発しているStability AI（英国）は、同社独自の判断を行い、ユーザーに平等な使用機会を与えることが最重要であるとの判断から学習済みモデルを公開している。2022年10月に1億100万米ドルの資金調達をしたとの発表があったが、同社のオープンな姿勢も評価されたと考えられる。

また、Whisper[29]では、シーケンスでの弱教師学習を行うことで音声から直接音声への変換を成

＊25 テキストを入力して画像を生成する text2image 技術の後、異なるモダリティ間でのやり取りが注目されている。現在ほぼすべてのモダリティ間の変換ができる。

＊26 Stable Diffusion Demo <https://huggingface.co/spaces/stabilityai/stable-diffusion>

＊27 High-Resolution Image Synthesis with Latent Diffusion Models. <https://arxiv.org/abs/2112.10752>

＊28 https://openai.com/

＊29 Robust Speech Recognition via Large-Scale Weak Supervision.
　　　<https://cdn.openai.com/papers/whisper.pdf>

功させ、テキストを介することなく翻訳が可能になった。同様の技術にMeta AI*30のUST（Universal Speech Translator）*31がある。文字を持たない言語であっても翻訳ができることから、翻訳サービスの制限がまた一つ取り除かれた。今後は、テキストを介さない学習によって得られた分散表現モデルと通常のテキストを用いた分散表現モデルとの比較も進むことになる。

　このように大規模自然言語モデルを使用すれば、さまざまなモダリティがベクトルを介してほかのモダリティに変換される、つまりモダリティXをモダリティYへ高品質に変換することを可能にした。同時に、このような高品質でしかも簡単に生成できる画像や動画に関して、フェイク*32をどう扱うのかという社会的な問題から目を背けられない状況をもたらしている。

（イ）物理・化学をモデルとして取り込む深層学習
（a）Materials Informatics: MI
　AlphaFold2*33は、タンパク質構造解析に革命をもたらしたAIシステムである。

　タンパク質構造解析は、構造生物学という分野の成立と同時に非常に大きなテーマであるため、世界中の専門家が積極的にその解析に挑んできた経緯がある。この分野ではベンチマークとしてタンパク質構造予測コンテストCritical Assessment of protein Structure Prediction（CASP）が2年おきに開催されており（2022年は第15回）、構造予測の精度を競う。具体的には数十個のアミノ酸配列から正解のタンパク質構造を予測する。この分野は、いくつかのブレイクスルーもあったが、専門家からすれば順当な改良であった。

　そのCASPに大きな変化をもたらしたのが2018年のCASP13におけるAlphaFoldである。すでに深層学習がCASPの参加者にも利用されていた中で圧倒的な予測スコアが提示された。そしてCASP14に登場したのがAlphaFold2であり、出題された問題の64%が実験で決定された構造と完全に一致し、追加の24%についてもほぼ一致と認定された。この結果は歴史的な快挙ともいえる結果であり、圧倒的な正確さでの優勝となった。従来のAlphaFoldとAlphaFold2の大きな違いは、AlphaFold2ではEvoformerと呼ばれるいわば構造生物学用のTransformerが導入されていることである。Transformerの特徴は、大規模メモリ内のデータ全体に対して、データの潜在空間内での全体と部分の両者を混ぜ合わせたベクトルを最適化、いわば全体の中での部分の関係の学習と対象ベクトル自身の最適化の二つの学習を繰り返すことであり、これをタンパク質の構造決定に応用したのがEvoformerとなる。

　Evoformerは、MSA（Multiple Sequence Alignment）*34表現とペア表現を扱う。MSA表現が主鎖と側鎖の角度、つまり二つの鎖間での2面角情報を扱い、ペア表現で二つの残基の空間的な位置情報、残基間の距離を扱う。前者がアミノ酸全体の構成を扱い、後者がアミノ酸残基にかかる位置情報を扱っておりTransformerと類似した構成で実現されている。この方法は必要なデータがメモリ上にある場合には、効率的な総当たりにより必要なデータ構造をモデルに手渡しており、Transformerと同様の演算上

＊30　https://ai.facebook.com/
＊31　https://www.youtube.com/watch?v=LH7tUQMtJX4
＊32　とくに問題となる一つの例は、画像や動画において、コンテンツ内の人物の顔や表情、声などを別人のものと入れ替え、実際には行っていない言動を入れ替えた人間が行っているかのようにみせるケースがある。
＊33　Highly accurate protein structure prediction with AlphaFold.
　　　<https://www.nature.com/articles/s41586-021-03819-2>
＊34　日本語では多重配列整列となり3本以上の配列を進化的な対応関係に従って並べることによって機能的重要部位の検出や特徴の中心となるモチーフの発見など分子系統解析の第一ステップとして不可欠なステップ。

の利点を享受できている。図表5-53に簡略化したEvoformerを示す。Transformerの図（図表5-50）と比較すると非常に似ていることがわかる。

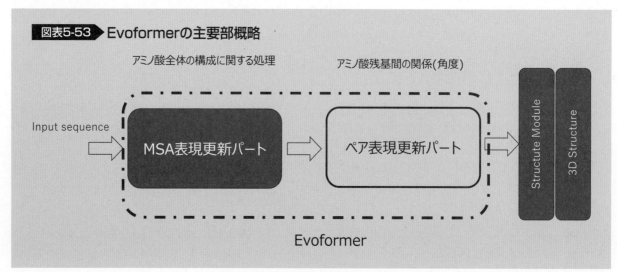

図表5-53　Evoformerの主要部概略

アミノ酸全体の構成に関する処理　　アミノ酸残基間の関係(角度)

Input sequence → MSA表現更新パート → ペア表現更新パート → Structure Module　3D Structure

Evoformer

出典：Highly accurate protein structure prediction with AlphaFoldを基にIPA作成

(b) 物理と深層学習*35

　深層ニューラルネットワークはすべての関数を近似できることが証明されており、この特性はニューラルネットワークによる「関数の万能近似性」と呼ばれる。そこで物理空間として深層ニューラルネットを使用することで、たとえば場の近似や系全体のシミュレーションと法則の確認など、幅広い利用方法が考えられる。深層学習を実験環境として、物理学の各現象を再現、解析するという取組が日本では比較的早くから積極的に取組まれてきた。

　深層学習を構成しているニューラルネットワークは統計力学におけるスピングラス・モデルとの対比から、物理、とりわけ統計物理の分野では比較的古くからその性質を解析されてきた。別の言い方をすれば物理学の基礎的な考え方からニューラルネットが導かれるということもできる。より専門的な言葉を選ぶのであれば、物理学を特徴づけるのはハミルトニアンであるが、深層学習を始め機械学習を特徴づけるのもハミルトニアンだからである。

　深層学習の登場でより多様なハミルトニアンを表現できるため、力学系に始まり、相転移、量子多体系、超弦理論、量子電磁力学（Quantum electrodynamics; QED）、量子色力学（Quantum chromodynamics; QCD）およびそこから創発する時空など、さまざまな物理学の分野での利用が進んでいる。

(c) 行列計算と深層学習

　行列計算の高速化に対しても深層学習は大きな貢献をもたらした。行列の乗算は繰り返し計算が多く、50年以上前の1969年に発表されたシュトラッセンのアルゴリズム以降、事実上進展がない。しかし、行列の乗算は古典的なニューラルネットから科学計算まで、多くのシステムで必ず行われる計算過程であり、ニューラルネットの発展である現在の深層学習でもその計算は重要な位置付けとなる。

---

*35　Deep Learning for Physical Sciences. NeurIPS2017 <https://dl4physicalsciences.github.io/>
　　ディープラーニングと物理学　講談社 2019

AlphaTensor[36]は、ゲームで大きな成果を生みだした深層強化学習を有限因子空間内で行列を低ラ
ンクに落とすことで効率的な計算を行うためのテンソル分解をみつけるというゲームに適用し、多く
の行列サイズで従来の計算効率を上回るアルゴリズムを発見した。さらにAlphaTensorは行列乗算の
ための最先端のアルゴリズムを発見するだけではなく、強化学習の報酬に実行時間を取り入れること
でハードウェアでの実行時に行列乗算を最適化し実用的な計算効率の向上ももたらしている。

(3) 導入プロセス、事例

① AIとロボットによる自動車製造の革新（デジタル時代の自動車製造）

自動車の部品には、安全性の観点から必要十分な強度と移動に要するエネルギーの効率化のための
重量の軽減化が求められる。従来、既存材料であれば、両者がバランスする範囲が経験的にわかるため、
その範囲で設計試作を行っていたのに対し、Czinger（米国）は製作工程も含めて、AIが部品を設計す
る。そのため上流から下流までの全工程も条件として取り入れ、AIは部品の性質、性格を考慮して設計
する。設計にはトポロジー最適化と呼ばれる手法が使われている。これにより従来よりも正確に引っ張
りおよび加重方向を考慮し、同時に限りなく軽量化を目指した部品群を設計することが可能となった。

すべての部品を3Dプリンターで製作するため、原材料の無駄もほとんどない。できあがった部品は、
AU（automated unit）と呼ばれる0.0004インチ以内のずれで部品を取付けられるロボットユニットに
よって1時間で組立てられる。AUを使用するためには15メートル四方のエリアがあれば十分である。
AUに取付けられているロボットアームは複数の機能を持ち、お互いのアームが何を行っているのかを
知って、動作するようになっている。

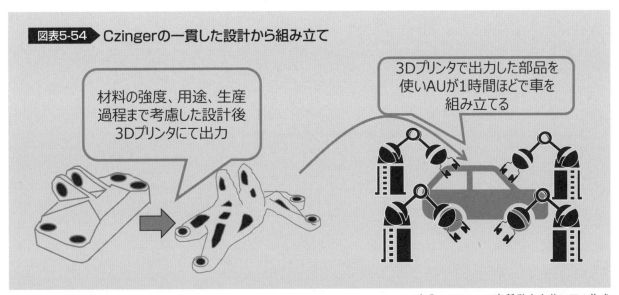

図表5-54 Czingerの一貫した設計から組み立て

材料の強度、用途、生産
過程まで考慮した設計後
3Dプリンタにて出力

3Dプリンタで出力した部品を
使いAUが1時間ほどで車を
組み立てる

出典：Czingerの各種発表を基にIPA作成

各アームには複数の目的があり、その目的にしたがって一斉にシャーシに組み付けを行う。そして
各アームは、ほかのすべてのアームが何をしているかを常に把握しているためぶつかることはなく、最
短時間で組立てが終了することになる。システム全体は一つのまとまりを構成しているため、目的の変

---

* 36 Discovering faster matrix multiplication algorithms with reinforcement learning.
　　<https://www.nature.com/articles/s41586-022-05172-4>

更、すなわち車種の変更の際には、構成をつかさどるシステムに変更手続を行えば即座にAUの動作が変更されるため、従来のようなラインの変更手続は不要となる。

② AI とロボットによる最適化された梱包作業

（ア）ロボットと人間を連携させる倉庫管理

Amazon（米国)は、需用予測と倉庫内での商品配置、移動などにAIを活用している。需要の高い商品を分散配置し、どのロボットでも移動可能にする。ロボットは目的のラックの下に潜り込み、そのラックを移動させ、梱包している人間のところに運ぶ。梱包担当の前にラックが運ばれると梱包に必要な商品があるケースの位置を明るいライトで照らしだし、担当に知らせる。担当はそのライトに当てられたケースから商品を取り出し梱包段ボールに移す。梱包担当の前にラックを移動させるために、カメラと映像解析によりラックの分散度合いとロボットの数と時間との最適化、経路でのぶつかり、混み具合を考慮した配置の最適化が行われる。

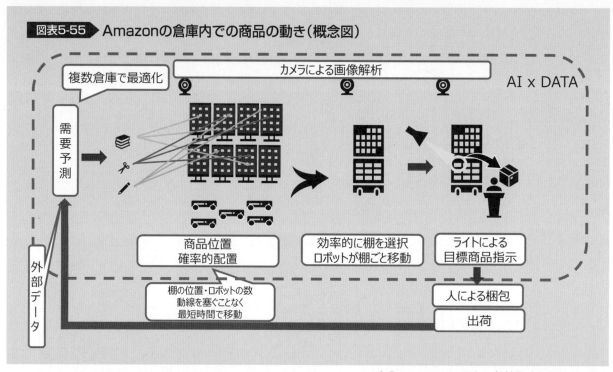

図表5-55 Amazonの倉庫内での商品の動き（概念図）

出典：Amazonに関する各種報道を基にIPA作成

（イ）ビルトインで使用できるロボットAIシステム

Cargo Cove（米国)の例はAmazonとは対極的で、既存の大規模な倉庫にAIシステムを組込んでいる。フロリダ州ジャクソンビルの施設をeコマース用に最適化するため、inVia Robotics（米国)の一連のソリューションを導入するとしている。同社のシステムは、inVia PickMateの導入によりCargo Coveの倉庫作業員の生産性を2倍にし、その後inVia Pickerロボットの追加により生産性が4倍になると試算されている。

inVia PickMateは、AIを搭載したソフトウェアinVia Logicを活用し、集荷から出荷梱包まで、倉庫内の最も効率的なルートで作業員を誘導する。Cargo Coveの在庫配置を支援し、動的な労働力の割当てを使用して生産性を向上させる。つまりAIを使用して顧客の倉庫をマッピングし、フルフィルメントプロセスで商品を移動させる最も効率的な経路と、各作業を行う理想的な作業員との連携を目的とする。

作業員は既存の手持ちの小型端末の直感的なインターフェースを使用し、これらの経路をステップバイステップで指示し、注文箱に正確な商品を移すことになる。現場に導入するには、現場労働者の反発などを含めて解決しなければならない。そこでまず、実際の現場にロボット（ピッカー）を含めたソリューションを導入して、現場の労働者とともにロボットピッカーの効率的な運用を実現する。AIと人との協調により大規模倉庫であってもビルトインによるインテリジェント化を数週間で可能にした。

③ 保険の世界と AI

Anadolu Sigorta（トルコ）はトルコの老舗の保険会社であり、総合的な保険事業を手掛けている。彼らはSNS分析にグラフ理論を適用し、機械学習と統計データを駆使することで保険金に絡む犯罪防止に大きな成果を示した。予測システムはリアルタイムで不正や詐欺を検出し、ROI（投資収益率）はわずか一年で210%になったという。

自動車保険では過失相殺の決定など、現場の写真と現場のメモをたよりに詳細なメモ記述によって当時の状況を整理する必要がある。図面は手書きであるためテキストと記号と図面が混在することになり、これらを適切に処理する必要があるため人間が対応していた。しかし最近のAIによる画像認識技術は十分な学習さえできれば、識別能力は人間を越える部分もあり正確で迅速な処理が可能である。手書きの書類、たとえば図面とそれに手書きで追記入するビジネスシーンにおいてもAIは活用拡大を期待されている。

④ 早期ワクチン設計およびタンパク質解析によるリスク評価

mRNA（メッセンジャー RNA）を使用したワクチン開発技術で知られるBioNTech（ドイツ）ではAIを使用した新型コロナウイルス感染症の変異ウイルスの予測を行っている。この技術開発はAIスタートアップ企業のInstaDeep（英国）と協力しており、WHO（World Health Organization: 世界保健機関）が13の亜種に対して潜在的な危険性を示す2か月前に、それらのうちの12種を検出している。オミクロン株に関しては遺伝子配列が利用可能になった即日にその危険性を識別している。InstaDeepの技術はTransformerベースでタンパク質の設計に特化したBERTモデルを構築している。このモデルを使用しいわゆるIn-Silicoとよばれるコンピューター上で実験を行う。

mRNAワクチン設計のうえで重要な意味を持つスパイク(S)タンパク質の変異は、抗体への耐性に直接影響を与えるため、迅速にこの変異を捉えることは最も重要な点となる。同社のタンパク質の設計に特化したBERTモデルは、配列の迅速な解析、設計、その性質の分析を可能にしているため、既存のSARS-CoV-2のデータが登録されているGISAID（インフルエンザウイルスなどの共有データベース）のデータを学習に使用することでウイルス変異のリスクを評価できるようにした。新規に報告されるSARS-CoV-2の亜種データは長くても一日で潜在的な危険度を識別することができる。同時に危険度が高いと評価されるものに関しては、既存ワクチンの効果推定と新規ワクチンの設計へと引き継がれる。このように早期ワクチン設計およびタンパク質解析によるリスク評価が可能となっている。

⑤ 自動コード生成の最先端　Github Copilot、PaLM の実装

コード生成の領域においてもAIの活用が進んでいる。AIによるコーディング支援ツールである

Github（米国）のCopilotは、たとえば、コメントとして実行したい機能の記述「Get A…」を行い、その記述を元にしたfunctionの指定「func getA…」と記述すると、その先を自動的にコード生成や補完する機能を提供する。Copilotは必要な変数の宣言や制御構文、戻り値の記述まで一連のコードあるいは選択肢を提示する。

元となっているのはOpenAIが開発した120億パラメーターのコード生成AIのCodexである。Codexを開発するために、OpenAIは事前トレーニングされたGPT-3モデルからソフトウェアのコードを分離した。自然言語の学習に加え、5,400万の公開GitHubリポジトリからPythonコードファイルを収集し、最終的なデータセットは159GBになっている。

GoogleのPaLM（Pathways Language Model）[37]もコード生成が可能である。具体的にはコメントからのコードを生成、あるプログラミング言語から他のプログラミング言語への翻訳、コンパイルエラーの修正などのタスクが実行できるとしている。

Codexはオープンソースではないが、類似のオープンソースプロジェクトも存在する。2021年、MicrosoftはBERTをベースとするコード生成モデルのCodeBERTをオープンソース化した。2022年8月、NovelAI（米国）はGPT-JをベースにしたモデルのGenjiを発売している。

■（4）まとめ

最近公開された論文[38]によれば、現在のAIおよびML関係の論文は世界中で毎月4,000本公開されており、汎用AIへの道筋も示され始めるなど研究開発が大きく進展している。また、その成果は、AIの活用分野の拡がりや企業によるAI活用につながっている。先行する企業では、最新のAIの導入を進めており、業務効率化や事業革新に成果を上げる中、企業におけるAI活用では「導入する、しない」という判断ではなく、AIの導入・活用により成果を出すとともに、活用の拡大・深化に向けて継続的な投資を行うという視点が重要となる。

本項で紹介した大規模自然言語モデルなどの動向を踏まえると、今後はさらに画像認識の高度化と自然言語モデルの発展が中心となり、従来よりも高度なAIの導入が容易になっていく可能性がある。今後、企業ではこうしたAI技術の発展を踏まえつつ、ビジネスの中でのAI活用やビジネススキームの再構成や変革を進めていくことが求められよう。

また、AIとの関係が深いデータを扱う技術の進展も注目される。クラウドでGPUを扱う場合でも80GBのオンメモリを可能にするオプションがあり、すでに、大規模言語モデルもクラウドで構築できる環境が整っている。最近では数百TBのデータを高速に処理する実装が公開されるなど、事実上、ローカルにあるすべてのデータを一括で扱い、学習できる環境が整いつつある。データを扱う技術の進展は、大量なデータの高速な処理が必要となるAI技術の進展に不可欠であり、今後データを扱う技術の発展を注視する必要がある。

＊37　PaLM: Scaling Language Modeling with Pathways. <https://arxiv.org/abs/2204.02311>
＊38　Predicting the Future of AI with AI: High-quality link prediction in an exponentially growing knowledge network <https://arxiv.org/abs/2210.00881>

DXとAI

札幌市立大学　学長　中島 秀之

AIという視点からDXがどう見えているかについて語る。

データのオンライン化

DXの前提となるのはDigitizationである。デジタルであることが本質だとは思っていないが、データがオンラインになってコンピュータ処理ができる状態であることを巷ではDigitizationと呼んでいる。全てのものがインターネットに接続されているIoT（Internet of Things）環境だと言っても良い。日本ではこの前提が満足されている分野はまだまだ少ない。恥ずかしながら我が大学でもwordなどオンラインで作成した文書をわざわざ印刷して回覧していたりする。紙媒体を、デジタルに対比した形でアナログと呼ぶ人がいるが、それは本質を外した呼称だと思う。[*1]ここでデジタルとアナログの違いを真剣に議論することはしないが、本質はデジタル化ではなくオンライン化である。文字はデジタルである。しかしDXと言う呼称が定着してしまっているので、本項でもデータのオンライン化をデジタル化と呼ぶことにする。これには深層学習が扱う画像などのアナログデータも含まれているが、現実世界をアナログ、それをデジカメなどで撮影しオンライン化したものをデジタルと呼ぶことにする（ややこしい）。

データの自動処理

オンライン化のメリットは、そのデータがそのままコンピュータで処理できることである。これをDigitalizationと呼んでいる。さまざまな

図1　DXの階層とAI応用

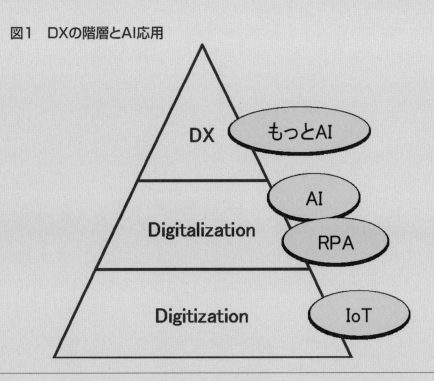

*1　紙幣の発明はある意味で金のデジタル化であった。価値を、紙に印刷された数値で表していたのだから。

データどうしを紐付けしたり、他の作業のトリガーにしたりできるRPA（Robotic Process Automation）もDigitalizationの一つである。一歩進んで、ここにAIによる知的処理を持ち込むこともできよう。現在使われているAIは深層学習をベースとしたものが多いが、学習のためには大量のデータを必要とするのでIoT環境（つまりデータのオンライン化）がないと真価を発揮できない。Googleは随分前から「データは力である」という主張の下に大量のデータを取得するためにGmailなどを無償公開している。全世界で飛び交うメールが全てGoogleの学習データとして使われている（と思う）。その結果、自動翻訳などが実用レベルに近づいてきた。

データ分析による業務の効率化も考えられる。いくつかの先進的バス会社では乗客の乗降データを分析し、路線や停留所位置、時刻表などを見直し、営業改善に役立てている。

システムの再デザイン

デジタル化と、デジタルデータの自動処理というお膳立てが済んだところでDigital Transformationが可能となる。*2これはAIやIT（以後AIT）が使えることを前提に、処理プロセス自体を再デザインすることである。企業のサービスや行政など、現在の社会の仕組みはコンピュータのなかった時代に作られている。AITを使えば人間を経ずに回る効率の良いシステムがデザインできる。

AIを使ったDXの例は様々考えられるが、以下にいくつか挙げておく。（注：人的夢想なので社会実装した場合の責任は持てない。社会学者による検証を待つ）

コンビニ：中国などでは顔認証を利用したレジなしコンビニがあるそうである。店に入って必要な品物をピックアップし、そのまま出ていけば精算が済むというものである。レジの自動化ではなく、レジをなくしたところがDXといえるだろう。そういう意味ではamazonが購買のDXの先駆けかもしれない。

納税：現在、e-Taxと称して確定申告書の税額計算と提出の部分がデジタル化されている。しかしながら、源泉徴収票は相変わらず紙に印刷して送られてきて、納税者がe-Taxシステムに手動入力している。この部分のRPAが望まれる。例外的に、ふるさと納税のサイトでは年間の全ての納税をまとめたデジタルデータを作る機能を持ったものがあり、そのデータを送ってもらって読み込ませればふるさと納税分のリストの作成と控除額の自動計算が行われる。しかしながらすべての手順を始動するのは相変わらず人間である。DXの初歩としては、e-Taxのサイトに入れば源泉徴収票の原案ができており、納税者はそれをチェックし、必要な修正（必要経費*3など）を加えるだけで済むようにしてほしい。

国政：現在の選挙から国会での議論まで、国政の全てが旧来の方式で営まれている。インターネットを活用すれば在宅投票も可能だし、そもそも代議員を選んで国会で議論してもらわなくても全員参加の議論が可能である。もちろん、優秀な司会者（おそらくAI）は必須である。多くの発言をまとめ、議論の構造を示すシステ

＊2　Digitization や digitalization も DX の一部だと主張する人もいるが、私は間違いだと思う。ましてや digitization のみを DX と称して実施し、それで満足するのはとんでもない矮小化だと思う。
＊3　マイナンバーがあるのだから必要経費も自動計算できるようにならないだろうか？

ムがないと成立しないと思うが、民意の反映という意味では代議員性より遥かに効率的であろう。

経済：通貨や決済のDXは既に始まっている。たとえばネッティング（netting）。外国為替取引などにおいて、取引の当事者間で、債権と債務を相殺し決済を行うことで金銭の授受を帳簿上で相殺するため実際の決済額は小さくなり、送金や外国為替手数料の削減などが見込まれる。現在は当事者同士の、人間が追える範囲の取引に限られているようだが、AIによるマッチングを駆使して銀行ごと、あるいは世界的に自動的に相殺を行えば送金量とそれに伴う手数料は激減するであろう。

ビットコイン（最近では暗号資産と呼ばれることが多い）は通貨の概念を根底から覆す仕組みである。国家の権威を背景とした、ドルや円という貨幣と異なり、国家はもちろんのこと銀行などを通さずに個人間で取引が可能で、送金などの手数料などがほとんど不要になる。[4]ただ、今のところ実際に貨幣を置き換えるという勢いは持っていないようである。

交通：一部のバス会社[5]では運行データを解析し（digitalization）、それに基づいて停留所位置やダイヤを変更した例がある。限定された形ではあるが小規模のDXと呼べないこともない。

交通に関してはMaaS（Mobility as a Service）[6]という用語が提案され、近年一般化している。これは既存の様々なモビリティ（電車、バス、タクシーなど）を統一的に扱うサービスの提供により、ユーザはそのサービスにアクセスするだけで、予約や決済が可能になるというものである。

我々はモビリティ自体の統合を目指している。つまり、公共交通のDXに取り組んでいる。地域内の公共交通車両をAIで最適制御すれば高いモビリティが実現できる。全ての車両が固定路線やダイヤを持たず、デマンドに応じて乗合運行することを目指している。モビリティが効率化されれば、その上に様々なサービス（飲食、ショッピング、医療など）を乗せることができる。

DXの阻害要因

以上でDXに至る技術的側面を明らかにしたのだが、現実問題としては社会習慣や法律の壁が立ちはだかっており、技術だけでは解決できないものも多い。社会の慣性とでも呼ぶべきものである。たとえばAIの導入や業務の効率化により人員削減が可能になったとしても、日本社会では直ちに首は切れそうにないので、それが導入の障害となる。社会全体の流動性の確保が必須である。

法律による障壁としては、かつて、インターネットの黎明期にネットワーク上で通信を転

---

[4] ゴルゴ13「最終通過の攻防」（2014年作品。SPコミックス201巻（2021）にも収録）。もちろんこれはエンターテイメントを目的とするコミックであるから正確性を保証するものではないが、ビットコインの仕組みと、それが銀行に与える衝撃が描かれている。

[5] 埼玉県川越市のイーグルバスと北海道帯広市の十勝バス。

[6] "MaaS"という用語を我々が知ることになったのは以下の修士論文による。2014年のことである：
Sonja Heikkila, Mobility as a Service -- A Proposal for Action for the Public Administration: Case Helsinki, Master's Thesis of Aalto University, Civil and Environmental Engineering, 2014

送することが郵便法違反に問われたことが思い出される。以下の交通の問題も同様である。

　もう一つの問題は（法律に基づいた）行政組織の固定化である。我々株式会社未来シェアは公共交通のDXに取り組み、タクシーとバスの融合による、現状より利便性の高いシステムを目指しているが、バスやタクシーなどの公共交通は法的に厳密に定義・区別されていて融合ができない。これは両業界が互いに侵食せず、また周囲の業種からも侵食されないように保護することが目的である。監督官庁はこれらの業界の維持に責任を持つが、ユーザの利便性は国土交通省の所掌範囲外だということである。バスやタクシーの業界もこの行政による保護に依存しきっている。一部のタクシー業者が、「（新しいモビリティが）タクシーより便利になっては困る」と平気で発言できるのもその表れであろう。[7]

　つまり、行政は旧来のシステムを守るために動いており、新しいシステムを導入してユーザの利便性を高めることは眼中にない。ユーザ保護を目的とした消費者庁ができたのは画期的なことであるが、その力は限定的である。デジタル庁も社会全体のデジタル改革を主導するというのであればこのような課題にも積極的に対応いただきたい。

　AIによる技術の発展は指数関数的であると言われている。新しい技術を利用可能にするためには法律の変更を伴うことが多い（たとえばドローンや自動運転など）が、法律の方は国会で制定されるため、年間に何件といった線形の変化しかできない。このままでは技術と法律の乖離がますます大きくなって行くに違いない。法制度自体のDXが必要であろう。

＊7　岩村龍一、中島秀之、松原仁、野田五十樹、松舘渉：新しいモビリティ導入に対する公共交通業界の反応、情報処理学会論文誌デジタルプラクティス（TDP）3（2）:69-75、2022

3 IoT・デジタルツイン

（1）背景

　外部環境の変化に適切に対応するため、企業はデータを収集・分析し事業の改善や新規価値創造に取組んでいる。このようなデータ利活用の基盤となるデータ獲得手段として、IoT（Internet of Things: モノのインターネット）の重要性がいっそう高まっている。本節では、IoTの解説に加え、IoTと密接な関係があり近年活用の幅が広がっているデータ利活用技術として、デジタルツインについても解説を行う。

（2）技術概要

① IoT

　IoTとは、インターネットなどのネットワークにコンピューター類のみならずセンサーやカメラなどのさまざまな物が接続され、データ収集や相互にやり取りすること、またそのような仕組みを指す。IoTを活用することで、センサーなどから取得したデータの収集や、末端機器へのフィードバックをリアルタイムに行うことが可能になる。たとえば、作物の状態をカメラ映像やセンサーを用いてリアルタイムに監視し、肥料や水の量を調整したり、工作機械の稼働状況や温度などのデータをセンサーから収集し、異常を検知・予測したりその機械の稼働を最適化したりするといった活用がすでに広く行われている。また、製品にIoTセンサーを搭載し、製品の状態や顧客による製品の利用状況・利用頻度などのデータを収集・分析することで保守サービスの品質向上や各顧客向けにカスタマイズしたサービスの提供を行っている事例も多い。

　センサーやネットワーク、コンピューティングなど、IoTの各構成要素の技術向上によって、以前より安価に大量かつ多種多様なデータを収集できるようになった。さらに、IoTによって収集されたデータに対し、近年発達しているAIなどのデータ利活用技術を用いて分析・予測・シミュレーションを行うことが可能になった。最近では、業務プロセスの最適化や従業員の生産性向上、顧客の価値向上やロイヤリティの向上などを目的として、IoTは農業、医療、製造、流通・小売などさまざまな業界で、大企業を中心に幅広い規模の企業で導入が進んでいる。

　IoTを用いたシステムの構成は、末端の機器にセンサーを搭載して機器自身やその周辺の環境などのデータを取得し、用途に応じた種々の通信を介してIoTゲートウェイやIoTプラットフォームなどを経由したのち、クラウドやサーバーでそれらのデータを分析する形が一般的である（図表5-56）。また、サーバーでの分析結果を受け、制御・操作といった形で末端の機器へフィードバックを行うことも多い。IoTに関連し、近年注目されている技術である5G・ローカル5Gとエッジコンピューティングについては「DX白書2021」で取り上げたため、本白書では解説を省略する。「DX白書2021」の「第4部 第2章 3(2) 1）5G・ローカル5G」および「同 2)エッジコンピューティング」を参照されたい。

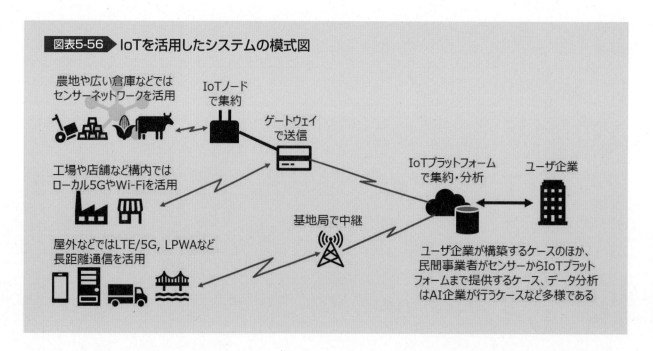

図表5-56 IoTを活用したシステムの模式図

農地や広い倉庫などでは
センサーネットワークを活用

IoTノード
で集約

ゲートウェイ
で送信

工場や店舗など構内では
ローカル5GやWi-Fiを活用

基地局で中継

IoTプラットフォーム
で集約・分析

ユーザ企業

屋外などではLTE/5G, LPWAなど
長距離通信を活用

ユーザ企業が構築するケースのほか、
民間事業者がセンサーからIoTプラット
フォームまで提供するケース、データ分析
はAI企業が行うケースなど多様である

　また、近年顧客や従業員の行動など、ヒトに関するデータが収集対象となっていることは重要なトレンドである。都市部における人流データのように、スマートフォンなどの個人端末もデータ収集に活用されている。ウェアラブル端末などから取得した健康状態のデータをもとに個人の生活習慣の改善を勧めるといったヘルスケア業界の例のように、企業の顧客データなどから得た知見を個人にフィードバックし、助言・注意を行うIoTの使い方も注目されている。

　IoTの活用では、機密情報のような企業内部の重要なデータや、顧客・利用者のプライバシーに関わるデータを収集することが多い。IoTに求められるセキュリティとプライバシー保護の水準は高まっている点に注意が必要である。

② デジタルツイン

　デジタルツインとは物理空間に存在するモノやヒト、プロセスなどをサイバー空間に双子のように再現したもの、あるいはそれを活用したシステムを指す（図表5-57）。物理空間のモノや現象をサイバー空間でモデル化・再現することは以前から行われてきたが、多様でリアルタイムなデータをサイバー空間へ反映する点がデジタルツインの特徴である。時間とともに変化する対象やその周囲の環境の状態をサイバー空間内のデジタルツインにリアルタイムに反映するためにはIoTによるセンサーデータ収集が重要となる。デジタルツインの構築において、IoTは不可欠ともいえる重要な要素技術である。

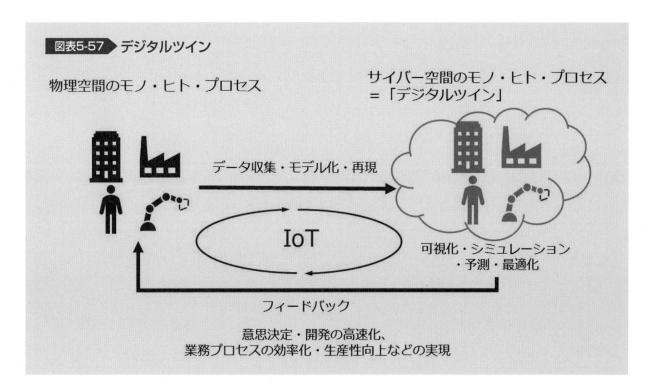

図表5-57 デジタルツイン

物理空間のモノ・ヒト・プロセス

サイバー空間のモノ・ヒト・プロセス
＝「デジタルツイン」

データ収集・モデル化・再現

IoT

可視化・シミュレーション
・予測・最適化

フィードバック

意思決定・開発の高速化、
業務プロセスの効率化・生産性向上などの実現

　デジタルツインとして再現する対象は個々の機器にとどまらず、顧客、工場、建築物、都市・交通網、組織、サプライチェーン、業務・製造プロセスなど多岐にわたる。たとえば、機器の形や運動を3Dモデルにより再現するケースや、工場・建築物・都市の3Dモデル上に稼働状況や建築の進捗、交通状況などのデータを可視化するケース、小売店での消費者の移動経路など顧客に関するデータを収集・可視化するケース、業務システムからイベントログを取得し業務プロセスをグラフやフローチャートとして可視化するケースなどがあげられる。このように、事例ごとに対象をサイバー空間内に再現する方法もさまざまである。3Dモデルを用いる場合、従来はゲーム作成専用のツールであった汎用ゲームエンジンを非ゲーム分野で活用し、物理エンジンを用いた物体の運動の再現・シミュレーションや、光の描写の改善による写実的な表現などを実現するケースもあり、注目を集めている。

　サイバー空間に構築されたデジタルツインは、グラフや3Dモデルによる可視化だけでなく、予測・シミュレーション・最適化といった高度な分析にも用いられる。たとえば、工場生産ラインの変更や都市計画など、物理空間で試行錯誤を重ねるには多大なコストや時間が必要となる場合がある。そこで実物の作成に先立ってサイバー空間上にデジタルツインを構築し、デジタルツインを用いてシミュレーション・分析・最適化を行い、その結果を物理空間へフィードバックすることで、コストや時間を短縮し、設計や生産などの効率化・最適化が可能になるのである。また、シミュレーション同様にさまざまな条件・環境をサイバー空間上で表現することで、機械学習における学習用データを生成する事例も近年現れている。

■ (3) 事例・導入プロセス

① 事例

（ア）IoT

（a）ITとOTの連携

　機器のモニタリング・運用・制御といったOT（Operational Technology）領域もIoTプラットフォームに連携され、ITとOTが統合されるようになりつつある。この潮流は以前から存在したが、新型コロナウイルス感染症の拡大によって、機器の稼働状況を遠隔監視する必要性が高まり、統合が加速している。日立製作所は、自社の大みか事業所において、作業者・製品ごとに用意したRFID（Radio Frequency Identification）タグや作業台に設置したカメラから収集した現場の稼働データを用いて製造ラインの進捗管理や分析を行うなど、IoTやデータ分析技術を用いてIT・OTを統合した。同工場におけるバリューチェーン全体の最適化や高度化の取組が評価され、2020年にはグローバルな非営利団体である世界経済フォーラムによって、先進的な工場「Lighthouse」に日本企業の工場としては初めて選出されている。

　これまでOT環境はインターネットなどの外部ネットワークから切り離されていた。しかし、OT・ITの統合においては、OT環境が外部のネットワークと接続されるため、セキュリティの確保は非常に重要となる。また統合に際しては、安定して稼働することが優先されてきたOTと最新の脅威に対応することが優先されるITとの文化の違いも大きく、注意が必要である。

（b）AIを用いた分析・予測

　AIを用いてIoTから取得したデータを分析し、予測や最適化、その結果を踏まえた機器へのフィードバックを行うことで、製品の品質向上や障害の予防などの効果が見込まれる。収集データの可視化による現状の把握に加え、AIなどの活用により未来の状況を予測できるようになったという点は重要である。取得・蓄積したデータを適切に処理し、企業内外で共有することによる価値創出も期待されている。

　AI技術の発達により、これまでは計算機での分析が難しかった画像や音声などのデータの活用が可能になったことで、IoTセンサーによってこれらのデータを収集する事例が増えている。たとえば、製品の異常や人の危険な行動（危険な機械への接近など）の検知などを目的とした画像処理に用いる入力画像の取得において、IoTが活用されている。

　リアルタイム性を高めることを目的に、末端の機器・製品（エッジ）でのAIの活用も始まっている。たとえば、高レベルの自動運転において、車載カメラや各種センサーから危険な状況を認識し、機器のブレーキなどの操作を自動で行う場合、可能な限り早い操作開始が求められる。このような場合、事前の学習によって生成したAIモデルを自動運転車に搭載し、データの送受信を介さずに状況認識・操作を行うことで応答を早め、安全性を高めることができる。また、エッジで生データに対し匿名化などの処理を行い、プライバシーに関わる情報を含まないデータのみをサーバーへ送信することで、セキュリティの向上も見込める。例として、株式会社そごう・西武では、2022年4月からエッジAIを活用した顧客分析の実証実験を始めている。カメラ映像から各フロアへの来店人数や顧客の属性を推定するにあたり、エッジAIプラットフォームを開発・提供する日本のスタートアップ企業であるIdeinのプラットフォームActcastを活用し、エッジAIを搭載したカメラ内で生データを処理して、必要最低限の情報だけをクラウドへ送信することで顧客のプライバシーに配慮している。取得データを売場施策へ活用す

るほか、将来的には購買データと組合わせた行動分析を想定している。

（イ）デジタルツイン

（a）工場・建築物などにおける可視化・最適化

　国内でのデジタルツインの活用は、製造業における活用を中心に広まりつつある。工場内の機器・機械に加えヒトの情報も取り込んでデジタルツインを構築する取組も進んでいる。

　日本国内では、ダイキン工業株式会社が、大阪府に堺製作所臨海工場を建造し、2020年ごろから工場のデジタルツインを活用して生産管理を行っている。工場内の設備をネットワークでつなぎ、センサーから設備や作業員に関するデータを収集して生産状態を可視化し、設備異常や作業員の作業の遅れを予測し、それらに対する事前対応を行うことで、生産の停滞によるロスを低減している。

　Amazon Robotics（米国）は、Amazonの物流拠点の一部に、自走式ロボットが商品の載ったパレットを下から持ち上げ、配送作業員のもとへ運ぶシステムを導入している。このシステムの導入によって、以前と比べ遥かに多くの在庫を建物内に保管し、効率的かつ安全に在庫を移動することを可能にしている。このシステムを拡張するにあたり、デジタルツインが活用されている。NVIDIA（米国）のプラットフォームNVIDIA Omniverseを活用し、倉庫のデジタルツインを作成して、倉庫建設前やレイアウト更新前のシミュレーションを行うことで、倉庫設計の最適化・ダウンタイムの減少につなげているのである。また、サイバー空間上で生成した写実的な画像データを使用し、荷物の自動仕分けに用いる画像認識モデルの再学習を行うことで、学習時間の短縮・モデルの精度向上も実現している。

（b）スマートシティの実現に向けた取組

　公的機関と企業、大学などが連携したスマートシティの取組が国内外で進んでおり、都市のデジタルツインがその取組において重要な役割を果たしている。国内では、国土交通省が主導するプロジェクト「PLATEAU」によって、全国56都市の3D都市モデルが整備・オープンデータ化されている。このプロジェクトでは、モニタリングや防災シミュレーションなど、企業・自治体による実証実験が進められており、新たなソリューション創出が期待されている。他にも、東京都の「デジタルツイン実現プロジェクト」をはじめとした自治体主導の取組や、企業を中心とした取組が国内各地で始まっており、注目を集めている。

　国外でも、各国で都市をデジタルツイン化し、スマートシティの実現を目指す試みが始まっている[39]。2020年に、51world（中国）はEpic Games（米国）が提供する汎用ゲームエンジンであるUnreal Engineを活用し、衛星・ドローン・センサーから収集したデータをもとに、上海の都市全体の複製をサイバー空間に作成した。この事例では、収集データをほぼリアルタイムに反映するデジタルツインの作成が計画されており、ビルシステムの遠隔制御や交通状況の監視、新規開発計画の市民への可視化が可能になる。使用されるデータは匿名化されており、個人をトラッキングせずにより広範なトレンドを把握することを目的としている。また、汎用ゲームエンジンを活用してリアルタイムレンダリングを行い、自然光のシミュレーションや3Dモデルの写実化を実現している。

　以上のように、自治体や企業主導での取組が国内外で進んでいる。ユーザー企業はこのようなスマー

＊39　東京都「デジタルツインの社会実装に向けたロードマップ 初版」（2022年3月）、p.12からp.13
　　　<https://info.tokyo-digitaltwin.metro.tokyo.lg.jp/docs/roadmap/roadmap_docs.pdf>

トシティの取組を注視し、自社事業での活用や取組への参画を検討していくべきだろう。

(c) その他

　今日では、デジタルツインの対象は広がっており、もはや特定の産業のみに関係する技術ではなくなりつつある。Lufthansa Cityline（ドイツ）では、Celonis（ドイツ・米国）の提供するプロセスマイニングツール[40]を用いて、空港地上業務のプロセスを可視化し、離陸時間の遅れにつながる非効率なプロセスを特定して継続的に改善した。この取組によって離陸時間の厳守率が向上したうえ、離陸前の搭乗ゲート閉鎖時間を遅らせることが可能になり、顧客体験が向上した。この事例のように、業務プロセスや組織の活動を再現・シミュレーションする取組は、あらゆる業界に適用されうるため、今後普及していく可能性がある。

　また、国内では株式会社NTTデータが、車両走行データやSNS解析データ、GPSデータなどのロケーションビッグデータを用いた調査・分析を行う日本のスタートアップ企業である株式会社ナイトレイと協業し、街に滞在する人々のデジタルツインの開発を2022年10月にスタートしている。具体的な取組内容としては、地域生活者や観光客の行動を再現・予測することで、イベント実施時の経済的効果の予測、渋滞・混雑の発生予測や混雑緩和施策のシミュレーションを行う。この事例では地方自治体や観光業、小売業、飲食業での活用を想定しているように、国内でもデジタルツインを活用できる産業が広がりつつある。

② 導入プロセス

(ア) 導入手法

　IoTの導入においては、スモールスタートのアプローチが役に立つ。シンプルな構成であれば、センサーとシングルボードコンピューターなどを活用して安価にIoTを導入可能であり、中小企業でも十分に活用が検討できる。また、多くの業種・業界に向けてIoTプラットフォーム・ツールが国内外の企業から広く提供され、相互連携が進んでいる。IoTを導入する際、これらを活用することで、導入・運用コストや導入までにかかる時間を抑えられる可能性がある。

　デジタルツインの構築においても、スモールスタートは有効な手段である。デジタルツインの導入において、たとえば、初めから多くの種類のデータをデジタルツインに反映してシミュレーションを行うのではなく、ニーズに対し迅速な影響を与えられるよう、最小限のデータの可視化などからスタートし、徐々に拡張していくのである。また、デジタルツインの構築対象や産業によって、製造業向けのIoTプラットフォームが拡張されたものや、CAD/CAEツールとの関わりが深く3Dモデルの扱いに重点を置いたもの、プロセスマイニングツールから派生したものなど、多くのデジタルツインプラットフォームが存在する。デジタルツインによって再現する対象を見極め、必要に応じてデジタルツインプラットフォームを活用することも有用だろう。

(イ) 複合的技術であることによる導入・運用上の障害

　「技術概要」の項で説明したように、IoTはセンサー・無線/有線通信・IoTゲートウェイ・IoTプラットフォームなど、複数の構成要素からなる複合的技術である。それゆえに技術的な複雑さがプロジェク

---

[40] 業務活動のログを取得・分析し、業務プロセスの可視化・ボトルネックの抽出を行うツール。

トの障害となることも多い。たとえば、複数の構成要素のうち一部の設定変更・交換を行った場合に他の部分で意図しない影響が出てしまう可能性がある。運用中にIoTを用いたシステムに障害が発生した場合にも、その対応は容易ではない。2022年度調査におけるIoT導入課題についてのアンケート結果（図表5-83）からは、2021年度調査と同様米国では「複合的な技術であるため利用が難しい」が最も高い回答率となっており、主要なIoT導入課題として捉えられていることが読み取れる。日本企業の回答率も低くなく、今後IoTが国内でより普及するにつれて、この複雑さが米国同様に導入・運用上の障害として顕在化する可能性がある。この問題を回避するため、各構成要素のテストだけでなく、連携するシステムも含めたシステム全体のテストを行うことが重要である。また、障害発生時の対応や責任者についても、あらかじめ明確にしておくことが望ましいだろう。

　デジタルツインは、IoTをはじめとしたデータ利活用技術を組み合わせることによって作成され、構成要素が非常に多い。デジタルツインへのデータの反映がリアルタイムに行われるため、たとえば一部のセンサーから得た誤った測定結果がすぐに分析結果に反映されてしまうことも想定され、注意が必要である。

（ウ）セキュリティ

　IoTの利用に際して、情報セキュリティはきわめて重要となる。IoT機器で扱う社内機密やプライバシーに関わる情報の流出のリスクがあるほか、外部からの攻撃の影響が医療機器や工作機械といった機器の制御にまで及んだ場合、人命に関わる事故を引き起こす可能性もあるためである。実際に、機器乗っ取り型ウイルスによってIoT機器を狙う攻撃は継続しており[41]、対策が必要である。たとえば、処理能力が低いために、対策レベルを高くできなかったIoTセンサーなどのデバイスが攻撃を受け、そのデバイスから他の機器やシステム全体に影響が広がるといったケースが考えられる。このようなケースに対しては、異常な状態を検知し、当該機器やシステムをネットワークから切り離すなどの対策を事前に講じる必要がある。IoT機能を搭載した製品を顧客が利用する場合、セキュリティに関するアップデートを周知する、遠隔でアップデートを行うようにするなど、場合に応じた脅威分析を行い、各種ガイドラインなどを参照し適切に対策を行う必要がある。

　デジタルツインにおいては、IoTと同様、外部からの攻撃により物理世界の機器などのコントロールを失うリスクがあるだけでなく、攻撃により改ざんされたデータが仮想空間上のデジタルツインに反映されることで分析やシミュレーションの結果が歪められ、誤ったビジネス上の判断を下してしまうリスクが存在する。また、多様なデータが集約されることから、情報流出リスクにはいっそう注意が必要となる。

（4）まとめ

　IoTの構成要素や、関連するデータ利活用技術の進歩により、IoTが生みだす価値は高まっている。AIの進歩により、データからこれまで以上の知見を得られるようになったことに加え、画像や音声などこれまで自動処理が容易ではなかったデータも積極的に収集されるようになった。現在のトレンドと

＊41　独立行政法人情報処理推進機構「情報セキュリティ白書2022」（2022年7月15日）、P.173
　　　<https://www.ipa.go.jp/files/000100472.pdf>

して、データ利活用においてヒトに関連するデータの重要性が増していることを見逃してはならない。設備などのモノについてのデータに加え、従業員・顧客などについてのデータもIoTシステムによって収集されるようになっている。収集されたデータは分析・予測に用いられ、その結果が物理世界へフィードバックされて製品やサービスの改善などに役立てられている。データ利活用がさらに重要となる今後の社会において、IoTはその基盤としてイノベーションを支えていくと期待される。

2022年度調査におけるデジタルツインの構築・活用状況についてのアンケート結果では、「デジタルツインを構築・活用していない」との回答が米国企業では15.3%だったのに対し、日本企業では58.0%と活用状況に大きな差がみられる（図表5-84）。しかし、今後5年で世界でのデジタルツインの市場規模が現在の10倍以上に成長するとの予測もされており[42]、デジタルツインの重要性は増していくと考えられる。デジタルツインの活用の幅は広く、さまざまな業界での活用検討が求められるだろう。

4 データ利活用の状況と課題

本節は、企業のデータ利活用技術（AI、IoTを含む）に関する現状や課題の日米比較を行うことで、日本企業のデータ利活用促進のポイントを探る。

（1）データ利活用技術

図表5-58は、データ利活用の状況を尋ねたものである。「全社で利活用している」「事業部門・部署ごとに利活用している」の合計をみると米国より日本のほうが高く、データ利活用は進んでいる。ただし日本は「全社で利活用している」割合は米国と比べて低く、また取組む予定がない企業の割合（「関心はあるがまだ特に予定はない」「今後も取組む予定はない」の合計）も約20%を示し、データ利活用への取組が二極化する傾向がみられる。こうした企業にはDXに不可欠であるデータ利活用に対するマインドチェンジが求められる。

＊42　https://www.marketsandmarkets.com/Market-Reports/digital-twin-market-225269522.html

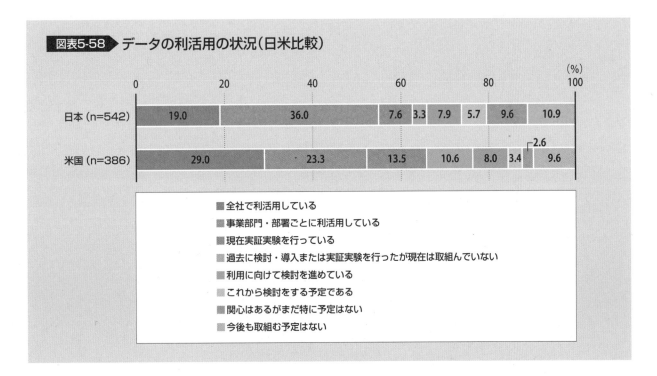

図表5-58 データの利活用の状況（日米比較）

（%）

日本 (n=542)
| 19.0 | 36.0 | 7.6 | 3.3 | 7.9 | 5.7 | 9.6 | 10.9 |

米国 (n=386)
| 29.0 | 23.3 | 13.5 | 10.6 | 8.0 | 3.4 | 2.6 | 9.6 |

- ■ 全社で利活用している
- ■ 事業部門・部署ごとに利活用している
- ■ 現在実証実験を行っている
- ■ 過去に検討・導入または実証実験を行ったが現在は取組んでいない
- ■ 利用に向けて検討を進めている
- ■ これから検討をする予定である
- ■ 関心はあるがまだ特に予定はない
- ■ 今後も取組む予定はない

　図表5-59は、日本企業のデータ利活用の状況を従業員規模別でみたものである。規模が大きい企業ほどデータの利活用をしている割合が高い傾向だが、最も進んでいるのは301人以上1,000人以下の企業となっている。また、規模が小さい企業では「今後も取組む予定はない」が30.2%と突出している。

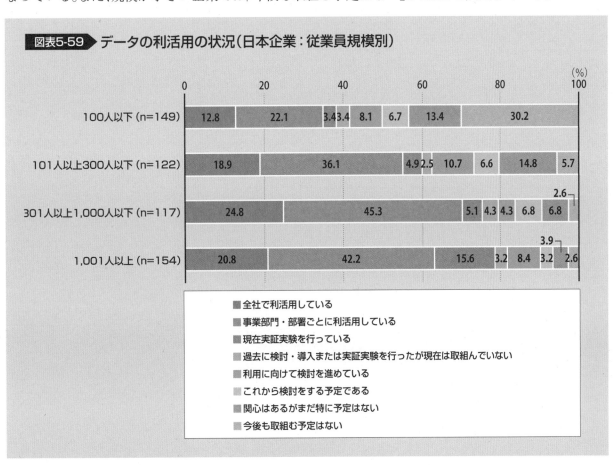

図表5-59 データの利活用の状況（日本企業：従業員規模別）

（%）

100人以下 (n=149)
| 12.8 | 22.1 | 3.4 | 3.4 | 8.1 | 6.7 | 13.4 | 30.2 |

101人以上300人以下 (n=122)
| 18.9 | 36.1 | 4.9 | 2.5 | 10.7 | 6.6 | 14.8 | 5.7 |

301人以上1,000人以下 (n=117)
| 24.8 | 45.3 | 5.1 | 4.3 | 4.3 | 6.8 | 6.8 | 2.6 |

1,001人以上 (n=154)
| 20.8 | 42.2 | 15.6 | 3.2 | 8.4 | 3.2 | 3.9 | 2.6 |

- ■ 全社で利活用している
- ■ 事業部門・部署ごとに利活用している
- ■ 現在実証実験を行っている
- ■ 過去に検討・導入または実証実験を行ったが現在は取組んでいない
- ■ 利用に向けて検討を進めている
- ■ これから検討をする予定である
- ■ 関心はあるがまだ特に予定はない
- ■ 今後も取組む予定はない

図表5-60は、データ利活用に取組む目的を尋ねたものである。日米の差が大きい項目のうち、日本が高い上位3項目は「経営管理レベルの向上」「バックオフィス業務の効率化」「生産性向上」である。米国が高い上位3項目は「集客効果の向上」「新製品・サービスの創出」「既存製品・サービスの高度化、付加価値向上」である。全体的に、顧客価値の向上に関する目的を回答する割合が米国で高く、業務効率化は日本で高い、という傾向が見られる。また、後述の「AIの導入目的」(図表5-72)においても、米国では「新サービスの創出」「新製品の創出」「既存サービスの高度化、付加価値向上」「既存製品の高度化、付加価値向上」「集客効果の向上」の回答が高く、顧客価値の向上を重視している傾向がみられる。

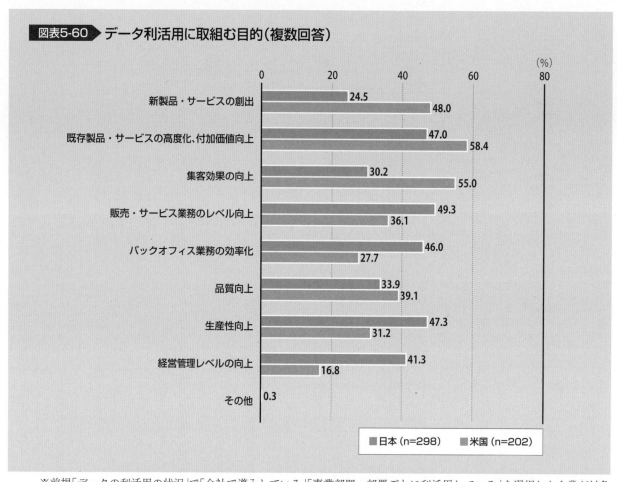

図表5-60　データ利活用に取組む目的(複数回答)

項目	日本 (n=298)	米国 (n=202)
新製品・サービスの創出	24.5	48.0
既存製品・サービスの高度化、付加価値向上	47.0	58.4
集客効果の向上	30.2	55.0
販売・サービス業務のレベル向上	49.3	36.1
バックオフィス業務の効率化	46.0	27.7
品質向上	33.9	39.1
生産性向上	47.3	31.2
経営管理レベルの向上	41.3	16.8
その他	0.3	

※前掲「データの利活用の状況」で「全社で導入している」「事業部門・部署ごとに利活用している」を選択した企業が対象

　図表5-61は、データ利活用に関する技術の活用状況を尋ねたものである。「ITシステムの開発手法・技術の活用状況」（図表5-22）と同様、すべての技術において日米差は大きい。「全社的に活用している」「事業部で活用している」の合計でみると、日本の上位3項目は「データ整備ツール」（42.3%）、「マスターデータ管理」（38.3%）、「IoT」（31.9%）、米国企業の上位3項目は「データ整備ツール」（86.1%）、「データ統合ツール」（74.8%）、「データハブ」（70.8%）である。日本は前述の「データの利活用の状況」（図表5-58）においても「全社で利活用している」割合が米国と比べて低いことから、日本企業はまだデータ利活用の基礎段階であり、米国企業は複数のデータを統合して利活用する段階に至っていると考えられる。

図表5-61　データ利活用に関する技術の活用状況

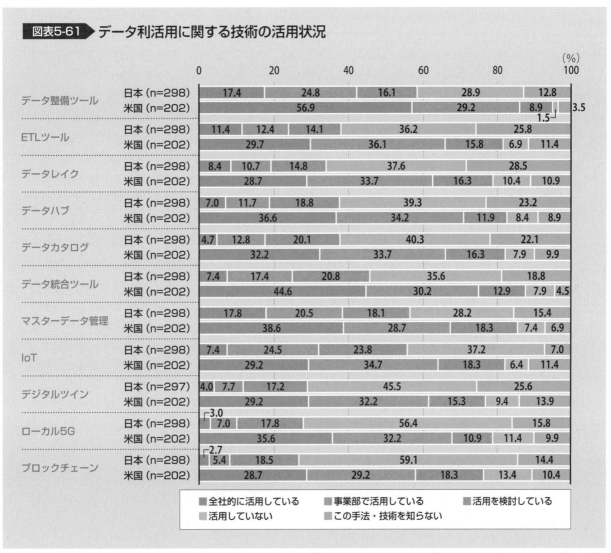

※「データの利活用の状況」（図表5-58）で「全社で導入している」「事業部門・部署ごとに利活用している」を選択した企業が対象

図表5-62は日本におけるデータ利活用に関する技術の活用状況の経年比較である。「この手法・技術を知らない」の割合が2021年度調査よりも総じて減少していることがわかる。

図表5-62　データ利活用に関する技術の活用状況（日本企業の経年比較）

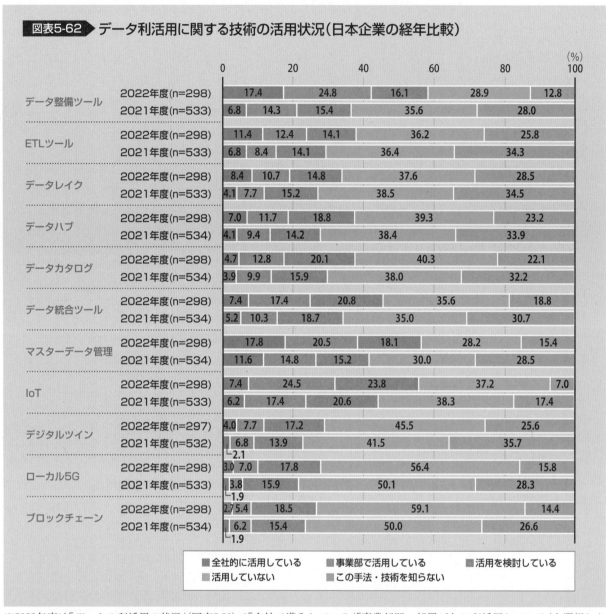

※2022年度は「データの利活用の状況」（図表5-58）で「全社で導入している」「事業部門・部署ごとに利活用している」を選択した企業が対象。2021年度は全回答者が対象。

　図表5-63は、データガバナンス、データアーキテクチャーなどのデータ利活用に関連した項目について、体系化・ルール化し取組を行っているかを尋ねたものである。なお、アンケート項目は、データ利活用に関する国際的な標準であるDMBOK 2.0（Data Management Body of Knowledge）の11の知識領域（取組み領域）に基づく定義から引用している（図表5-64）。

　「ルールの定着・改善を横断・継続的に実施」「ルールが定着し、改善を図っている」の合計をみると、米国の割合が約7割から8割に対して日本は「データセキュリティ」（58.4%）以外は約2割から3割と全般的に取組が進んでいない。また、いずれの項目においても、日本では「実施していない」という回答が高く、「データアーキテクチャ」「データモデリングとデザイン」「メタデータ管理」「データ品質管理」の4項目で「実施していない」割合が50%以上となっている。これはデータの全体的・体系的な取組が進んでいないとも捉えられることから、早急に改善すべき課題と考えられる。

図表5-63　データ利活用を進めるためのルール化の状況

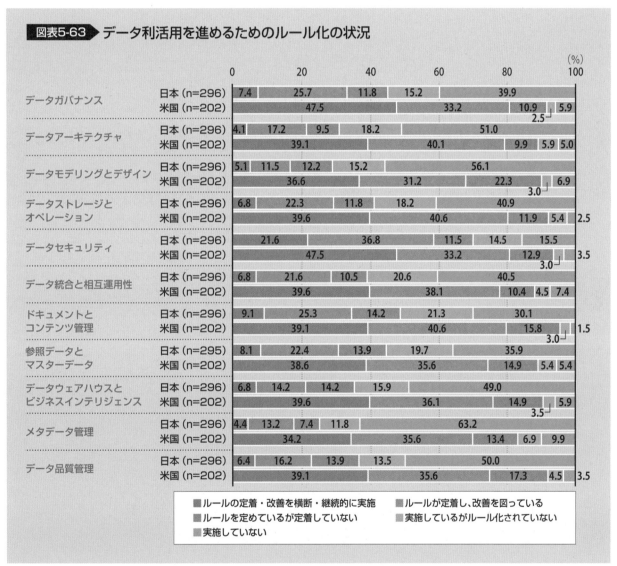

※「データの利活用の状況」（図表5-58）で「全社で導入している」「事業部門・部署ごとに利活用している」を選択した企業が対象

	取組み領域	定義
1	データガバナンス	データ管理のための戦略や組織体制を整備し、ルールに基づくPDCAサイクルの運営状況を監督すること
2	データアーキテクチャ	データ利活用のための要件を明確にし、当該要件を満たすデータの全体的な配置図を設計し維持すること
3	データモデリングとデザイン	データの中身およびデータ間の関係性を整理するための管理手続きを定め実行すること
4	データストレージとオペレーション	データを適時適切に正しい状態で利用するためにデータベース技術を理解した上で、データオペレーションに関する管理手続きを定め実行すること
5	データセキュリティ	データの重要性に応じて適切な認証と権限付与を行い、アクセスをコントロールすること
6	データ統合と相互運用性	アプリケーションや組織内および組織間におけるデータの移動と統合を実現するために、計画・分析、設計、実装を行うこと
7	ドキュメントとコンテンツ管理	ドキュメントおよびコンテンツ（構造化されていないデータ）について、生成・取得・利用・保管・廃棄のライフサイクルにわたり管理手続きを定め実行すること
8	参照データとマスターデータ	データ品質を管理しデータの統合や横断的な利用を促進するために必要となるマスターデータおよび参照データに関する管理手続きを定め実行すること
9	データウェアハウスとビジネスインテリジェンス	さまざまなデータを使いやすい形で収集し、示唆を提供するために計画・分析、設計、実装を行うこと
10	メタデータ管理	メタデータ（データの種類や属性を表現するためのデータ）を定義し利用できるようにするための管理手続きを定め実行すること
11	データ品質管理	組織内で利用されるデータの品質を測定・評価・改善するための手続きを定め実行すること

図表5-64　DMBOK 2.0の11の知識領域

※DMBOK 2.0を基にIPA作成

　図表5-65は、データ利活用による売上増加の効果を尋ねたものである。米国ではすべての領域で6割から7割半ばの割合で効果がある（「5%以上の売上増加」「5%未満の売上増加」の合計）としているのに対して日本で効果があるとしている割合は1割半ばから3割弱であり総じて低い。また、「成果を測定していない」としている割合が日本では総じて5割前後となっており、成果の測定から始めることが必要と考えられる。データ利活用に関する技術の活用状況において日本企業は「データ整備ツール」「マスターデータ管理」のようなデータ利活用の基礎段階であるのに対して、米国企業は「データハブ」「データ統合ツール」のような複数のデータを統合して利活用する段階に至っており、その差が効果創出の差につながっていると考えられる。

　またデータ整備・管理・流通において、日本企業は人材、システム、文化と、さまざまな課題が存在しており、データ利活用による効果創出に至っていないと考えられる。

図表5-65 データ利活用による「売上増加」効果

(%)

業務	国 (n)	5%以上の売上増加	5%未満の売上増加	売上増加の成果はない	成果を測定していない	データ利活用を適用していない
接客サービス	日本 (n=188)	8.0	16.5	10.1	47.9	17.6
	米国 (n=198)	52.5	22.7	16.7	4.5	3.5
営業・マーケティング	日本 (n=275)	10.5	16.7	13.5	46.9	12.4
	米国 (n=196)	37.2	38.8	18.9	2.0	3.1
コールセンター・問い合わせ対応	日本 (n=210)	4.8	10.5	20.5	47.6	16.7
	米国 (n=185)	27.6	34.6	27.6	8.1	2.2
社内業務・一般事務	日本 (n=285)	1.8	7.4	28.8	51.6	10.5
	米国 (n=197)	32.5	32.0	20.8	12.2	2.5
製品・サービスの開発	日本 (n=234)	8.1	14.5	15.8	47.0	14.5
	米国 (n=192)	39.1	30.7	17.7	7.8	4.7
製造工程、製造設備	日本 (n=201)	8.5	14.4	18.4	47.3	11.4
	米国 (n=179)	34.1	28.5	24.0	10.1	3.4
ロジスティクス・調達・物流	日本 (n=227)	6.6	10.1	19.8	50.7	12.8
	米国 (n=187)	29.9	35.3	23.5	9.1	2.1
保全・メンテナンス	日本 (n=235)	4.3	7.7	21.3	52.8	14.0
	米国 (n=192)	30.2	28.6	25.0	11.5	4.7
検査・検品	日本 (n=225)	4.4	8.9	20.4	51.6	14.7
	米国 (n=180)	31.1	35.6	23.9	5.6	3.9
情報セキュリティ	日本 (n=275)	3.6	8.0	28.4	48.4	11.6
	米国 (n=190)	30.5	32.6	25.3	7.4	4.2
警備・防犯	日本 (n=189)	1.6	7.4	21.2	49.2	20.6
	米国 (n=191)	31.4	31.4	27.7	6.8	2.6
人事・採用	日本 (n=279)	2.2	8.2	22.9	51.3	15.4
	米国 (n=193)	29.5	32.6	24.4	10.4	3.1
データ分析の高度化	日本 (n=256)	3.9	11.3	16.8	52.3	15.6
	米国 (n=192)	30.7	34.9	22.4	9.4	2.6
サプライチェーン	日本 (n=226)	4.4	11.1	14.6	51.3	18.6
	米国 (n=185)	28.1	33.5	26.5	8.6	3.2

凡例:
- ■ 5%以上の売上増加
- ■ 5%未満の売上増加
- ■ 売上増加の成果はない
- ■ 成果を測定していない
- ■ データ利活用を適用していない

※「データの利活用の状況」（図表5-58）で「全社で導入している」「事業部門・部署ごとに利活用している」を選択した企業が対象
※選択肢「この業務は弊社にない」を除外して集計

図表5-66はデータ利活用による「コスト削減」の効果を尋ねたものである。米国では最小でも52.6%（保全・メンテナンス）、最大では66.7%（接客サービス）の企業でコスト削減効果（「10%以上のコスト削減」「10%未満のコスト削減」の合計）があるとしている。これに対して日本では、3割を超えたのは「製造工程、製造設備」（34.0%）と「ロジスティクス・調達・物流」（30.4%）のみであり、コスト削減効果は米国と比較して総じて低い。また、「成果を測定していない」に関しては、米国では2.0%から9.3%であるのに対して、日本では42.0%から52.5%となっており、売上増加効果と同様に成果の測定から始める必要がある。

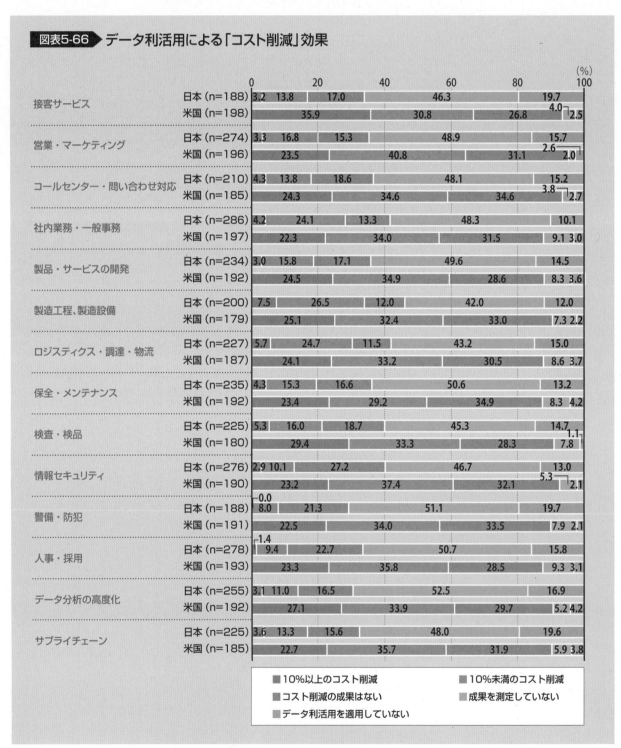

図表5-66　データ利活用による「コスト削減」効果

凡例：
- ■ 10%以上のコスト削減
- ■ 10%未満のコスト削減
- ■ コスト削減の成果はない
- ■ 成果を測定していない
- ■ データ利活用を適用していない

※「データの利活用の状況」（図表5-58）で「全社で導入している」「事業部門・部署ごとに利活用している」を選択した企業が対象
※選択肢「この業務は弊社にない」を除外して集計

　図表5-67は、データ整備・管理・流通の課題を尋ねたものである。ほとんどの項目に対して日本のほうが課題としている割合が高い。米国のほうが課題の回答率が高いもののうち、日本との差が大きいものは「経営層のデータ利活用への理解がない」「経営層のデータ利活用への積極的な関与がない」であり、いずれも経営層の課題である。日本のほうが課題の回答率が高いもののうち、米国との差が大きいものは「人材の確保が難しい」「データ管理システムが整備されていない」「全社的なデータ利活用の方針や文化がない」が挙げられ、人材、システム、文化と、さまざまな課題が存在している状況がうかがえる。

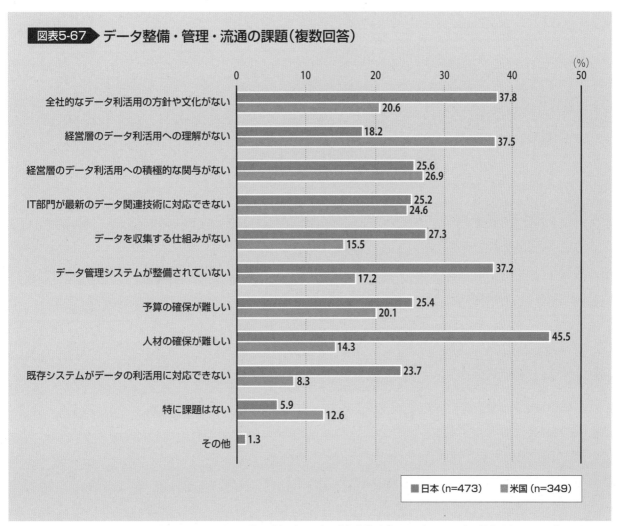

図表5-67　データ整備・管理・流通の課題（複数回答）

項目	日本 (n=473)	米国 (n=349)
全社的なデータ利活用の方針や文化がない	37.8	20.6
経営層のデータ利活用への理解がない	18.2	37.5
経営層のデータ利活用への積極的な関与がない	25.6	26.9
IT部門が最新のデータ関連技術に対応できない	25.2	24.6
データを収集する仕組みがない	27.3	15.5
データ管理システムが整備されていない	37.2	17.2
予算の確保が難しい	25.4	20.1
人材の確保が難しい	45.5	14.3
既存システムがデータの利活用に対応できない	23.7	8.3
特に課題はない	5.9	12.6
その他	1.3	

※「データの利活用の状況」（図表5-58）で「今後も取組む予定はない」以外を選択した企業に尋ねた。

図表5-68は、データ利活用に関連する人材の充足度を尋ねたものである。日本では、すべての項目で「不足している」が5割を超えており、データ利活用に関連する人材の不足は深刻である。

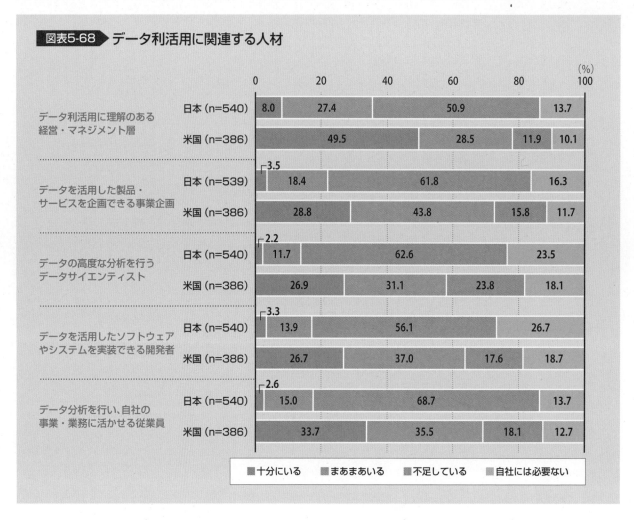

図表5-68 ▶ データ利活用に関連する人材

		十分にいる	まあまあいる	不足している	自社には必要ない
データ利活用に理解のある経営・マネジメント層	日本 (n=540)	8.0	27.4	50.9	13.7
	米国 (n=386)	49.5	28.5	11.9	10.1
データを活用した製品・サービスを企画できる事業企画	日本 (n=539)	3.5	18.4	61.8	16.3
	米国 (n=386)	28.8	43.8	15.8	11.7
データの高度な分析を行うデータサイエンティスト	日本 (n=540)	2.2	11.7	62.6	23.5
	米国 (n=386)	26.9	31.1	23.8	18.1
データを活用したソフトウェアやシステムを実装できる開発者	日本 (n=540)	3.3	13.9	56.1	26.7
	米国 (n=386)	26.7	37.0	17.6	18.7
データ分析を行い、自社の事業・業務に活かせる従業員	日本 (n=540)	2.6	15.0	68.7	13.7
	米国 (n=386)	33.7	35.5	18.1	12.7

(2) AI技術

　図表5-69はAIの利活用の状況を尋ねたものである。日本企業はAI導入率（「全社で導入している」「一部の部署で導入している」の合計）が22.2%であり、同40.4%である米国企業とは、2021年度調査同様、差が大きい。後述のAIの導入課題（図表5-75）において、日本は「自社内でAIへの理解が不足している」「AI人材が不足している」などが、導入が進まない要因として考えられる。

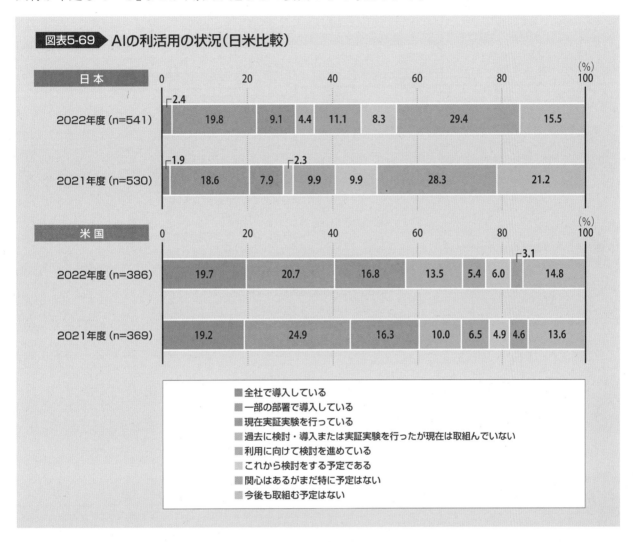

図表5-69 ▶ AIの利活用の状況（日米比較）

日本

2022年度（n=541）: 2.4 / 19.8 / 9.1 / 4.4 / 11.1 / 8.3 / 29.4 / 15.5

2021年度（n=530）: 1.9 / 18.6 / 7.9 / 2.3 / 9.9 / 9.9 / 28.3 / 21.2

米国

2022年度（n=386）: 19.7 / 20.7 / 16.8 / 13.5 / 5.4 / 6.0 / 3.1 / 14.8

2021年度（n=369）: 19.2 / 24.9 / 16.3 / 10.0 / 6.5 / 4.9 / 4.6 / 13.6

- ■ 全社で導入している
- ■ 一部の部署で導入している
- ■ 現在実証実験を行っている
- ■ 過去に検討・導入または実証実験を行ったが現在は取組んでいない
- ■ 利用に向けて検討を進めている
- ■ これから検討をする予定である
- ■ 関心はあるがまだ特に予定はない
- ■ 今後も取組む予定はない

図表5-70は、日本企業のAIの利活用の状況を従業員規模別にみたものである。従業員規模が大きい企業ほどAI導入率が高い傾向が明確にあらわれている。

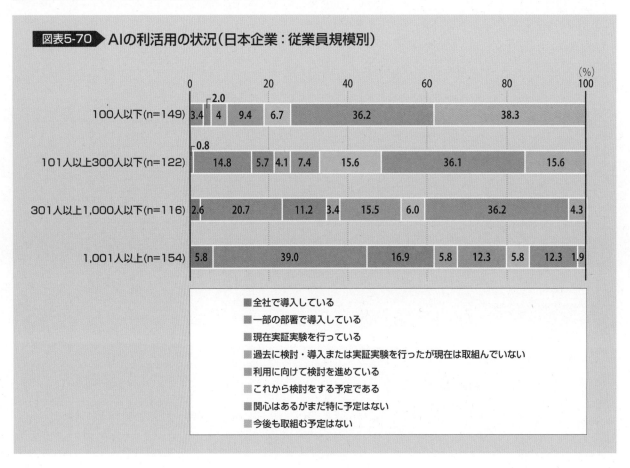

図表5-70 ▶ AIの利活用の状況（日本企業：従業員規模別）

凡例：
- 全社で導入している
- 一部の部署で導入している
- 現在実証実験を行っている
- 過去に検討・導入または実証実験を行ったが現在は取組んでいない
- 利用に向けて検討を進めている
- これから検討をする予定である
- 関心はあるがまだ特に予定はない
- 今後も取組む予定はない

従業員規模	全社で導入	一部の部署で導入	現在実証実験	過去に検討等	利用に向けて検討	これから検討	関心はあるが予定なし	今後も取組む予定なし
100人以下(n=149)	3.4	2.0	4	9.4	6.7	36.2	38.3	
101人以上300人以下(n=122)	0.8	14.8	5.7	4.1	7.4	15.6	36.1	15.6
301人以上1,000人以下(n=116)	2.6	20.7	11.2	3.4	15.5	6.0	36.2	4.3
1,001人以上(n=154)	5.8	39.0	16.9	5.8	12.3	5.8	12.3	1.9

図表5-71は日本企業におけるAIの利活用の状況の経年変化である。2019年度調査から2021年度調査にかけて急増したAI利活用の伸びは鈍化している。

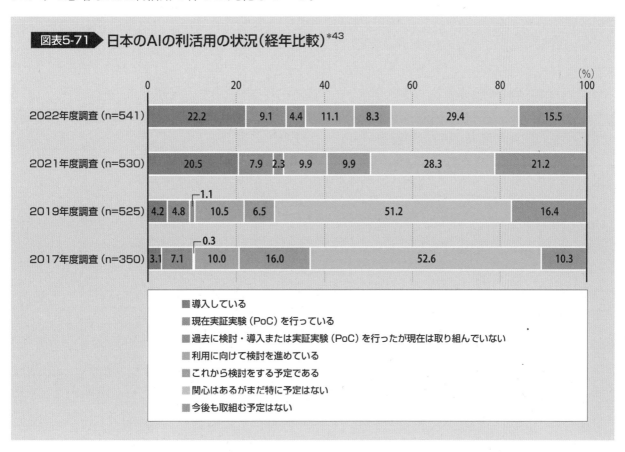

図表5-71 日本のAIの利活用の状況（経年比較）*43

	導入している	現在実証実験(PoC)を行っている	過去に検討・導入または実証実験(PoC)を行ったが現在は取り組んでいない	利用に向けて検討を進めている	これから検討をする予定である	関心はあるがまだ特に予定はない	今後も取組む予定はない
2022年度調査 (n=541)	22.2	9.1	4.4	11.1	8.3	29.4	15.5
2021年度調査 (n=530)	20.5	7.9	2.3	9.9	9.9	28.3	21.2
2019年度調査 (n=525)	4.2	4.8	1.1	10.5	6.5	51.2	16.4
2017年度調査 (n=350)	3.1	7.1	0.3	10.0	16.0	52.6	10.3

凡例:
- ■ 導入している
- ■ 現在実証実験（PoC）を行っている
- ■ 過去に検討・導入または実証実験（PoC）を行ったが現在は取り組んでいない
- ■ 利用に向けて検討を進めている
- ■ これから検討をする予定である
- ■ 関心はあるがまだ特に予定はない
- ■ 今後も取組む予定はない

---

* 43　2019年度調査は「AI白書2020」、2017年度調査は「AI白書2019」を参照
　　　<https://www.ipa.go.jp/ikc/publish/ai_hakusyo.html>

図表5-72は、AIを導入している企業に導入目的を尋ねたものである。日米の差が大きい項目のうち米国のほうが高い項目の上位3位は「集客効果の向上」「新製品の創出」「新サービスの創出」であり、顧客価値の向上に関する項目が高い。日本のほうが高い項目の上位3位は「生産性向上」「ヒューマンエラーの低減、撲滅」「品質向上」であり、業務改善に関する項目が米国より高い。今後はAIの取組を業務改善などデジタライゼーションから顧客価値の向上などデジタルトランスフォーメーションに段階的に発展させていくことが必要となる。

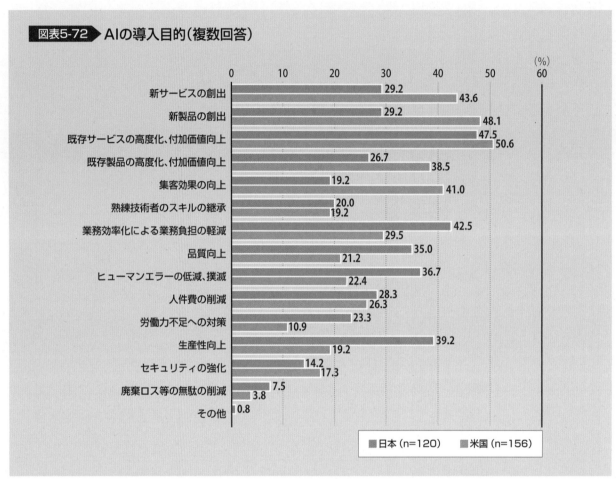

図表5-72 ▶ AIの導入目的（複数回答）

項目	日本	米国
新サービスの創出	29.2	43.6
新製品の創出	29.2	48.1
既存サービスの高度化、付加価値向上	47.5	50.6
既存製品の高度化、付加価値向上	26.7	38.5
集客効果の向上	19.2	41.0
熟練技術者のスキルの継承	20.0	19.2
業務効率化による業務負担の軽減	42.5	29.5
品質向上	35.0	21.2
ヒューマンエラーの低減、撲滅	36.7	22.4
人件費の削減	28.3	26.3
労働力不足への対策	23.3	10.9
生産性向上	39.2	19.2
セキュリティの強化	14.2	17.3
廃棄ロス等の無駄の削減	7.5	3.8
その他	0.8	

■日本 (n=120)　■米国 (n=156)

※「AIの利活用の状況」（図表5-70）において、「全社で導入している」「一部の部署で導入している」企業に尋ねた。

　図表5-73は、AIを導入している企業に「売上増加」効果について尋ねたものである。米国では、最小でも60.9%（警備・防犯）、最大では76.3%（接客サービス）の企業で売上増加効果（「5%以上の売上増加」「5%未満の売上増加」の合計）があるとしている。これに対して日本では、最小で15.0%（警備・防犯）、最大で27.9%（接客サービス）であり、前掲の「データ利活用による「売上増加」効果」と同様に、米国と比較して総じて低い結果となっている。

　後述の「AI導入課題」において、日本企業はAIへの理解、人材、費用と、さまざまな課題が存在しており、AI活用による効果創出に至っていないと考えられる。

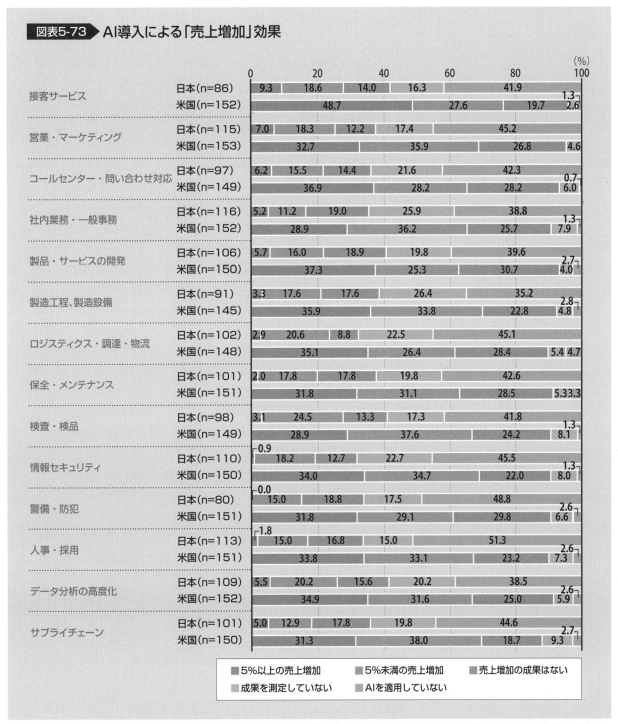

図表5-73　AI導入による「売上増加」効果

分類		5%以上の売上増加	5%未満の売上増加	売上増加の成果はない	成果を測定していない	AIを適用していない
接客サービス	日本(n=86)	9.3	18.6	14.0	16.3	41.9
	米国(n=152)	48.7	27.6	19.7	1.3	2.6
営業・マーケティング	日本(n=115)	7.0	18.3	12.2	17.4	45.2
	米国(n=153)	32.7	35.9	26.8		4.6
コールセンター・問い合わせ対応	日本(n=97)	6.2	15.5	14.4	21.6	42.3
	米国(n=149)	36.9	28.2	28.2	0.7	6.0
社内業務・一般事務	日本(n=116)	5.2	11.2	19.0	25.9	38.8
	米国(n=152)	28.9	36.2	25.7	1.3	7.9
製品・サービスの開発	日本(n=106)	5.7	16.0	18.9	19.8	39.6
	米国(n=150)	37.3	25.3	30.7	2.7	4.0
製造工程、製造設備	日本(n=91)	3.3	17.6	17.6	26.4	35.2
	米国(n=145)	35.9	33.8	22.8	2.8	4.8
ロジスティクス・調達・物流	日本(n=102)	2.9	20.6	8.8	22.5	45.1
	米国(n=148)	35.1	26.4	28.4	5.4	4.7
保全・メンテナンス	日本(n=101)	2.0	17.8	17.8	19.8	42.6
	米国(n=151)	31.8	31.1	28.5	5.3	3.3
検査・検品	日本(n=98)	3.1	24.5	13.3	17.3	41.8
	米国(n=149)	28.9	37.6	24.2	1.3	8.1
情報セキュリティ	日本(n=110)	0.9	18.2	12.7	22.7	45.5
	米国(n=150)	34.0	34.7	22.0	1.3	8.0
警備・防犯	日本(n=80)	0.0	15.0	18.8	17.5	48.8
	米国(n=151)	31.8	29.1	29.8	2.6	6.6
人事・採用	日本(n=113)	1.8	15.0	16.8	15.0	51.3
	米国(n=151)	33.8	33.1	23.2	2.6	7.3
データ分析の高度化	日本(n=109)	5.5	20.2	15.6	20.2	38.5
	米国(n=152)	34.9	31.6	25.0	2.6	5.9
サプライチェーン	日本(n=101)	5.0	12.9	17.8	19.8	44.6
	米国(n=150)	31.3	38.0	18.7	2.7	9.3

凡例：■5%以上の売上増加　■5%未満の売上増加　■売上増加の成果はない　■成果を測定していない　■AIを適用していない

※「AIの利活用の状況」（図表5-70）において、「全社で導入している」「一部の部署で導入している」企業に尋ねた。

図表5-74は、AIを導入している企業に「コスト削減」効果の有無を尋ねたものである。米国では、最小でも58.3%（保全・メンテナンス）、最大では69.6%（営業・マーケティング）の企業でコスト削減効果（「10%以上のコスト削減」「10%未満のコスト削減」の合計）があるとしている。これに対して日本では、最小で15.0%（警備・防犯）、最大で34.1%（製造工程、製造設備）である。「10%以上のコスト削減」は米国と比較して総じて低く、前掲の「AIの導入目的」では業務改善に関する項目が多いにも関わらず、大幅なコスト削減にはつながっていない状況がうかがえる。

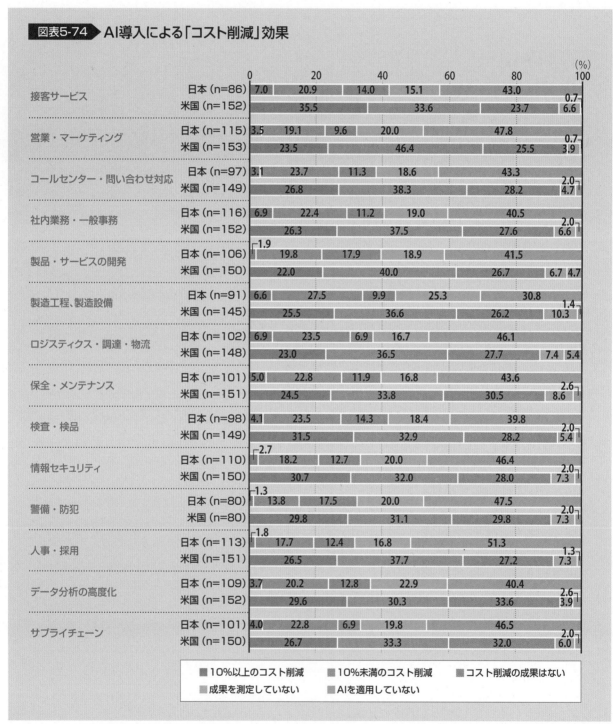

図表5-74 ▶ AI導入による「コスト削減」効果

※「AIの利活用の状況」（図表5-70）において、「全社で導入している」「一部の部署で導入している」企業に尋ねた。

　図表5-75は、AI導入課題について尋ねたものである。米国のほうが回答率が高いもののうち、日本との差が大きいものは「顧客・取引先でAIへの理解が不足している」「経営者の理解が得られない」「AI技術を信頼できない」が挙げられ、経営者や顧客の理解に関するものである。日本のほうが回答率が高いもののうち、米国との差が大きいものは「AI人材が不足している」「AIの導入事例が不足している」「導入効果が得られるか不安である」であり、AI人材や導入の意思決定に関する項目が上位となっている。

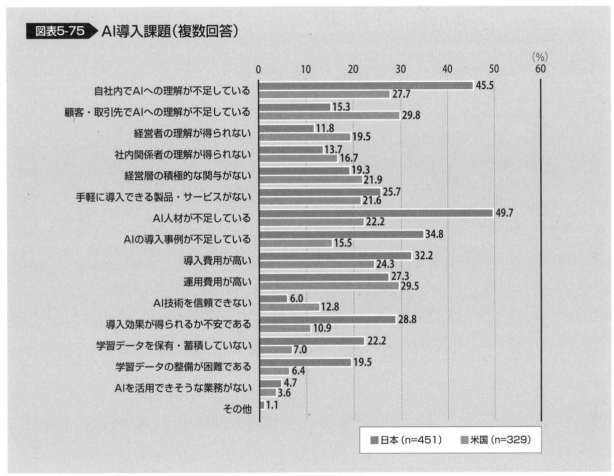

図表5-75　AI導入課題（複数回答）

	日本 (n=451)	米国 (n=329)
自社内でAIへの理解が不足している	45.5	27.7
顧客・取引先でAIへの理解が不足している	15.3	29.8
経営者の理解が得られない	11.8	19.5
社内関係者の理解が得られない	13.7	16.7
経営層の積極的な関与がない	19.3	21.9
手軽に導入できる製品・サービスがない	25.7	21.6
AI人材が不足している	49.7	22.2
AIの導入事例が不足している	34.8	15.5
導入費用が高い	32.2	24.3
運用費用が高い	27.3	29.5
AI技術を信頼できない	6.0	12.8
導入効果が得られるか不安である	28.8	10.9
学習データを保有・蓄積していない	22.2	7.0
学習データの整備が困難である	19.5	6.4
AIを活用できそうな業務がない	4.7	3.6
その他	1.1	

※「AIの利活用の状況」（図表5-70）において「今後も取組む予定はない」と回答した企業を除く全企業に尋ねた。

　図表5-76は、AI導入課題について、2017年度調査から2022年度調査の結果を比較したものである。2022年度調査および2021年度調査では「AI人材が不足している」を課題とする企業が最も多いが、2022年度調査結果は2021年度調査結果よりも6ポイント強減少している。2017年度調査結果の上位3項目であった「自社内でAIへの理解が不足している」「導入効果が得られるか不安である」「手軽に導入できる製品・サービスがない」を課題とする企業はおおむね減少傾向にある。しかし、「自社内でAIへの理解が不足している」を課題とする企業については2021年度調査から5ポイント強、増加している。

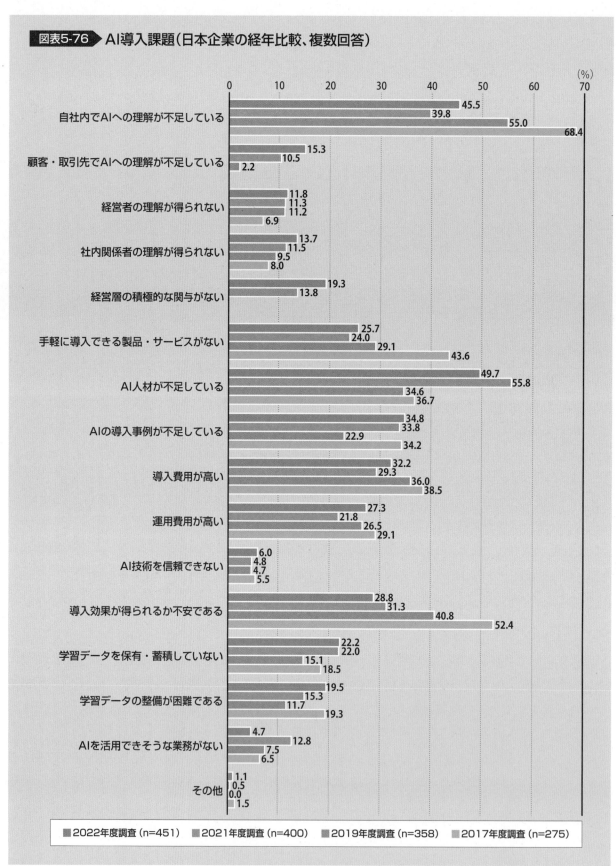

図表5-76 AI導入課題（日本企業の経年比較、複数回答）

（%）

自社内でAIへの理解が不足している
- 45.5
- 39.8
- 55.0
- 68.4

顧客・取引先でAIへの理解が不足している
- 15.3
- 10.5
- 2.2

経営者の理解が得られない
- 11.8
- 11.3
- 11.2
- 6.9

社内関係者の理解が得られない
- 13.7
- 11.5
- 9.5
- 8.0

経営層の積極的な関与がない
- 19.3
- 13.8

手軽に導入できる製品・サービスがない
- 25.7
- 24.0
- 29.1
- 43.6

AI人材が不足している
- 49.7
- 55.8
- 34.6
- 36.7

AIの導入事例が不足している
- 34.8
- 33.8
- 22.9
- 34.2

導入費用が高い
- 32.2
- 29.3
- 36.0
- 38.5

運用費用が高い
- 27.3
- 21.8
- 26.5
- 29.1

AI技術を信頼できない
- 6.0
- 4.8
- 4.7
- 5.5

導入効果が得られるか不安である
- 28.8
- 31.3
- 40.8
- 52.4

学習データを保有・蓄積していない
- 22.2
- 22.0
- 15.1
- 18.5

学習データの整備が困難である
- 19.5
- 15.3
- 11.7
- 19.3

AIを活用できそうな業務がない
- 4.7
- 12.8
- 7.5
- 6.5

その他
- 1.1
- 0.5
- 0.0
- 1.5

■2022年度調査（n=451） ■2021年度調査（n=400） ■2019年度調査（n=358） ■2017年度調査（n=275）

※2022年度調査および2021年度調査は「AIの利活用の状況」（図表5-70）に「今後も取組む予定はない」企業を除く全企業、2019年度調査と2017年度調査は「AIについて検討中／関心あり」の企業が対象。

※「顧客・取引先で…」は2019年度調査から追加。「経営層の積極的な関与がない」は2021年度調査から追加。

※2019年度調査は「AI白書2020」、2017年度調査は「AI白書2019」を参照。

図表5-77は、AIの開発・導入におけるソーシング手段（現在の活用状況）を尋ねたものである。各項目において日米の差が大きくとくに「内製による自社開発」の差が大きい。

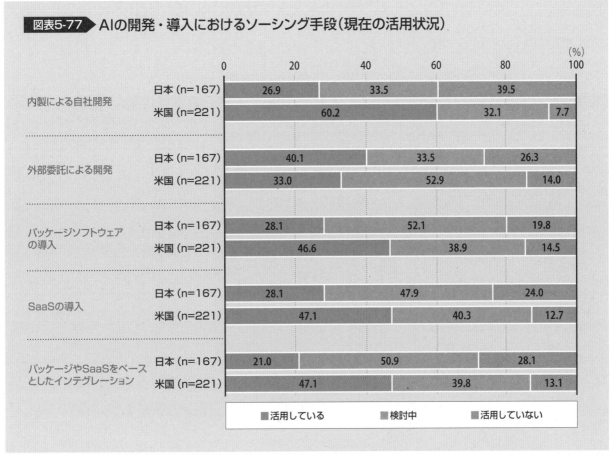

図表5-77 AIの開発・導入におけるソーシング手段（現在の活用状況）

		活用している	検討中	活用していない
内製による自社開発	日本 (n=167)	26.9	33.5	39.5
	米国 (n=221)	60.2	32.1	7.7
外部委託による開発	日本 (n=167)	40.1	33.5	26.3
	米国 (n=221)	33.0	52.9	14.0
パッケージソフトウェアの導入	日本 (n=167)	28.1	52.1	19.8
	米国 (n=221)	46.6	38.9	14.5
SaaSの導入	日本 (n=167)	28.1	47.9	24.0
	米国 (n=221)	47.1	40.3	12.7
パッケージやSaaSをベースとしたインテグレーション	日本 (n=167)	21.0	50.9	28.1
	米国 (n=221)	47.1	39.8	13.1

※「AIの利活用の状況」（図表5-70）において「全社で導入している」「一部の部署で導入している」「現在実証実験を行っている」と回答した企業が対象

図表5-78は、AIの開発・導入におけるソーシング手段（今後の予定）を尋ねたものである。図表5-77の現在の状況と比較して、日本は「より積極的に活用する」が総じて増加、「活用しない」は総じて大幅に減少しており、今後は多様なソーシング手段の活用が見込まれる。

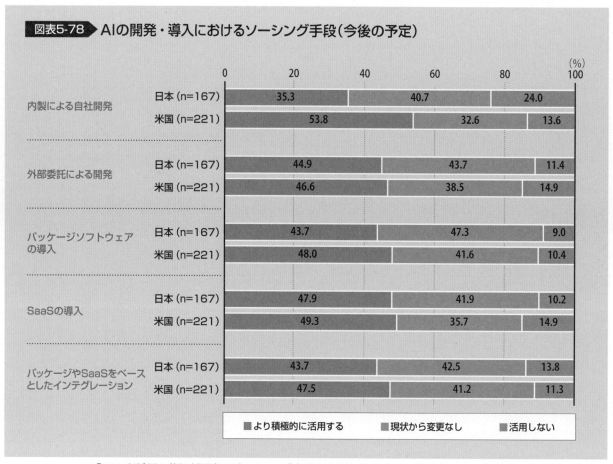

図表5-78　AIの開発・導入におけるソーシング手段（今後の予定）

		より積極的に活用する	現状から変更なし	活用しない
内製による自社開発	日本 (n=167)	35.3	40.7	24.0
	米国 (n=221)	53.8	32.6	13.6
外部委託による開発	日本 (n=167)	44.9	43.7	11.4
	米国 (n=221)	46.6	38.5	14.9
パッケージソフトウェアの導入	日本 (n=167)	43.7	47.3	9.0
	米国 (n=221)	48.0	41.6	10.4
SaaSの導入	日本 (n=167)	47.9	41.9	10.2
	米国 (n=221)	49.3	35.7	14.9
パッケージやSaaSをベースとしたインテグレーション	日本 (n=167)	43.7	42.5	13.8
	米国 (n=221)	47.5	41.2	11.3

※「AIの利活用の状況」（図表5-70）において「今後も取組む予定はない」と回答した企業を除く全企業に尋ねた。

図表5-79は、AI人材の充足度を尋ねたものである。米国では最小でも13.2%（AIに理解がある経営・マネジメント層）、最大では25.4%（AI研究者）の企業が「不足している」としている。これに対して日本では最小で45.9%（AI研究者）、65.4%（現場の知見と基礎的AI知識を持ち、自社へのAI導入を推進できる従業員）であり前掲の「AI導入課題」（図表5-75）で日本企業の最大の課題であったAI人材不足は、職種に限らない課題であることがわかる。なお、「自社には必要ない」でみると、日本では「AI研究者」が44.3%で米国より24.4ポイント、「AI開発者」が38.3%で米国より16.8ポイント高い。これは、「AI開発・導入のソーシング手段（図表5-77）」において、「内製による自社開発」が米国では60.2%に対して日本は26.9%と低いため、「自社には必要ない」の比率が高くなっていると考えられる。

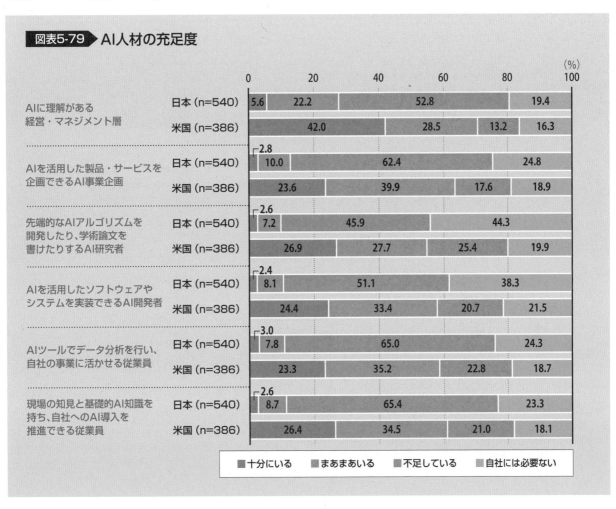

図表5-79 ▶ AI人材の充足度

（3）IoT技術・デジタルツイン

　図表5-80は、IoTの利活用の状況について尋ねたものである。IoTを全社または一部で導入している割合は、米国が48.4％であるのに対し、日本は23.3%にとどまっており、米国に比べIoTの取組が遅れている。後述のIoTの導入課題（図表5-83）において、日本企業の回答率が高い「IoTに関する自社の理解が不足している」「人材の確保が難しい」「予算の確保が難しい」などが導入が進まない要因として考えられる。

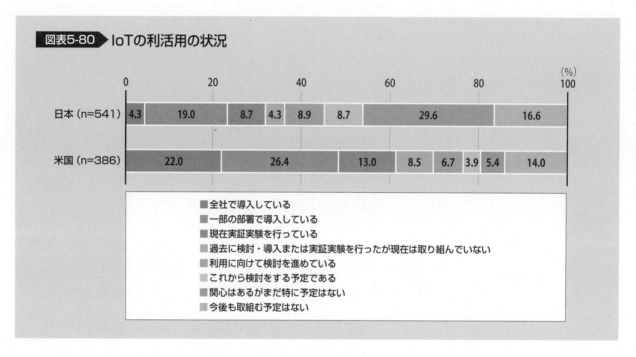

図表5-80　IoTの利活用の状況

- ■ 全社で導入している
- ■ 一部の部署で導入している
- ■ 現在実証実験を行っている
- ■ 過去に検討・導入または実証実験を行ったが現在は取り組んでいない
- ■ 利用に向けて検討を進めている
- ■ これから検討をする予定である
- ■ 関心はあるがまだ特に予定はない
- ■ 今後も取組む予定はない

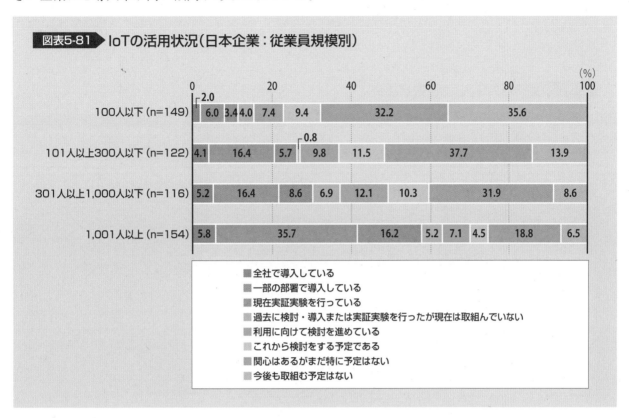

図表5-81は、日本企業のIoTの活用状況を従業員規模別にみたものである。AI同様、従業員規模が大きい企業ほど導入率が高い傾向があらわれている。

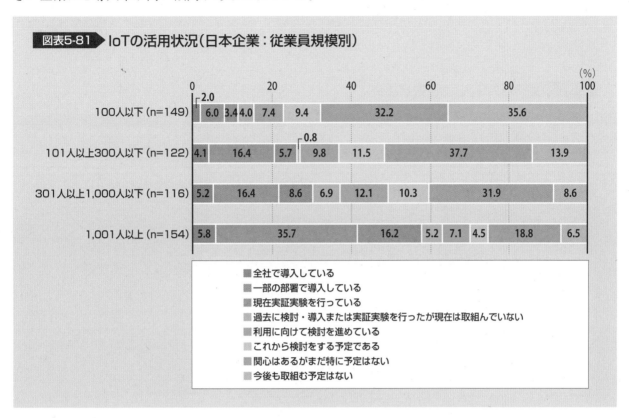

図表5-81 ▶ IoTの活用状況（日本企業：従業員規模別）

凡例:
- ■全社で導入している
- ■一部の部署で導入している
- ■現在実証実験を行っている
- ■過去に検討・導入または実証実験を行ったが現在は取組んでいない
- ■利用に向けて検討を進めている
- ■これから検討をする予定である
- ■関心はあるがまだ特に予定はない
- ■今後も取組む予定はない

100人以下 (n=149): 2.0 / 6.0 / 3.4 / 4.0 / 7.4 / 9.4 / 32.2 / 35.6
101人以上300人以下 (n=122): 4.1 / 16.4 / 5.7 / 0.8 / 9.8 / 11.5 / 37.7 / 13.9
301人以上1,000人以下 (n=116): 5.2 / 16.4 / 8.6 / 6.9 / 12.1 / 10.3 / 31.9 / 8.6
1,001人以上 (n=154): 5.8 / 35.7 / 16.2 / 5.2 / 7.1 / 4.5 / 18.8 / 6.5

図表5-82は、IoTを導入する目的について尋ねたものである。日本は「予防保守」「遠隔監視、制御」など保守・管理業務に関する項目が米国と比べてとくに高くなっている。一方、「顧客の価値向上やロイヤリティの向上」「サプライチェーンの最適化」などの割合は低く、社内外のシステム間連携を含めた「社会最適」や競争領域の強化を進めていく必要がある。

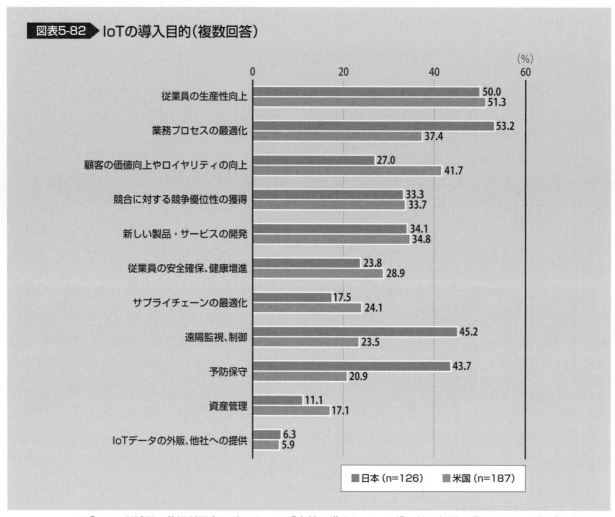

図表5-82 ▶ IoTの導入目的（複数回答）

項目	日本 (n=126)	米国 (n=187)
従業員の生産性向上	50.0	51.3
業務プロセスの最適化	53.2	37.4
顧客の価値向上やロイヤリティの向上	27.0	41.7
競合に対する競争優位性の獲得	33.3	33.7
新しい製品・サービスの開発	34.1	34.8
従業員の安全確保、健康増進	23.8	28.9
サプライチェーンの最適化	17.5	24.1
遠隔監視、制御	45.2	23.5
予防保守	43.7	20.9
資産管理	11.1	17.1
IoTデータの外販、他社への提供	6.3	5.9

※「IoTの利活用の状況」（図表5-81）において、「全社で導入している」「一部の部署で導入している」企業に尋ねた。

図表5-83は、IoTを導入する上での課題を尋ねたものである。日米の差が大きい項目で米国のほうが回答率が高いものは「複合的な技術であるため利用が難しい」「経営層が必要性を理解していない」「適用できそうな業務がない」が挙げられる。日本のほうが回答率の高いもののうち、米国との差が大きいものは「人材の確保が難しい」「IoTに関する自社の理解が不足している」「予算の確保が難しい」であり、人材、リテラシー、予算と、多くの領域で課題を抱えている状況である。

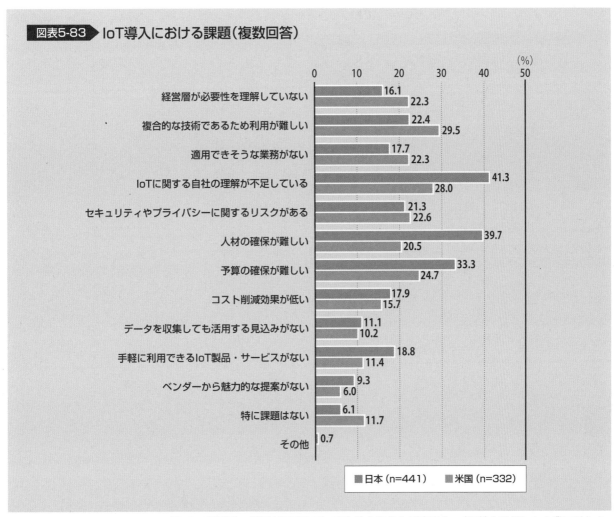

図表5-83 IoT導入における課題（複数回答）

項目	日本 (n=441)	米国 (n=332)
経営層が必要性を理解していない	16.1	22.3
複合的な技術であるため利用が難しい	22.4	29.5
適用できそうな業務がない	17.7	22.3
IoTに関する自社の理解が不足している	41.3	28.0
セキュリティやプライバシーに関するリスクがある	21.3	22.6
人材の確保が難しい	39.7	20.5
予算の確保が難しい	33.3	24.7
コスト削減効果が低い	17.9	15.7
データを収集しても活用する見込みがない	11.1	10.2
手軽に利用できるIoT製品・サービスがない	18.8	11.4
ベンダーから魅力的な提案がない	9.3	6.0
特に課題はない	6.1	11.7
その他	0.7	

※「IoTの利活用の状況」（図表5-81）で「今後も取組む予定はない」以外を選択した企業に尋ねた。

図表5-84は、デジタルツインの構築・活用に関して尋ねたものである。米国ではさまざまな領域で2割から3割の活用がされているのに対して、日本における活用は1割以下となっている。またデジタルツインを構築・活用していない企業は、日本で58.0%、米国では15.3%となっており、日米で大きな差がある。

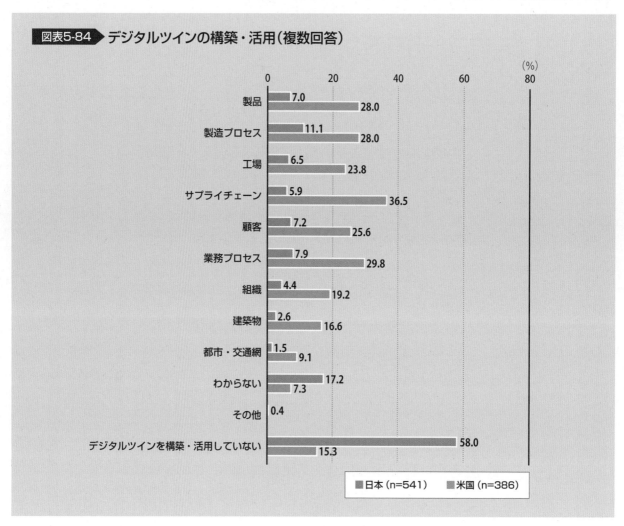

図表5-84 デジタルツインの構築・活用（複数回答）

領域	日本 (n=541)	米国 (n=386)
製品	7.0	28.0
製造プロセス	11.1	28.0
工場	6.5	23.8
サプライチェーン	5.9	36.5
顧客	7.2	25.6
業務プロセス	7.9	29.8
組織	4.4	19.2
建築物	2.6	16.6
都市・交通網	1.5	9.1
わからない	17.2	7.3
その他	0.4	
デジタルツインを構築・活用していない	58.0	15.3

（4）まとめ

　データ利活用技術については、日本企業はデータの利活用は進んでいるものの売上増加やコスト削減など成果の創出にはまだ至っておらず、成果の測定もしていない企業が5割となっている。また、日本企業によるAI・IoTの利活用は米国企業と比べて遅れており、その導入目的において日本は業務効率化、米国は顧客価値の向上という違いがみて取れる。日本企業がデータ利活用やAI導入で成果を創出できていない理由として人材、システム、文化と、さまざまな課題が存在していることがアンケート結果から考えられる。

　日本企業は導入目的を社内向けのデジタライゼーションから顧客・社外に向けた価値向上のデジタライゼーションの段階への展開と、データの利活用やAIの取組領域の拡大と取組成果を測定し取組の改善・成果創出につなげていくことが必要となる。

株式会社商船三井

1. DX戦略とデジタル技術活用

商船三井のDX戦略

　商船三井グループは自社の変革を通じて「安全」や「環境」などの社会課題の解決に寄与するためのアクションプランを定めた「MOL Sustainability Plan」(サステナビリティ計画)を2022年4月に公開している。同計画に基づき社会に「安全」や「環境」といった観点で価値を提供するために、デジタル技術を積極的に活用している。たとえば、運航効率化によりCO_2排出量を削減し環境負荷を軽減する取組や、業務の効率化・高度化をさらに加速させることで安全運航に寄与するといったデジタルを用いた取組により、サステナビリティ課題の解決に寄与する。

　これらの取組推進にデジタル技術は必要不可欠である。たとえば、海上のDX推進組織であるスマートシッピング推進部において柱となっているのが、2018年から進めているFOCUSプロジェクトである。運航船に関わる船舶の機関データ、船速や航跡など、様々なデータを収集し、安全運行と環境負荷軽減に活かしている。

デジタル技術活用のための組織

　2022年4月にDX推進組織として「DX共創ユニット」を立上げた。人員規模は約40名で、商船三井ならびに情報システム子会社である商船三井システムズの人員約半々で構成される。従来からデジタル・ICTの取組は進めていたが、現業部門と一体となりDX推進をさらに加速すべく同ユニットを設立した。同ユニットは、陸上や海上における業務効率化ならびに現業部門での業務課題の解決を図るべくプロジェクト化支援や推進を担っている。部門名の「共創」には、現業部門と「共に」DXを推進し成果を「創り」上げていくという思いが込められている。

　システム開発体制は柔軟に内外製の判断を行っている。外部の力を活用したほうが効果的、合理的な部分は外部に委託し、内製すべきシステムは社内で対応している。たとえば、従来基幹システムは上述の商船三井システムズが開発していたが、このたびSaaS型のSAP S/4HANA Cloud並びに海運会社・用船者向け運航管理システムVeson IMOS Platformの導入を検討し、2022年度4月より基幹システム「SURF」として両システムの稼働を開始した。50年来自社開発の基幹システムを使い続けてきた商船三井にとっては、「Fit to Standard*1」の考え方で業務の標準化や合理化を進めると同時にレガシーからの脱却を目指すことは大きな決断となった。海外拠点の外国人社員からは独自システムはかえって使いにくいといった意見も上がっており、現業部門のキーパーソンを早い段階から巻き込むなどの工夫を行いながら、世界標準となっているシステムの導入に至った。

2. DXソリューションおよび開発手法や技術

　FOCUSプロジェクト実現前は、海上と陸上での当時の通信技術や本船上の設備の関係で情報共有が課題であった。船舶から必要なデータをメールで送り、陸の管理側でシステムに読み込ませていたため、タイムラグが生じ、船舶管理や安全運航の強化におけるリアルタイムでの対応が困難であった。FOCUSプロジェクトでは、1隻あたり1万点に及ぶセンサーから収集したビッグデータを陸に送り、情報共有を行う仕組みを構築している。当時、業界では1時間間隔でのデータ送信が主流であったが、細かく状況や傾向を把握可能にするため、わずか1分間隔としてリアルタイム性を重視した。陸上からモニ

＊1　Fit to Standard：アドオン開発を行わず業務を標準機能に合わせるERPの導入手法

タリングや運航効率化支援を行えるほか、今後は海上で乗務員が直感的に操作できるアプリも開発し、ヒューマンエラーの低減にもつなげる。

荷主との情報共有システムには2020年に提供を開始した「Lighthouse」がある。ドライバルク船 [*2]の顧客を対象とした情報提供プラットフォームで、貨物情報や運航スケジュールなどを顧客である荷主が参照できる。

先進技術活用事例

商船三井では、AI等の先端技術を業務に活用している。AIの活用事例を二つ挙げると、一つ目は海運市況の予測の高度化である。世界の貨物船の積載状態や運航、為替、燃料価格、資源市場などのデータを元に2、3ヶ月先の海運市況を独自に予測し、先々の傭船 [*3]計画に活かす。二つ目は、数理最適化技術を使った自動車運搬船の配船と貨物積付けの最適化である。かつて自動車は日本から海外への輸出が中心だったが、現在は生産地、消費地が多岐にわたり輸送パターンは複雑化している。また、積載方法は車高や重量などの条件によって決めなくてはならない。熟練者のノウハウで行っていたこれらの業務について、AIを活用することで効率化と最適化を図っている。それぞれの案件で大学と連携し、産学連携により課題解決に取り組んでいる。

ブロックチェーンの活用事例としては、2017年から、ブロックチェーン技術を活用した貿易情報連携基盤実現に向けたコンソーシアムに参画している。

3. FOCUSプロジェクトでのデータ活用

FOCUSプロジェクトでの今後のデータ活用方針は、まず、環境への影響の管理である。本船性能を精微に分析し、効率運航を深度化することにより、燃料消費量の削減、CO_2排出量削減を進める。次いで船舶管理会社のスタッフと乗組員とのコミュニケーションでの活用である。現場の問題に一番近い乗組員と陸上のスタッフが同じデータを共有してディスカッションすることで、的確な対処ができるようにする。さらに、大きなテーマとしては予兆保全もある。故障などが起きる前に察知してアラートを上げるなど、機関のトラブルを未然に防ぐことができる仕組みの実現に取り組んでいる。

4. 成果指標とガバナンス

「MOL Sustainability Plan」で掲げた五つの課題「Safety & Value」「Environment」「Human & Community」「Innovation」「Governance」それぞれの領域で成果指標を設けている。半期または四半期等、定期的に指標の測定と評価を行い、都度戦略やKPIの見直しなども行っている。五つのカテゴリに対して全社で100程度のKPIがある。デジタルに関する指標としては、FOCUSプロジェクトに関するものがあるほか、技術開発・DX推進体制等に対しても成果指標を設定している。

---

*2　ドライバルク船：鉄鉱石、石炭などの資源を大量に梱包せずばら積みで運送する船舶
*3　傭船：運送のために船舶を借り入れること

株式会社トプコン

1. DX戦略とデジタル技術活用

世界の「医・食・住」の課題解決に貢献する

　トプコンは「医・食・住」に関する社会的課題を解決し、豊かな社会づくりに貢献することを経営理念に掲げる。売上の8割を海外事業から得ているが、事業領域である（医）ヘルスケア、（食）農業、（住）建設業は、高齢化や人口増加、また労働力不足など世界的に課題を抱えている一方で、デジタル化や自動化が遅れている。

　そこで、技術力を活かした革新的なハードウェア（モノ）を開発することはもちろん、ソリューション（コト）として提供することにも注力し、これらの業界のデジタル化や自動化による生産性や品質の向上を支援する。DXという表現がまだなかった1990年代後半から継続して行っているトプコンの事業戦略であり、今でいうDXに相当する取組を20年以上推進している。

デジタル技術活用のための組織

　ソリューションを提供するにあたり、ハードウェアの開発・製造に加え、ソフトウェア開発力の強化が課題となった。人材への対応として、二つの施策を打った。一つ目は海外の開発リソースの活用である。米国などに拠点を設け、ITエンジニアを採用し、ここ5年から6年ほど組織の拡充を行っている。二つ目は迅速に人員や技術を獲得できるM&Aである。海外で、トプコンの事業領域に十分知見のある技術ベンチャー企業の買収を行っている。

　コアとなるシステムの開発はこれらの組織を使って自社で行う体制となっており、後述の眼疾患早期スクリーニング（健診）ソリューションは、現地IT人材の採用で強化した米国のグループ会社と、眼鏡店向けのソリューションを保有していたフィンランド企業のM&Aにより、両社の協業によって開発した。また、オープンイノベーションとして画像認識技術を持つスタートアップ企業の技術も活用している。

2. DXソリューションおよび開発手法や技術

眼疾患早期スクリーニング（健診）ソリューションを実現

　DXソリューションの代表例となるのが、「医」の領域での眼疾患早期スクリーニング（健診）ソリューションである。眼疾患には、緑内障のように初期段階では自覚症状がないまま悪化する病気があり、定期的な検診による早期発見が求められる。しかし目にトラブルを感じた時しか眼科医に行かない人は多い。そこで、メガネやコンタクトレンズの購入などで利用する眼鏡店やドラッグストアなどの身近な場所や「かかりつけ医」で健診を行えるソリューションを構築した。

　トプコンの機器では、熟練者でない医療スタッフでも眼底写真やOCT画像などが撮影できるフルオート機能を実装している。トプコンのハードウェアデバイスで撮影した画像をデジタル管理し、医師が別の場所で診断を行う遠隔診断や、トプコンとは別の会社により開発されたソフトウェア（例：Digital Diagnostics Inc.社のソフトウェア"IDx-DR"等）と、トプコンのハードウェアデバイスを組み合わせ、当該ソフトウェアデバイスによるAI診断も可能となった。日本では法令により医師以外の診療行為は認められていないが、米国などをターゲットとし、事業展開を加速させている。「住（建設）」の領域でも、建設現場において測量、設計、施工、検査など多くの工程で様々な企業が関与するワークフローを3Dデジタルデータで一元管理し連携するソリューションなどを提供している。

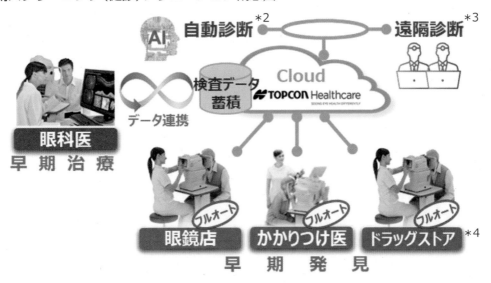

眼疾患早期スクリーニング(健診)ソリューション概念図

出典：株式会社トプコン

先端技術活用状況

　眼疾患早期スクリーニング(健診)ソリューションではAIによる自動診断技術のために、トプコンのハードウェアデバイスが採用された。AIの教師データにはばらつきがない画像が必要だが、トプコンの機器はフルオートでの撮影が可能であるため均一な撮影条件による画像データが取得でき、AI診断の実現に貢献した。

　また、強みを保つ技術には、GNSS（Global Navigation Satellite System）[*1]受信機の製造もある。誤差数ミリから数センチといった精密さで位置を測定できる。この技術を使った建機や農機の高品位な自動制御システムを提供できるのは、世界でもトプコンを含めて3社のみである。

3. データの利活用

　眼疾患早期スクリーニング(健診)ソリューションで扱うデータは、トプコンが長年医療機器事業で培った知見により、各国・地域の薬事法などの法制度に準拠しセキュリティや品質の管理を行っている。昨今はクラウドのデータへの規制が強まってきており、個人情報は域内で管理するなどコンプライアンスに十分留意している。

　また、画像やスキャンデータなど、高精度化によるデータ量の増加に対応する技術開発に重点を置いている。たとえば、レーザースキャンデータに対する処理では、クラウドとエッジの処理の組み合わせの工夫を行うなどである。

4. 成果指標とガバナンス

　トプコンにおいては現業部門の事業の進捗がDXの取組となるため、中期経営計画での売上や利益など事業計画がDX戦略の成果指標そのものになる。ハードウェア(モノ)の販売だけではないソリューション(コト)に関する売上は重要な指標の一つとなる。

＊1　GNSS：全球測位衛星システム（米国のGPS、日本の準天頂衛星（QZSS）、ロシアのGLONASS、欧州連合のGalileo等の衛星測位システムの総称）

＊2　トプコンのハードウェアデバイス "TRC-NW400" と、他社製ソフトウェア（例：Digital Diagnostics Inc. 社のソフトウェア "IDx-DR" など）の組合せにより、ソフトウェア側が実現。日本は対象地域外。

＊3　トプコンハードウェアデバイスで撮影した画像をデジタル管理し、医師が別の場所で診断を行う。

＊4　日本においては医師不在の眼鏡店およびドラッグストア等は対象外。

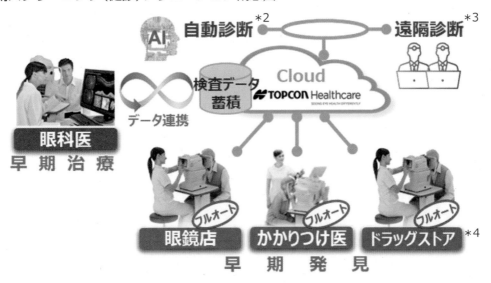

株式会社リョーワ

1. DX戦略とデジタル技術活用
AI外観検査の自主開発へ

　当社は油圧装置のメンテナンスを行っているが、今後、油圧の需要が減少傾向にあることや、既存顧客の油圧装置のメンテナンスをしっかり提供していくためには、新たなビジネスが必要になると考えた。そこで外観検査装置を製作するようになったが、その発展形としてAIによる画像処理技術へ注力している。

　具体的にはアメリカのCOGNEX社の画像処理システムを、大手中堅企業を中心に導入しており、並行して、自社オリジナルのAIシステム「CLAVI」を開発している。COGNEX社のシステムは中小企業にとっては高額であり、中小企業には負担が大きい。しかしCLAVIはスマートフォンやMRグラスに特化しており大きな設備投資がなく、初期投資20万円、月額2万円からという低価格なサブスクリプション型のものとなっている。CLAVIを通じて、中小企業にも生産性の向上に貢献していきたいと考えている。

IT人材は外部から

　AI外観検査システムは自社開発している。IT人材は外部からの採用・登用を重視している。具体的には、AI外観検査システムを開発しているR-Visionの事業部長も会社を経営している、外部人材である。また、タイのカセサート大学やパンヤピワット大学とMOUを結び、インターンシップを受け入れ、その中から直接雇用しており、現地に1名、日本に5名がそうした経緯で入社した。なお、カセサート大学にはLABOを開設しており、開発を行っている。くわえて、地元の九州工業大学大学院とタッグを組み、事業再構築補助金を活用しながらCLAVIのバージョンアップを行っている。これも、外部人材を登用した取組である。

　R-Vision事業部は英語によるコミュニケーション、失敗容認の文化があるのに対し、既存のメンテナンス事業部は安全第一、職人気質、現場優先、失敗不可といった文化と正反対の風土を持っている。前者は考えや構想をデスクにおいていかに効率よく行うか、後者は現場への駆付け時間や休止時間をいかに短縮するかが重要である。以前は同じ敷地内だったが、意識の違いが顕著なことから、現在、R-Vision事業部は小倉駅構内の街中、メンテナンス事業部は郊外の工業地帯と異なる場所に位置する。しかし、今後は現場の状況についてネットを介して見る遠隔メンテナンスなどを行っていくため、現場を持つ既存の事業とAI画像処理などの開発とを融合していくことを目指していく考えである。

2. DXソリューションおよび開発手法や技術

　AI外観検査システムは、自社開発した画像処理エンジンを搭載する「CLAVI」と、米国COGNEX社が開発したVision Pro Deep Learningの2種類がある。AI外観検査は画像処理エンジンの性能以上に、照明の良し悪しが結果に大きく影響する。当社は照明に関するノウハウを持っており、競争優位性を確保している。また、CLAVIはスマートフォンへの実装も可能にしたことで、中小企業等でも低価格で手軽に導入できる商品となっている。

　CLAVIは、開発基盤としてGCP（Google Cloud Platform）を活用している。画像処理エンジンの開発にあたっては、オープンソースを使いつつもプログラミングはオリジナリティを出している。なお、開発にあたっては、最終的なゴールを共有したうえで社員にマイルストーンを示し、各社員はアジャイル開発を行っている。また、GitHubを利用しプログラムの進捗情報を全社員が把握していることから、プ

ロジェクト進行に遅延等が発生した場合、臨機応変に技術者を再配置することができるようになっている。

3. データの利活用

　ディープラーニングで外観検査を行うには大量の画像データが必要となるが、CLAVIの画像はデータベース化されており、欠陥部分について学習データが蓄積されている。顧客がCLAVIで推論する際、顧客自身が持つデータだけではなく、CLAVI側でもつデータを加えることでより深い分析が可能になる。その意味で既存データの利活用は大切な観点である。

　いずれは、すべての画像データを共有化できるようにしたいと考えている。現段階では金属の欠陥に関するデータが中心であるが、さまざまな材質についてデータベースを整備していくことが今後の課題になる。

　また、社内システムのデータ利活用という観点では、見積、販売、会計や給与といった基幹システムは、従来は連携がとれておらずバラバラに動いており、その連携を課題としていたが、現在は連携できるような形にしている。

　くわえて、今後、遠隔メンテナンスをすることを想定して、生産管理システムの導入を検討している。そこでは、ドキュメントデータや図面データ、動画データを紐づけして受注番号から検索できるようなものにし、5年後10年後と経過したときに、過去のデータをすぐに探し出せるように準備を進めている。

4. 成果評価とガバナンス

　経営目線ではCLAVIについては、アカウント数をKPIとして設定している。とはいえ、CLAVIはまだ実証実験段階でもあるため、実施については今後からとなっている。

Barings（英国）

1. DX戦略とデジタル技術活用

2016年9月にMassMutualは、Babson Capital Management、Wood Creek Capital Management、Cornerstone Real Estate Advisers、およびBaring Asset Managementを合併し、Barings として1社に統合した。この5社合併に伴うシステム統合は特徴的なDXの取組である。

MassMutualはさまざまな金融サービス会社を所有し、各社が似通った顧客層をターゲットにしていたにも関わらず、それぞれ独立して事業を行っていたため、商品をクロスセルするような努力は行わず、営業チーム、経営チーム、オペレーティングモデル、技術、ビジネスカバレッジなどの観点で、各社がバラバラに稼働していた。そこで、同社では中核業務から技術活用に至るまで、単一のオペレーションモデルに最適化するため、ブランド統合も含めた大規模な変革プログラムを実行した。

具体的には、5社統合とDXを、一つのプロジェクトにまとめ、組織体制の最高レベルにPMO（プロジェクトマネジメントオフィス）を設置した。また、技術的な側面まで踏み込んで全体的な取組を管理するDX担当者を任命した。このDX担当者は、現在から未来にわたる変革戦略を検討する役割を担った。

5社の中にはM&Aで獲得した会社もあり、プロセスが分断されアプリケーションが乱立するといった非効率的な状況だった。そのため、合併にあたっては、インフラ、ネットワーク、コミュニケーション、アプリケーションなど、ビジネスの基盤となるシステムをすべて見直した。

BaringsがこのようなDXを行うというニュースが発表されると、支援したいというオファーが殺到した。Baringsが選択したのは、企業統合のレベルでは大手コンサル企業、技術の部分では、利用できる技術を偏見なく理解したいと考え、大手企業からニッチなプレイヤーまで時間をかけて話合いを行い、最終的にはニッチな企業と契約した。自社との整合性の高い適切なパートナーを精査したことは重要なポイントである。

2. DXソリューションおよび開発手法や技術

デザイン思考については、Ernst & Young（英国）のイノベーションセンターで、長い時間をかけてコンセプトを学んだ。デザイン思考により、技術系ではない現場の人材がデジタルという観点で発想できるようになるとともに、ビジネスプロセスを最適化するためのアイデアを獲得できた。デザイン思考の活用の拡大は、社内のデジタル資産を統合的に管理する役目を担うチームであるデジタルプロダクトマネジメント（DPM）が主導した。

また、金融業界には常に革新が起こり陳腐化が早く、テクノロジーの変化にも対処しなくてはならない。DX戦略は、技術やデータの活用戦略と密接な関係に置くことで、強力に変革を進めることができる。技術の進化に沿った好例としてブロックチェーンがある。分散型金融とは何か、自社のビジネスにどう活用できるかを考え、今ではブロックチェーンはDXの取組みやプロセスの構成要素となっている。

レガシーインフラストラクチャーから、クラウドへと移行するうえで、物理的なマシンで稼働するアプリケーションの移行が課題となった。クラウドに移行するためにはアプリケーションがクラウド対応である必要があるが、カスタム開発されていたアプリケーションは、レガシーテクノロジーでさまざまな修正やアップグレードが施されていたため、クラウド対応にするための再開発が必要であった。

そして、最大の課題はデータレベルにあり、膨大な量のデータをクラウド環境に移行しなくてはいけなかった。地理的にも分散しているデータを単に移行するだけではなく、地域の規制対応も維持したうえで、グローバルでのデータへのアクセス性も確保する必要がある。最初に移行を開始した韓国では、

すべてのPII（Personally Identifiable Information; 個人を特定できる情報）データは韓国国外には出せないという規制がある一方で、グローバル組織はデータへのアクセスを必要としており、戦略的にこれをどう実現するかを検討する必要があった。

また、ビジネス部門では、サードパーティ製のアプリケーションをカスタマイズして利用していたため、SaaSへの移行時にそれらのカスタマイズされた部分が大きな問題となって、クラウド移行は困難であった。たくさんのアプリケーションがあったため、クラウド以降の準備は非常にゆっくり進められた。

物理的なデータセンターも統合された環境に変えていく必要があり、新しい環境下で、物理的な機器のアップグレードや多くの仮想化を行った。データセンターの規模を縮小し、米国東部、ヨーロッパ中部、アジアパシフィックの3カ所に絞ることで、コストは多少増えたが、クラウド移行への中間的なステップとなり、クラウド移行が非常に効率的に行えることとなった。最終的には、30%程度が完全にクラウドに移行され、その30%のほとんどがデータである。残り70%はアプリケーションとそこから生み出されたデータで、新しいチーフデータアナリティクスオフィサーのもとに、データオペレーティングモデルを作り変え、データサイエンス組織のためのクラウドを実装し、プロセスをクラウドに移行し、AI、自然言語処理、機械学習などを行っている。

3. データの利活用

データの活用はどの企業にとってもチャレンジとなる。データは人材に次いで社内で二番目に価値のある資産と考える。

データプロバイダーから購入したデータ、社内で生成されたデータなど、膨大なデータが存在していたが、5社統合前は、データそのものが社内で信頼されておらず、データの所有者がコピーを作成し独自に修正を加えることもあった。そこで、統合後にはデータを資産として管理するために、強固なポリシーを設定し、データに対する信頼性を高める必要があった。その成果として、データの継続性と一貫性を担保しつつ正確なデータを幅広く活用できるようになった。

また、統合前は5社が独立して事業を行っていたため、グループ全体の商品ラインナップを組み合わせたマルチな投資ポートフォリオを提供する能力がなかった。統合によって投資に関する全データを単一のデータレイクに統合することで、不動産、債権、代替投資など複数の資産を組み合わせた投資戦略を顧客に提供できるようになった。

データを武器として利用すれば競争優位性を得られる。タイムリーな意思決定やビジネスオペレーションの最適化がその一例である。セールスマーケティング部門では、顧客のプロファイルや関心事、競合がアプローチしている顧客、自社のパフォーマンスに関するデータをもとに、手応えがある見込み客を獲得できるようになり、成約率を高めることができた。

同様の成功事例は商業不動産投資部門にもある。データ活用以前は、社内外から得たグローバルな商業不動産の巨大な目録に対して、確率の高い投資資産を特定し機会損失を防ぐことが課題となっていた。アナリストに精度の高いデータセットを提供し機械学習などの技術を使うことで、より有望なポートフォリオを選択できるようになった。このアプローチはDXの出発点となった取組みである。

AIは、アルゴリズム取引、HFT（High Frequency Trading; 超高速取引）、モデルドリブン投資の分野で使われている。Baringsの機関投資家向け資産マネージャーも、債券、不動産、代替投資にAIなどの技術を活用している。組織全体で、AIを適用していこうという動きが進んでいる。新製品開発にも適用されている。ただし、AIなどのツールが提供する機能は、効率化、最適化を求める方に向けられており、投資決定を行う部分ではない。資産の取引、売買などの意思決定プロセスはまだ人間が行っている。

メーカー（米国）

1. DXの推進体制

DX推進体制

　ビジネスのすべてのステップでデジタルファーストにしなければならない。顧客との対話の各ステップでのDXも必要と考え、30カ国のカスタマーサービス担当者や海外営業担当者が集まったクロスファンクショナルチーム（cross-functional team：機能横断チーム）をDigital CoEに設置した。Digital CoEには、100％専従している各機能分野のビジネスリーダーに加え、広い範囲のチーム（50％稼働）が存在していた。セールスディレクターは100％委員会に参加していた。私も100％委員会に参加した。IT側からは、サプライチェーンディレクターがいた。セールスディレクターはカスタマーエクスペリエンスディレクターに指名され、サプライチェーンディレクターは、各ステップを追跡調査していたことから、トラック＆トレースディレクター（track and trace）に指名された。現場と兼務する者がいるため、いつでも直ちにデジタルの実証実験を本番のビジネスで試すことができるようになった。

　たとえば、炎天下の運送業務の改善のためにロボットやドライバーレスのフォークリフトを活用するアイデアを思いついたら、すぐにビジネスオペレーションに落とし込み、確認する。失敗するなら早く失敗し、同時に早く学ぶ。成功すれば、ゲームチェンジャーとなり、差別化要因になるのである。

2. 技術活用の推進

技術活用の視点

　技術には、本社や営業所で活用する情報技術（IT）と工場などで活用する運用技術（OT）がある。ITとOTによりデジタルの力を最大限に広げ、投資効果を最大限に発揮できると考え、ビジネスにとって重要な、アップタイム、スループット、信頼性、品質、およびオンタイム・イン・フル（on-time in-full：オンタイムで注文を完全に満たすこと）などの要素に焦点を当てた。自社のベースラインに対して、業界標準は何％か。業界標準をクリアしていたら、次のステップに進むのか。業界で最高の数値で稼働しているのであれば、なぜ、自社が一番になれないのか。ビジネスにとっての重要項目を測定し、定量化するようになってから、テクノロジースタック全体の中で、デジタル戦略の重要性がいっそう、高まった。

　ソリューション開発は、構想設計段階ではユーザーエクスペリエンスの観点から、デザイン思考を取入れている。またシナリオプランニングも何度か行った。テクノロジーやベンダーの選定を終え、実証実験の段になると、アジャイルに取組んだ。スプリントやユーザーストーリーを検討し、ウォーターフォールではなく柔軟に行う方法を模索し始めるようになった。DevOpsでは、Microsoft AzureプラットフォームのAzure DevOpsを使用し、すべてのユーザースプリントをAzure DevOpsに入れ、「Azureに存在しないものはプロジェクトとみなさない」という方針を徹底している。さらに、設計、構築、テスト、デプロイのサイクルに適応し3週間ごとにすべてのサイクルを実施し、本番環境へ移行していった。

PoC実施のプロセス

　実証実験（PoC：Proof of Concept）は3ヶ月のスプリントで成功、失敗を見極めていった。短期間で成功すれば、決定権が拡大し、予算規模も増加した。AWSやAzureを利用していたため、実験費用は2万ドルから3万ドル程度に抑えられた。さらに、デジタルツインの実験を行おうとしたところ、MicrosoftやAmazonから資金の提供を受けることができた。ベンダーはデジタルプラットフォームを先行的に実現し、様々な企業に販売していくことを望んでおり、そのためのシードマネーであろう。

　自社には、PoC評価の体系的なプロセスがあり、アイデアの採用後に、以下のGateを通過するという

ものである。

Gate 0：アイデア出しの段階。100以上のアイデアから追求する価値のあるものを10件ほど選定。

Gate 1：さまざまなテクノロジーやツール、そして課題を解決する方法を検討。

Gate 2：ビジネス上の問題を確定し専業ベンダーを探索。

Gate 3：PoC実施。

　Gate 3で成功すれば、同じ機能分野のバイスプレジデントやリーダーを全員集めてGate 4に進むことができる。パターン認識、人工知能、機械学習など、未知の領域が多々あるが、このプロセスを経ることによって、不確実なものにも安心して取り組めるようになっている。

3. 技術の利活用

マイクロサービスの導入

　マイクロサービスにも着手している。マイクロサービスは自律的なコンポーネントであり、さまざまな方法で実証実験に使うことができる。マイクロサービスをコンテナ化し、よりプラグアンドプレイに対応できるようにし、様々な実証実験に役立つオブジェクトのメニューを作り始めた。常時、10件くらいの実験を進行していたが、3、4件は成功し、6、7件は失敗するというのが通常の成功率である。しかし、成功した3、4件は、ゲームチェンジャーとなり、タウンホールミーティングや投資家フォーラムでも話題になった。一方、失敗した6、7件は、貴重な教訓となった。会社としてはマイクロサービスの疎結合をどのように確保するか、つまり、ハードコーディングせず、あまり限定的でないマイクロサービスを実現する方法を求めていた。マイクロサービスは柔軟でアジャイルであるため、実験が失敗しても分解して別の実験に利用することができるためである。

4. データの利活用

　データは新しい石油であり、DXにおいて最も重要である。しかし、データだけではあまり意味がなく、コンテクストが重要である。我々は、工場で生成されるテラバイト単位のデータを取得していたが、あまりにも膨大で扱い方がわからなかった。そこで、機械学習などを使い、データが語るパターンを理解しようとした。生データは有用ではないが、キュレーションされたデータであれば、ビジネスロジックやデジタル変換ツールを使ってデータをモデル化し、洞察を得て、意思決定を行うことも可能になる。サイロ化されていたデータを製造クラウドに集約し、データを最適化している。それがスケールを生むのである。

Nordea（フィンランド）

1. Nordeaの概要

　Nordeaは、9百万人を超える個人顧客と50万を超える企業顧客を持つ大手銀行であり、デジタル化にも力を入れている。2017年時点にDX戦略を発表しており、個人顧客向けには、主にモバイルを軸とした顧客接点の強化とプロセスに自動化による効率アップと顧客満足の両立を、そして、ビジネス顧客向けにはペイメント等、パートナーシップによる新市場向けサービスの共同開発、KYC等の導入による自動化などを目標としている。[*1]

2. DX取組の進め方

　デジタルトランスフォーメーションがビジネス戦略の中核でなければ、真のデジタルトランスフォーメーションは起こりえず、成功もありえない。CIOやCTOだけが、ビジネスにサービスを提供する技術的な状況を変えようとしても、デジタルトランスフォーメーションはうまくいかず、それはデジタルトランスフォーメーションとはいえない。デジタルトランスフォーメーションは、ビジネスから生まれる必要がある。変化を受け入れるためのビジネス戦略には、さまざまな背景がある。競争環境は変化しており、新規参入企業は、従来企業とは異なるビジネスを行い、異なる顧客エクスペリエンスを提供し、より効率的にビジネスを行っている。新規参入企業はデジタルソリューションを導入している。ビジネスの実行方法が変化している。そして、多くの効率向上は、社内プロセスのデジタル化によってもたらされるが、それはビジネスサイドからもたらされる必要がある。

　プロダクト担当者、IT担当者、顧客エクスペリエンスの専門家、データアナリストが協力して、顧客に提供するコンセプトを定義し、これを実現する方法を見つけることが、今求められている。そのために必要な技術的なアーキテクチャは何か？プラットフォームの準備はできているのか？これらのプロダクトを生産するためのデータはあるのか？これらのコンピテンシーをまとめた仮想組織や実行組織を作らない限り、DXで成功することは難しい。バーチャルな組織で構わないが、さまざまな役割・機能の人たちが一緒に仕事をし、プロダクトオーナーに報告する。小規模のチームを編成し、小規模に実行する。そして、アジャイルフレームワークを使い、スクラムチームを作り、それらチームを集約すれば、大型スケールの複数チームを組織化できる。

　アジャイルフレームワークを組織内に拡大するためにScaled Agile Framework（SAFe）を使い、戦略的ロードマップと結びつけながら、チームをプログラムに、プログラムをバリューストリームに関連付けた。このように、コンピテンシーと明確なアーキテクチャのロードマップを組み合わせることで、技術レベルで物事が進み、それに準拠したビジネスプロダクトやソリューションが価値を発揮することが可能となる。

3. システム開発について

　ビジネス、デザイン、データ、テクノロジーを融合したデジタルバンキング部門を構築している。デジタルバンキング部門にエンド・ツー・エンドのテクノロジーを入れる必要はない。デジタルソリューションの観点から、バックエンドに着手する必要はなく、フロントエンドの開発とミドルレイヤーを統合すればよい。データも同様である。ウェブ・アナリストはデータを使い、プロダクト単位でアルゴリズムやAPIを作成する。それらはデータを核とした活動の一要素である。一方、データ活用の中核は、データトランスフォーメーションユニットを設置し、IT部門の機能をその中に入れ、プロダクトとIT

＊1　https://www.nordea.com/en/doc/nordea-transformation-2017-10-27.pptx

の関与を実現することだ。

フロントエンドとミドルレイヤーで顧客とのやり取りを可能にするためには、アーキテクチャの
アップデートやマイクロサービスアーキテクチャが必要であり、すべてのWebサービスのために新し
いテクノロジーを導入した。他の銀行の例では、コアテクノロジーが新しいアーキテクチャのニーズを
満たしていなかったため、新たなコアテクノロジーをゼロから構築し、それが軌道に乗ったら新しい仕
組みに顧客を移行させるというやり方をしている。APIを使った小さなデジタルサービスを作り、フ
ロントエンドのエクスペリエンス、そしていくつかのデータベースサービスを作る。これら三つがあれ
ば、レガシーテクノロジーを使い続けることができるので、それでもよい。古いバックエンドシステム
との統合は今でも見られる。

4. データ利活用について

顧客とのデジタルによるやり取りや取引の集計データへのアクセスにより、顧客データから価値を
引出し、学習する機能は、今やどのビジネスでも利用できるようになっており、これは大きなビジネス
を生み出す機会である。現在では、銀行がデジタルで顧客と接するポイントは、毎月何億という単位で
生じている。アドバイザーを通じてビジネスを展開する従来の方法に頼っていた頃は、それは数万人規
模にとどまった。デジタルでのやり取りだからこそ、チャンスがある。そして、社内データをこれまでと
は違う方法で使い、加工し、ターゲットを絞ったメッセージやキャンペーン、オファーの洞察を得るこ
とが可能になる。

しかしデータ活用の観点で銀行の従業員の意識を変えるのは難しく、彼らはまだ'銀行は銀行'という
感覚を持っている。私たちはDXの第1段階である、デジタルによるビジネスの効率化は完了したが、デ
ジタルビジネスを行うことは第2段階となる。私たちはデータをビジネスオペレーションの中核に据え
る第2段階を始めている。大手の銀行はインターネットやモバイルアプリのセルフサービスの実装が終
わっているため、皆、この新しい分野に目を向け始めている。より多くのデータが生成され、人工知能が
そのデータを活用し、ソリューションが作られる。そうすることでビジネス全体が変わるとともに、オ
ペレーションのプロセスも変わってくる。これがDXの第2段階である。

データをめぐる法的環境も大きく変化している。データ利用に関して顧客の同意を求める規制は、管
理が非常に厳しくなっている。顧客は銀行を信頼し続けている。顧客にデータ利用の同意を求めると、
ほとんどの場合、「イエス」との回答が得られる。顧客の行動や取引を基に、他のビジネスチャンスを見
出すことができるため、私たちのデータにデータを追加し、充実させられる企業とパートナーシップを
組んでいる。データを洞察に変換できれば、それが宝だと信じている。また、第三者企業がより良い商品
を販売できるような洞察を提供することもチャンスになるかもしれない。このフェーズでは、データコ
ンピテンシーへの投資が非常に重要である。

5. 第2段階に向けたスケジュール

ロードマップは設定できても、期限を固守することはできない。まず、何をするのか、次に何を行う
か、3番目に何を行うかを決めている。最初のデリバリーイテレーションの計画は18カ月の予定であっ
たが、すべてをデリバーするには36カ月かかってしまった。次のイテレーションでは見積がより正確に
なる。さまざまな取組のためのキャパシティは安定していても、予算は毎年交渉する。3年間のロード
マップがあれば、80%は3年間で完了する。もちろん完了していないものもある。2年目に再度やり直す。
3年以上のタイムラインを考えてもそれは時間とPowerPointの無駄である。

Kristian Sorenson (Norfico (デンマーク)、Founding Partner)

1. DX戦略とデジタル技術活用

　新しいテクノロジーが市場に登場するたびに、多くの企業は新しいテクノロジーがもたらすトランスフォーメーションの能力を見るのではなく、そのテクノロジーを中心とした組織を作るという対応をしてしまう。DXを行う企業は、戦略立案を始める前に新しいテクノロジーで何ができるのか、ストラテジストとテクノロジストの間の緊密なコラボレーションが必要である。

　デンマークでは、政府が1980年代後半にデジタル化に関する戦略を初めて策定し強力に推進したことで、あらゆる産業でDXが加速し、小さな商店でさえもデジタル決済を導入するなど、最近では、ほぼすべての分野・機能が完全にデジタル化されている。しかし、デジタルテクノロジーをかなり早くから導入したことで、それが今レガシーシステムになり、再びトランスフォーメーションや入替えの時期が来ている。DXは、継続的なプロセスであり完了することはない。

2. DXソリューションおよび開発手法や技術

　デンマークでは、すべての業務でクラウド移行がみられる。とくに金融サービスにおいては、リッチインターフェースやAPIレイヤーがコンプライアンスや報告に役立つことが、クラウドベースのサービスの主要なドライバーになっている。コンプライアンスと規制要件は常に強化されているが、クラウド環境に移行することで、増加する規制と報告の負担を軽減することができる。従来のメインフレームでは、すべてがサイロ化され、実際に持っているデータの全体像を誰も把握することができなかった。しかし、古いテクノロジーを取り除くのは容易ではない。とくに金融サービス分野では、まだ大量のメインフレームが稼働している。最近では、新規事業開発や新サービスのクラウド化だけでなく、基幹システムのクラウド化も始まっている。

　メインフレームからクラウドへと移行するには二つのアプローチがある。まったく新しい環境を並行して開発し、2、3年後に新しい環境が出来あがればすべての問題が解決される、というアプローチと、もう一つはもっと緩やかなアプローチもある。世の中は常に動いているため、トレンドは後者のアプローチに傾きつつある。

　北欧の大手銀行の一つであるNordeaは、多数の銀行が合併したコングロマリットであり、それまでの個々の銀行システムをそのまま使い続けてきた。数年前にバンキングシステム全体を大規模システムに置換えるため、数十億デンマーククローネをかけて7年かけて実施されるプロジェクトの実施を決定した。しかし、その7年の間に世の中が動いてしまうことがすでに問題視されている。新システムを開発する間もコンプライアンスは遵守する必要があり、新システムに対する要件も常に変化するため、さらにコストがかかり、管理も難しくなってくる点が課題となっている。

　そのため、今のトレンドは、新環境で稼働させやすいものを特定し、そこから始めて、それが終わったら次のものに移るという段階的なアプローチである。

　また、ソリューション開発手法としてはアジャイルが最も大きなトレンドになっている。現在、大手銀行で行われている多くのトランスフォーメーションについて、「アジャイル」あるいは「トライブ(tribes)」と称する部門を設定しているが、それだけで、銀行員のマインドセットが変わるわけではない。レガシーはテクノロジーの問題だけでなく、マインドセットの問題でもある。大手金融機関の多くの役職に、レガシーな考え方をする人たちが就いている。彼らはアジャイルを受け入れているが、必ずしも正しい方法で受け入れているとは限らない。完全に受け入れるには、一世代かかるかもしれない。しかし、中途半端なアジャイルの導入であっても、多くの社員にとっては改善と言えるだろう。

アジャイルを導入する場合、通常、テクノロジーサイドから始まり、徐々にビジネスサイドを巻き込んでいく。テクノロジー部門がアジャイルで仕事をするためには、ビジネスサイドからの継続的なフィードバックが必要である。いったんビジネスサイドがフィードバックに関与し始めると、それを好むようになる。ビジネスサイドは、より深く関与し、実践していると感じ、アジャイルのやり方が広がっていく。さらに、銀行のビジネスサイドの担当者とテクノロジーサイドの担当者の境界があいまいになるケースも少なくない。

そして、金融サービスではオーケストレーションが大きな意味を持つ。いくつかの異なる機能のコンパートメントに関してオーケストレーションを行う。古いメインフレーム上にある特殊サービスもあれば、最新のクラウド環境にあるサービスもある。たとえば、銀行や法人顧客にとって、以前は決済の方法は数が少なかったが、今では多くの選択肢がある。インテリジェントなオーケストレーションは、さまざまな選択肢を可能にするだけでなく、それを改善し、効率を向上させることができるため優先度が高い。そして、その次が、マイクロサービスである。小規模なFinTechの中には、狭い範囲のサービスに特化している企業がある。たとえば、最近EU指令で、顧客が海外でVISAやMasterCardを使うたびに、銀行は顧客に為替レートと銀行が追加する手数料を通知する必要があることが規定された。そのような情報サービスに特化した企業がいくつか出てきている。

3. デジタルテクノロジー実装までの意思決定

たとえば、ブロックチェーンは、大手銀行のイノベーション部門や戦略部門から始まることが多い。ほとんどの銀行や企業には、動きの速いアジャイル部門がテクノロジーをテストすることが許されているため、通常、意思決定ゲートはあまり設定されていない。

FinTechやスタートアップの課題は、初期のトライアルやPoCから、実際に統合へと進む段階にある。新たなテクノロジーを取り入れ、それがイノベーションチームから、オペレーション、コンプライアンス、そして調達チームへと進む過程は、スタートアップにとっても銀行にとっても労力を要する。あるイギリスのスタートアップは、大手銀行のDXプロジェクトの新テクノロジー導入で合意していたが、銀行から数か月間何の連絡もなかったため、銀行は諦めたと判断して別のプロジェクトに取組み始めた。ところが、6か月後に銀行から、システム統合の準備ができたと連絡を受けた。その時点でスタートアップはすでに別のプロジェクトに取組んでいた。6か月は銀行にとって短い時間だが、スタートアップにとってプロジェクトは、週単位で進む。このように、テクノロジーの統合と導入のプロセスの面で、まだ大手銀行とスタートアップの間には断絶がある。

4. 大手銀行でのイノベーション実践

私がみた中で銀行がイノベーションを成功させた最もよい例は、オーストリアのエルステ銀行（Erste Bank）である。当時、他の多くの銀行と同様に、エルステ銀行もイノベーション部門を設立し、新しい取組のために優秀な人材を何人か採用し配置した。しかし、そのイノベーション部門は銀行内の他の部門とは完全に切り離されていた。そこで、エルステ銀行では、各ビジネス部門の中にユニットを設定した。このユニットの責任は、あくまでもテクノロジーの統合と接続であった。つまり、イノベーション部門のアイデアをビジネス部門に送り込み、またその逆も行っていた。動きの速いイノベーション部門とそうでない調達部門では、互いのやり方を採用することに否定的である。そのため、既存の体制と速いスピードで動く組織間の橋渡しができる適切な媒体を置くことが重要になる。

5. 銀行による業界共通のテクノロジープラットフォーム

　銀行がコンソーシアムを組むのは、デンマークの銀行の歴史の一部である。狭い国土の割に、非常に多数の銀行が存在するのは、そのためである。デンマークの人口は560万人だが、100近い銀行がデンマークでビジネスを行っている。そして、それらの銀行はすべて、五つのデータセンターのいずれかで、ビジネスを行っている。2大銀行がそれぞれ独自のデータセンターを持ち、その他の銀行は他の三つのデータセンターを共有することでインフラとコストをシェアしている。

　コンソーシアム方式は、1960年代に銀行がデジタル化されて以来、デンマークの銀行業務の一部となっており、その方式は今も国境を越えて使用・適用されている。たとえば、現在、北欧全体でP27 Nordic Payments Platformというコンソーシアムがあり、北欧圏、汎北欧（pan-Nordic）、クロスボーダー、クロス通貨、リアルタイムの決済インフラを構築している。

付録
制度政策動向

日本、米国、欧州および中国におけるデジタル関連の制度政策動向の調査結果を示す。各国におけるデジタル化やデータの利活用を推進する施策に加え、消費者を保護するデータセキュリティやデジタル市場における不公正な活動を規制する法律などの取組なども紹介する。

第1章

国内におけるデジタル関連制度・政策動向

1 デジタル政策を取り巻く環境

　政府は、機動的なマクロ経済運営によって経済回復を実現しながら、「新しい資本主義」の実現に向けた計画的で重点的な投資や規制・制度改革を行い、成長と分配の好循環を実現する経済財政政策の全体像を示すものとして、「経済財政運営と改革の基本方針2022[*1]」を公表した。そして、「新しい資本主義」実現に向けた重点的な投資分野として、1) 人への投資と分配、2) 科学技術・イノベーションへの投資、3) スタートアップ（新規創業）への投資、4) グリーントランスフォーメーション（GX）への投資、5) デジタルトランスフォーメーション（DX）への投資、という5分野が定められることとなった。

　人への投資と分配については、創造性を発揮して付加価値を生み出していく原動力である「人」の収益・所得の増加だけでなく、成長の機会を生み出すための施策を進める。科学技術・イノベーションへの投資は、社会課題を経済成長のエンジンへと押し上げていくために、とくに量子、AI、バイオ・ものづくり、再生・細胞医療・遺伝子治療などのバイオテクノロジー・医療分野といった、国益に直結する科学技術分野に対する投資拡充を推進する。デジタルトランスフォーメーション（DX）への投資については、デジタル時代に相応しい行政、規制、制度に見直すため、デジタル改革・規制改革・行政改革を一体的に推進していく。

（1）デジタル社会の形成のための施策を推進する体制

　政府のデジタル社会の形成のための施策は2022年9月以降、デジタル社会推進会議およびデジタル庁が担うという体制となっている。デジタル庁は、内閣府の外局であり、デジタル社会の形成に関する施策を迅速かつ重点的に推進するため、デジタル社会の形成に関する内閣の事務を内閣官房とともに助け、デジタル社会の形成に関する行政事務の迅速かつ重点的な遂行を図ることを任務としている。そのため、デジタル庁の長および主任の大臣は内閣総理大臣が務め、関係行政機関の長に対する勧告権などを持つなど、日本のデジタル社会実現の司令塔を担っている。デジタル社会推進会議は、内閣総理大臣が議長に、全閣僚がメンバーとなって、デジタル社会の形成のための施策を推進する。

＊1　https://www5.cao.go.jp/keizai-shimon/kaigi/cabinet/2022/2022_basicpolicies_ja.pdf

図表(付)1-1 デジタル社会の形成のための施策を推進する体制

出典：第1回デジタル社会推進会議幹事会*2 資料1より

(2) デジタル社会の実現に向けた重点計画

「デジタル社会の実現に向けた重点計画」*3は、デジタル庁を司令塔とした、デジタル社会の形成に向けたアクションを迅速かつ重点的に遂行することを狙って策定するものであり、国、地方公共団体、民間をはじめとする社会全体のデジタル化について関係者が一丸となって推進すべき取組を示すことにより、デジタル社会の形成に向けた羅針盤とすることを目指すものである。本重点計画は、「誰一人取り残されない、人に優しいデジタル化」を基本的な理念として、「デジタル社会を形成するための10原則」と「行政サービスのオンライン化実施の3原則」の下に、デジタル化の基本戦略、そしてデジタル社会の実現に向けた各施策を展開していく。

このうち、デジタル化の基本戦略として具体的に、デジタル社会の実現に向けた構造改革(デジタル臨時行政調査会)、デジタル田園都市国家構想の実現、トラストを基盤とした国際連携などの国際戦略の推進、ベース・レジストリの整備などの包括的データ戦略の推進、サイバーセキュリティ、デジタル産業の育成、Web3.0の推進、という7項目が定められている。

以下に、デジタル田園都市国家構想および包括的データ戦略について、概要を示す。

① デジタル田園都市国家構想

デジタル田園都市国家構想は、地方が抱える課題に対して、デジタルの力を用い、地方の個性を活かしながら社会課題の解決と魅力の向上を図ることをめざすものとして、地方創生および地方のデジタル実装を実現するために、政府による成長戦略およびデジタル政策における基本戦略の柱の一つとし

---

*2 https://www.digital.go.jp/councils/social-promotion-executive/stdbnYdh/
*3 デジタル庁「デジタル社会の実現に向けた重点計画」, 2022.
　<https://www.digital.go.jp/policies/priority-policy-program/>

て定められた。2021年11月に内閣官房に設置された「デジタル田園都市国家構想実現会議」*4の下で議論・検討がなされ、2022年12月に「デジタル田園都市国家構想総合戦略」として閣議決定された。

　本総合戦略においては、施策の方向を「デジタルの力を活用した地方の社会課題解決」と「デジタル実装の基礎条件整備」の二つに分け、後者においてデジタル実装の前提となる基盤的な取組を国主導で推進し、前者の地方におけるデジタル実践の取組を下支えするという構造がとられている。

　前者の「地方の社会課題解決」においては、1)地方に仕事を作る、2)人の流れを作る、3)結婚・出産・子育ての希望をかなえる、4)魅力的な地域を作る、という四つのテーマが設けられ、意欲ある地域・自治体がデジタルによる課題解決・魅力増進へ向けて積極的に取組めるよう、デジタル田園都市国家構想推進交付金による国の支援が行われている。

② 包括的データ戦略

　いわゆるコロナ禍において、我が国のデータ活用基盤が不十分であることが明らかとなったことから、デジタル国家にふさわしいデータ戦略として2021年6月に「デジタル社会の実現に向けた重点計画」と合わせて「包括的データ戦略」*5として閣議決定された。

　同戦略の概要は、データ戦略タスクフォースで取りまとめられた「データ戦略のアーキテクチャ」に基づいて、検討項目として「行政におけるデータ行動原則の構築」「プラットフォームとしての行政が持つべき機能」「トラスト基盤の構築」「データ連携に必要な共通ルールの具体化とツール開発」「ベース・レジストリの指定」「DFFT（Data Free Flow with Trust：信頼性のある自由なデータ流通）の推進」などが示されている。また、本戦略の実装にあたっては、デジタル庁が司令塔となり、国・地方の情報システムのみならず、生活に密接に関連し国による関与が大きく他の民間分野への波及効果が大きい準公共分野（健康・医療・介護、教育、こども、防災、モビリティ、農業・水産業・食関連産業、港湾、インフラ）の情報システム整備方針を策定する。さらには、民間分野においても業種を超えた相互連携の実現においても、デジタル庁が分野を指定し、その指揮の下に各府省庁が標準に係る整備方針を策定するなど、デジタル庁がその業務を通じて本戦略の実践を担っていく。

2 デジタル関連政策

（1）デジタルによる産業の変革に関連する施策など

　産業界のDXに関しては、経済産業省においてデジタルトランスフォーメーションに関する研究会が設置され、2018年9月に公表された「DXレポート」では、既存システムの老朽化などがDXの障害になることを「2025年の崖」として警告し、「DXレポート2」（2020年12月）ではDX加速シナリオと、その実現に必要な企業の対応および政策を提示している。あわせて、DXの推進に向けて企業や経営者が実施すべき事項を取りまとめたデジタルガバナンス・コードの策定、DX推進指標に基づくDX認定制度の創設などを実施している。以下では、最新の動向を示す。

＊4　内閣官房 <https://www.cas.go.jp/jp/seisaku/digital_denen/index.html>
＊5　デジタル庁「包括的データ戦略」, 2021. <https://www.digital.go.jp/assets/contents/node/basic_page/field_ref_resources/63d84bdb-0a7d-479b-8cce-565ed146f03b/02063701/policies_data_strategy_outline_02.pdf>

① DX レポート 2.2

　2022年7月、経済産業省が設置した「コロナ禍を踏まえたデジタル・ガバナンス検討会（第2回）」[6]において、デジタル産業への変革に向けた具体的な方向性やアクションを提示するものとして「DXレポート2.2（概要）」（デジタル産業への変革に向けた研究会）が説明された。本レポートにおいては、既存産業において構造的課題のためにDXが進まないと分析し、産業全体で目指すべき姿に向けた変革が必要と提言している。また、企業がデジタル企業へと変革することによるビジネスモデルの変革と、それによる収益向上こそが、真にDXの目指すところとして示している。

② デジタルガバナンス・コード 2.0

　経済産業省は2020年11月、企業のDXに関する自主的取組を促すため、デジタル技術による社会変革を踏まえた経営ビジョンの策定・公表といった経営者に求められる対応を「デジタルガバナンス・コード」として取りまとめた。2022年9月には、デジタル人材の育成・確保をはじめとした時勢の変化に対応するために必要な改訂を施した「デジタルガバナンス・コード2.0」[7]を公表している。「情報処理の促進に関する法律」に基づき、デジタルガバナンス・コードの基本的事項に対応する企業を国が認定する制度である「DX認定制度」[8]（認定制度事務局はIPA）では、今回の改訂に伴い、認定基準に「人材の育成・確保」に関する事項を追加している。また、経営戦略と人材戦略を連動させた上でのデジタル人材の育成・確保の重要性、DXとSX（サステナビリティトランスフォーメーション）/GX（グリーントランスフォーメーション）との関係性のほか、DXレポート2.2の議論の反映として、企業の稼ぐ力を強化するためのデジタル活用の重要性などを記載している。

③ デジタルアーキテクチャ・デザインセンター（DADC）

　Society5.0の実現には、産業構造の改革に向けた分野横断型のデジタルインフラの整備やデータ連携、それを実現するための社会全体の見取り図（アーキテクチャ）が不可欠である。そこでIPAはデジタルアーキテクチャ・デザインセンター（Digital Architecture Design Center；DADC）を設立し、中立的な立場で政府・民間からの依頼を受け、グローバルな動向を踏まえながら、重要分野におけるデジタルアーキテクチャの設計に取組んでいる。

　アーキテクチャ設計では、「縦の連携（サイバーとフィジカルが信頼性を持って安全で効率的につながるためのレイヤー構造）」「横の連携（各企業が独立して開発し、分散して存在するサービスが相互につながるモジュール構造）」「連携を実現するガバナンス（縦横の連携を適切に運用するためのルールや制度、仕掛けと仕組み）」の三つの観点を重視しており、現在、「自律移動ロボットプログラム」「企業間取引プログラム」「スマートビルプロジェクト」「政府システムプログラム」などの重要分野におけるアーキテクチャ設計に取組んでいる。また、民間からのアーキテクチャ設計テーマの募集（インキュベーションラボ）、アーキテクチャ設計メソッドの開発やアーキテクトの育成を行っている。

＊6　https://www.meti.go.jp/shingikai/mono_info_service/covid-19_dgc/002.html
＊7　https://www.meti.go.jp/press/2022/09/20220913002/20220913002.html
＊8　https://www.meti.go.jp/policy/it_policy/investment/dx-nintei/dx-nintei.html

④ DX に関連する国などの公開資料

DXに関しては、上記以外にも国などによりDX推進に資する資料や取組が公開されている。図表(付)1-2に、その一部を紹介する。

図表(付)1-2 ▶ DX推進に資する資料や取組

政策	年月	関係省庁など	取組内容
DXセレクション(中堅・中小企業等のDX優良事例選定)	2022年2月	経済産業省	中堅・中小企業などのモデルケースとなるような優良事例を「DXセレクション」として発掘・選定
DX時代における企業のプライバシーガバナンスガイドブックver1.2	2022年2月	経済産業省	企業がプライバシーガバナンスの構築のために取組むべきことを取りまとめた。実践的な企業の具体例を充実させて欲しいという声を受け、参考となる具体的な事例を追加し、個人情報保護法改正に併せて既存表現や参考文献などについて更新
インフラ分野のDXアクションプラン	2022年3月	国土交通省	インフラ分野のDXの実現に向けて、国土交通省の所管する各分野における施策を洗い出し、「インフラ分野のDX推進のための取組」、その実現のための「具体的な工程」(2025年度まで)や取組により「利用者目線で実現できる事項」を取りまとめたもの
自治体デジタルトランスフォーメーション(DX)推進計画【第2.0版】	2022年9月	総務省	「経済財政運営と改革の基本方針2022」に「自治体DX計画改定により、国の取組と歩調を合わせた地方自治体におけるデジタル化の取組を推進する」旨が記載されたことを受け、検討会を再開し、最新の国の動向や、自治体のデジタル人材確保に向けた課題などを整理しながら計画を改定
DX実践手引書 ITシステム構築編	2022年10月	経済産業省/IPA	DXを推進する企業への実践的なガイドラインとして、DXを推進するためのあるべき姿、それを実現するための方法論からなり、経済産業省のDXレポート2および2.1やIPAによるDX先進企業の調査結果を反映

(2) データ整備・管理・流通政策

デジタル社会の形成に資するデータ戦略を推進するため、デジタル庁に「データ戦略推進ワーキンググループ」(前出図表(付)1-1参照)が設置され、検討が進められている。また、前出の「包括的データ戦略」でも触れられている「Trusted Web推進協議会」(2020年10月、内閣官房デジタル市場競争本部に設置)も2022年8月にホワイトペーパーを公表している。以下に、それぞれの概要を示す。

① データ戦略推進ワーキンググループ

データ戦略推進ワーキンググループ[9]では、デジタル社会の形成に資するデータ戦略を推進するため、2021年10月から検討を行っている。2022年12月には、第5回ワーキンググループが開催されており、「準公共分野のデータ連携に向けた検討」および「データ・スペース、データ連携基盤の在り方と国際連携」について議論が行われている。「データ・スペース」に関しては、EUが進める取組を参照しつつ、日本としての検討を進めている。またデジタルアーキテクチャ・デザインセンターから上記の関連で、企業間取引に関するアーキテクチャ設計について説明が行われている。

＊9　https://www.digital.go.jp/councils/data-strategy-wg/

② Trusted Web 推進協議会

　Trusted Web推進協議会およびタスクフォースの検討結果として、「Trusted Webホワイトペーパーver2.0」*10が2022年8月に公表された。本ホワイトペーパーには、データの取扱いや処理に係る真正性の向上、またサービス実務（トランザクション）の適正化に向け、アイデンティティ管理のあり方、2021年度に実施したプロトタイピング開発の結果やユースケース検証の報告、その結果として得られたシステムアーキテクチャの原案、また今後の国際的なアウトリーチのあり方などについての検討結果が取りまとめられている。

　2022年度以降も引き続き、プロトタイピング開発を多くの企業・団体と協働して取組を活発化させ「デジタル社会におけるさまざまな社会活動に対応するTrustの仕組みを作り、多様な主体による新しい価値の創出を実現する」ことを目指す。

（3）関係省庁の主なデジタル関連予算案（2023年度）

　関係省庁の主なデジタル関連予算案（2023年度）を図表（付）1-3に示す。2022年度予算と比較して大きな変化はみられないが、2022年度第二次補正予算*11においては、「Ⅲ. 「新しい資本主義」の加速 2. 成長分野における大胆な投資の促進 （4）DX」として、以下の予算が計上されている。

　・ポスト5G情報通信システム基盤情報強化研究開発事業（4,850億円）
　・Beyond 5G （6G）（革新的な情報通信技術の研究開発推進のための恒久的な基金の造成）（662億円）
　・デジタル田園都市国家構想交付金（800億円）
　・マイナンバーカード普及促進（630億円）　　　　など

　その他にも、科学技術・イノベーションやIT導入補助金を含む中小企業生産性革命事業など、デジタルに関わる事業に多額の予算が割り当てられている。

＊10　内閣官房 デジタル市場競争本部 Trusted Web 推進協議会「Trusted Web ホワイトペーパー ver1.0」, 2021.
　　　<https://www.kantei.go.jp/jp/singi/digitalmarket/trusted_web/pdf/documents_210331-2.pdf>
＊11　財務省 令和4年度補正予算（第2号）
　　　<https://www.mof.go.jp/policy/budget/budger_workflow/budget/fy2022/hosei221108b.pdf>

図表(付)1-3 関係省庁の主なデジタル関連予算案（2023年度）

省庁	予算案名称	2023年度予算案（億円）	2022年度当初予算（億円）	事業目的、概要など
内閣府	科学技術イノベーション政策の戦略的推進	574.98	573.82	総合科学技術・イノベーション会議が主導する「戦略的イノベーション創造プログラム（SIP）」「研究開発とSociety5.0との橋渡しプログラム（BRIDGE）」など
	デジタル田園都市国家構想交付金	1,000	1,000	デジタルの活用などによる観光や農林水産業の振興などの地方創生に資する取組や拠点施設の整備などを支援する。
	DX地域活性化推進事業	0.85	0.95	デジタルの力を使った地域課題解決を加速しつつ地域のDX人材育成を図るため、「DXチーム」を組成し、地域へ派遣する実証を実施
	地方におけるデジタル技術を活用した取組の普及促進事業	1.41	−	デジタル田園都市国家構想の実現に向けて、デジタル技術を活用した地方の課題解決・魅力向上に向けた取組の優良事例の積極的な横展開を図り、全国各地で構想の推進に関する国民的な機運を醸成
総務省	デジタルインフラの整備	68.3	76.8	光ファイバの整備の推進、および5Gなどの携帯電話基地局の整備促進
	Beyond 5G（6G）技術戦略の推進	150.0	100.0	革新的な高速大容量、低遅延、高信頼、低消費電力、カバレッジ拡張などを可能とする次世代の情報通信インフラを実現するための研究開発、社会実装、国際標準化の推進
	量子・AI等の研究開発	403.2	395.7	グローバル量子暗号通信網の構築に向けた研究開発、量子インターネット実現に向けた要素技術の研究開発、多言語翻訳技術の高度化に関する研究開発、安全なデータ連携による最適化AI技術の研究開発など
	自治体DXの推進	3.9	5.0	自治体DXの推進施策などに関する調査検討、情報システム標準化・共通化およびセキュリティ（新たな自治体情報セキュリティ対策の在り方の検討）
	医療の情報化の推進	5.5	5.0	遠隔手術の実現に必要な通信環境やネットワークの条件などを整理。各種PHRサービスから医師が求めるPHRデータを取得するために必要なデータ流通基盤を構築
	デジタル技術を活用した郵便局と地域との連携促進	1.2	0.8	郵便局と地方公共団体などの地域の公的基盤が連携の下、デジタル技術を活用して地域課題を解決するモデルケースを創出し、全国に展開
	地域のデジタル基盤の活用の推進	1.4	−	地域の状況に応じて、効率的かつ効果的な導入・運用計画の策定、デジタル基盤整備、地域課題の解決に資する先進的ソリューションの創出などについて総合的に支援
	郵便局の取得・保有するデータの活用推進	1.2	0.8	デジタル技術を活用して地域課題を解決するモデルケースを創出する「郵便局などの公的地域基盤連携推進事業」による実証事業等を通じて、郵便局データ活用を支援
	高齢者等に向けたデジタル活用支援の推進	3.9	21.1	高齢者などのデジタル活用の不安解消に向けた「デジタル活用支援」の取組を充実化
	デジタル・シティズンシップの総合的な推進	0.3	−	全世代がICTを活用する社会実現の、すでに欧米で普及している考え方「デジタル・シティズンシップ」を総合的に推進
	自治体におけるデジタル人材の確保・定着支援事業	0.8		自治体DXや地域社会のデジタル化の推進に必要なデジタル人材の確保が円滑に進むよう、「デジタル人材確保ガイドライン」（仮称）の策定や自治体向け説明会を実施するとともに、民間人材サービス会社などと連携した伴走支援を実施
	スマートシティの推進	4.0	4.6	地域が抱えるさまざまな課題（防災、セキュリティ・見守り、買物支援など）をデジタル技術やデータの活用によって解決することを目指すスマートシティの実装を関係府省と一体的に推進

省庁	予算案名称	2023年度 予算案 (億円)	2022年度 当初予算 (億円)	事業目的、概要など
総務省	DFFTの具体的推進に向けた国際的なルール作り	24.6	2.8	信頼性のある自由なデータ流通を推進するため、議長国となる2023年のG7に向け、理念を共有する国々との連携強化と、データガバナンスの適切な枠組みについて検討。2023年に日本で開催されるインターネット・ガバナンス・フォーラムに向け、「自由で開かれた一つのインターネット空間」の維持について、同志国や国内外の関係者と連携し、国際的議論をリード
	デジタルインフラの安全性・信頼性確保	0.7	0.7	同志国との連携の下、実証事業、各国関係者とのワークショップの開催などを通じて、グローバルなデジタルインフラの安全性・信頼性を確保
	Open RAN等の5G、光海底ケーブル、ICTソリューション、放送コンテンツ、郵便、消防、行政相談、統計等の海外展開	27.9	25.2	Open RANなどの5G、光海底ケーブルをはじめとするICTインフラシステムや医療・農業などの分野におけるICTソリューションについて、案件発掘、案件提案、案件形成といった各展開ステージにおける支援の実施により、海外展開を促進
	サイバー攻撃への自律的な対処能力の向上（人材育成、研究開発、情報分析・共有基盤）	35.8	32.5	ナショナルサイバートレーニングセンターにおける人材育成、サイバーセキュリティ統合知的・人材育成基盤の構築、IoTの安心・安全かつ適正な利用環境の構築、および地域セキュリティコミュニティの強化支援
	集中的な統計改革の推進	5.4	4.6	集中的な統計改革による統計の品質確保、ユーザー視点に立った統計データの利活用促進、および統計人材の確保・育成
文部科学省	GIGAスクール運営支援センターの機能強化	10	10	「GIGAスクール運営支援センター」の整備支援のため、都道府県などが民間事業者へ業務委託するための費用の一部を国が補助
	GIGAスクールにおける学びの充実	3	4	1人1台端末環境での児童生徒の学びの充実に向けて、実践例の創出・普及、自治体への指導支援、教師の指導力向上支援の更なる強化とともに、情報モラルを含めた情報活用能力の育成およびその把握を踏まえた指導内容の改善などを一体的に実施
	次世代の学校・教育現場を見据えた先端技術・教育データの利活用推進	1	1	目指すべき次世代の学校・教育現場を見据えた上で、最先端の技術や、教育データの効果的な利活用を推進するための実証などを実施
	次世代の校務デジタル化推進実証事業	0.8	―	民間事業者を活用しつつ、教育委員会・学校現場の共通理解を得ながら次世代の校務デジタル化モデルを全国で実証。校務の棚卸・標準化を行った上で、毎年度アジャイル方式で「校務DX化ガイドライン」（仮称）の策定、「教育情報セキュリティポリシーに関するガイドライン」を改訂
	学習者用デジタル教科書普及促進事業	18	23	小・中学校などを対象にデジタル教科書の普及促進を図る。また、対象校に対してアンケート調査を実施し、マクロおよびミクロ両方の視点から導入効果や傾向・課題などの分析を行うほか、深い学びに資するデジタル教科書の効果的な活用方法などについて検討
	教育DXを支える基盤的ツールの整備・活用	6	5	全国の児童生徒・学生などにオンライン上で学習・アセスメントできる公的なCBTプラットフォームの提供、学校などを対象としたWeb調査ツールの開発、データ標準化の推進や活用促進のための仕組み構築、教育データの分析、個人情報保護などの教育データ利活用にあたり留意すべき点の整理、webの学習コンテンツの充実・活用促進や生涯学習分野の学習履歴のデジタル化に関する調査研究
	教育データサイエンス推進事業	1	0.1	国立教育政策研究所教育データサイエンスセンターにおいて、教育データや取組を共有するための基盤整備、教育データ分析・研究の推進などを実施

省庁	予算案名称	2023年度予算案（億円）	2022年度当初予算（億円）	事業目的、概要など
文部科学省	数理・データサイエンス・AI教育の推進	23	23	各大学などが数理・データサイエンス・AI教育を実施するため、数理・データサイエンス・AI教育の全国展開の推進、私立大学などにおける数理・データサイエンス・AI教育の充実、デジタルと掛けるダブルメジャー大学院教育構築事業の実施
	未来社会の実現に向けた先端研究の抜本的強化	670	635	AIなどの活用を推進する研究データエコシステム構築事業、量子コンピュータ・スーパーコンピュータの組み合わせによる研究DX基盤の高度化(TRIP)、光・量子飛躍フラッグシッププログラム(Q-LEAP)、マテリアルDXプラットフォーム実現のための取組、AIP：人工知能／ビッグデータ／ IoT ／サイバーセキュリティ統合プロジェクト
	スーパーコンピュータ「富岳」・HPCI運営	181.14	181.17	スーパーコンピュータ「富岳」を中核とし、HPCI:革新的ハイパーフォーマンス・コンピューティング・インフラ)を構築および利用推進、また自瀬田の計算基盤の在り方について調査研究を実施
厚生労働省	医療情報化支援基金による支援	289	735	「地域における医療及び介護の総合的な確保の促進に関する法律」に基づく医療分野におけるICT化を支援するための基金
	医療分野・介護分野におけるDX、医療のサイバーセキュリティ対策の推進	19	18	電子カルテ情報の標準化の推進、医療分野におけるサイバーセキュリティ対策調査、ICTの進展などを踏まえた薬局機能の高度化推進(薬局DX)、科学的介護データ提供用データベース構築など(デジタル庁計上分含む)
	人材開発支援助成金	658	698	人材開発支援助成金による企業におけるデジタル人材などの育成および事業展開などに伴う労働者のスキル習得支援
	経済社会の変化に対応した労働者個々人の学び・学び直しの支援	117	96	「教育訓練給付」において、経済社会の変化に対応した労働者個々人の学び・学び直しを支援するため、デジタル分野などの成長分野の訓練機会の拡大と働きながら受講しやすい環境の整備を図る
	公的職業訓練のデジタル分野の重点化によるデジタル推進人材の育成	86	65	公共職業訓練(委託訓練)および求職者支援訓練における民間訓練実施機関に対するデジタル分野の訓練コースの委託費の上乗せや、中小企業などの在職者に対する民間教育訓練機関を活用した生産性向上支援訓練(DX関連)による訓練機会提供
農林水産省	スマート農業の総合推進対策	12	14	環境負荷や資材の低減効果が期待できる先進的なスマート農業技術の開発・実証・産地支援
	林業デジタル・イノベーション総合対策	6	—	地域全体で林業・水産業の生産・流通などのデジタル化を推進する戦略拠点の構築
	eMAFF等によるDXの推進	38	45	農林水産省共通申請サービス(eMAFF)による行政手続の抜本的効率化(デジタル庁計上)
経済産業省	成長型中小企業等研究開発支援事業(Go-Tech事業)	133	105	特定のものづくり基盤技術およびIoT、AIなどの先端技術を活用した高度なサービスに関する研究開発や試作品開発などの取組を支援し、中小企業のものづくり基盤技術およびサービスの高度化を通じて、イノベーションによる我が国製造業およびサービス業の国際競争力の強化を図る
	チップレット設計基盤構築に向けた技術開発事業	5	—	集積回路を構成するCPUやGPUなどについて、機能ごとの複数のチップに分割製造してパッケージ化するチップレットの設計基盤構築に向けた技術開発事業
	高効率・高速処理を可能とする次世代コンピューティングの技術開発事	49	100	新原理技術により高速化と低消費電力化を両立する次世代コンピューティングなどの実現に向けて、ハードとソフト双方の技術開発を実施し、ポストムーア時代における我が国情報産業の競争力強化、再興

省庁	予算案名称	2023年度予算案（億円）	2022年度当初予算（億円）	事業目的、概要など
経済産業省	省エネAI半導体及びシステムに関する技術開発事業	34	−	効率的な情報処理のため端末側でも情報処理を行うエッジコンピューティングの高性能化を実現する省エネAI半導体およびシステムに関する技術開発事業
	省エネエレクトロニクスの製造基盤強化に向けた技術開発事業	27	26	我が国が保有する高水準の要素技術などを活用し、より高性能な省エネエレクトロニクス製品を開発、また、安定的な供給を可能とするサプライチェーンを確保することで、省エネエレクトロニクス製品の製造基盤を強化
	産業DXのためのデジタルインフラ整備事業	24	22	モビリティや空間情報、企業間取引、サプライチェーン、スマートビルなどの分野におけるアーキテクチャ設計（全体設計）やデータ連携基盤の構築
	データセンター地方拠点整備事業	0.5	−	データセンターのレジリエンス強化や電力負荷の偏在解消のため、地方の電力・通信インフラなどの整備を実施する事業者などの支援による東京圏以外におけるデータセンター拠点の整備
	サイバーセキュリティ経済基盤構築事業	20	20	企業などの経済活動におけるサイバーセキュリティ確保に向けた取組を実施し、企業における深刻な事業リスクであるサイバー攻撃などの事象への対応能力の向上など
	産業サイバーセキュリティ強靭化事業	24	−	ガイドラインなどの策定や、ソフトウェア管理の高度化、IoT製品の信頼性確保を進めるとともに、サイバーセキュリティ対策の中核を担う人材の育成などを通じて、産業界のサイバーセキュリティを強靭化
	中小企業サイバーセキュリティ対策事業	2.0	3.1	サプライチェーン全体でのサイバーセキュリティ対策を推進するため、お助け隊サービスなどのセキュリティ対策の普及、経営層も含めた中小企業の人材の意識と能力を向上し、我が国の中小企業のサイバーセキュリティ対策を強化
	無人自動運転等のCASE対応に向けた実証・支援事業	65	58	コネクテッド（Connected）、自動運転（Automated）、サービス化（Shared&Service）、電動化（Electrified）という「CASE」の技術の早期社会実装を促すことにより、運輸分野のCO_2削減に貢献
	次世代空モビリティの社会実装に向けた実現プロジェクト	31	29	ドローン・空飛ぶクルマが安全基準を満たす性能であるかを証明する手法、1人の運航者が複数のドローンを飛行させる技術およびその安全性を評価する手法の開発、空飛ぶクルマの高密度運航や自動・自律飛行に必要な技術開発、効率的な空域共有方法の開発・実証など
	革新的ロボット研究開発等基盤構築事業	10	9.5	人手不足への対応に加えて、あらゆる産業分野で「遠隔」「非接触」「非対面」を実現することが求められている状況も踏まえて、幅広い産業分野へのロボットの導入を推進
	流通・物流の効率化・付加価値創出に係る基盤構築事業	7.3	4.5	フィジカルインターネットの実現による流通・物流の効率化・付加価値創出に向け、必要な指針の策定や環境整備を推進
	地域未来DX投資促進事業	15	16	デジタル人材育成プラットフォームを通じた実践的なAI人材育成を推進
	経済産業省デジタルプラットフォーム構築事業	1.2	1.4	行政サービスについてデジタルトランスフォーメーションを進めることで、事業者の意思決定の迅速化、生産性向上、データの利活用などによる新たな価値創造を図る
	量子・AIハイブリッド技術のサイバー・フィジカル開発事業	10	−	最先端の量子・AI技術、計算資源、フィジカル領域のデータを組合わせた量子・AI融合型コンピューティングシステムのアプリケーションの開発およびユースケースの創出の推進
	ヘルスケア産業基盤高度化推進事業	8.8	−	ヘルスケア産業の発展に向けて、健康経営企業の拡大、個人の健康・医療データ（PHR）を活用して個人に最適なサービス提供を行うための事業環境の整備など

省庁	予算案名称	2023年度予算案（億円）	2022年度当初予算（億円）	事業目的、概要など
経済産業省	スポーツDX促進事業	1	—	データビジネス、DXを積極的に活用しスポーツ産業を拡大していくために、官民一体で市場環境を整備
	規制改革推進のための国際連携事業	1.3	1.2	信頼性のある自由なデータ流通（DFFT：Data Free Flow with Trust）実現のための国際枠組み構築の取組
	スマート保安導入支援事業	3	—	高圧ガス・電力・都市ガス・LPガスなどの産業保安分野におけるIoT・AI・ドローンなどを活用したスマート保安技術の導入促進
国土交通省	デジタルトランスフォーメーションの推進	39	51	社会資本の整備・維持管理などのデジタル化・スマート化、交通・物流分野の非接触化・リモート化、およびデジタルガバメントの構築の加速化
	オープンデータ・イノベーション等によるi-Constructionの推進	15	10	官民の保有する3次元データや新技術の活用拡大、現場導入、地方公共団体への普及などにより、生産性向上などを目的としたi-Constructionを推進
	スマートシティの社会実装の加速	26	15	デジタル田園都市国家構想の実現などに向けて、新技術や官民データを活用して地域の課題解決、新たな価値の創出を図るスマートシティの実装の加速化を図るとともに、その基盤となる3D都市モデルの整備などを推進
デジタル庁	準公共・相互連携分野デジタル化推進に係る経費	4.4	10.9	ユーザーに個別化したサービスを提供するため、モビリティ、インフラといった準公共分野のデジタル化やデータ連携に向けた取組を一気通貫で支援するプログラムを創設し、デジタル庁、関係府省庁および関係機関などを含めた推進体制の整備、各分野におけるデジタル化やデータ連携の実証などを実施
	情報システムの整備・運用に関する経費	4,811.9	4,600.5	ガバメントソリューションサービスやガバメントクラウドなどの各府省が共通で利用するシステム・ネットワークの整備、地方公共団体の基幹業務システムの統一・標準化を加速するための環境整備、公金受取口座の金融機関経由での登録開始にかかる環境整備、共通基盤であるマイナポータルの利便性の抜本的改善、事業者に対するオンライン行政サービスの充実などを推進

出典：各省庁2023年度予算案資料より作成

第2章

米国におけるデジタル関連制度・政策動向

米国では、従来、民間企業におけるデジタル技術の活用を肯定的に評価しており、欧州や日本のように巨大IT企業を規制する動き*12は少なかったが、近年、競争政策の観点から一部でプラットフォーマーに対する規制を強化する動きがみられ始めており、この動きがどこまで広がるか注目される。DX白書2021に掲載している以降の政策・動きとして、中国に対する規制のさらなる強化、セキュリティの強化があげられる。セキュリティは米国大統領府が示した2022年度の研究開発予算の優先事項*13の一つにあげられ、政府の重要な政策に位置づけられている。国務省(United States Department of State; DOS)にはサイバー空間の安全性、デジタル経済の推進を担当するサイバースペース・デジタル政策局(Bureau of Cyberspace and Digital Policy; CDP)が新たに設置された。一方、プラットフォーマーに対する規制に関する法案はいずれも現在も審議中であり、議会を通過していない。

AI関連では2021年1月に国家AIイニシアティブ法(The National AI Initiative Act)が制定され、産官学におけるAI取組の協働促進が図られている。DX白書2021年版以降の取組の一つとして、AIシステムに関する企業リスクと社会リスクの両方を管理するため、アメリカ国立標準技術研究所(National Institute of Standards and Technology; NIST)がAIリスクマネジメントフレームワークの作成を進めている。

また、米国では、データの独占は企業努力やイノベーションの結果として生ずるものであり、データは各事業者が自由に取扱いを決められるべきであるとの考え方が強く、データ流通を促す政策の位置づけは相対的に低い。他方で、行政や国防など政府が主体となる領域においてはデータ活用を進める動きがみられる。DX白書2021以降の政策・動きとして、データに関するプライバシー保護の強化と連邦ビッグデータ研究開発戦略計画(The Federal Big Data Research And Development Strategic Plan)の更新の準備があげられる。プライバシー保護の強化に関しては、プライバシーを保護したデータ共有推進に関する国家戦略の策定を進めており、消費者データのプライバシーを規制するAmerican Data Privacy and Protection Actの法案が下院小委員会で可決し、審議が進められている。また、ネットワーキングおよび情報技術研究開発プログラム(Networking and Information Technology Research and Development; NITRD)では2016年に策定された連邦ビッグデータ研究開発戦略計画の更新準備が進められている。

---

*12 たとえばEUの"デジタル市場法"(Digital Markets Act)"デジタルサービス法"(Digital Services Act)」や日本の「特定デジタルプラットフォームの透明性・公正性向上法」。

*13 "Fiscal Year (FY) 2022 Administration Research and Development Budget Priorities and Cross-cutting Actions" <https://www.whitehouse.gov/wp-content/uploads/2020/08/M-20-29.pdf>

1 デジタル関連の制度・政策

デジタル関連の政策・動きを図表(付)2-1にまとめた。No.1およびNo.5～8の概要を以下に説明する。

図表(付)2-1　米国のデジタル関連の政策・動き

No	政策・動き	概要
1	NITRD	1991年より実施されている情報通信分野における省庁横断型の研究プログラム。
2	Federal Cybersecurity Research and Development Strategic Plan	2019年12月に発表された、サイバーセキュリティに関する研究開発戦略。
3	Future Advanced Computing Ecosystem：A Strategic Plan	2020年11月に発表された、先進コンピューティング・エコシステムの開発戦略。
4	国家AIイニシアティブ法 (The National AI Initiative Act)	2021年1月に国家AIイニシアティブ法が制定され、科学技術政策局の下に国家AIイニシアティブオフィスを設立。
5	中国企業による製品の調達・利用に対する規制	中国系企業からの調達・取得の禁止、米国製の技術・ソフトウェアへのアクセス制限の強化。
6	プラットフォーマーに対する規制の動き	プラットフォーマーとなる巨大IT企業に対する規制法案提出などの動きがみられる。
7	サイバースペース・デジタル政策局の設置	2022年4月に国務省に新たに設置。サイバー空間の安全性、デジタル経済の推進を担当する。
8	AIリスクマネジメントフレームワーク	NISTが策定を進めており、AIに係る特有のAIリスクを管理する標準的なフレームワーク。

出典：各種公表資料を基に作成

(1) ネットワーキングおよび情報技術研究開発プログラム(NITRD)

　NITRDは1991年より実施されている情報通信分野における省庁横断型の研究プログラムである。NITRDはHigh Performance Computing Act of 1991に基づき立上げられた(当時はHigh Performance Computing and Communications Program)。1992年の予算は6億3,830万ドルであったが、2022年には約86億ドル規模と30年で10倍以上増大している[*14]。

　NITRDでは12のPCA（Program Component Area、研究対象領域）が設定[*15]されており、2021年度より新たにElectronics for Networking and Information Technology（ENIT）のPCAが追加されている。ENITでは、マイクロおよびナノエレクトロニクスの設計、アーキテクチャ、検証、およびネットワークと情報技術のハードウェア設計とテストが対象となっている。

(2) 中国企業による製品の調達・利用に対する規制

　中国企業による製品の調達・利用に対する規制が施行されている。2019年8月より、華為技術(ファーウェイ)などを含む中国系メーカー5社からの調達・取得または契約の延長、更新を禁止する規則を施

---

* 14　https://www.nitrd.gov/about/
* 15　https://www.nitrd.gov/pubs/FY2022-NITRD-NAIIO-Supplement.pdf

行*16した。そのほか、2020年7月には、国防総省（Department of Defense; DoD）、連邦調達庁（General Services Administration; GSA）、航空宇宙局（National Aeronautics and Space Administration; NASA）が、指定企業の製品を利用している企業と契約を行うことを禁止する規制*17を公表した。さらに、2020年8月には、商務省産業安全保障局（Bureau of Industry and Security; BIS）が、華為技術と関連企業に対し、米国製の技術・ソフトウェアへのアクセス制限の強化を発表*18するなど、規制を強化する動きがみられる。2021年2月には、バイデン大統領は米国重要サプライチェーン確保に関する大統領令（America's Supply Chains（EO 14017））*19を発令し、半導体や大容量蓄電池、レアアースなどの米国重要サプライチェーンに関するレポートを100日以内に提出することを命じ、6月にレポートが発表された*20。その中で同盟・友好国との協力の必要性が強調されている。今後、米国と同盟・有効国のみで重要製品のサプライチェーンを構築することを目指し、日本、韓国、オーストラリアとの首脳会談では半導体などのサプライチェーン再構築で連携することを確認*21している。2021年12月にはウイグル強制労働防止法案を可決し、新疆ウイグル産品の輸入を差し止めている*22。また、米国商務省産業安全保障局が発行している貿易上の取引制限リスト（Entity List）*23でも中国製品に対する規制が強化され、2021年11月には中国の量子コンピューティングなどに関する項目（Entity）が、12月には中国の監視技術、バイオテクノロジーなどに関する項目が追加されている。2022年10月には中国を念頭に半導体関連製品（物品・技術・ソフトウェア）の輸出管理規則（Export Administration Regulations; EAR）を強化する暫定最終規則（Interim Final Rule; IFR）が公表*24された。

（3）プラットフォーマーに対する規制の動き

米国では欧州や日本と異なりプラットフォーマーとなる巨大IT企業に対して自由な経済活動を優先してきたが、2019年以降、プラットフォーマーに対して規制を行う動きがある。2019年2月には連邦取引委員会（Federal Trade Commission; FTC）がオンラインプラットフォームを含む市場の反競争的行為を調査するタスクフォースの設置を発表した*25。2019年7月には司法省（Department of Justice; DoJ）がGAFA*26に対する独占禁止法の大規模な調査を発表し、2020年7月には、下院司法委員会でGAFAの反トラスト法に関する公聴会が開催された。2021年6月には、下院の超党派の議員がGAFAの規制を強

---

* 16　https://www.acquisition.gov/FAR-Case-2019-009/889_Part_B
* 17　https://www.federalregister.gov/documents/2020/07/14/2020-15293/federal-acquisition-regulationprohibition-on-contracting-with-entities-using-certain
* 18　https://www.federalregister.gov/documents/2020/08/20/2020-18213/addition-of-huawei-non-us-affiliates-tothe-entity-list-the-removal-of-temporary-general-license-and
* 19　https://www.federalregister.gov/documents/2021/03/01/2021-04280/americas-supply-chains
* 20　https://www.whitehouse.gov/wp-content/uploads/2021/06/100-day-supply-chain-review-report.pdf
* 21　https://www.mofa.go.jp/files/100238176.pdf
* 22　https://www.kanzei.or.jp/topic/international/2022/for20220706.htm
* 23　https://www.commerce.gov/tags/entity-list
* 24　https://www.bis.doc.gov/index.php/documents/about-bis/newsroom/press-releases/3158-2022-10-07-bis-press-release-advanced-computing-and-semiconductor-manufacturing-controls-final/file
* 25　https://www.ftc.gov/news-events/news/press-releases/2019/02/ftcs-bureau-competition-launches-task-force-monitor-technology-markets
* 26　Google（Alphabet）、Apple、Facebook、Amazon の4社の頭文字をとった略語で、米国のIT大手企業を表す。

化する法案を5件[*27]提出し1年以上経過しているがいずれも採決されていない。

（4）サイバースペース・デジタル政策局の設置

　2022年4月に国務省に新たに設置された部局で、サイバー空間の安全性、デジタル経済の推進を担当する。組織は国際サイバースペースセキュリティ（International Cyberspace Security）、国際情報通信政策（International Information and Communications Policy）、デジタルの自由（Digital Freedom）の3部門から構成される[*28]。海外とオープンで、信頼性が高く、安全なインターネットを促進するためのグローバルなイニシアティブDigital Connectivity and Cybersecurity Partnership[*29]の推進などの政策を進めている。

（5）AIリスクマネジメントフレームワーク

　AIに係る特有のAIリスクを管理するための標準的なフレームワークとしてNISTが作成中である[*30]。2023年1月に第1版[*31]が公開された。本フレームワークは、AIアクター（AIを展開または運用する組織や個人を含む、AIシステムのライフサイクルで積極的な役割を果たす人々）に、AIシステムの信頼性を高めるアプローチを提供し、AIシステムの責任ある設計、開発、展開および使用を長期的に促進するように設計されている。

2 データ関連の制度・政策

　データ関連の政策・動きを図表(付)2-2にまとめた。政策動向の1から5を以下に説明する。

図表(付)2-2　米国のデータ関連の政策・動き

No	政策動向	概要
1	Federal Data Strategy	2019年7月に発表された、行政データの活用戦略で、科学的根拠に基づいた政策立案/オープンガバメント法に基づいたもの。
2	DoD Data Strategy	2020年10月に発表された、国防総省のデータ戦略で、データ中心の(data-centric)組織への移行を目指す戦略を示したもの。
3	プライバシーに関する戦略策定	プライバシーを保護しながらデータ共有を進める国家戦略の検討を進めている。
4	American Data Privacy and Protection Act（ADPPA）	企業などが消費者データを保持および使用する方法を規制する法案で、草案が2022年7月に下院小委員会で可決。
5	連邦ビッグデータ研究開発戦略計画の更新	NITRDのビッグデータワーキンググループで連邦ビッグデータ研究開発戦略計画の更新を準備中。

出典：各種公表資料を基に作成

---

* 27　https://www.itmedia.co.jp/news/articles/2106/12/news033.html
* 28　https://www.state.gov/about-us-bureau-of-cyberspace-and-digital-policy/
* 29　https://www.state.gov/digital-connectivity-and-cybersecurity-partnership/
* 30　https://www.nist.gov/itl/ai-risk-management-framework
* 31　https://nvlpubs.nist.gov/nistpubs/ai/NIST.AI.100-1.pdf

（1）Federal Data Strategy

　米国大統領府の行政管理予算局（Office of Management and Budget; OMB）は2019年7月に、行政データの価値を最大化して行政効率化と社会活動の円滑化の両立を目指すFederal Data Strategyを公開した。行政データの活用戦略を示すもので、科学的根拠に基づいた政策立案/オープンガバメント法（Foundations for Evidence-Based Policymaking/Open Government Act）を実現するためのものである[32]。Federal Data Strategyでは10の原則とデータを活用するための40の実践事項を定め、具体的な行動計画を年次で作成している。2020年版[33]では連邦政府所有データを最大限活用するため省庁横断的な取組の推進としてChief Data Officer Council[34] を設置した。2021年度版[35]では40の実践事項に対してそれぞれ実施する11の共通のアクションを示し、政府機関が翌年に実行する必要があることを明確にしている。

（2）DoD Data Strategy

　国防総省は2020年10月に新しいデータ戦略を発表した。作戦上の利点と効率向上のため、データを高速かつ大規模に利活用するデータ中心の組織への移行を目指す戦略を示したものである。情報システムを兵器と同等の優先順位で扱う必要性を強調している。

　三つの重点領域を「すべての領域の統合」「司令官の意思決定のサポート」「データを使用したすべての段階での意思決定」とし、その他に八つの基本原則、四つの必須能力、七つの目標などが示されている[36]。

（3）プライバシーに関する戦略策定

　大統領府の科学技術政策局（Office of Science and Technology Policy; OSTP）とNITRDが協力してプライバシーを保護しながら医療、気候変動、金融犯罪などでデータ共有によるデータ活用を進めるための委員会を設置し、国家戦略の策定を進めている[37]。

（4）American Data Privacy and Protection Act（ADPPA）

　消費者データのプライバシー保護に関する包括的な規制に関する法案で、この法律が制定されるとGAFAなどの企業の消費者データ利用に制約が生じることになる。2022年7月に下院の委員会で承認され、下院本会議で審議されている[38]。

＊32　https://sparcopen.org/news/2019/white-house-releases-draft-federal-data-strategy-action-plan/

＊33　https://strategy.data.gov/assets/docs/2020-federal-data-strategy-action-plan.pdf

＊34　https://www.cdo.gov/index.html

＊35　https://strategy.data.gov/assets/docs/2021-Federal-Data-Strategy-Action-Plan.pdf

＊36　https://www.defense.gov/Newsroom/Releases/Release/Article/2376629/dod-issues-new-data-strategy/

＊37　https://www.nitrd.gov/coordination-areas/privacy-rd/ftac-appdsa-roundtable-series/

＊38　http://jolt.law.harvard.edu/digest/american-data-privacy-and-protection-act-latest-closest-yet-still-fragile-attempt-toward-comprehensive-federal-privacy-legislation、https://www.mayerbrown.com/en/perspectives-events/publications/2022/10/the-american-data-privacy-and-protection-act-is-federal-regulation-of-ai-finally-on-the-horizon

（5）連邦ビッグデータ研究開発戦略計画の更新

　NITRDのビッグデータワーキンググループで、2016年に公開された連邦ビッグデータ研究開発戦略計画[39]に対して、研究の優先分野、リスクまたは機会の新しい分野、他分野との連携などの更新の検討を進めており、2022年7月に公開情報募集[40]が行われた。

＊39　https://www.nitrd.gov/pubs/bigdatardstrategicplan.pdf
＊40　https://www.federalregister.gov/documents/2022/07/01/2022-14084/request-for-information-on-the-federal-
　　　big-data-research-and-development-strategic-plan-update

第3章

欧州におけるデジタル関連制度・政策動向

　欧州では、デジタル技術の活用によるEU域内の基盤統合および競争力強化などに向け、2015年よりデジタル単一市場（Digital Single Market）と呼ばれる戦略に基づいて環境整備が行われてきた。2019年にフォン・デア・ライエン欧州委員長の就任後、全体戦略として「欧州のデジタルの未来を形成する（Shaping Europe's digital future）」が公表され*41、「市民」「企業」「環境」の立場からDXの重要性やメリットが打ち出された。デジタル化とグリーン化を促進することが欧州では重要な政策に位置づけられている。2021年3月には、コロナ禍からの復興基金をデジタル化へ割り当てる際に、実現すべき具体的な数値目標や枠組みの設定などを定めた"2030 Digital Compass"が公表された*42。また、欧州のデジタル化を具体的に促進するため、研究開発プログラムとして2021年から2027年までのEU多年度予算の一部を拠出した"Digital Europe Programme"が実施されている。

　一方、大規模オンラインプラットフォーム事業者による不公正な活動（自社のサービスを優先したり、他社のサービスを妨げるなど）を規制する法律として、Digital Markets Act（デジタル市場法）とDigital Service Act（デジタルサービス法）を公表している。DX白書2021に掲載している以降の政策・動きとして、2022年3月にDigital Markets Actが採択され、4月にDigital Service Actが採択された。6月に行政のデジタル化を進める戦略Commission Digital Strategyが公開され、9月にネットワークのセキュリティを強化する法律Cyber Resilience Actが公表された。

　AI関連では安全面、消費者の基本的権利に係る潜在的リスクに対処するための規制枠組みの整備を進めており、2021年4月にAI活用におけるリスク規制法案Proposal for a Regulation laying down harmonised rules on artificial intelligence（AI規制法案）*43が公開された。DX白書2021以降の政策・動きとして、2022年9月にAIによって消費者・利用者に損害が生じた場合の民事賠償責任ルールを規定するAI責任指令*44が公開されている。

　データ関連の制度政策に関しては、欧州におけるデジタル単一市場の実現のためデータ流通の規則・仕組みの整備、データ活用を通じて域内のデジタル経済の成長と競争力強化のためデータ関連の制度政策が進められている。また、2020年2月に「欧州データ戦略（A European Strategy for Data）」が公表され、現在はその戦略に従い、具体的な政策パッケージとして「欧州データガバナンス規制法（Regulation on data governance）」*45などが発表されている。欧州データ戦略の具体的な政策としては、2022年2月にデータの利用方法に関する法律Data Act（データ法）を採択し、データ使用に関するルールを明確にすることで活用環境を整備し、戦略的な特定の分野でデータ共有のインフラとフレー

＊41　https://ec.europa.eu/info/strategy/priorities-2019-2024/europe-fit-digital-age/shaping-europe-digital-future_en

＊42　https://ec.europa.eu/info/strategy/priorities-2019-2024/europe-fit-digital-age/europes-digital-decade-digital-targets-2030_en

＊43　https://digital-strategy.ec.europa.eu/en/library/proposal-regulation-laying-down-harmonised-rules-artificial-intelligence

＊44　https://ec.europa.eu/info/files/proposal-directive-adapting-non-contractual-civil-liability-rules-artificial-intelligence_en

＊45　https://digital-strategy.ec.europa.eu/en/policies/data-governance-act

ムワークを整備したデータ空間である「欧州共同データスペース(Common European data space)」*46
の整備を進め、欧州におけるデータ主導のイノベーションを推進している。

1 デジタル関連の制度・政策

デジタル関連の政策・動きを図表(付)3-1にまとめた。以下、主な政策・動きNo.1からNo.3、No.6から
No.12を以下に述べる。

図表(付)3-1　欧州のデジタル関連の政策・動き

No	政策・動き	概要
1	Digital Single Market (デジタル単一市場)	2015年5月に発表された、欧州内のデジタル市場統合を目指す戦略。
2	Shaping Europe's digital future (欧州のデジタルの未来を形成する)	フォン・デア・ライエン委員長下で2020年2月に発表された、欧州のデジタルの未来を示すコミュニケーション(政策文書)。
3	2030 Digital Compass	2021年3月に発表された、今後10年を「デジタルの10年(Digital Decade)」と位置づけ、欧州の目指す目標を定めたコミュニケーション(政策文書)。
4	Digital Europe Programme	欧州のデジタル化を促進するため2021年度から2027年度までの多年度予算から設立された研究開発プログラム*47。
5	White Paper on Artificial Intelligence　(AI白書)	デジタル政策の方針を示す政策指針の具体的な施策の一環として公表。欧州における「信頼性」および「安全性」を備えたAIの発展を実現するための政策が示されている。
6	Digital Markets Act (デジタル市場法)	2020年12月に公表された、大規模オンラインプラットフォーム事業者に対する禁止・義務事項を定める法律。
7	Digital Service Act (デジタルサービス法)	2020年12月に公表された、大規模オンラインプラットフォーム事業者に対する違法コンテンツなどに係わる法律。
8	Cybersecurity Policies (サイバーセキュリティ政策)	2020年12月に、新たなサイバーセキュリティ政策を公表。
9	Proposal for a Regulation laying down harmonised rules on artificial intelligence (AI規制法案)	2021年4月に公表された、AI活用におけるリスクに関する法案。
10	European Commission Digital Strategy	2022年6月に公開された、EU加盟国の行政のデジタル化を進める戦略。
11	Artificial Intelligence Liability Directive（AILD) (AI責任指令)	2022年9月に公表された、AIによって消費者・利用者に損害が生じた場合の民事賠償責任ルールを規定する指令。
12	Cyber Resilience Act	2022年9月に公表された、ネットワーク接続された機器とソフトウェアのセキュリティを強化する法律。

出典：各種公表資料を基に作成

＊46　http://dataspaces.info/common-european-data-spaces/#page-content
＊47　初期の予算規模は総額76億ユーロであった。2022年2月に半導体法によって「半導体」分野が追加され、
　　　16.5億ユーロの予算が追加されている。

（1）Digital Single Market

　欧州におけるデジタル政策は、2015年の"デジタル単一市場"戦略に端を発する。デジタル単一市場とは、EU加盟国間で分断されているデジタル市場の統合を目指すもので、電子商取引（eコマース）簡便化に関する統一ルールのほか、個人情報保護、サイバーセキュリティ、オンラインプラットフォームなど、デジタル市場形成のための環境整備が進められてきた。

　本戦略は以下の三つの柱から構成される。

> 1. アクセス（域内全体のデジタル商品やサービスへの消費者や企業のアクセス向上）
> 2. 環境（デジタルネットワークと革新的なサービスが繁栄する市場環境を整備）
> 3. 経済と社会（デジタル経済の成長ポテンシャルを最大化）

（2）Shaping Europe's digital future

　フォン・デア・ライエン次期欧州委員長（当時）が公表した2019年〜2024年までの政策優先事項で、デジタル技術の推進やデジタル変革（Digital Transformation; DX）に係る政策は、"デジタル時代にふさわしい欧州"（A Europe fit for the digital age）として、優先事項の一つとされ重点的に取組まれており、2020年2月に、その具体的な内容を示すコミュニケーション（政策文書）[48]として、「欧州のデジタルの未来を形成する」（Shaping Europe's digital future）が公表された。

　本戦略では、デジタル技術の開発とカーボンニュートラルに向けたデジタル技術活用のアプローチが盛り込まれている。特徴として、「環境」がデジタル戦略において実現すべき目標として取り上げられており、政策全体の目標のうち"A European Green Deal"の実現への寄与が強調されていることから、企業などにおける経済活動においても、今後いっそう同分野の重要性が高まっていくことが見込まれる[49],[50]。

（3）2030 Digital Compass

　2021年3月には、"2030 Digital Compass: the European way for the Digital Decade"（2030デジタルコンパス：デジタルの10年に向けた欧州の方法）と題したコミュニケーションが公表された。今後10年を「デジタルの10年（Digital Decade）」と位置づけ、欧州のデジタル主権を目指すための目標が示されている。デジタル化の数値目標は「デジタルリテラシーの向上と高度デジタル人材の育成」「安全・高性能・接続可能なデジタルインフラの整備」「ビジネスのデジタル技術活用」「公的サービスのデジタル化」の

---

* 48　法案の提出に先立ち、政策方針を説明した指針として欧州委員会が公表する文書を指す。

* 49　EU加盟国とノルウェー・アイスランド各国政府が環境のためのデジタル技術の使用を加速する宣言へ署名した。
　　　<https://digital-strategy.ec.europa.eu/en/news/eu-countries-commit-leading-green-digital-transformation>

* 50　26の企業が、DIGITALDAY 2021において欧州グリーンデジタル連合を設立し、環境に配慮したデジタル技術やサービス開発等に投資を行うことなどを示した。
　　　<https://digital-strategy.ec.europa.eu/en/news/companies-take-action-support-green-and-digital-transformation-eu>

観点から2030年までの目標があげられている[51]。

また本目標達成のためのデジタル化には巨額の予算が必要となることから、新型コロナウイルス感染症からの復興のための政策「復興レジリエンス・ファシリティー（Recovery and Resilience Facility; RRF）」[52]の活用とともに、大規模プロジェクトに関しては、EUと加盟国の予算の共同利用や民間からの投資を促進する「複数国プロジェクト（Multi-Country Project）」を提案することも示された。

(4) Digital Markets Act(デジタル市場法)

「ゲートキーパー」[53]として認定された大規模オンラインプラットフォーム事業者に対し、自社の提供するサービスやデータの取扱いに関する禁止義務やデジタル企業の買収時の事前通知などの規制を定める「デジタル市場法（Digital Markets Act）」の法案を2020年12月に公表[54]し、2022年3月に採択された。

(5) Digital Service Act(デジタルサービス法)

大規模なオンラインプラットフォーム事業者に対して、違法コンテンツの流通や意図的な情報操作などに対するリスク評価を実施し、それに応じたコンテンツの修正や広告表示の制限など、合理的な範囲での効果的なリスク緩和措置を求める「デジタルサービス法（Digital Service Act）」の法案を2020年12月に公表[55]し、2022年4月に採択された。

(6) Cybersecurity Policies(サイバーセキュリティ政策)

2020年12月に、サイバー脅威に対する欧州のレジリエンスを強化し、信頼できるサービスやデジタルツールの恩恵を受けられるようにすることを目指し、新たなサイバーセキュリティ政策を公表[56]した。また、他には個別の取組として、"ネットワークおよび情報システムのセキュリティに関する指令"（Network and Information Systems Directive; NIS Directive）の見直し[57]や、復興基金からサイバーセキュリティへの追加投資などが打ち出されている。

---

* 51 欧州委員会 "Europe's Digital Decade: digital targets for 2030"
  <https://ec.europa.eu/info/strategy/priorities-2019-2024/europe-fit-digital-age/europes-digital-decade-digital-targets-2030_en>
* 52 コロナ禍に対するEU加盟国への復興支援策で2021年から2027年まで総額7,238億ユーロの規模となっている。デジタル化に係る施策へは1,495億ユーロの予算を確保する見通し。
  <https://ec.europa.eu/info/strategy/recovery-plan-europe_en>
* 53 「門番」を意味する言葉で、強力な経済的地位を持ち、域内市場に大きな影響を与える、市場と消費者の仲介者を指す。
* 54 https://ec.europa.eu/info/strategy/priorities-2019-2024/europe-fit-digital-age/digital-markets-act-ensuring-fair-and-open-digital-markets_en
* 55 https://ec.europa.eu/info/strategy/priorities-2019-2024/europe-fit-digital-age/digital-services-act-ensuring-safe-and-accountable-online-environment_en
* 56 https://digital-strategy.ec.europa.eu/en/policies/cybersecurity-policies
* 57 https://digital-strategy.ec.europa.eu/en/policies/nis-directive

（7）Proposal for a Regulation laying down harmonised rules on artificial intelligence（AI規制法案）

2021年4月に公表され[58]、AIに関する欧州の初めての法的枠組みとなる。AIの特定の用途に関するリスクに関する法律で、リスクを複数のレベルに分類し、レベルごとにリスクに応じたAIシステムに求められる安全要件、禁止事項や認証制度を定めている。AIの信頼性を高め、優れたAIエコシステムを構築し、欧州のAIの競争力強化を目指すものである。

（8）European Commission Digital Strategy

2022年6月に採択された行政のデジタル化を進めるデジタル戦略[59]で、新型コロナウイルス感染症によるパンデミック後の2030年までの戦略を示している。欧州委員会が次世代のデジタル委員会（Next Generation Digital Commission）となるため、「デジタル文化」「デジタルレディのEU戦略立案」「ビジネストランスフォーメーション」「シームレスなデジタル環境」「グリーンでセキュアで回復性の高いインフラ」を戦略目標として掲げており、職員のデジタルスキル習得を進め行政を全面デジタル化することで欧州の行政におけるDXを加速させることを目指している。

（9）Artificial Intelligence Liability Directive（AILD）（AI責任指令）

2022年9月に公表され、製造物責任指令改正と合わせて提案された[60]。AIの利用に関するリスクに対応するための法的枠組みの整備として、域内ごとに異なる民事制度を規制する役割がある。AIによって消費者・利用者に損害が生じた場合の民事賠償責任ルールを規定しており、AIシステムによって引き起こされた損害に関する立証責任を軽減し、被害者（個人または企業）に対するより広範な保護を確立し、AI利用環境整備を促進する。

（10）Cyber Resilience Act

2022年9月に公表された、デジタル要素を有するネットワーク接続された機器とソフトウェアのセキュリティを強化する法律である[61]。2021年に世界のサイバー犯罪に対する推定年間コストは5.5兆ユーロと多額のコストが発生しているとしており、サイバーセキュリティ規則を強化するために制定された。広く欧州市場で販売される製品、部品およびサービスが対象となり、製品の設計、開発、製造の全ライフサイクルを通じてのセキュリティに関する要件を広く定めている。違反した場合には罰金として1,500万ユーロまたはグローバル年間売上高の2.5%のいずれか高い方が科される可能性がある。

* 58 https://digital-strategy.ec.europa.eu/en/library/proposal-regulation-laying-down-harmonised-rules-artificial-intelligence
* 59 https://ec.europa.eu/info/publications/EC-Digital-Strategy_en
* 60 https://ec.europa.eu/commission/presscorner/detail/en/ip_22_5807
* 61 https://digital-strategy.ec.europa.eu/en/library/cyber-resilience-act

2 データ関連の制度・政策

データ関連の主な政策・動きを図表(付)3-2にまとめた。主な政策・動きであるNo.3、No.5を以下に述べる。

図表(付)3-2 欧州のデータ関連の政策・動き

No	政策・動き	概要
1	GDPR（一般データ保護規則）	2018年5月に施行された、個人データを保護する規則。
2	GAIA-X	2019年10月に公表された、欧州独自のデータ基盤の構築構想。
3	European Strategy for Data（欧州データ戦略）	2020年2月に公表された、データ経済に向けた戦略。
4	Regulation on data governance（欧州データガバナンス規制法案）	2020年11月に公表された、A European Strategy for Dataの具体的な政策パッケージ。
5	Data Act（データ法案）	2022年2月に提案されたデータへの公正なアクセスと使用に関する規則案。

出典：各種公表資料を基に作成

（1）European Strategy for Data

EUは2020年2月、「欧州データ戦略（European Strategy for Data）」を公表した[*62]。同戦略では、「欧州単一市場全体でのデータ活用」「生産性向上」「競争市場の拡大」「透明性のあるガバナンス」「公共サービスの改善」など、データ経済への包括的なアプローチへの寄与が図られている。また、戦略の中で「欧州共同データスペース（Common European data space）」という概念を掲げており、域内でのデータを管理しながら、より多くのデータを経済や社会で活用することを目指している。データ・スペースの整備によって、データが信頼できる安全な方法で交換できるようになり、法的および技術的障壁を乗り越えデータ共有が進むことが期待され、デジタル庁「データ戦略推進ワーキンググループ」でも参考とされている[*63]。

（2）Data Act（データ法）

2022年2月に提案されたデータへの公正なアクセスと使用に関する規則[*64]で、欧州データ戦略の具体的な政策の一つである。IoTデバイスから生成されるデータの使用に関するルールを明確にし、より多くのデータを社会全体で活用できる環境の整備を目指す。

＊62 https://digital-strategy.ec.europa.eu/en/policies/strategy-data
＊63 https://www.digital.go.jp/assets/contents/node/basic_page/field_ref_resources/541c6d41-59b2-4017-8b06-833f7483fdc8/f080f14b/20221221_meeting_data_strategy_outline_01.pdf
＊64 https://digital-strategy.ec.europa.eu/en/policies/data-act

第4章

中国におけるデジタル関連制度・政策動向

　2022年10月16日、中国では中華人民共和国共産党の第二十次全国代表大会が開かれ、習近平総書記がスピーチを行い、「第二の百年奮闘目標」へ向ける中国の経済・社会発展の行動指針を発表した。その中でDX関連では、「ネットワーク強国」と「デジタルチャイナ」の発展目標をもう一度強調した上で、現代化産業体系構築、対外貿易、教育、文化などの分野におけるデジタル技術との更なる融合を通して、「科学技術イノベーション体系の健全化」「イノベーション駆動型発展戦略の加速化」を推進すると抱負を語った。このような政権党の指針に基づき、中国政府も2021年以来、新しいデジタル関連政策を連発してきた。ここでは、図表（付）4-1の示す通り、先進技術制度政策群の第二段階にある「細分化科学技術発展計画」の政策制定動向（青文字がDX白書2021掲載からの更新内容）を「デジタル関連制度政策」「データ関連制度政策」として説明する。

図表(付)4-1　デジタル関連制度政策群

段階	分類	位置付け	2021～2025	2026～2035	2036～2050
第一段階	四大国策	スローガン的存在	❶「中華人民共和国の国民経済及び社会発展に関する第十四次五カ年計画と2035ビジョン目標綱要」 ❷「中国製造2025」 ❸「国家中長期科学技術発展規画綱要（2021-2035年）」※編成中 ❹「国家イノベーション駆動発展戦略綱要」		
第二段階	細分化科学技術発展計画	マスタープラン的存在	❶「第十四次五カ年計画 デジタル経済発展計画」 ❷「第十四次五カ年計画 情報化と工業化を深く融合させる発展計画」 ❸「第十四次五カ年計画 インテリジェントマニュファクチャリング発展計画」 ❹「企業技術イノベーション能力向上行動案（2021～2023）」 デジタル関連制度政策 ❺「第十四次五カ年計画 ビッグデータ産業発展計画」 ❻「第十四次五カ年計画 情報通信産業発展計画」など データ関連制度政策		
第三段階	各政府機関の科学技術政策	アクションプラン的存在	技術分野別に政策編成		

出典：複数の公開情報を基に作成

1 デジタル関連制度政策

（1）第十四次五カ年計画　デジタル経済発展計画

　2022年1月、第十四次五カ年計画（2021年〜2025年）におけるデジタル経済発展段階の特徴である「応用のアップグレード、発展の規範化、包括的でみんなが共有可能」に向けて、データ資源、現代的情報ネットワーク、情報通信技術の融合と応用、デジタル経済の関連利害者・イベント・環境に対する総合的統制の方針を決める目的で、国務院により「第十四次五カ年計画　デジタル経済発展計画」が発表された。同計画では、図表（付）4-2に示す八つの指標で、2020年の実績値と2025年の目標値を設定している。

図表（付）4-2　「第十四次五カ年計画　デジタル経済発展計画」の目標

評価指標	2020年実績	2025年目標
GDPに占めるデジタル経済の割合	7.8%	10%
IPv6アクティブユーザー数	4.6億人	8億人
千M帯域幅ブロードバンドユーザー数	640万人	6,000万人
ソフトウェア・情報技術サービス産業市場規模	8.16兆人民元	14兆人民元
工業用インターネット応用普及率	14.7%	45%
全国オンライン小売額	11.76兆人民元	17兆人民元
eコマース取引額	37.21兆人民元	46兆人民元
オンライン政務サービス実名登録ユーザー数	4億人	8億人

出典：「第十四次五カ年計画　デジタル経済発展計画」を基に作成

そのうえで、図表(付)4-3の取組(八つの大項目、26の中項目、11の強化プロジェクト)を行うことで上記目標の実現を目指している。

図表(付)4-3 「第十四次五カ年計画 デジタル経済発展計画」の取組構造

大項目	中項目	強化プロジェクト名
1. デジタル基盤の最適化とアップグレード	①情報ネットワーク関連インフラ建設の加速化	1)情報ネットワークインフラ最適化アップグレード
	②「雲網協同*65」と「算網融合*66」の発展推進	
	③インフラの知能的アップグレードの漸進的推進	
2. データ要素(Data element)機能の十分な発揮	④データ要素の高品質的供給の強化	2)データ品質向上
	⑤市場化規則に基づいたデータ要素流通の快速化	3)データ要素市場育成モデル事業
	⑥データ要素の開発利用メカニズムの革新	
3. 産業デジタル化の全力推進	⑦企業におけるデジタル化転換の加速化	
	⑧重点産業におけるデジタル化転換の全面的進化	4)重点業界のDXアップグレード
	⑨産業パークと産業集積地におけるデジタル化転換の推進	
	⑩デジタル化を支えるサービス生態の育成	5)DXをサポートするサービス環境の育成
4. デジタル産業化の加速化	⑪コア技術の革新能力の強化	6)デジタル技術イノベーション突破
	⑫コア産業の競争力向上	
	⑬新業態・新モデルの育成の加速化	7)デジタル経済業態育成
5. 公共サービスのデジタル化水準の持続的向上	⑭「インターネット+政務サービス」の効率向上	
	⑮社会サービスの包括的デジタル化水準の向上	8)社会サービスデジタル化アップグレード
	⑯都市・農村のデジタル融合の推進	9)新型スマートシティ・デジタル農村建設
	⑰「スマートシャアリング」的新型デジタルライフの構築	
6. デジタル経済統制体系の健全化	⑱協同的統制・監督管理メカニズムの強化	
	⑲政府のデジタル化統制能力の強化	10)デジタル経済ガバナンス能力アップ
	⑳多元化した協同統制局面の健全化	11)マルチ協同型ガバナンス能力アップグレード
7. デジタル経済のセキュリティ体系の強化	㉑ネットワークセキュリティ防護能力の強化	
	㉒データ安全性水準の向上	
	㉓各種リスクの的確で有効的な予防	
8. デジタル経済の国際協力の効率的開拓	㉔貿易デジタル化発展の加速化	
	㉕「デジタル・シルクロード」の発展進化の推進	
	㉖良好な国際協力環境の積極的構築	

出典:「第十四次五カ年計画 デジタル経済発展計画」を基に作成

図表(付) 4-3に示した11の強化プロジェクトの概要を図表(付)4-4に示す。

---

* 65 雲網協同:Cloud-network coordination のことで、クラウドとネットワークの協同化を指す。
* 66 算網融合:Computing and Network Convergence のことで、コンピューティングシステムとネットワークの融合を指す

強化プロジェクト	主な取組
1)情報ネットワークインフラ最適化アップグレード	・光ファイバ網の容量拡大とスピードアップ ・5Gネットワークの大規模な拡張の加速化 ・IPv6の大規模な改造・応用の推進 ・宇宙空間情報インフラのアップグレード加速化
2)データ品質向上	・基盤となるデータ資源の確実性向上 ・データサービス・プロバイダーの育成 ・データ資源の標準事業の推進
3)データ要素市場育成モデル事業	・データ権益認定と定価サービス試験の展開 ・データ流通におけるデジタル技術の応用 ・データ取引プラットフォームの育成
4)重点業界のDXアップグレード	・インテリジェント農業・インテリジェント水利事業の推進 ・工業産業におけるデジタル化転換のモデル事業の展開 ・インダストリアル・インターネットの革新発展の加速化 ・ビジネス領域におけるデジタル化水準の向上 ・インテリジェント物流の発展強化 ・金融領域におけるデジタル化転換の加速化 ・エネルギー領域におけるデジタル化転換の加速化
5)DXをサポートするサービス環境の育成	・デジタル化・ソリューションベンダーの育成 ・デジタル化転換促進センターの構築 ・DXサポートサービスの供給体系の革新
6)デジタル技術イノベーション突破	・コア技術の弱みの補強 ・優位性技術の供給強化 ・時代を先取りした最先端技術*67の融合・革新
7)デジタル経済業態育成	・新興オンラインサービス*68の持続的拡大 ・シェアリングエコノミーの発展進化 ・インテリジェンス・エコノミー*69の奨励 ・個人事業者に対するデジタル技術の誘導
8)社会サービスデジタル化アップグレード	・インテリジェンス教育の推進 ・デジタル化ヘルスケア・サービスの加速化 ・デジタル化を通して文化産業と旅行産業の融合 ・インテリジェンス・コミュニティの推進加速化 ・社会保障サービスのデジタル化水準の向上
9)新型スマートシティ・デジタル農村建設	・新型スマートシティ建設の漸進的推進 ・新型スマートシティの統括企画・建設運営の強化 ・「情報恵農*70」の水準向上 ・農村部統制水準のデジタル化
10)デジタル経済ガバナンス能力アップ	・デジタル経済の統計・モニタリングの強化 ・重要課題の研究・判断とリスク早期警告 ・デジタルサービスの監督管理体系の構築
11)マルチ協同型ガバナンス能力アップグレード	・プラットフォームの統制強化 ・産業自粛の誘導 ・市場の主体となる利害者の保護 ・社会的参画規制の健全化

出典:「第十四次五カ年計画 デジタル経済発展計画」を基に作成

* 67 ここでは、次世代モバイル通信、量子情報、ニューロチップ、脳型知能（Brain inspired Intelligence）、DNAデータストレージ、第三世代チップなどを指す。
* 68 ここでは、インターネット医療サービス、介護サービス、電子契約書、電子印鑑、電子サイン、電子認証などを指す
* 69 ここでは、スマート団地、スマート商圏、スマートパーク、スマートファクトリー、自動運転、無人配送、スマート駐車等を指す。
* 70 信息恵農：農業発展に寄与できる情報

(2) 第十四次五カ年計画　情報化と工業化を深く融合させる発展計画

2021年11月、図表(付) 4-4に示した強化プロジェクトの「4)重点業界のDXアップグレード」とも関連して、工業における情報化の融合発展を促進するよう、工業・情報化部では、「第十四次五カ年計画　情報化と工業化を深く融合させる発展計画」*71を制定・公布した。同計画では、五つの主要任務、五つの重点専門行動、41の取組、三つの強化プロジェクトを行うことで目標の実現を目指している。

(3) 第十四次五カ年計画　インテリジェントマニュファクチャリング発展計画

2021年12月、現段階の四大国策の一つである「中国製造2025」の目標達成を目指すべく、八つの政府機関が共同で、「第十四次五カ年計画　インテリジェントマニュファクチャリング発展計画」*72を発表した。タイトルのとおり、同計画は所定年商規模(2,000万人民元以上)の製造業企業や、重点分野の基幹企業を対象に、2025年末までの発展目標(デジタル化・ネットワーク化の浸透率、モデル工場構築数、国家標準制定件数、インダストリアル・インターネット・プラットフォーム構築数など)を目指して、四つの主要任務、六つの強化プロジェクトを行うことで上記目標の実現を目指している。主要任務には、個別の強化プロジェクトも設定されている仕組みである。

(4) 企業技術イノベーション能力向上行動方案(2022〜2023)

2022年8月、中国企業全体の技術イノベーション能力向上を図り、財政面から直接的な補助を与えるべく、科学技術部と財政部は共同で、「企業技術イノベーション能力向上行動方案(2022 〜 2023)」*73を発表した。ただし、具体的な補助金額については、言及しておらず、今後の実施細則で具現化するか、非公開となる可能性があるとみられている。

＊ 71　http://www.gov.cn/zhengce/zhengceku/2021-12/01/content_5655208.htm
＊ 72　http://www.gov.cn/zhengce/zhengceku/2021-12/28/content_5664996.htm
＊ 73　https://www.most.gov.cn/xxgk/xinxifenlei/fdzdgknr/qtwj/qtwj2022/202208/t20220815_181875.html

2 データ関連制度政策

2021年9月以降、新たに発表された以下のデータ関連政策の内容を整理して報告する。

（1）第十四次五カ年計画　ビッグデータ産業発展計画

2021年11月、工業和情報化部では、「第十四次五カ年計画　ビッグデータ産業発展計画[74]」を発表した。本レポートで同計画を取り上げるのは、今回が初めてだが、実際、これは2016年12月に発表された「ビッグデータ産業発展計画（2016 ～ 2020年）」[75]のアップデートバージョンであり、5年間経過した後の新しい課題と取組を取入れている。

両計画を比較すると、後者は以下のように的を絞った取組を通して、技術的な指標よりもリアル社会における実践的な応用へと方向修正していると考えられる。

・分野別にそれぞれの産業の特徴に合わせた細分化応用
・中小企業モチベーション向上
・重点企業向け「フォローアップ・サービス」
・中国全体のビッグデータ関連製品・サービス事業の売上高を前者の3倍増（3兆元）、同平均成長率を前者の30％から25％へ修正
・データエレメント[76]市場育成を含めて、どんな企業でも利用しやすい産業環境作り
・普及から応用へと進化

（2）第十四次五カ年計画　情報通信産業発展計画

2021年11月、工業和情報化部では、「第十四次五カ年計画　情報通信産業発展計画」[77]を発表した。これは、主に大型の産業用5G技術の国内全面展開を狙う政策であり、「製造強国＋デジタル強国」のスローガンを挙げている。同計画は、「国際先進レベルの通信インフラ」「データと計算インフラの能力アップ」「ITインフラの融合で、重点技術の突破的進歩」「デジタル化応用水準の大幅アップ」「業界管理、ユーザー権利保障能力の躍進」「ネットワークセキュリティやデータセキュリティ保証能力の効率的向上」「グリーン発展水準のさらなる向上」という七つの発展目標を掲げている。この達成のため、「全体規模（売上高、投資額など）」「インフラ（5G基地局数、計算力、10G-PON端末数など）」「エコ・省エネ（エネルギー消耗減少率、電力利用効率など）」「応用普及（通信接続端末数、5Gユーザー数、千M帯域幅ブロードバンドユーザー世帯数など）」「革新発展（基盤研究開発投資率など）」「包括的共有（行政村の5G到達率、電信サービス満足率など）」の六つの取組を突破口に、計20件の2025年発展指標を2020年実績に基づいて設定している。

---

* 74　https://www.miit.gov.cn/jgsj/ghs/zlygh/art/2022/art_5051b9be5d4740daad48e3b1ad8f728b.html
* 75　https://www.miit.gov.cn/jgsj/xxjsfzs/zlgh/art/2020/art_fa5c0abf3c7442cb89fcf37d8f311aa6.html
* 76　IT業界においては、項目の意味や、値の範囲を定義するテーブル項目属性のことを指すのが一般的であるが、ここでは、人間活動による発生される共有可能、複製可能、無限供給可能なビッグデータのことを指し、デジタル経済のコア資源とみなすことができる。
* 77　http://www.gov.cn/zhengce/zhengceku/2021-11/16/content_5651262.htm

（3）法規制動向

　中国ではDXを推進するに際し、データ漏洩、データ濫用、個人情報の不正収集、サイバー攻撃など、セキュリティに係る問題が多発していた。そのため、データ統制の合法性を規制するために、これまで一連の法律が発表された。2021年9月以降、新たにアップデートされた法規制の概要を図表(付)4-5に示す。

図表(付)4-5　DX推進の関連法律動向

No.	法律名	発表機関	発表時期	内容概要
①	暗号法（密碼法）*78	第十三届全国人民代表大会常務委員会第十四次会議	2019/10/26	インターネット情報の安全を確保するための暗号の分類(コア暗号、普通暗号、商用暗号の3種類)や管理措置を決定したもの
②	重要情報インフラ安全保護条例*79	国務院	2021/8/17	重要情報インフラの定義、認定規則の考慮要因、運営業者義務、罰則など規定した。海外での不正行為に対する制裁内容の削除、軍事関連重要インフラに関する取組の変更など、2017年7月のハブコメ版を大きく再編した。
③	個人情報保護法*80	第十三届全国人民代表大会常務委員会第三十次会議	2021/8/20	2020年10月の1回草案審査、2021年4月の2回草案審査を経て、正式法律となった。前版に比べて、1)規制対象の追加、2)データ取扱い範囲の追加、3)データ取扱いの非正規行為の定義明記、4)個人情報取扱い条件の追加、5)個人情報に基づく取引条件の無差別化、6)敏感な個人情報定義の追加、7)個人情報の越境提供も規制対象と追加するなど、新たな内容を更新
④	ネットワーク安全審査方法*81	国家互聯網情報弁公室など13の政府機関	2022/1/4	重要情報インフラ運営者の製品・サービス調達活動、ネットワークプラットフォーム運営者のデータ処理活動に関する事前審査制度を規定したもので、100万人以上の個人情報を保有するネットワークプラットフォーム運営者が海外でIPOを申し込む際、上記申請を義務化し、事前審査制へと切り替えた。配車サービスのDIDIの海外IPOによる国家秘密漏洩リスクの再発を懸念した措置とみられている。
⑤	科学技術倫理統制の強化に関する意見*82	国務院弁公庁	2022/3/20	国家レベルで科学技術倫理統制の指針を示す初の政策で、1)善良な利用意図、2)制御可能なリスク防止、3)他国に依存しない独自性の三つに着眼。科学技術倫理統制の目標、原則、管理体制、制度保障、管理強化、教育宣伝など大枠を決定

出典：複数の公開情報を基に作成

＊78　http://www.npc.gov.cn/npc/c36798/201910/6f7be7dd5ae5459a8de8baf36296bc74.shtml
＊79　http://www.gov.cn/zhengce/content/2021-08/17/content_5631671.htm
＊80　http://www.npc.gov.cn/npc/c30834/202108/a8c4e3672c74491a80b53a172bb753fe.shtml
＊81　http://www.cac.gov.cn/2022-01/04/c_1642894602182845.htm
＊82　http://www.gov.cn/zhengce/2022-03/20/content_5680105.htm

DX白書有識者委員会(敬称略、五十音順)

委　員　長	羽生田 栄一	株式会社豆蔵 取締役　HDグループ　CTO
委　　　員	石黒 不二代	ネットイヤーグループ株式会社 取締役　チーフエヴァンジェリスト
委　　　員	浦本 直彦	三菱ケミカルグループ株式会社 データ＆先端技術部　部長
委　　　員	大和田 尚孝	株式会社日経BP 総合研究所　イノベーションICTラボ　所長
委　　　員	片倉 正美	EY新日本有限責任監査法人 理事長
委　　　員	沢渡 あまね	あまねキャリア株式会社 代表取締役CEO
委　　　員	中島 秀之	札幌市立大学 学長
委　　　員	松岡 剛志	一般社団法人日本CTO協会 代表理事 コインチェック株式会社　執行役員 CTO
委　　　員	三谷 慶一郎	株式会社エヌ・ティ・ティ・データ経営研究所 執行役員　エグゼクティブ・コンサルタント
委　　　員	山本 修一郎	名古屋国際工科専門職大学 教授

DX白書有識者委員会オブザーバー

経済産業省　商務情報政策局　情報技術利用促進課

経済産業省　商務情報政策局　情報産業課

特定非営利活動法人ITコーディネーター協会

公益社団法人経済同友会

一般社団法人新経済連盟

一般社団法人組込みシステム技術協会

一般社団法人情報サービス産業協会

国立研究開発法人新エネルギー・産業技術総合開発機構

一般社団法人電子情報技術産業協会

日本商工会議所

一般社団法人日本情報システム・ユーザー協会

独立行政法人情報処理推進機構

執筆者（敬称略、五十音順、所属名・役職は当時のもの）

第1部　総論
独立行政法人情報処理推進機構　社会基盤センター　イノベーション推進部
加藤喜章（専門委員）、遠山真、安田央奈

第2部　国内産業における DX の取組状況の俯瞰
独立行政法人情報処理推進機構　社会基盤センター　イノベーション推進部
遠山真

第3部　企業 DX の戦略
独立行政法人情報処理推進機構　社会基盤センター　イノベーション推進部
加藤喜章（専門委員）、安田央奈

第4部　デジタル時代の人材
独立行政法人情報処理推進機構　社会基盤センター　イノベーション推進部
加藤喜章（専門委員）、神谷幸枝

第5部　DX 実現に向けた IT システム開発手法と技術
独立行政法人情報処理推進機構　社会基盤センター　イノベーション推進部
遠藤幸生、加藤喜章（専門委員）、古明地正俊、遠山真、山本雅裕（専門委員）

コラム（敬称略、五十音順、所属名・役職は当時のもの）

石黒不二代　　ネットイヤーグループ株式会社　取締役　チーフエヴァンジェリスト
浦本直彦　　　三菱ケミカルグループ株式会社　データ＆先端技術部　部長
大和田尚孝　　株式会社日経BP　日経BP　総合研究所　イノベーションICTラボ　所長
沢渡あまね　　あまねキャリア株式会社　代表取締役CEO
中島秀之　　　札幌市立大学　学長
羽生田栄一　　株式会社豆蔵　取締役　HDグループ　CTO
三谷慶一郎　　株式会社エヌ・ティ・ティ・データ経営研究所　執行役員
　　　　　　　エグゼクティブ・コンサルタント
山本修一郎　　名古屋国際工科専門職大学　教授
安田央奈　　　独立行政法人情報処理推進機構　社会基盤センター　イノベーション推進部

執筆協力者（企業および有識者インタビュー、アンケート）（五十音順、アルファベット順、敬称略）

企業インタビュー（国内）

株式会社IHI

株式会社GA technologies

株式会社商船三井

東京センチュリー株式会社

凸版印刷株式会社

株式会社トプコン

株式会社日東電機製作所

株式会社日立製作所

株式会社山本金属製作所

株式会社リョーワ

企業インタビュー（海外）

Barings（英国）

Bayer（ドイツ）

Henkel AG & Co. KgaA（ドイツ）

Nordea（フィンランド）

Pitney Bowes（米国）

米国大手金融機関

米国メーカー

有識者インタビュー（国内）

石川順也（ベイン・アンド・カンパニー　パートナー）

入山章栄（早稲田大学大学院　早稲田大学ビジネススクール　教授）

有識者インタビュー（海外）

Kristian Sorenson（Norfico）

Marc Peter（University of Applied Sciences and Arts Northwestern Switzerland）

Robbie Lensen（Berlin Consulting and Technology）

アンケート・インタビュー等調査とりまとめ

株式会社エヌ・ティ・ティ・データ経営研究所

株式会社矢野経済研究所

株式会社チクタク

編集・DX白書有識者委員会事務局

古明地正俊	独立行政法人情報処理推進機構	社会基盤センター	イノベーション推進部　部長
稲垣勝地	独立行政法人情報処理推進機構	社会基盤センター	企画部　部長
河野浩二	独立行政法人情報処理推進機構	社会基盤センター	イノベーション推進部 副部長
加藤喜章	独立行政法人情報処理推進機構	社会基盤センター	イノベーション推進部 専門委員
西原栄太郎	独立行政法人情報処理推進機構	社会基盤センター	イノベーション推進部 専門委員
遠藤幸生	独立行政法人情報処理推進機構	社会基盤センター	イノベーション推進部
小沢理康	独立行政法人情報処理推進機構	社会基盤センター	イノベーション推進部
神谷幸枝	独立行政法人情報処理推進機構	社会基盤センター	イノベーション推進部
鷲見拓哉	独立行政法人情報処理推進機構	社会基盤センター	イノベーション推進部
遠山真	独立行政法人情報処理推進機構	社会基盤センター	イノベーション推進部
廣野俊弥	独立行政法人情報処理推進機構	社会基盤センター	イノベーション推進部
安田央奈	独立行政法人情報処理推進機構	社会基盤センター	イノベーション推進部
我妻浩子	独立行政法人情報処理推進機構	社会基盤センター	イノベーション推進部
渡辺清美	独立行政法人情報処理推進機構	社会基盤センター	イノベーション推進部

DX白書2023
進み始めた「デジタル」、進まない「トランスフォーメーション」

2023年3月16日　第1版発行

企画・著作・制作・発行

独立行政法人情報処理推進機構（IPA）

〒113－6591 東京都文京区本駒込2-28-8
文京グリーンコートセンターオフィス 16階
https://www.ipa.go.jp/